1965-2025
中国石化江汉油田

《江汉油田发展史》编写组 编著

江汉油田发展史

1965—2025

中国石化出版社
·北京·

图书在版编目（CIP）数据

江汉油田发展史 /《江汉油田发展史》编写组编著 .
北京：中国石化出版社，2025. 9. -- ISBN 978-7-5114-8124-5

Ⅰ . F426.22

中国国家版本馆 CIP 数据核字第 2025WJ6281 号

中国石化出版社出版发行

地址：北京市东城区安定门外大街58号
邮编：100011　电话：（010）57512446
发行部电话：（010）57512575
http：//www. sinopec-press. com
E-mail：press@ sinopec. com
宝蕾元仁浩（天津）印刷有限公司印刷
全国各地新华书店经销
*
787 毫米 ×1092 毫米　16 开本　26.75 印张　400 千字
2025 年 9 月第 1 版　2025 年 9 月第 1 次印刷
定价：198.00 元

1965-2025
中国石化江汉油田

六十年艰苦创业

六十载矢志逐梦

谨以此书

献给所有为江汉油田的勘探发现

开发建设和跨越发展

作出积极贡献的石油人

···前言···

《江汉油田发展史》客观真实记载了60年来江汉石油人胸怀“我为祖国献石油”壮志豪情，立足江汉、走出江汉、发展江汉的辉煌成就。翻开《江汉油田发展史》，每一个章节、每一个阶段，无不浸润着江汉石油人听党话、跟党走，艰苦奋斗创业、锐意进取改革、敢为人先创新的报国情怀。

60年前，当钟11井的油龙冲破亿万年的沉寂，咆哮着喷涌而出时，江汉油田这个名字，便永远铭刻在了新中国石油工业发展的史册上。江汉油田的发现，正值新中国迫切需要在具有战略纵深的南方地区找到油气资源的特殊历史时期，为国分忧的光荣使命因此历史性地落在了江汉石油人的肩上。

百台钻机日夜争鸣，十万将士拼搏奋斗。1969年打响的江汉石油大会战，波澜壮阔、艰苦卓绝。会战将士不畏艰险，排除万难，发扬“大庆精神”“铁人精神”，人拉肩扛、爬冰卧雪、凌风斗霜，把党中央、国务院的要求化为行动、变为现实，用不到三年的时间，初步建成年产百万吨原油生产能力的江汉油田，唱响了一曲曲战天斗地的石油赞歌，书写了无愧于历史、无愧于时代的辉煌业绩。

江汉石油大会战“建设千万吨级大型油气田”的历史预期，与最终建成百万吨级油田之间的落差，成为烙印在江汉石油人心底矢志不渝的梦想追求，由此开启了江汉石油人半个多世纪的逐梦历程。

60年来，一代又一代江汉石油人高擎“艰苦创业、拼搏奉献”精神旗帜，传承“自立自强、创新创造”光荣传统，发扬“严细实恒、精耕细作”工作作风，奋战平原沼泽、出征盐碱荒滩、挺进黄土高原、坚守鄂西渝东，一路攻坚克难、自强不息，推动油田发生翻天覆地的变化，用一个个里程碑式的辉煌印记，展现出保障国家能源安全的江汉担当，朝着全面建成千万吨级大型油气田的梦想阔步前行。

承包山东八面河油田，开创我国石油工业史上跨省区域总承包先河；合作开发陕西坪北油田，树立起特低渗透油藏精细管理、效益开发的标杆；坚守建南数十载，面壁图破，迎来曙光，成为进军涪陵页岩气田的前进基地。

2012年，挺进涪陵，优质高效建成涪陵国家级页岩气示范区，使我国成为除北美外第一个实现页岩气商业开发的国家，为全球页岩气开发提供“中国样本”；示范引领中国页岩气革命，推动油田从“以油为主”向“油气并举、以气为先”转变，油气当量实现从100万吨到700万吨的历史性跨越。随着复兴油田、红星气田相继问世，逐梦千万吨的底气更足了、信心更强了、步伐更快更稳了。

60年艰苦创业，60载砥砺前行。江汉油田党委始终高举党的旗帜，心怀“国之大者”，胸怀“党之大计”，把方向、管大局、保落实，观大势、谋全局、干实事，擘画油田改革发展宏图，始终沿着正确方向前进。坚持党的领导，加强党的建设，总结运用油田半个多世纪以来党的建设成功经验，全面加强和改进新形势下的党建工作，推动全面从严治党向纵深发展，以高质量党建引领保障高质量发展。

60年艰苦创业，60载求索奋进。江汉油田始终坚持以深化改革破题开路，以发展成就凝聚人心、鼓舞斗志，解决发展过程中碰到的矛盾挑战，使深化改革成为推动发展的“关键一招”。始终坚持以技术进步破解发展困局，勇闯“无人区”，突破“卡脖子”，致力于打造原创技术策源地，深化科研体制机制改革，搭建开放创新平台，集一切资源为我所用，服务科技创新持续突破，把科技创新这个“关键变量”转化为逐梦前行的“最大增量”。

60年艰苦创业，60载灿烂辉煌。江汉油田从小到大、由弱变强，建成我国南方重要的综合型石油工业基地，构建起以江汉、清河、坪北、建南、涪陵为支点的资源版图。天然气勘探开发从常规拓展到非常规，从盆内拓展到盆外，从海相拓展到陆相；石油勘探开发从传统的砂岩油藏拓展到碳酸盐岩油藏和页岩油藏；推动新能源业务与主业深度融合，加速绿色转型发展；建成全球最大的消毒剂生产基地，盐卤化工产业规模不断壮大，形成常非并重、油气并举、多元发展的战略格局，书写了高质量发展第一次跨越的辉煌篇章。

历史不会忘记，一代又一代江汉石油人传承光荣传统和优良作风，发扬“特别能吃苦、特别能战斗、特别能奉献”和“主动应变、以变求生，精细严谨、精益求精，有梦想、有追求、不服输”的江汉精神，为油田的发展拼搏奋斗，造就一个又一个江汉奇迹，推动江汉油田发展的车轮不断向前，让几代江汉石油人建设大型油气田的梦想一步步变为现实。

历史见证壮阔的征程，时间镌刻奋斗的足迹。光荣厚重的发展历史，是几代江汉石油人艰苦创业、拼搏奉献，留给我们的一笔宝贵历史财富，值得倍加珍惜，传承发扬，也必将激励我们永葆红色底蕴、永续战斗豪情。

进入新时代，以习近平同志为核心的党中央对国有企业寄以厚望，对石油石化战线关怀备至，嘱托“能源的饭碗必须牢牢端在自己手里”，勉励石油石化行业坚定不移走好新型工业化道路。习近平总书记亲自为石油石化工业发展把脉定向、指路引航，为江汉油田加快高质量发展提供了思想指引、行动指南和强大精神力量。

站在新的历史起点上，江汉油田坚持从习近平新时代中国特色社会主义思想中找方向、找方法、找答案，自觉把油田发展融入国家战略全局、集团公司发展大局，以“建设行业领先现代油公司”愿景为牵引，以“为祖国找油、为民族争气、为美好生活加油”为责任使命，以“价值引领、市场导向、创新驱动、绿色洁净、开放合作、人才强企”为发展战略，以“巩固拓展传统油气产业、培育壮大新能源产业、加快布局绿色低碳产业”为发展方向，锚定“‘万千百’、油气盈亏平衡点持续下降、安全卓越”核心工作目标，树牢“让劳动创造价值、让员工充满动力、让组织充满活力”核心工作理念，聚焦增强核心功能、提升核心竞争力，笃定建成千万吨级大型油气田，奋力实现油田高质量发展第二次跨越，为谱写中国式现代化石化新篇章作出更大贡献，为强国建设、民族复兴伟业提供坚强能源保障！

目 录

1965-2025
中国石化江汉油田

第一章

油田发现与江汉石油会战

江汉油田因在江汉平原发现而得名。

江汉油田地处江汉平原腹地，东濒洪湖、西临漳河、南倚长江、北环汉水。勘探开发区域早期主要分布在湖北潜江、荆州、仙桃、天门、荆门、利川等市县。

1954年，著名地质学家李四光明确提出“松辽、华北、江汉平原是中国石油勘探的远景地区”。1955年，黄汲清教授提出陆相地层也适宜生油和储油，中国大陆中、新生代沉积盆地是找油的主要对象。李四光和黄汲清分别从不同角度提到江汉地区是找油远景区之一。江汉油田的发现始于1958—1968年的区域普查和勘探。1958年1月，四川石油勘探局两湖（湖南、湖北）勘探大队101地质队首次进入江汉平原西部开展路线地质测量，撰写了《两湖石油地质评述》。历经4年的区域普查和盆地调研，最终把突破的目光聚焦在了资源富集的潜江凹陷。1965年，钟11井的成功钻探，标志着江汉油田的正式发现。

1969—1972年，来自全国各地的广大石油职工，在党的正确领导下，胸怀全局，艰苦奋斗，跋山涉水，风餐露宿，深入研究，精查细探，终于打开了海相、陆相勘探局面，找到了一定储量的油、气资源。与此同时，按照上级部署要求，抢时间，争速度，不避艰险，不怕困难，精心设计，精心施工，完成了极其繁重的建设任务。三年会战，快速突破，共打井1065口，钻井进尺198万多米，扩大了王场、钟市、广华、花园油田面积，发现了浩口、黄场、习家口、丫角、张港、光明台、新沟、老新8个油田，以及熊家台等一批工业油流点，累计探明石油地质储量2737万吨，建成年产100万吨原油的能力。同时，在鄂西发现一个气田——建南气田，于河南南阳地区的新野、唐河一带发现新油田，证实了这个地区是又一个有勘探价值的“三线”找油有利地区。在当时国际国内政治风云变幻的情况下，作为战备油田的江汉油田，在加强“三线”建设，改善石油工业布局，保障国家石油安全中，发挥了重要作用。广大石油职工付出了辛勤劳动，作出了重要贡献。各条战线涌现出大批先进集体以及以段兴枝、魏光荣、黄先友、叶秋萍、国传富等为代表的大批英雄模范人物。

第一节 江汉盆地的勘探突破

从地质学上讲，江汉平原的形成经历了漫长的地质年代，跨越海相和陆相两个沉积时期。到新、老第三纪之间，喜马拉雅造山运动发生，江汉盆地的构造形态基本形成。其后，接受第四纪（从2000万年前到现在）沉积，从此表层岩相形成，平原开始展现。由于沉积环境特殊，而且经历多次构造运动，因而地质形态极为复杂。江汉盆地位于江汉平原中部偏西地带，面积达2.8万平方千米，约占平原总面积的74%，包括6个凹陷、5个凸起、1个地堑。其中，潜江凹陷和江陵凹陷的地层沉积厚度最大，“生、储、盖”组合条件较好，是找油找气的有利地区。

江汉盆地的含油层系具有“广、多、薄、散、杂、碎”的特点。江汉油田的发现，经历了一个不断实践、认识，再实践、再认识的曲折过程。从1958年在江汉平原开展地质普查，到1965年打出第一口油井，历时近8年时间。其间，广大勘探工作者在沼泽荒原地带，克服重重困难，付出了艰辛努力。

一、早期地质普查

湖北地质构造复杂，岩浆活动频繁，地层发育良好，矿产资源丰富。江汉平原及其周缘地区的地质调查研究开展较早。1840年鸦片战争以后至20世纪初期，曾有不少外国专家在这里进行地质调查；辛亥革命以后，老一辈地质学家丁文江、谢家荣等曾在这里进行过地质勘察。20世纪20年代初期，著名地质学家李四光到江汉平原及其周缘地区进行调查研究，把露出的红尘分为3层，即底基层、矿砾岩层、东湖砂岩层，并统一命名为“东湖系”。

到20世纪30年代中期，他又运用地质力学理论（研究地壳构造变形的机理、发展规律和力源的学科），论证中国巨大的“多”字构造体系中具有含油远景，首次提出关于“三个沉降带是石油远景地带”的科学预见。这3个沉降带是：呼伦贝尔—巴音和硕盆地、陕北—鄂尔多斯盆地、四川盆地；松辽平原—华北平原—江汉平原—北部湾；日本海—黄海—东海—南海。

新中国成立后，党和国家领导人十分关心石油工业的发展。1953年，毛泽东主席、周恩来总理就中国的油气资源问题专门听取了当时的地质部长李四光的意见。1954年，李四光在燃料工业部石油管理总局作的《从大地构造观点看我国石油资源勘探的远景报告》中，明确提出在新华夏沉降带找油的论据，并再次提出“松辽、华北、江汉平原是我国石油勘探的远景地区”。20世纪50年代中期，毛泽东主席亲自听取石油工业部的工作汇报，并给予重要指示。随后，党中央、国务院作出石油勘探工作战略东移的决策。按照国家的统一部署，从1955年开始，地质部和石油工业部相继派出队伍，在中国东部地区展开石油地质普查。

1956年，陈云程通过地质调查，撰写《中南石油概查》一文，介绍了群众性报矿情况，并对石油远景提出推论。1957年，地质部云应大队在云梦、应城一带钻探，在膏盐地层发现含油页岩，认为该区是“油气远景地区”。同年，袁在枢在其所著的《关于湖北石油地质及储油构造问题》一文中，提出关于“找油目的层系主要是第三系、三叠系大冶灰岩、二叠系栖霞灰岩与茅口灰岩”的看法，认为“乐平煤系、香溪煤系也值得注意”。以上论述，为本区的石油勘探工作提供了初步的地质依据。

二、发现潜江组含油砂岩

1957年12月，石油工业部四川石油勘探局成立两湖勘探大队，1958年1月派101地质队到江汉平原西部地区进行路线地质测量，并搜集有关地质资料进行综合研究，撰写了《两湖石油地质评述》。该报告论述了该区地层、构造及地质发展历史，记述了二叠系、三叠系和侏罗系的油、气苗在地面显示情况，并且指出“江汉盆地第三系地层厚度在2000米以上，其下的三叠系及古生界海相地层厚度也大于4000米，云梦、应城一带含油页岩和大量盐岩的发现也说明有圈闭和油气形成的物质基础，不失为含油远景地区”，进一步为江汉地区油气勘探和地质综合研究提供了依据。

1958年以后，有关部门相继派出地质人员在江汉平原及周缘地区进行石油地质普查。到1961年上半年，石油地质普查队伍主要是地质部的湖北石油地质队和中原石油物探大队，职工人数从开始的30多人逐步增加到655人，石油工业部科学研究院东部地质队、华北石油勘探处106地质队及北京地质学院的部分师生曾一度参加普查工作。地质工作者通过3年的艰苦努力，对江汉盆地的地质情况有了初步认识，认为潜江凹陷和江陵凹陷是含油远景地区。1961年7月15日，湖北石油地质队在潜江凹陷王场背斜钻探的湖北省内第一口中深探井——王1井的潜江组一段，首次出现4层6.95米厚的含油砂岩。这是湖北石油地质勘探史上的一个重要发现，为江汉盆地的石油地质勘探展示出广阔前景。

第二节　发现江汉油田

江汉油田的发现与发展，一路历经艰辛，一路克难挺进。从1958年党中央、国务院作出战略东移的指示，开始在江汉平原开展地质普查，到1965年打出第一口油井，石油工业部、地质部先后4次调整机构，扩充队伍，增调设备，加大江汉平原石油勘探力度。在这块充满希望与挑战的找油战场上，老一辈石油人在河湖密布、地势低洼的芦苇荡、沼泽地，战天斗地，并在古老的云梦大泽找到油田，谱写了一部波澜壮阔的创业史。

一、开展区域综合勘探

为了尽快在国家中南地区找到油气资源，优化中国石油工业布局，石油工业部决定将四川石油管理局广西勘探大队北调江汉，在盆地开展区域综合勘探。该大队负责人李绍亮到石油工业部接受任务后，首先于1961年9月上旬赴江汉调查了解情况，然后南下广东，向正在广州开会的石油工业部副部长刘放、中南地质局局长崔振东汇报队伍搬迁计划、组建方案及广东海南石油勘探大队北调江汉事宜，得到积极支持。10月1日，广西勘探大队在广西南宁召开党委扩大会议，部署搬迁工作；10月11日，队伍开始搬迁，历时一月余，队伍基本搬迁完毕，实现了石油工业部提出的“上江汉要快”的要求。11月28日，成立江汉石油勘探处，下设地震队、钻井队、地质队等12个直属单位，职工共计564人，李绍亮任处长。次年3月，成立中共石油工业部江汉石油勘探处委员会，杜志立任党委书记，勘探处直属石油工业部领导。

1962年，石油工业部又相继从四川石油管理局、贵州石油勘探局、银川石油勘探处和海南石油勘探大队抽调勘探人员参加江汉石油勘探，加强勘探力量。同年3月，地质部将原湖北石油地质队改建为第五普查勘探大队，下辖钻井队、地质队等8个直属单位；8月，又以中原石油物探大队为主体，成立第四物探大队，下辖地震队、电法队、重磁力队等4个单位；10月，组建石油综合地质大队。3个单位的职工人数为931人。在此期间，石油工业部与地质部的勘探队伍动用地面地质、地球物理、钻井、电测、综合研究等各种专业力量，共同在江汉盆地展开区域综合勘探，标志着湖北的石油地质勘探工作进入一个新的历史阶段。

石油工业部给江汉石油勘探处下达的主要任务是：“从区域勘探着手，做好盆地地层、构造资料的收集和研究工作，摸清有利的目的层、有利的地区，钻探有利的局部构造，突破出油关，为江汉盆地再一次大上做好准备工作。”1962年初，石油工业部召开厂矿长会议，确定江汉盆地的勘探方针是：“重点解剖周矶构造（王场构造），在有利凹陷内钻参数井，争取早日突破。”石油工业部有关领导指示：“首先进行火力侦察。”江汉石油勘探处根据石油工业部厂矿长会议指示精神，在江汉盆地的潜江凹陷、江陵凹陷局部地区展开综合勘探，钻探周矶（王场）构造，取得一批地质资料，但未见油气显示。此后由凹陷转向隆起，历时一年余，除个别地区见到油气显示，未取得大的进展。

二、油田的发现

通过反复实践、认识，地质勘探人员认为潜江凹陷是有利的勘探地区，下第三系地层是有利的勘探目的层系。1964年3月，在潜北一带相继展开钻探。5月和11月，在钟市构造钻探的钟1井和钟3井分别发现4层4.8米和5层5.3米的含油砂岩，经电测解释，钟3井有4层4米厚的油层，这是继王1井之后的又一重要发现。1962年8月至1964年底，地质部第四物探大队重点在沙市、广华寺地区进行地震详查，在高场、松滋等地进行路线普查；第五普查勘探大队重点在潜江凹陷部分地区开展地面地质详查和钻探工作，发现一批有利构造，先后钻井17口，在江深1井发现含油砂岩，其余未见油气显示。到1964年底，虽没有重大发现和突破，但取得了一批勘探成果。经过综合研究，认为潜江王场、广华寺、光明台和沙市背斜是最好的油气远景地区。这些成果为后来的勘探突破奠定了良好基础。

1964年11月下旬，地质部党组书记、副部长何长工赴江汉平原检查石油地质勘探工作，鼓励勘探工作者要坚定信心，力争尽早获得勘探上的重大突破。他拄着拐杖说："江汉要是打不出油来，我就去跳长江。"这句话，对当时的勘探工作者激励很大。

1965年2月15日，江汉石油勘探处召开技术座谈会，制定突破出油关的勘探部署，决定将勘探主力集中在潜江凹陷北部地区，重点勘探钟市构造。1965年5月以后，两个部的勘探队伍选凹、定带、预探成功，突破了勘探局面。地质部第五普查勘探大队1204钻井队于6月14日在王场构造钻探的王2井（图1-1）开始试油，7月21日提捞获得日产1.28吨工业油流。虽然日产水平很低，但毕竟是江汉平原油气勘探的重大突破，发现王场油田，王2井也是湖北省境内发现的第一口油井。9月27日，江汉石油勘探处3204钻井队在钟市构造钻探的钟11井（图1-2）试油获得日产6.7吨自喷工业油流，发现钟市油田。两口井的出油，标志着江汉油田的发现。

突破地质情况极其复杂的膏盐地层出油关，在湖北，也是在祖国的中南地区，首次获得工业油流，这批胸怀壮志、南征北战的石油尖兵，终于实现了多年的夙愿。当他们看到自己辛勤劳动的果实——党和人民十分需要的原油，从地层深处喷出的动人情景，莫不欢欣鼓舞，热泪盈眶。

图1-1　江汉第一口工业油流井——王2井

图1-2　潜江凹陷第一口自喷油井——钟11井，日产6.7吨工业油流，标志着江汉油田的发现

江汉盆地从开展区域综合勘探到获得工业油流，历时三年有余。总的来说，勘探方针是正确的，勘探方法也是成功的。

三、扩大勘探成果

石油工业部和地质部都很重视江汉盆地的重大发现，认为这一发现不仅在中国中南地区找到了油气资源，而且改变了中国石油工业分布不均的历史。石油工业部随即向江汉石油勘探处发出贺电："你们在江汉艰苦奋斗，搞了几年工作，最近发现了重要情况，这是一个很大的功劳。""江汉盆地发现了油，意义很大，改变了石油分布不均的现象。要紧紧抓住出油苗头，扩大勘探工作，要求迅速行动。"石油工业部决定，从茂名石油工业公司，玉门、新疆、四川等石油管理局和河北六四一厂（今大港油田）抽调一批人员、设备，加强江汉的勘探力量，全面开展详探工作。

1965年12月24日，成立江汉石油勘探指挥部，属茂名石油工业公司领导。次年1月11日，成立中共江汉石油勘探指挥部委员会。简坚任党委书记，冯元富任指挥长。指挥部下辖地震队、钻井队、综合研究队等14个直属单位，职工人数为3067人，指挥部机关从潜江县城迁往荆门县沙洋镇，并在钟市设立前线指挥所。地质部第四物探大队和第五普查勘探大队的力量也得到加强，总人数增至1723人。

为了尽快控制含油面积，并争取发现更多的含油构造，两个部都把主力集中在潜江凹陷北部地区，在王场、钟市构造全面展开地质详探，同时在有利地区开展构造预探。江汉石油勘探指挥部集中8支地震队和11支钻井队，重点勘探钟市、潭口、张港地区；第五普查勘探大队则重点勘探王场构造。

1966年，江汉勘探工作开始向纵深发展。地质部第五普查勘探大队3007钻井队在王场构造钻探的潜深4井，于2月下旬，测试获得日产201吨高产油流。地质部部长李四光来到湖北，在听取潜深4井获得高产油流的汇报时指出："在王场的进一步勘探中，必须注意断裂与油藏关系，特别要注意王场构造南翼是否有压性断裂存在。"为此，第五普查勘探大队3007钻井队又在构造最高点的车挡断层附近部署钻探潜深5井。6月25日，完井测试，获得日产533.5吨高产油流，这也是迄今为止江汉油田发现的日产最高的一口油井。此后，地质部的勘探队伍转向广华寺、光明台等地区进行勘探。与此同时，江汉石油勘探指挥部于1966年上半年钻探钟5、钟12、钟13、钟14、钟15和潭2等井，均见到油气显示，部分探井获得工业油流，在钟市构造控制了一块含油面积。

此外，1966年3月，江汉石油勘探指挥部以原湘西勘探大队为基础，成立湘鄂地质研究所，机关设于宜都沟河（同年7月迁往恩施，8月改名为“湘鄂西勘探指挥部”）。随后，该所根据“南方碳酸盐地区找油会议”的决定和石油工业部有关指示，派出280多名专业人员，与北京地质学院、北京石油学院、东北石油学院和大庆石油地质学校的830多名师生及九二三厂（今胜利油田）的50多名地质人员，组成127个地质小组，配备12支浅钻队，在山峦重叠、交通闭塞的湘鄂西地区，开展大规模的地质构造详查及综合研究工作。

为了拿到更多的储量和含油面积，石油工业部决定在江汉盆地开展小型会战。1966年6月15日，由马骥祥等13人组成的“江汉会战规划小组”，赴潜江调查勘探情况，随后将调查情况向石油工业部汇报。7月11日，石油工业部党组决定成立江汉石油勘探会战指挥部，直属部领导。同时，从九二三厂抽调10支钻井队及其他专业队伍到江汉参加勘探会战。8月30日，江汉石油勘探会战指挥部正式成立。鉴于江汉油田保密和备战的需要，同时适逢当年5月7日毛泽东主席发表重要的“五七指示”，为纪念这一历史性事件，指挥部对外公开代号为“五七厂”，马骥祥任工委副书记（代理书记）兼指挥长职务，机关设在江汉一村（今五七地区）。会战指挥部下辖地质调查指挥部、湘鄂西勘探指挥部、钻井工程处、地质指挥所、试采大队等14个直属单位，年末职工总数为7908人。会战指挥部根据石油工业部关于“集中力量、重点突破、一上手就拿油”的指示，结合探区实际情况，在9—12月，实施“三个歼灭战”，即拿两个油田的歼灭战、拿两个后备战场的歼灭战、打“四通一好”的歼灭战。主要内容：一是集中力量，大战王场、沙市构造，扩大含油面积，拿下两个油田；二是在外围地区开展连片细测，为扩大勘探领域准备两个后备战场；三是以王场为中心，本着节约原则，做好水、电、路、讯“四通”和房屋建设。同时，确定了湘鄂西的勘探部署：“深探鱼皮泽，浅探白果坝，准备李子溪，大搞地层对比，大搞构造研究，尽快提出有利的目的层和勘探地区。”

各路队伍立即投入会战，在潜北地区动用钻机12部，在5个剖面上钻井24口；在沙市构造动用钻机10部，长江南北各摆5部，在3个剖面上钻井16口。15支地震队重点部署在王场、沙市构造；同时在东到马王庙、西至李家台、南起金家场、北抵潭口的广大地区，开展地质普查。经过3个月的小型会战，在王场构造打出18口高产油井，在沙市构造也取得新进展，控制了一定的含油面积和储量。沙市构造由于地质情况复杂，勘探效果欠佳，只有3口井见到少量油流。此外，加紧基地的规划和建设，水、电、路、讯先后开通，民用建设逐步展开。王场地区井架林立，红旗路上车水马龙，探区呈现一片繁忙景象。

1967年1月以后，江汉勘探形势急转直下，生产秩序、工作秩序受到严重影响。2月，解放军进驻“五七厂”，不久成立了“抓革命、促生产指挥部”。1968年1月27日，成立“五七厂革命委员会”，属石油工业部军事管制委员会和湖北省革命委员会双重领导，机关设在江汉一村（今五七地区）。

在此后详探的2年多时间里，地质勘探、基地建设和其他各项工作都遭受了不同程度的损失。在极其困难的情况下，各级干部顾全大局，忍辱负重，广大职工坚守岗位，坚持生产建设，没有停止过一天工作，地质勘探仍取得一定进展。在勘探工作上，根据当时的具体情况，调整工作部署，收缩兵力，实行区域勘探的方针。除重点勘探潜北地区及其东、西坡，还初探了江陵凹陷、枝江凹陷、沔阳凹陷，在陵2号、黄场、金家场构造钻探的一批探井获得工业油流。湘鄂西勘探指挥部重点勘探中央背斜带和宜都—鹤峰背斜带，在12个局部构造上钻井27口，从而对2个背斜带的地质情况有了一定了解。地质部第五普查勘探大队在广华寺、光明台也打出了工业油流。到1969年上半年，共完成地震剖面1.13万千米；钻井185口，总进尺42.68万米，其中探井128口，获工业油流井53口，找到了王场、钟市、广华寺3个油田，控制含油面积11.86平方千米，还发现了沙市、陵2号、金家场、光明台、黄场、拖船埠等一批含油构造，取得了丰富的地质资料。建设了五七、红旗（今红庙）、“两厂”（今范新村）等勘探基地，为江汉石油进一步勘探开发奠定了良好基础。

第三节　组织江汉石油会战

江汉石油会战是在“内忧外患”的特定历史条件下组织的一场特殊会战，对开发“三线”、建设国防、改善石油工业布局具有十分重要的作用。

会战是在党中央、国务院、中央军委的亲切关怀下，在武汉军区直接领导下组织进行的。会战声势浩大，高峰时达到12万余人，钻机100余部。会战历时2年10个月，于1972年5月正式结束。

一、决策和部署

20世纪60年代是一个特殊的历史时期。在国家内忧外患、形势严峻的情况下，毛泽东主席审时度势，提出要抓紧建设处于后防的三线地区，并指示"要在三线找点油、找点气"。党中央有关领导强调指出："江汉是三线，战略地位很重要、很机动，支援华北、华南、中原战场都很方便，所以江汉（油田）拿下来能应急，战略意义很大。"这些远见卓识，不仅基于对客观现实的科学分析，而且立足于数千年来的历史借鉴。就是在这样一个特定的历史条件下，一场特殊的会战拉开了序幕。

1969年2月2日，石油工业部军事管制委员会向党中央、国务院和中央军委提交了《关于在湖北省江汉地区组织石油勘探会战的报告》。毛主席收到这份报告后，召见周恩来总理，指示要尽快确定，部署工作。3月25日，全国计划工作会议在北京召开。周恩来总理在会上对组织江汉石油会战作了重要讲话，并提议派石油工业部副部长康世恩参加会战的组织领导工作。周恩来总理亲自找康世恩谈话，指示"要排除各种干扰，克服各种困难，坚决把我国内地的这场石油会战打上去。"4月15日，石油工业部军事管制委员会副主任曹国栋，以及康世恩根据国务院指示，率领有关司局的负责人及其他人员共16人赴江汉视察。5月18日，康世恩代表石油工业部、地质部军事管制委员会，向国务院业务组汇报了江汉石油勘探情况和组织江汉石油会战的初步意见。6月26日，国务院正式批准在江汉开展石油会战，并电话通知武汉军区和湖北省革命委员会。

鉴于当时的具体情况，为保证会战的顺利进行，国务院和中央军委决定，江汉石油会战由武汉军区和湖北省革命委员会统一领导、统一指挥。7月7日，武汉军区、湖北省革命委员会和石油工业部军事管制委员会在武汉召开关于组织江汉石油勘探会战的会议。就会战准备工作、组织机构及会战任务等问题进行了认真研究，并达成共识。7月12日，向国务院提交《关于成立江汉石油勘探会战指挥部的报告》。7月25日，国家计划委员会和国家基本建设委员会军事管制委员会向全国各省、市、自治区革命委员会和国务院各部委军事管制委员会发出《关于支援江汉石油勘探会战的通知》。8月1日，江汉石油勘探会战指挥部成立，武汉军区副司令员韩东山任政委兼指挥长，武汉军区副参谋长张显扬、湖北省革命委员会常委王树成、石油工业部军事管制委员会副主任曹国栋、石油工业部副部长康世恩、荆州地区革命委员会副主任江洪和地质部1名同志任副指挥长（后增补刘鹤田、任登仕、焦力人为副指挥长），曾昌华任副政委（后增补裴凯、边宝山为副政委）。指挥部机关设在五七地区，内设政工组、勘探指挥组（后改名为生产指挥组）、地方工作组和办事组。不久，武汉军区决定，将江汉石油勘探会战指挥部更名为“五七油田会战指挥部”。

10月17日，会战指挥部指挥长韩东山、副指挥长康世恩前往北京，向国务院业务组汇报会战两个月来的工作进展情况及1970年的工作部署方案。国务院副总理李先念、纪登奎、余秋里、粟裕和有关部委的领导听取了汇报，李先念听取工作汇报后指示：“通过石油会战，把江汉油田逐步建设成为石油勘探基地、原油开发基地、石油加工基地、石油机械制造基地、石油科研教育基地和农副业生产基地。”讨论并初步落实了会战中需要解决的队伍、投资、设备、能源、交通等方面的问题，同时确定了会战规模、地质勘探、油田开发、地面建设的基本方针。

10月30日，周恩来总理在《关于加快江汉石油勘探和开发工作的报告》中批示“拟同意，此件主席……已阅”。12月中旬，中央军委、国务院发出《关于五七油田会战领导问题的通知》：“为加强对五七油田会战的统一领导，加快油田建设速度，现决定：五七油田会战指挥部归武汉军区、湖北省革命委员会领导。生产建设计划和物资供应工作，归石油工业部负责。”在党中央、毛主席的关怀下，会战工作从此全面展开。在此期间，毛主席还多次向武汉军区司令员曾思玉询问会战的进展情况。

二、开展大规模会战

按照国务院和中央军委的统一部署，全国各石油单位及中央、地方有关部门抽调精干队伍，参加江汉石油会战。大庆、玉门和四川、新疆、青海等40多家石油单位的5万余名职工赶赴江汉参加石油会战（图1–3、图1–4）；国务院有关部委和其他单位的1.21万余人前来支援江汉石油会战；11月下旬，国务院、中央军委电令武汉军区“从复员退伍军人中抽调2.5万人参加五七油田会战”（图1–5）；地方民兵师共3.7万余人也投入宏大的会战之中。到1970年底，会战人数达到12.89万人。

图1–3　会战指挥部召开万人动员大会

图1–4　全国40多家石油单位派出5万余名职工参加江汉石油会战

图1-5　武汉军区2.5万名复转军人参加会战

面对艰巨的会战任务和艰苦的会战条件，会战指挥部坚定不移地落实周恩来总理“坚决在我国内地把这场会战打上去”的重要指示和李先念副总理的指示精神，按军事化编制组建队伍，整个会战队伍共编为22个团、1个独立营，下属95个营、512个连。整个会战战场，从上到下把思想动员、组织动员做到现场，以群众工作、宣传工作推动会战，用艰苦奋斗精神锤炼队伍，用会战中的先进典型引领职工，用会战成果鼓舞斗志。

遵照国务院指示，指挥部按人民解放军编制组建队伍，下设9个分指挥部。其中，第一分指挥部由“五七厂”的队伍组成；第二分指挥部由大庆油田的队伍组成；第三分指挥部由“五七厂”物探队伍及六四一厂、六四六厂的队伍组成；第四分指挥部由九二三厂的队伍组成；第五分指挥部由四川石油管理局的队伍组成；第六分指挥部由地质部第四物探大队组成；第七分指挥部由地质部第五普查勘探大队组成；第八分指挥部由炼建、炼油队伍组成；第九分指挥部即后勤部，主要由后勤单位和内迁机厂组成。

1970年4月以后，根据会战实际需要，同时也由于地质部第四物探大队和第五普查勘探大队先后调往湖南洞庭湖和河南、江苏等地开展勘探工作，指挥部决定将原有机构调整合并为第一、第三、第四、第八分指挥部和后勤部，石油系统队伍编为22个团、1个独立营和一批附属单位。其中：第一分指挥部下辖10个团和7个附属单位，共3.6万余人，主要担负江汉盆地的潜江凹陷、小板地区的地质勘探和油田开发、建设任务；第三分指挥部下辖第十、第十一2个地震团，共5300余人，担负广大探区的地质普查和物探任务。第四分指挥部下辖3个钻井团和1个直属地质营，共1.7万余人，主要担负江汉盆地的江陵凹陷、沔阳凹陷、新沟地区及湘鄂西地区、鄂东南地区、河南南阳地区的钻井任务。第八分指挥部下辖3个团及设计研究大队，共1.2万余人，主要担负五七炼油厂的建设和炼油任务。后勤部下辖4个团、1个独立营和武汉办事处，主要担负物资供应、交通运输、财务管理等后勤工作和内迁3个机厂的生产建设任务。各分指挥部设司令部、政治部、后勤部。后勤部还设有器材供应处、财务处、供给处、机械处和战勤处。

会战所需的物资也得到了中央和地方政府的大力支持以及各石油单位的无私援助。经统计，共调进各类设备1万余台，其中钻机114部、车辆2393台；采购钢材15.1万吨，木材7.3万立方米，水泥17.5万吨，物资采购资金达7.86亿元。会战时期，物资运输任务繁重，年货运总量达397万吨，货物周转量为1.63亿吨·千米，大批物资从武汉经长江、汉江、汉沙公路、汉宜公路及其他交通线路运进油田区域和广大探区，部分物资由武汉经铁路运往荆门。由于物资数量很大，而且短期集中，导致交通设施的吞吐、库存、中转、输送一时无法适应，加之公路路况差，遇到雨天，道路泥泞，更是无法通行，交通运输问题非常突出。会战指挥部一方面组织运输队伍昼夜兼程，采取人拉肩扛的办法，全力抢运；另一方面加紧交通设施的新建和改建，改建汉口长江舵落口码头，建设沙市长江五七码头，扩建汉江红旗码头，新建汉江新泗港码头；改建汉沙公路，改造油田内部公路；加快焦枝铁路襄（樊）荆（门）段铺轨进度；增建仓库，扩大库存能力。随着运输条件的改善、运输力量的加强，会战物资得到了及时供应，从而保障了会战需要。

三、加快勘探开发建设进程

江汉石油会战是在特殊的历史条件下进行的。会战指挥部坚决贯彻党中央、国务院、中央军委确定的会战方针，认真执行武汉军区、湖北省革命委员会、石油工业部军事管制委员会对会战的具体要求，率领10余万人的队伍，从勘探、开发、建设3条战线，全面展开会战。虽然地面条件艰苦，地下情况复杂，但广大指战员知难而进，精查细探，精心设计，精心施工，克服工作和生活上的重重困难，加速会战进程，取得了显著成果。

（1）石油勘探。会战开始后，指挥部确定了“全面勘探海相、陆相，集中会战江汉盆地”的勘探方针，主要任务是搞清重点构造单元，特别是江汉盆地主要凹陷的地质情况，尽快找到更多石油资源；勘探外围有利构造，寻找一批后备地区；加强鄂西南地区下古生界石灰岩地层的勘探工作，争取早日打开勘探工作局面。探区主要包括：江汉盆地的潜江凹陷、江陵凹陷、新沟—老新地区、沔阳凹陷、云应凹陷；外围的南襄盆地、鄂西南地区、鄂东南地区、当阳地区、汉水—荆门地区；湖南的桑植—石门地区、洞庭湖地区。勘探面积15万平方千米，其中江汉盆地2.8万平方千米，是勘探的重点地区。

潜江凹陷面积2500平方千米，沉积岩最大厚度大于9000米，是江汉盆地沉降最深的地区，也是勘探的重点地区。指挥部共投入第一、第二钻井团和3个地震营，动用65部钻机，分3个阶段进行。第一阶段是1969年8月至1970年1月，重点勘探王场、钟市油田，预探潜江（及其西部岩性尖灭带）、潭口、浩口、光明台、高场、广南、熊口等10个地区。全面开钻不久就出现“四喷一高”的好形势，即王场油田的王20井日喷油39.9吨、王8井日喷油30.5吨，张港地区的黄3井日喷油121吨，钟市油田的钟20井日抽吸获23.6吨高产油流。9月25日，会战指挥部在张港地区召开“四喷一高”庆祝大会，并作出会战100平方千米的勘探部署。接着，勘探队伍集中60部钻机，重点在潜北地区的100平方千米土地上全面钻探，由于该地区地下情况复杂，勘探结果不理想，通过半年的勘探，发现张港油田，并在浩口构造获得工业油流，同时扩大了王场、钟市的含油面积和储量。第二阶段是1970年2月至6月，主要勘探“两带”“一片”，即潜北断裂带、浩口断裂带和王场至黄场片区，并钻探丫角、小板地区。1970年3月，在浩口构造钻探的浩9井获得日产64吨工业油流，证实浩口断裂带是一个古隆起带，是油气聚集的有利相带。为此，在广华寺—浩口—西坡约150平方千米内展开钻探。到1970年6月，找到浩口油田和广南含油构造（属广华寺油田），并在丫角构造钻出工业油流。此外，在鲕系状泥灰岩见到工业油流，开拓了找油新领域。广8井泥岩中出油，日产油20吨；在小板地区的板1井见到浅层油气显示。第三阶段是1970年7—12月，根据潜江凹陷油藏特点，制定了“多钻井、快出油”“深浅层结合、高低产兼顾”的勘探方针。在潜江凹陷开辟东西2个探区，动用65部钻机，分12个区块展开钻探，在东部探区的王50井和广6井获得工业油流，表明王场—广华寺的潜43油组可能是大面积含油地区。西部探区也取得进展，在浩33井、浩42井获得工业油流后，又在习1、习8等井发现油层。10月以后，在浩33井以西、石桥以东、钟市—借粮湖以南、丫角以北的500平方千米内，展开“西坡会战”。开始钻井3口，口口见油，但后来钻探情况不够理想。经过这一阶段，认识到西坡虽然油气分布广泛，但由于断层多，断块小，含油面积小，构造幅度低，加上地面河湖密布，地震资料难以取全取准，钻井施工难度较大，因而勘探成功率相对较低。此后，勘探类似“三小”油藏时，采用“顺着断层摸，垂直断层扩”的办法，收到较好效果。在这个阶段，发现了丫角、习家口油田和熊家台工业油流区。1971年以后，重点在王场、广华寺、浩口、习家口油田钻开发井，并详探钟市油田。

江陵凹陷面积6900平方千米，地层沉积最大厚度大于7000米。指挥部投入钻井第十三团和3个地震营，确定重点勘探中央背斜带，同时勘探北坡和南坡。开始钻探八岭山地区，采取“占高点，打剖面”的办法，钻探陵1号、陵2号、陵3号、陵4号构造，对已见到工业油流的陵2号构造，用十字剖面解剖，井距800～1000米。结果，仅在陵1井附近的陵2井见到3层9.8米的油层。证实陵2号构造是一个断层复杂的穹隆背斜，八岭山也是一个复杂的地区。1970年3月以后，进一步钻探陵2号构造，复查沙市、金家场构造，并钻探赤岸街、大路口和后港地区。通过勘探，证实陵2号构造是具有工业价值的含油构造，随后采取“稳扎稳打，逐步外扩”的方法，控制了0.5平方千米的含油面积，并把陵2号构造命名为花园油田。此外，继续钻探中央背斜的有利构造，在花园油田与沙市构造之间钻了一批连接井，见到不同程度的油气显示，并在江深3井和岑1井见到少量油流；在陵南平台钻井8口，证实该区系小面积岩性油藏；在金家场构造钻井2

口，结果金4井见到少量油流，金7井全为水层。

新沟—老新地区面积约200平方千米，地质构造属于丫角—新沟低凸起和潜江凹陷东南斜坡。指挥部投入钻井第十四团和1个地震营，1970年1月，在构造高部位钻井4口，见到不同程度的油气显示，其中新4井获得少量油流。随后在该地区全面展开勘探。以新4井为中心，部署4口探井；在胡场—新沟嘴一带钻井9口，结果仅有4口井见到油气显示。同年10月，调整勘探部署，在全区200平方千米内找区域控制井，在新4井断块钻出一批工业油流井，其中新72井日产油26.6吨，控制了含油面积。在新沟嘴—老新口构造带也发现4个断块，其中新87井获得日产42.4吨工业油流。1971年初至1972年3月，又钻了一批控制井和开发井，基本弄清了新沟油田的规模。此外，在沔阳凹陷也进行了勘探，部分油井发现油气显示，但由于地质情况复杂，1972年3月暂停勘探。

1970年2月底，在江汉油田会战取得阶段性成果后，会战指挥部决定寻找新的勘探领域，开展“三西”（鄂西、豫西、湘西）油气勘探。“三西”地区从地质上讲，古生代地层广泛分布，经过以往地质调查，已发现油气藏约300处，构造多，构造大，是“三线”找油的重要战场。4月20日，指挥部副指挥长康世恩签发《关于开展鄂西、豫西、湘西等地区区域勘探工作的通知》，25—30日，会战指挥部在江陵城外召开“三西”工作会议，商讨抢上“三西”的部署方案。按照会议安排，以四分部十三团为主力组成的综合地质队伍，北上南（阳）襄（阳）盆地；以四分部十五团为主力组成的队伍赴鄂西南展开勘探。此外，组织部分队伍在鄂东南、湘西地区进行地面地质调查和局部地震普查及钻探。南襄盆地地处鄂西、豫西地区，包括南阳、枣阳、襄阳3个凹陷。勘探队伍首先在襄枣地区钻探了3口井，均没有新的发现，于是将勘探重点指向南阳，并且部署了3口探井，结果发现有油迹显示。经过分析，认为南阳找油前景很好，随后又部署了3口探井。1971年8月8日，在东庄构造主高点钻探的南5井发现油层5层8米，经过试油，日产原油2.94吨。这是河南省第一口油井。接着，在魏岗构造东高点钻探的南6井，于9月24日试油，获得日产72吨工业油流，从而发现了南阳油田。

在鄂西南，重点钻探建南构造。1969年8月即会战初期，湘鄂西勘探

图1-6　1970年10月，会战指挥部在建3井召开祝捷大会

指挥部曾在利川成立“810工地”，川鄂边区的石油地质勘探开始全面展开。1970年10月，勘探队伍在北高点钻探的建3井（井深3600米）进行完井测试，获得日产50060立方米工业气流，这是湖北省第一口工业气流井（图1-6）。接着又在北高点钻探3口井，其中建10井获得日产65392立方米工业气流，发现建南气田。

经过2年多的勘探会战，共完成地震剖面2.9万千米；钻井1065口，总进尺198.87万米，其中探井553口，获工业油流井145口。找到了花园、张港、浩口、习家口、丫角、新沟6个油田，并扩大了王场、钟市、广华寺3个油田的含油面积和储量（图1-7）。同时，发现了南阳油田、建南气田及熊家台、新农、新11、高8、习33、陵66、板1、潭7井区等一批含油构造和工业油流点。此外，在潜江凹陷及建南构造还发现了丰富的卤水资源。

图1-7　自力更生建成联合集油站的祝捷大会

（2）组织油田试采。江汉油田属于内陆盐湖沉积相断块油田，断层交错，区块很小，油藏类型很多，油水关系复杂，勘探、开发难度较大。为尽快形成生产能力，以满足国民经济建设和备战需要，指挥部采取“探明一块、建设一块、开发一块”的方针，对油田开发进行总体设计，确定年生产能力为250万吨，后因资源问题，调整为100万吨。1966年8月开

始，为了掌握断块油田的基本特征，为合理开发油田做准备，由地质研究、油田开发和设计单位的专业人员组成实验小组开展室内开发实验，相继进行了原油高压物性实验、原始地层压力系统研究和水文勘探实验、注入水水质评价及岩石润湿性实验、相对渗透率实验、平面物理模型实验和提高采收率实验。1970年以后，又重点开展了现场开发试验。在王场、习家口、浩口等油田进行了边缘和内部注水试验、利用边水井吐水净化回注试验。通过一系列试验，为实施油田科学合理开发积累了经验。在进行开发试验的同时，油田开始实施试采，1970—1972年为利用天然能量间断试采时期。这一时期，陆续建成5个油田，利用天然能量实施间断开采，平均采油速度为0.45%。1970年6—8月，王场（图1-8）、张港、广华寺3个油田及配套系统初步建成。8月26日，广华寺至荆门输油管线全线接通。1971年又建成浩口、习家口油田，至此5个油田共形成年生产能力100万吨。由于江汉油田地下情况复杂，开采难度较大，根据上级确定的“平时试采、一般稳产，必要时集中高产、多产，甚至强化开采”方针，5个油田先后投入试采，并着手进行开发试验。1970年9月至12月，为检验油田的强化开采能力，在王场、广华寺、张港油田先后进行了两次短期高速试采，开井40余口，共生产原油14.08万吨。通过两次高速开采，原油地层压力下降了10%，每采出1%的地质储量，地层压力就相应下降1.46兆帕。1971年5月、7月和10月，在王场、广华寺、浩口、习家口油田的9个区块进行间断试采，共生产原油23.7万吨，油井产量和地层压力同样急剧下降。

图1-8　主力油田——王场油田

1972年，在王场油田潜四段东区、西区相继投入试采。至此，5个油田的17个区块共36.49平方千米的面积投入试采开发，共开井237口，当年生产原油13.73万吨。通过3年间断开采，初步掌握了各油田的动态特点、驱动类型和压力变化情况。实践证明，江汉油田要实现高产稳产，必须走注水开发的道路。此外，为探索综合利用卤水资源的路径，指挥部在高场开辟了盐化工试验基地。

（3）配套建设炼油厂。在勘探主战场全面展开的同时，一座年加工能力为250万吨的五七炼油厂筹建也在紧锣密鼓地进行。1969年6月26日，国务院业务组指示，“越快越好地把江汉地区战备石油基地搞上去，既要找到油，还要建设一个能够生产多种军用油品的战略炼油厂”。因此，会战开始后，于11月上旬成立第八分指挥部，负责炼油厂建设工作。北京石油设计院勘探大队迅速赶赴江汉地区，为江汉油田选择炼油厂厂址。根据上级“靠山、隐蔽、分散”的指导思想，决定将厂址选在荆门东山（宝塔山）下。1970年3月，工程施工全面展开。由于移山填海前期的土石方工程量非常大，江汉石油会战指挥部从地方调集两个民兵师共2.2万余人投入会战。紧接着，石油工业部北京石油设计院、北京石油科学研究院、抚顺石油炼建公司、国家建委第六工程局、铁道兵部队和湖北省军区转业军人共1.68万余人也陆续进入工地。近4万人组成的会战大军投入抢建炼油厂的施工中，一个多月的时间，几百万立方米的土石方工程顺利完工。不久，武汉军区指示，五七炼油厂要在10月1日前出油，与此同时，“三线”建设的宜昌葛洲坝水利枢纽工程10月1日前发电，十堰第二汽车制造厂10月1日前生产出50辆汽车，一同向国庆21周年献礼。为此，五七炼油厂加快了工程施工进度。当时，焦枝铁路没有通车，各地运来的施工机具和设备卸到襄樊车站后，无法及时运到施工现场。会战队伍发扬大庆精神，临时组织了一支板车长途运输队，日夜兼程，把急需的物资抢运到工地。经过广大职工和民兵日夜奋战，仅用4个多月的时间，建成了常减压装置。9月25日，装置试生产成功，顺利生产出合格成品油，实现了10月1日前出油的目标。1971年1月，催化裂化、延迟焦化装置也相继建成投产。同年7月，铂重整装置主体工程基本建成；1971—1972年，制氢、丙烷、脱沥青、分子筛脱蜡、烷基化加氢、氧化沥青6套装置及配套系统也全面动工建设。

（4）迁建石油机械工厂。为满足江汉石油会战需要，江汉石油机械制造业应运而生。原江汉石油勘探处只有一个修配车间，1966年8月组建为机修厂。大会战开始后，将来自大庆、胜利、玉门、克拉玛依的机修人员充实到该厂，组成第一分指挥部第八团，主要承担钻采设备的大修和钻采配件的加工。1969年10月至1970年3月，将处于国防边境的3家石油机械厂和1个机械研究所相继迁往江汉油田。考虑到“三线”建设和“备战”需要，实行统一部署，分散建厂，将原新疆石油管理局独山子矿务局机械厂迁至天门县龙尾山，将原大庆油田自动化研究所仪表厂迁抵荆门县沙洋镇林家嘴，原石油工业部敦煌运输公司修配厂迁抵江陵县荆州城西南城墙边，将原大庆油田钻井采油机械研究设计所迁抵潜江县范新村。1970年末，机械制造人员由原来的893人发展到6759人，设备由原来的188台扩大到743台，按照“边生产、边建设”的原则，利用民房和搭建的芦席棚，建成简易生产作业线，形成了一定规模的机制、机修能力，主要生产会战需要的载重柴油车、空压机、钻采仪器、钻采配件、“三机”（汽车、内燃机、拖拉机）配件和仪表配件等。经过两年多的建设，3个机械工厂已达到其建厂前的生产能力。

四、党组织的成立与做好会战时期的思想政治工作

（1）江汉油田党组织成立。无论是在早期地质普查阶段，还是在大会战时期，江汉油田始终坚持党的领导，健全党的组织，加强党的建设，为区域综合勘探和大会战提供了坚强的组织保障。

1961年11月28日，成立江汉石油勘探处。12月，成立党团、工会基层组织。1962年3月，成立中共石油工业部江汉石油勘探处委员会，直属石油工业部党组领导。勘探处下属基层单位分别成立了党支部。截至1963年底，共成立18个党支部，有268名党员，党员占职工总数的19.3%。

1965年1月，石油工业部决定将江汉石油勘探处划归茂名石油公司领导，勘探处党委的隶属关系也随之转移。同年12月，江汉石油勘探处扩建为江汉石油勘探指挥部；1966年1月，中共茂名石油公司江汉石油勘探指

挥部委员会成立。随着勘探的推进和队伍的壮大，经石油工业部党组批准，于1966年8月成立江汉石油勘探会战指挥部和中共江汉石油勘探会战工作委员会，直属石油工业部领导。指挥部下属单位的党组织在此前后也扩大了建制。到年底，会战工委共辖6个基层党委，6个党总支，127个党支部。共有1462名党员，占职工总数的18.5%。

1969年8月，成立江汉石油勘探会战指挥部，实行军队编制，属武汉军区、湖北省革命委员会和石油工业部军事管制委员会领导。同年10月，中共武汉军区委员会批准成立中共江汉石油勘探会战指挥部临时委员会。1971年2月，成立中共五七油田会战指挥部委员会。会战时期，大批人员调入，党员队伍迅速扩大。截至1971年底，共有27352名党员，占职工总数的34.6%。

（2）做好会战时期的思想政治工作。江汉油田在艰难创业时期，油田各级党组织的主要任务是团结和带领会战将士，克服环境艰苦、施工艰难、设备落后、技术薄弱等困难，在芦苇丛生的沼泽地上尽快形成原油生产能力，为江汉石油会战提供坚强的思想政治保障。1962年，中共石油工业部江汉石油勘探处委员会成立；1969年，中共江汉石油勘探会战指挥部临时委员会成立；1971年，中共五七会战指挥部委员会成立，党的领导贯穿整个江汉石油会战。在油田各级党组织的带领下，从1969年到1972年，会战将士用不到3年的时间，实现了两个百万吨：年产百万吨原油的江汉油田和年加工250万吨原油的荆门炼油厂，江汉油田初具规模。在这一重要历史进程中，油田各级党组织始终坚持以毛泽东思想为指导，坚持抓会战从思想入手，抓思想从会战出发，把思想动员、组织动员做到现场，放手组织群众、动员群众、宣传群众、鼓舞群众，以广泛深入的思想政治工作、多种形式的宣传教育，引领会战职工顺利完成党中央、国务院赋予的光荣使命。

会战初期的江汉平原，芦苇丛生，沼泽遍地，道路不通、通信不畅、物资短缺，条件极端困难。各级党组织把思想动员、组织动员做到现场，以群众工作、宣传工作推动会战，用艰苦奋斗精神锤炼队伍，用先进典型引领职工，用会战成果鼓舞斗志。会战将士发扬大庆精神、铁人精神，人拉肩扛（图1-9）、爬冰卧雪、凌风斗霜，“有条件要上，没有条件创造条件也要上”“坚决完成党中央、国务院交给的光荣任务”的铮铮誓言响彻百里战场，他们用忠诚和意志、心血和汗水，生动演绎着为油奉献的创业故事，铸就“忠诚、奉献、担当”的炽热油魂。

1970年1月28日，中共中央委员、全国劳动模范、大庆油田革命委员会副主任王进喜受周恩来总理委托，到江汉油田慰问，极大鼓舞了江汉会战将士士气。

会战过程中，江汉油田注重发挥典型示范引领作用，树立了一批精神标杆，提振了士气，鼓舞了斗志。

“石油工人一声吼，地球也要抖三抖！”响亮的口号激励着会战将士奏响时代的最强音，为油而战、以苦为荣、拼搏大干的场景随处可见（图1–10）。

图1–9　人拉肩扛

图1–10　“三根木头架，赛过机械化”

在那个战天斗地、艰苦卓绝的年代，会战将士不分男女，无论在哪个岗位，每个人都把自己的青春和汗水挥洒在夺油战场，把忠诚和责任印刻在沼泽荒原，甘当新中国石油工业的拓荒者，成为江汉石油会战中一道道闪亮的印记。

会战将士始终坚持贯彻执行党的社会主义建设总路线，系统学习和运用解放军政治工作经验，把思想政治教育、弘扬革命精神紧密结合起来，发动群众鼓足干劲、克服困难、顽强战斗，以饱满的热情投身大会战，为国家石油工业发展作贡献。

时任中共五七油田会战指挥部委员会第一书记、指挥长韩东山（图1–11）和中共五七油田会战指挥部委员会副书记、副指挥长康世恩（图1–12）等会

图1-11 韩东山（前排右一）在会战现场

图1-12 康世恩（前排）在会战现场

战 报

为学习和宣传毛泽东思想而讲用

从毛主席身边来的珍贵礼品

图1-13 《战报》

战指挥部领导，深入会战现场指导工作，鼓舞会战将士斗志。

会战过程中，各级领导干部坚持跟班劳动，带头做思想工作。党支部带领党员职工人拉肩扛奋战在井场。

坚持政治挂帅，一切工作以毛泽东思想为指针，人人学毛主席著作，用毛泽东思想武装头脑。

1969年8月1日，会战指挥部决定将原由五七厂革命委员会主办的《五七战报》更名为《战报》[1]（《江汉石油报》前身）（图1-13），及时宣传各个阶段各项工作的方针政策，提高群众思想政治觉悟，发扬艰苦奋斗精神，为动员和组织会战将士胜利完成各阶段生产任务发挥了积极作用。

1969年10月4日，会战指挥部召开政治工作座谈会，强调认真做好思想政治工作，加强领导班子和队伍的团结，开展社会主义劳动竞赛，坚决把会战搞上去。

1970年3月，被誉为“不卷刃的尖刀”的1202钻井队（图1-14）从大庆转战江汉，将大庆会战的光荣传统带到了江汉。1202钻井队是大庆的一面红旗。转战江汉后，他们不问吃住，步行30里直奔井场，高速拿下两口井。该队坚持战斗在长湖南畔的水网沼泽地区，为发现习家口油田立下了功绩。会战指挥部组织开展学习大庆英雄钻井队活动，用先进典型推动会战，会战战场到处一派火热场面（图1-15）。

[1] 1970年9月1日，《战报》停刊。由会战指挥部主办的《五七报》出“创刊号”。1972年6月30日，江汉石油管理局决定，将《五七报》改名为《江汉石油报》。

图1-14　1202钻井队

图1-15　人工搬运钻井物资场景

各级党组织抓思想发动不断线，抓群众工作不断线，抓宣传鼓动不断线，用自力更生、艰苦奋斗精神锤炼队伍，用会战成果鼓舞会战将士，引导会战将士革命加拼命，把党中央、国务院的要求化为行动、变为现实。广大会战将士付出了辛勤劳动，作出了重要贡献，各条战线涌现出大批先进集体和先进人物。会战期间，1202钻井队的青年工人国传富，因排除事故，掩护同志，以致腹部被钻具戳穿。他在生命垂危之际，还喊着上井开钻。经过近3年的会战，共打井1000多口，发现和扩大了王场、钟市、广华、花园、黄场、浩口、丫角、张港、习家口等油田，初步建成中国南方重要的石油勘探开发基地。

五、自力更生建设家园

油田勘探初期，由于地下情况不清，没有安排民用建设，勘探队伍在十分艰苦的环境中展开石油勘探。野外作业队伍和随队家属分散寄住在农村，生活条件非常艰苦。截至1964年底，建成2600余平方米住宅。1965年10月以后，自力更生搭建住房。1966年上半年，随着勘探形势的发展，本着“有利生产，方便生活”的原则，着手选择勘探基地，根据上级确定的建设方针，制定了地面建设的规划。规划的具体内容是：“靠近前线（油田），分散隐蔽，不靠近城镇，也不建成城镇；土、简、低、小；少占地、占劣地，不占良田、少占良田。”为此，选择红旗（红庙）、五七、“两厂”（今周矶范新村）3个地区作为勘探基地，并建成水、电、路、讯等一批民用设施（图1-16），初步形成了以王场油田为中心的勘探基地。

图1-16　职工自己动手修建油田第一条大道——五七大道

1967年3月，为满足探区召开大型会议需要，茂名石油公司土建队在五七地区搭建了一座长50米、宽20米、高5米（顶高20米）、1200多个座位的竹席礼堂——五七礼堂，由于其质地轻巧、结构牢固，成为当时探区的标志性建筑。

1969年8月，石油会战开始后，各路队伍迅速云集，随队家属陆续迁来，探区人口由会战前夕的1.98万人猛增到12.61万人（指石油系统的人口），住房十分紧张，会战指挥部把解决会战人员住房问题作为一件大事，广大职工、家属就地取材，因陋就简，在短期内盖起了一批席棚房，共搭建席棚8.6万平方米，建成民用房屋约14万平方米。会战中期以后，各分指挥部组织力量，加紧施工，建成一批民用房屋，在五七、红旗、“两厂”3个地区，形成了16个居民点，住房条件有了一定改善（图1-17）。会战时期，先后搭盖席棚49万平方米。到1972年末，建成砖木结构住房约42万平方米，形成58个居民点，住房紧张的问题得到缓解。

会战指挥部为了确保石油基地的安全性、保密性，满足矿区勘探、开发、建设需要，改善10余万会战职工的生活，根据湖北省革命委员会《关于将沙洋二农场（劳改农场）场部和直属有关单位交给五七油田的通知》精神，接管了该农场在油田基地内的土地、房屋和设施等（双方正式办理了交接手续，油田按规定和协议给二农场付了资金）。随后规划建设了向阳、广华寺、史家湖3个基地。随着老职工的家属陆续迁来，油田的农副业生产从此起步发展。

图1-17　会战时期职工家属自己动手搭建住宅

“住通间芦席棚，睡稻草大板床，干在野外，吃在工地”是会战初期将士们的生活写照。面对物资极度匮乏的局面，为解决会战将士的吃饭和住房问题，随队家属和知青们行动起来，发扬大庆石油会战“五把铁锹闹革命”的精神，积极发展农副业，开荒种地，把沼泽地变成鱼满塘、粮满囤的“鄂中粮仓”。娘子军们还修筑公路、搭建芦席棚（图1-18），建起食堂、托儿所、缝纫组、理发店，从生活物资和后勤保障方面全力支持会战，成为会战中不可或缺的一支重要力量、一支特殊“部队”。1.2万余名家属开荒种地、发展农副业，耕种农田3.59万亩，年生产粮食600余万斤（图1-19）。

图1-18　会战时期的芦席棚、家属区

图1-19 家属开荒种地

经过2年多的会战，综合石油基地初具规模，为以后生产建设的全面发展打下了坚实基础。

六、会战成果与支援新区

1972年1月，根据江汉油田会战进程和全国石油勘探形势，燃料化学工业部征得武汉军区和湖北省革命委员会同意，向国务院提交了《关于抽调江汉石油会战队伍的请示》。同年3月，经国务院批准，撤销五七油田会战指挥部。随后3万多名会战职工和922台设备、10万多吨物资陆续调出，支援胜利、长庆、大港、华北、吉林、辽河等油田及其他兄弟单位的建设。5月1日，南阳油田独立出来，成立南阳石油勘探指挥部，代号“五一油田”，由燃料化学工业部和河南省领导，部分职工划归或调往南阳油田。5月下旬，会战正式结束。

江汉石油会战是中国石油工业发展史上的一次重要会战。仅用短短的两年多时间就为国家开辟了一个新的油田，建成一个新的石油基地，而且发现了南阳油田，揭开了在中国中南地区寻找油气资源的序幕，唱响了一曲曲战天斗地的石油赞歌，书写了无愧于历史、无愧于时代的光辉篇章。在20世纪60年代末70年代初，当时国际国内政治风云变幻的情况下，江汉油田被国家列为战备油田，对于加强“三线”建设，备战、备荒，改善石油工业布局，保障国家石油安全，发挥了重要作用。

江汉石油会战是经毛泽东主席同意，周恩来总理决定，国务院和中央军委部署的一次会战，也是在特殊历史条件下进行的一场会战。江汉石油会战时期，由于国家建设投资少，技术装备差，生活条件艰苦，广大会战职工和地方民兵发扬艰苦创业的精神，不畏艰难、排除干扰、团结奋战、积极探索、深入研究、不分昼夜，为油田勘探开发付出了辛勤汗水，涌现出一批先进人物和可歌可泣的动人事迹，培养和锻炼了一大批石油队伍，对后来支援全国石油工业建设发挥了重要作用。

江汉石油会战保护了一大批优秀的领导干部和技术骨干。会战初期，根据周恩来总理“要保存一支石油骨干队伍”的指示，将大量领导干部从各油田“解放”出来，参加会战，并加以保护。会战结束后，这批干部分赴各石油单位，继续发挥自己的智慧和才能，成为发展中国石油工业的一支重要力量。同时，一大批勘探开发和建设队伍陆续支援南阳、中原、辽河、华北、胜利、大港等油田的勘探开发建设，为中国石油工业的发展作出了重要贡献。

第二章

油田全面开发与改革发展

1972年5月，江汉油田结束会战体制，成立江汉石油管理局。按照国务院把江汉油田建成综合石油基地的要求，不畏艰难的江汉石油人以“我为祖国献石油”的英雄气概，自强不息，艰苦奋斗，求实创新，不断拓宽油气勘探领域，实施油田全面开发建设，努力发展炼油化工、机械制造、集体经济和科技，使江汉油田一举成为中国南方重要的综合型石油工业基地。通过全面整顿和内部配套改革，企业整体素质不断增强，生产建设持续发展，经济效益明显提高，“双文明”建设取得优异成绩。

江汉油田于1975年正式投产，1977年生产原油103.64万吨，首次突破100万吨，并连续多年保持年产100万吨的生产能力。1979年，江汉油田受到国务院嘉奖。截至1985年，累计生产原油1234万吨、天然气2.98亿立方米；加工原油2413.6万吨，生产石油产品62种；加工石油机械产品500多种、26.1万吨；完成财政上缴总额16.01亿元；取得一批重大科研成果，培养了大批石油技术人才，发挥了综合石油基地作用。1985年，江汉油田被授予“全国思想政治工作优秀企业”称号。

1985年12月，江汉油田下辖直属单位29个，职工总数42929人。累计完成基本建设总投资25.48亿元，固定资产原值12.94亿元、净值7.44亿元。油田基地原系一片荒湖地带，经过大规模建设，发展成为“工农结合，城乡接合，有利生产，方便生活”的新型矿区。江汉石油人不仅创造了巨大的物质财富，更创造了丰富的精神财富，涌现出以熊元启、黄为祥、李庆阁、吴国民、文光辉、李忠林、邓仁初、杨寿山、邵毅乔等为代表的一大批先进人物。到1985年，发展形成以“顾全大局，自强不息，艰苦奋斗，求实创新”为主要内涵的“江汉精神”，鼓舞广大员工开拓进取，不断创造新的辉煌。

第一节　江汉石油管理局的组建

1972年4月30日，燃料化学工业部党的核心领导小组征得武汉军区党委和中共湖北省委同意后，下发《关于撤销五七油田会战指挥部和成立江汉石油管理局的批复》[（72）燃党字第15号]，由燃料化学工业部（简称燃化部）、湖北省双重领导，以燃料化学工业部为主，标志着江汉石油会战正式结束。根据文件精神，江汉石油管理局于5月27日成立，雷世明任局党委书记兼政委，马骥祥任副书记兼局长。管理局机关设在潜江县广华寺，机关人员主要来自原五七油田会战指挥部机关和原第一分指挥部机关。管理局机关设政治部（下辖秘书室、组织部、干部部、宣传部、文教部、保卫部、家属工作部）、团委、工会、机关党委；设生产生活职能处室（生产调度室、计划处、财务处、劳动工资处、工程技术处、卫生处、农副业管理处等10个处室）和局办公室。原所属机构改为企业编制，共组建直属单位23个，另有代管单位3个。第一分指挥部所属第一团组建为钻井处（第二团外调）；第三团和第五团部分职工外调，留下人员合并组建为油田建设工程处；第四团部分职工外调，留下人员组建为油田处；第六团组建为地质处；第七团组建为运输处；第八团组建为钻采机修厂；第九团组建为水电厂；第十二团组建为农副业生产处；五七报社组建为江汉石油报社；电测站、矿机研究所、广华中学、第一职工医院、第二职工医院和武汉办事处的名称不变，进行了相应建制调整；以原第三团第七营为基础，成立规划设计室；以原第四团盐化连为基础，成立盐化厂筹建处；新成立干部学校。第三分指挥部机关及所属第十团，第十一团第十一营、第十三营、第十四营部分职工外调，留下人员组建为建南气矿（分部机关及所属第十三团、第十四团外调），第十二营（地质学校）更名为江汉石油地质学校。第八分指挥部更名为荆门炼油厂，所属第十六团组建为若干生产车间；第十七团组建为工程处（于1973年7月组建为燃化部第五建筑安装工程公司）。设计研究大队的名称、建制当时未变（于1973年3月更名为设计研究所）。是年，根据燃化部《关于更改厂名的通知》[（72）燃供字第85号]，原后勤部所属第二十一团更名为燃化部第三石油机械厂，第二十二团更名为燃化部第四石油机械厂，独立营更名为燃化部第三石油仪表厂，由江汉石油管理局代管。

1972年5月，江汉石油会战结束后，部分会战人员和设备调往胜利、大港、长庆等油田，先后调出人员3.29万人、机动设备922台、各类物资10.83万吨，有力支援了兄弟油田勘探开发建设，成为石油工业发展的一支重要力量（图2-1）。截至1972年底，全局职工总数为4.94万，其中干部人数为1.03万，包括工程技术干部3386人，占职工总数的6.85%。年底，共建有地震队14支、钻井队40支、地质队4支、电测队13支、井下作业队20支、采油队13支、油田建筑安装队24支。

图2-1　欢送部分人员支援兄弟油田勘探开发建设场景

1973年，江汉石油管理局根据上级部署，抽调人员、设备支援吉林扶余油田及其他石油单位建设，先后调出职工1.03万人，年末全局职工总数减至4.01万。1974年，调出职工1398人，支援辽河油田、六四一厂等单位的勘探开发会战。1975年1月20日，国家计委下发《关于开发四川天然气和铺设川汉输气管道的通知》[（75）计字59号]。10月25日，以油田建设工程部为基础，成立川汉输气管道指挥部，指挥部机关设在向阳地区。是年，地质调查处更名为南方石油地质勘探研究所（1979年恢复原名）；矿机研究所更名为钻采设备研究所。在工业学大庆高潮中，大庆油田报告团到油田介绍经验，油田召开万人“工业学大庆”会议（图2-2）。江汉石油管理局成立以后，管理局党委带领广大干部职工，克服重重困难，加快油田发展，干部职工队伍的精神面貌发生了较大变化（图2-3）。

图2-2　油田召开万人“工业学大庆”会议现场

图2-3　职工队伍面貌焕然一新

1976年，国务院管道领导小组鉴于川汉输气管道工程建设任务艰巨，为加强组织领导，确定“江汉石油管理局即川汉输气管道指挥部”（一个单位，两块牌子）。2月，江汉石油管理局撤销川汉输气管道指挥部，在局机关成立管道办公室，处理管道建设的日常工作。6—7月，以原油田建设工程处为基础，加上从四川石油管理局调来的部分施工队伍，组建为油田建设工程处、建筑工程大队、管道第一工程处、管道第二工程处、管道第三工程处、管道第四工程处、机运处、电讯大队、管道预制厂；以原规划设计室为基础，成立设计院（后更名为勘察设计研究院）；在沙市建设制管生产线，筹建处正式更名为制管厂。8月中旬，根据石油化学工业部关于“为抗震救灾[1]多作贡献，油田全面开井，日产3000吨，力争超产”的指示，油田投入全面开发。9月，将由石油化学工业部直辖的第三石油机械厂、第四石油机械厂、第三石油仪表厂划归江汉石油管理局管理，分别更名为机械厂、汽车修造厂、仪表厂。年末，全局直属单位增至38个，职工总数发展到4.87万。是年，完成工业总产值3.98亿元，比上年增长41.1%。

1977年，根据石油化学工业部指示，江汉石油管理局会同河南石油会战指挥部，在河南南阳成立“河南石油勘探开发指挥部”，江汉石油管理局党委书记、局长张兆美兼任党委书记、指挥长，组织领导全面开展南阳油田开发建设。8月中旬，为在湘中和鄂西地区展开勘探，在湖南衡阳成立第一勘探指挥部（1979年撤销），以建南气矿为基础成立第二勘探指挥部。是年，第二勘探指挥部天然气勘探取得重要成果，11月8日钻探的建13井获得日产9.41万立方米天然气。是年，油田开发取得历史性突破，生产原油103.64万吨，首次突破年产100万吨大关（图2-4）。1978年9月，以江汉石油管理局为基础，成立鄂豫湘赣石油会战指挥部。由地质处、钻采设备研究所、矿厂地球物理研究所组成鄂豫湘赣石油会战指挥部勘探开发研究院（钻采设备研究所于1979年从研究院划出，恢复原建制），随后矿厂地质研究所更名为测井研究所并入研究院。11月29日，成立鄂豫湘赣石油机械制造公司（后更名为江汉石油机械制造公司），下辖石油机械厂（后划出）等6个工厂和钻采设备研究所。1979年8月，江汉石油管理局撤销管

[1] 系指1976年唐山大地震。

道办公室，成立管道指挥部。随后进行了机构调整，将管道第一工程处与管道第三工程处合并，成立管道施工二处，加上运输处、电讯大队、管道预制厂（后更名为金属容器厂）、管道机修厂（后更名为施工机具修理厂），调整后的指挥部下辖6个单位。10月，根据国家计划委员会、国家建设委员会和财政部要求，川汉输气管道工程正式停建，管道指挥部随之撤销，所属单位由管理局直管。是年，根据石油工业部统一部署，为支援南阳油田、辽河油田建设，调出职工2247人。1980年3月，为了引进美国休斯工具牙轮钻头制造技术，江汉石油管理局临时组建了技术办公室。1980年以后，为了贯彻党的十一届三中全会精神，推动经济体制改革，江汉石油管理局对机关组织机构进行了调整和改革。

图2-4 1977年，江汉油田原油年产量首次突破100万吨

党的十一届三中全会以来，江汉油田各级党委和广大职工坚决贯彻执行党中央确定的路线、方针和政策。为满足国民经济调整、经济体制改革和油田生产建设发展需要，江汉油田对组织机构进行了一系列调整和改革，职工队伍也有较大的发展和变化。1980年，以农副业生产处为基础，成立了农工商联合公司。1981年，撤销管道施工一处，其中1851人（全处原为2464人）并入荆门炼油厂。管道施工二处与机运处合并组建为安装公司。电讯大队、金属容器厂和施工机具修理厂并入油田建设工程处，成立地层测试公司（由钻采设备研究所归口管理），对外称“中国石油天然气勘探开发公司测试公司”（1983年成建制调往华北油田）。是年，职工总数发展到6.28万，是江汉石油管理局成立以来人数最多的一年。为理顺管理体

制，1982年成立社会服务公司，统管油田的文化教育、医疗卫生、计划生育、商业服务、生活供应、石油化工以及农副业生产等工作，并以原干部学校为基础，成立了党校。撤销管理局政治部，党的政治工作由党委办事机构承担。撤销安装公司，机运队伍并入运输处，施工队伍成建制调往辽河油田。建筑工程大队及油建处一大队、施工机具修理厂成建制调往中原油田。抽调一批技术干部支援中国海洋石油总公司南海东部公司。同年，先后调出职工8373人，年末职工总数减至5.66万。由于职工队伍发生较大变化，1983年撤销社会服务公司，分别成立生活服务公司、劳动服务公司、教育培训部和职工大学，原盐化厂更名为石油化工厂，直属管理局领导。钻采设备研究所划归机械制造公司领导。钻采机修厂、机械厂、汽车修造厂、制管厂、鄂豫湘赣勘探开发研究院、江汉石油报社、贸易公司分别更名为总机厂、第三机械厂、第四机械厂、钢管厂、勘探开发研究院、报社、商业公司，一批厂、处改用“公司”称号。1984年，在进行企业全面整顿过程中，钻采设备研究所、测井研究所分别从机械制造公司和研究院划出，直属管理局领导。同年，先后调出职工4520人，支援中原油田和其他石油单位，荆门炼油厂划归中国石油化工总公司领导。

1972—1985年，江汉石油管理局认真抓好体制机制改革，在加强队伍组织、思想建设的同时，强化石油勘探开发，落实和扩大石油地质储量，集中力量搞好油田开发建设（图2-5）；按照“油盐并举，以油为主”的方针，积极发展盐化工工业；加强了石油专用设备以及零配件制造。

图2-5　王场油田联合站

第二节　逐步向生产经营管理型转变

20世纪70年代，江汉石油管理局（简称管理局）实行生产型管理体制机制，综合管理能力比较薄弱，主要以调度部门为主，其他职能部门为辅，组织实施生产建设计划。管理局坚持每年进行三四次“岗位责任制”大检查（10年间进行了43次），二级单位对被查出的问题逐一整改。这种管理体制机制不仅对生产任务按期或提前完成起到重要作用，也为改革管理体制机制、加强企业综合管理提供了历史借鉴。党的十一届三中全会以来，石油工业企业始终坚持四项基本原则，贯彻执行“调整、改革、整顿、提高”的方针和“对外开放、对内搞活”的政策，大力加强企业管理，提高企业素质。江汉油田结合实际，在探索改革管理体制机制中，加强企业综合管理，实现了由生产管理向生产经营管理型转变。

一、建立和实施经济责任制

为贯彻“按劳分配”原则，把国家、集体、个人三者利益紧密结合起来，管理局从1980年开始实行“成本包干，超产节约提成”的奖励办法。1981年9月，提出关于“推行经济责任制的安排意见”，对包干形式、奖励办法及有关事宜作出具体规定。1982年4月，管理局第二届第二次职工代表大会审议通过《经济责任制暂行条例》。二级单位按照“指标分解，层层包干”的原则，把经济责任落实到车间（队）、班组、岗位和个人。1983年初，修订完善了纵向包干制、横向合同制、专业系统经济责任制、个人岗位经济责任制、严格考核奖惩制和全面经济核算制共6项制度。4月，经管理局第三届第一次职工代表大会通过并施行。1984—1985年，通过总结经验，并根据国家第二步“利改税”精神，进一步完善了地质勘探、油田开发、机械制造、油田建设、辅助生产、科研设计、机关后勤等方面的纵向包干经济责任制度，同时在局、处两级建立了“一个中心，三个系统”

［以局（厂）长为首的生产经营决策中心；以副局（厂）长为首的生产指挥系统；以总工程师为首的技术管理系统；以总经济师、总会计师为首的经营管理系统］的专业经济责任制度。

截至1985年，全局建立了各种经济责任制，对各个单位、各级领导、每名职工的职责、职权、工作标准和经济利益作出明确规定，为加强企业管理、全面发展生产、提高经济效益提供了重要条件。

二、扩大二级单位自主权

为增强企业活力，全面提高经济效益，1984年9月管理局提出“扩大二级单位自主权”问题。根据“对大的管住管好，对小的放开放活”的原则，明确关于重点管好的“六项工作”和二级单位拥有的“八项权利”；1985年1月，经管理局第三届职工代表大会主席团扩大会议审议通过。管理局重点抓好的六项工作：①勘探开发总体规划，企业中长期计划；②国家预算内的基本建设投资、地质事业费和自筹勘探开发基金；③新建项目，以及重大技术措施和技术改造项目；④技术引进和对外合资经营项目；⑤修订和制定企业内部法规；⑥对二级单位厂长、经理的考察任免。二级单位拥有八项权利：①有权编制勘探、开发、建设月度计划，安排5万元以下的环保、劳保、安全、节能技术措施项目；②有权调剂使用维持简单再生产的资金、自购料资金和定额流动资金；③可以议价出售超计划产品，局内按内部价格计价，局外可低进低出或高进高出；④有科级干部管理权，局内职工调动权，局外技术、管理人才招聘权；⑤有权使用包干工资和提取的奖励基金，有权按规定比例对职工进行浮动升级；⑥有权购置5000元以下的单体设备，1万元以下的专用设备；⑦有权采购二类、三类物资，采购料款一次核定，包干使用；⑧有权自选经济责任制形式，有权同二级单位签订内部经济合同，有权安排职工学习培训计划。在放权的同时，管理局还制定了计划、财务、劳动工资、资产设备、物资供应等方面的管理细则，妥善处理“放”与“管”的对立统一关系，取得较好效果。

管理局下放八项权利，充分调动了各方面积极性。管理局测井研究所是石油工业部的重点科研单位，过去每年由管理局补贴经费120万元。通过这一管理体制改革，该所对外推行科研课题有偿转让，对内实行课题招标承包制，广泛调动了科技人员的积极性，同时建立科研、新产品试制和新技术推广“一条龙”管理体制，促使科技成果商品化，有效发挥了科学技术优势，提高了科研单位的经济效益。1984—1985年，该所实现了“经费自理，自负盈亏”的奋斗目标，并盈利118万元。1985年，完成工业总产值3.73亿元，工业劳动生产率1.45万元/人；主要生产指标创新纪录，工业总产值和利税总额分别比上年增长47.4%和47.2%。

三、逐步完善企业管理体系

为满足经济体制改革需要，根据“精简、效能、统一”的原则，逐步完善了企业管理体系。调整充实管理局机关的职能部门，对计划、财务、劳资、科技等部门，根据具体情况分别合并、增设部分科室。调度室改为生产经营管理处，撤销“三配一调”，组建节能、经营管理办公室；资产、机动两处合并，成立资产机动处；撤销机械制造公司，成立装备处；组建经济政策研究室和审计处。成立生活服务公司和劳动服务公司，前者负责管理全局的生活供应、医疗卫生、计划生育和托幼工作，同时围绕改善职工生活，从事经营活动；后者负责管理全局集体所有制的农、工、商、副各业，又是经济实体，自主经营，独立核算，自负盈亏。

围绕标准化、定额、计量、信息、管理制度、职工培训等，加强企业管理基础工作。①标准化。1981—1985年，全局实行技术标准4073项（包括国家标准、部颁标准和企业标准），其中地质勘探、油田开发和机械制造等方面的技术标准基本齐全。工作标准和管理标准的拟订开始提上议事日程。②定额。1978年开始实行“双定”，到1985年全局共编制劳动定额5.93万项，单位实行面达100%，人员实行面为95.3%。费用定额和原料、燃料等消耗定额基本齐全。油田储备定额，1979年经石油工业部核准为1.07亿元；企业整顿以后，降低了库存，1985年重新核定为9560万元。③计量。

1980年开始对油、气、水、电、汽、风、煤实行计量。1983年基本做到采油计量到队，耗油计量到车（机），用电计量到户。截至1985年，全局累计安装能源计量仪表1.96万套，装备率达到99.1%。同年，管理局获得国家“能源计量工作合格证”，局属6个单位获得“工业企业计量工作二级合格证”。④信息。1981年以来，结合企业整顿和体制改革，对全局的原始记录、工作报表、技术资料等进行全面清理，科学分类，统一编号，归口管理。对科技情报、经济信息的管理明显加强，各种学术交流活动广泛开展。建成自动电话站，装机2000多门，并兴建了卫星地面站。⑤管理制度。在企业全面整顿过程中，管理局修订印发包括生产、计划、劳资、财务、科技、质量、安全生产、资产设备、物资供应、环境保护10个方面的77种管理制度。二级单位也制定了有关规定和实施办法。1984—1985年，为适应改革需要，又进行了修订，使其更加完善。⑥教育培训。1983年底组建教育培训部，直接领导电视大学（分校）、教师进修学校、广华中学和局机关小学。教育培训部又是管理局的职能部门，对全局各类学校的教育、职工的培训工作实施领导和业务管理，从而健全了教育管理体系，使普教质量普遍提高，职工培训工作健康发展。1985年，全局拥有各类职工学校21所，党校、教师进修学校、电视大学（分校）和职工大学各1所。截至1985年，开办各种学习班4399个，培训职工18.43万人次。同期共有956人考上电视大学，388人参加省成人高考合格，3708人被送往各大专院校培训，172人出国进修、考察。这些措施的实施理顺了工作，提高了效率，促进了生产。

四、实行“以油为主，多种经营”方针

在经济体制改革中，管理局提出“以油为主，多种经营，互相促进，搞活经济”的生产经营方针，加强地质勘探，多找油气资源；提高油田开发效果，保证原油持续稳产；发挥油田各种优势，合理利用现有资源；采取多种经营方式和经济形式，开展多种商品和劳务的生产、销售活动。多种经营的内容，主要是油气资源的综合利用、机械制造的扩散产品、科技

成果的推广应用、农副产品的转化增值。在服务对象上，立足油田，为生产建设服务，为职工生活服务，同时为兄弟石油企业服务。在经济形式上，以全民为主，集体为辅，允许个人经营。

通过几年实践，见到初步成效。1985年加工高含硫原油2.18万吨，变废为宝，利用伴生天然气生产液化气5431吨，轻质油1629吨；生产了一批油田紧缺的泥浆药品、化工原料、建筑材料、劳保用品和生产用具等；全年生产粮食1234万千克、蔬菜707万千克、油料8.9万千克、肉类72万千克、家禽8万多只、蛋12万千克、鱼25万千克、水果28万千克。农工副业总产值为2133.5万元（未包括全民所有制多种经营的1817万元），商业服务行业的经营总额达3955万元。全局参加农工副业生产和多种经营活动的人员共有1.37万人（包括职工1826人、知识青年1401人、家属9468人、其他约1000人）。

1985年10月，石油工业部在江汉油田召开“多种经营”经验交流会。部领导认为江汉石油管理局实行“以油为主，多种经营”的方针符合中央改革精神，对搞活中小油田经济具有普遍意义。

五、实施全面质量管理

石油勘探开发企业是多专业、多部门联合作业。为了加强质量管理，1980年管理局成立临时的质量管理领导小组。1981年，局、处两级成立了质量管理委员会，作为领导决策机构，所属职能部门配备了专职或兼职工作人员。1982年，三级单位设置相应机构。1983—1985年，通过体制改革健全了各级质量管理机构，并确定科技处技术管理办公室为质量归口管理部门。

1980年6月，管理局召开第一次质量工作会议，传达国家经委颁发的《工业企业全面质量管理暂行办法》，并在全局宣讲“实施全面质量管理”在经营方式转变中的重要意义。管理局始终把推动全面质量管理作为重点工作来抓，组织参观学习27次，收看第一期TQC电视讲座的约1.3万人次。1981年，抓全面质量管理试点，认真组织收看第二期TQC电视讲座，并广泛宣传“质量第一”“用户第一”的思想。1982年，传达国家94号文件，使全局广大职工深刻认识到“把品种、质量摆在第一位，是党和国家的长远方针”。1983年，继续进行“求实际效果，使用户满意”的宣传教育。1984年，学习贯彻国务院关于“加强全面质量管理，提高企业素质”的指示精神，进一步提高了全局质量管理水平。1985年，根据国家经委的安排，围绕江汉油田的生产建设任务，开展查思想、查管理、查成品质量的“三查”活动。在每年9月开展的“质量月”中，利用报纸、广播、黑板报等，表扬好人好事，使广大职工逐步树立“以优质为荣”“以质量求生存”“以质量求发展”的思想。这些工作的开展，大大提高了全局职工质量意识和油田产品质量水平，促进了转型发展。

为了进一步把“质量第一”的方针落到实处，保证全面质量管理工作的顺利进行，有关部门根据不同情况，针对不同对象，结合各个阶段的重点工作，采取各种形式开展质量管理教育。对于各级领导干部，着重宣传质量与数量、质量与速度、质量与效益之间的辩证统一关系，不断提高贯彻落实“质量第一”方针的自觉性，增强把质量搞上去的紧迫感，摆正全面质量管理在企业各项管理工作和“由生产型向经营型转变”中的位置。对于岗位工人，着重宣传“为用户服务，对用户负责”的思想，提高他们的思想认识，增强责任感。对于质量管理人员，着重宣传推行全面质量管理的重要意义，增强工作信心。在每年9月开展的“质量月”活动中，都突出重点，开展宣传教育。

为了把质量管理工作与质量考核指标有机地结合起来，逐步提高“目标管理”水平，油田各级质量管理部门着力建立健全质量指标体系，把现有的质量指标，通过整顿充实，按管理体制逐步分解，形成“纵横连锁，互相协调”的质量指标体系，作为全面质量管理的目标之一。通过质量管理小组活动，强化质量指标的控制作用。从而使全面质量管理有了目标，也使小组活动有了课题，通过“PDCA”循环（即“计划、实施、检查、处理”循环），逐步提高了全面质量管理水平。1985年，评选出7项优秀标准化成果，5项优质产品，8项全优工程，27项优等工作项目。

截至1985年，基本上形成了由局、处、大队（矿）三级组成的质量管理体系，而且建立了一套行之有效的管理制度，为搞好油田全面质量管理奠定了基础。截至1985年底，全局累计有30项产品被评为国家、石油工业部、湖北省的优质产品，获得国家金质奖1个、银质奖5个，省部优质产品证书56张。

第三节　加大油区精细勘探力度

江汉油田地质情况十分复杂，在这种艰难的条件下，要取得较高的发展速度，一要靠马克思主义的唯物辩证法指导；二要靠艰苦创业。江汉平原千里大湖，古称“云梦大泽”，后因长江、汉水长期复合冲积，逐渐形成了河渠纵横、物产丰富的平川沃野，为开展石油勘探提供了相对有利条件。江汉油田坚持“二靠”方针，把油气勘探工作放在首位，确定了“精查细探潜江凹陷和石柱复向斜，扩大含油面积，拓展勘探领域，寻找后备战场”的勘探原则，并认真组织实施。

一、精细勘探潜江凹陷

1973—1975年，根据潜江凹陷油气聚集规律及其复杂的地质情况，重点解剖了潜北、广浩、新（沟）—老（新）3个断裂带，并在拖谢构造带、周矶—返湾湖断裂带开展地震和钻探工作。经过3年的勘探，发现了黄场油田，扩大了王场、钟市、广华寺、新沟等油田的含油面积和储量，实现了王场与广华寺油田连片，基本搞清了新老断裂构造带的地质构造和油气分布情况。在此期间，还开展了砂岩研究、老井油层解释复查及探井试油作业复查工作，总结出了关于地震、地质、钻井、测井、试油“五位一体、按带站岗”的工作方法。1974年开始，重点解剖了总口凹陷周缘，先后在拖2井、拖3井获得日产6.5吨和29.8吨工业油流（图2-6）。

图2-6 潜江凹陷周矶构造勘探首获工业油流

1977—1980年，把潜江地区作为重点勘探目标之一，部署了7口探井，其中潜深1井（6000米超深井）因钻遇断层，未获油气显示。1980年以后，重点开展寻找隐蔽性油藏工作。由于寻找隐蔽性油藏难度较大，在勘探过程中，采用一些新的勘探技术，提高了勘探效率。在地震装备上，采用数字地震仪；在资料处理上，采用电子计算机；在野外施工方法上，使用高层覆盖和三维地震；在综合研究方面，开展沉积相和地震地层学研究；在钻井上，采用喷射钻井、优质轻泥浆、“四合一”钻头等新工艺、新技术；在测井上，采用江斯顿测试器进行中途测试等测井技术和方法，取得了显著效果。在潜江凹陷北部钻探了高场、老新、张27、高8、高9、广25井和光明台共7个构造及岩性圈闭。在高场钻探高11井，获得日产48.4吨工业油流。根据这一发现，认为沿浩口断层一带可能存在隐蔽性含油圈闭，为此在该区30平方千米范围内开展三维地震，根据地震资料和岩性油藏研究成果，在高11井区又钻探了5口详探井，其中高19、高22井获得工业油流，从而控制了一定的含油面积和地质储量。

1981—1985年，重新勘探潜江凹陷南部地区，在老新构造的老Ⅰ区和老Ⅱ区钻井7口，经测试，有6口井获得工业油流，其中老6井日产油35.2吨，从而扩大了老新油田面积。同时，勘探拖市构造，钻井5口，均发现油层，在拖5井、拖9井分别获得日产35.7吨和87.5吨工业油流。老新、拖市油田的扩大，为潜南地区以新沟嘴组为目的层的勘探打开了新局面。截至1985年底，找到了高场、老新、拖市、广北、浩西5个油田（图2–7）。

图2–7　洪湖地区沔七井出油祝捷大会

二、建南构造的勘探突破

1974年3月，通过地震详查，部署钻探建16井，在二叠系长兴组长二段获得日产81.74万立方米高产气流，这是该构造发现的第二个产气层。此后，相继加深钻探建7井和建20井，虽未获工业油流，但对长兴组有了进一步了解。不久又在构造南高点进行钻探，在建15井飞三段获得日产14.2万立方米工业气流（图2–8）。

图2–8　在建南构造进行勘探

1975—1976年，采用“沿长轴、占高点、打断裂、稀井广探”的办法，在高点和轴线附近并沿大道断层钻井6口，在建36井飞三段和建43井长兴组分别获得日产2.34万立方米、5.59万立方米工业气流。1977年以后，勘探工作进一步加强，当年11月成立第二勘探指挥部，人员一度发展到3000余人，有大型钻机10部，其中5000米钻机1部。此后，开展了对气层沉积相带、储集条件的综合研究，先后钻井24口，加深3口，到1979年末，基本搞清了建南气田上炭统、长二段、飞三段、嘉一段4个气藏情况，探明含气面积71.04平方千米，有工业气井19口，井口日产能力40.1万立方米。

三、外围勘探不断加强

1973—1979年，管理局加大了外围勘探力度。1974—1975年，在江陵凹陷中央背斜带钻探李1、沙19、陵80等井，未获工业油流。1978年，对该地区进行综合研究，落实了区域构造形态和局部构造圈闭，又钻井2口，未见油气显示，但为后来的勘探突破提供了依据。

1973—1975年，在枣阳凹陷动用2个地震队，再次开展地震普查和局部详查工作，完成地震剖面940千米，发现6个局部构造，先后钻井7口，未见油气显示，但对枣阳凹陷的生油条件有了进一步认识。此外，还初探了汉水地堑、新州盆地、通海口潜山带、潜北潜山带、当阳复向斜、沉湖—土地堂复向斜。与此同时，展开南方地区的油气勘探。

1973—1985年，完成地震剖面2.69万千米；钻井512口，总进尺131.53万米，其中探井361口，获工业油流井108口。这13年间虽未取得重大突破，但通过艰苦细致的工作，仍然找到了6个油气田和一批含油构造，新增含油面积28.93平方千米（图2–9）。

图2–9　勘探开发场景

第四节　油田全面投入开发建设

江汉油田在勘探实践中，认识到江汉盆地含油分布具有“广、多、薄、散、杂、碎”的特点。“广”是指含油领域广阔；“多”是指含油层组多，包括下第三系潜江组、荆沙组、新沟嘴组和白垩系等含油层系；“薄”是指单一油层厚度薄；“散”是指纵向油层分布井段长，横向岩相变化大，油层分散；“杂”是指油藏类型、储油岩性复杂；“碎”是指断层多，油层比较破碎。为了掌握油田基本特征，合理开发油田，从1970年开始，广大技术人员坚持辩证唯物主义的认识论，敢于实践，勇于探索，克服困难，开展一系列开发试验，为油田高产稳产提供了重要的科学依据。1970—1972年，为利用天然能量间断试采阶段，平均采油速度为0.45%；由于多数油田压力系数小，自喷能力弱，故立足于机械采油，少数区块保持自喷开采。1973—1975年，为工业性注水控制生产阶段，平均采油速度为1.21%。1976年以后，为全面注水开发保持稳产阶段，平均采油速度为2.07%，油田全面投入开发。

1978年9月，成立“鄂豫湘赣石油会战指挥部”，并制定《江汉油田稳产十年规划》，主要目标是，到1985年，原油年产量连续9年保持在100万吨水平。为实现这一目标，采取的具体措施是：①完善注采系统。在全油田实施“两稳一升”（产量稳、含水稳，压力升）的调整挖潜，普遍进行注水开发和分层调水工作，巩固油田稳产基础。在建成的11个油田中，有9个油田投入注水开发。②采取有效措施，挖潜增产。对油井普遍进行酸化压裂，广泛开展找水堵水工作，推广应用放大压差技术。这一措施所增产量占油田年产量的6%～12%。③搞好油水井剖面测试，为分层注水、分层开采提供科学依据。④加强采油管理，开展“三队一能手”（高产稳产采油队、高速优质作业队、高速优质测试队，生产技术能手）活动，提高队伍素质和基层管理水平。此外，加强计量管理，降低原油输差。1981年，对王场、钟市集油站工艺流程进行改造，王（场）荆（门）输油管线实现密闭输油，降低了轻质油损耗。1983年3月，丫角油田稠油开采工程建成，投入开发。

截至1985年底，共完成基本建设投资5.42亿元，固定资产原值4.91亿元，净值1.61亿元。原油年产量一直保持在100万吨以上水平运行。共有采油井371口，注水井152口，观察井37口，其他井23口。油水井利用率、原油综合商品率、外销原油含水率等各项技术指标，达到全国同类油田先进水平（表2-1）。

表2-1　江汉油田历年主要生产指标完成情况表

年度	原油产量/万吨	天然气产量/万立方米	原油加工量/万吨	机械产品产量/万元	工业总产值/万元	劳动生产率/（元/人）	利润/万元	税金/万元	能源总耗量/万吨	万元产值耗量/吨
1970	14.08	377	7.23	0.03	2437	1265	−766.8	87.8		
1971	23.70	1025	10.81	0.11	5436	2222	−518.8	165.1		
1972	13.73	1117		0.18	3676	2223	−317.4	145.5		
1973	45.64	1432	33.22	0.23	11465	4184	−1488.4	766.4		
1974	50.81	1630	64.89	0.26	18997	8114	−1261.9	1517.5		
1975	71.19	1606	80.54	0.25	28156	12279	169.1	2166.9		
1976	88.67	1423	136.67	0.24	39759	16811	802.3	3183.9		
1977	103.64	1608	187.21	0.30	54890	22004	4210.8	5172.7		
1978	105.69	1750	263.27	0.43	73426	22614	13967.6		69.11	9.41
1979	104.70	1944	313.67	1.21	86310	24888	16978.2		69.02	7.99
1980	104.13	1997	408.46	0.67	100368	28393	24245.0		75.84	7.55
1981	101.05	2171	403.76	2.16	109410	27587	29362.8		66.48	6.08
1982	101.21	2495	379.88	2.72	113461	27459	32044.8		61.59	5.43
1983	102.00	2691	427.95	3.83	130588	33085	36574.1		59.99	4.59
1984	101.49	2863	435.99	5.64	141820	36197	46526.4		64.24	4.52
1985	102.41	3666	441.62	7.84	163210	40199	50344.0		66.46	4.07
合计	1234.14	29795	3595.17	26.10	1083409		264077.6（311918.6）			

注：①天然气产量包括油田气和气田气；②机械产品产量包括焊接钢管；③工业总产值按1980年不变价格计算；④利税总额栏中的“–”号指亏损，括号内的数字指上缴财政总额；⑤能耗量以标准燃料计算。

第五节　加强石油工程项目建设

为巩固、发展会战成果，1972—1979年，在工业建设方面，抓紧工程项目建设和交付使用；认真贯彻上级确定的开发方针，对油田进行了一系列的调整、改造；新建、扩建了一批石油工程，逐步形成配套生产能力。在民用建设方面，根据油田的发展情况，调整矿区布局，改造简易设施。

1972年，江汉石油管理局机关设基建处，各厂、处、院、校普遍设基建科、基建组、基建办公室及工程办公室等管理机构。基建处设综合科、技术科、预算科和矿建科，全面负责油田调整改造、产能建设和矿区建设的管理，具体担负设计管理、施工技术管理，技术装备管理、工程质量管理、施工预算管理、建筑安装合同管理及外委施工管理等任务。

党的十一届三中全会以后，江汉油田改革基本建设管理体制，完善管理制度，加强管理工作；努力按照基本建设程序办事，做好基本建设的前期工作；注重科学研究，抓好专业建设，逐步提高建设队伍的技术水平；落实经济责任制度和各种奖励办法，做好思想政治工作，进一步调动广大职工的积极性和创造性：改进物资供应及运输工作，为加快施工进度提供物质保证；调整基建规划，在抓好工业建设的同时，加速民用建设步伐，逐步改善职工住房条件。采取这些措施后，基本建设工作逐步走上了健康发展的道路，建设工期普遍缩短，工程质量有所提高，生产能力建成率、建设项目投产率、房屋面积竣工率和固定资产交付使用率逐年上升，投资效果比较显著。

1979年3月7日，中国第一条大口径管线在长江1000多米宽的江面下实施穿越，一次成功，质量全优。江汉石油人在长江管道穿越史上谱写了灿烂篇章，石油工业部为此发来贺电（图2–10）。

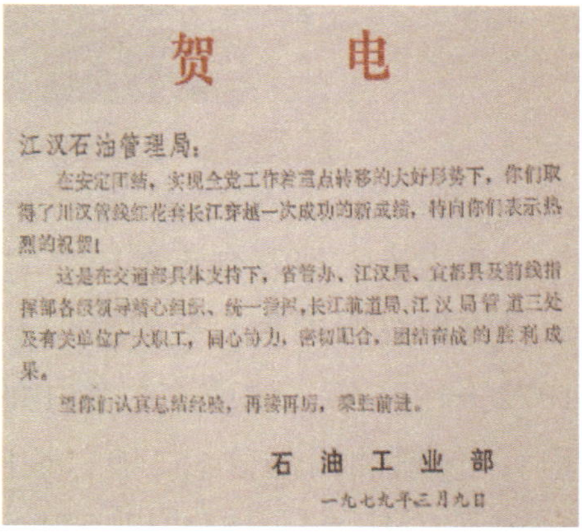

贺　电

江汉石油管理局：

在安定团结，实现全党工作着重点转移的大好形势下，你们取得了川汉管线红花套长江穿越一次成功的新成绩，特向你们表示热烈的祝贺！

这是在交通部具体支持下，省管办、江汉局、宜都县及前线指挥部各级领导精心组织、统一指挥，长江航道局、江汉局管道三处及有关单位广大职工，同心协力，密切配合，团结奋战的胜利成果。

望你们认真总结经验，再接再厉，乘胜前进。

石油工业部

一九七九年三月九日

图2–10　1979年3月9日，石油工业部发来的贺电

1980年以来，江汉油田根据中共中央《关于改进当前基本建设工作的若干意见》和国家计委、国家建委、财政部、石油工业部和湖北省的有关文件精神，联系油田实际，采取有效措施，缩短基本建设战线，坚决停建、缓建有关项目，并做好善后工作。基本建设单位精心设计，精心施工；积极开展科学研究、技术革新活动，不断提高设计、施工水平；历尽艰辛，在努力完成管理局基本建设任务的同时，积极承担局外工程的勘察、设计、施工任务。在工程建设过程中，培养和锻炼出一批政治、技术素质较好，专业和装备基本配套，能担负一般石油联合企业建设任务的设计、施工队伍（图2-11）。在进行油田产能建设、炼油厂润滑油工程建设的同时，重点转入配套工程建设和技术改造，从而使生产设施和民用设施逐步完善。截至1985年，油田保持高产稳产，炼油生产得到全面发展，机械制造出现崭新局面；油田的抗洪能力大为增强，职工的住房条件明显改善，各项福利设施逐步配套。

图2-11　工程建设水平的提高，为油田发展提供了有力支撑

在中央、地方有关部门、全国石油单位及广大人民群众的大力支援下，江汉油田克服困难，努力提高工程施工水平，完成了极其繁重的建设任务。1972—1985年，建成交付使用的基本建设项目298项（含2780多个单项工程），包括油田部分152项、荆门炼油厂45项、机械制造部分66项、其他35项。其中，大中型建设项目21项。江汉油田是国家“四五”计划期间的重点建设项目之一。1985年末，配套建成11个油田（包括一批含油构造），

1座大型炼油厂，1座小型石油化工厂，6个石油机械厂，6家勘探、开发、施工企业，3家辅助企业，4个科研、设计机构，以及一批文化教育、医疗卫生机构和其他公共福利设施。

第六节　扩大炼油生产规模

1972年5月，江汉石油会战结束，撤销第八分指挥部，正式成立荆门炼油厂。

1973年5月以后，荆门炼油厂一期工程的铂重整、加氢精制、制氢、烷基化、分子筛脱蜡、氧化沥青、丙烷脱沥青7套装置及其系统工程陆续建成。11月，常减压等6套装置联合试运，获得成功。1974年，进行间断生产。1975年，正式列入国家炼油计划全面投入生产。

1975年转入正常生产后，企业管理开始得到加强，炼油生产从此稳步发展。产品品种不断增加，截至1984年末，累计生产了54种产品。产品质量稳步提高，有9种产品（22个项次）被评为国家、部省级优质产品，获金质奖1个、银质奖2个。1976年12月，该厂被江汉石油管理局和湖北省石化局命名为“学大庆先进企业”，并出席了全国炼油、化工企业“工业学大庆”会议，受到党和国家领导人的接见。1977年，被石油化学工业部和湖北省命名为“大庆式企业”。

为保护环境、妥善处理工业“三废”（酸性气体、含硫污水、碱渣），1977年建成综合利用装置。1978年，开始建设润滑油装置。

1978年1月9日，中共中央副主席李先念、国务院副总理谷牧、国务院办公厅主任吴庆彤、交通部部长叶飞、水利电力部部长钱正英、第一机械工业部部长周子健、石油化学工业部部长宋振明以及中共湖北省委书记陈丕显等视察了该厂。

能源管理不断加强，节能工作成效显著。1978—1983年，全厂每加工1吨原油的综合单位能耗（以标准燃料计）由157千克下降到100千克。1984年，主要生产指标创历史最高水平；加工原油279.3万吨，完成产值

7.71亿元，上缴利税突破3亿元，其中利润1.93亿元，税金1.10亿元。当年生产38种产品，是历史新增品种最多的一年。

1982—1984年，糠醛精制、酮苯脱蜡、润滑油（蜡）加氢、石蜡成型装置及其系统工程先后建成投产。1984年11月15日，石油化工常减压装置竣工投产（图2-12）。截至1984年，共建成15套装置，年加工原油能力扩大到350万吨；配套完善系统及辅助设施，建成进油管线3条，其中钟（市）荆（门）管线总长76千米，年最大输油能力为170万吨；魏（岗）荆（门）管线（复线）全程220千米，年最大输油能力分别为170万吨、350万吨。建有各种储罐649座，储油能力574万吨。铺设铁路专用线16千米。

图2-12　20世纪70年代，输向荆门炼油厂的石油管线施工现场

荆门炼油厂建设周期短，投资效益显著。截至1984年底，累计加工原油2328.53万吨，实现工业总产值53.23亿元；上缴利税14.54亿元，相当于同期投资总额的2.9倍。在国民经济调整方针的指引下，荆门炼油厂产量、产值持续增长，经济效益不断提高。

根据国家改革总体方案，1984年荆门炼油厂正式移交中国石油化工总公司管理。1985年全国工业普查结果显示，荆门炼油厂的工业总产值在全国大型企业中居第32位，利税总额居第44位，被列为全国50家大型企业之一。1985年底，该厂职工总数为1.06万，其中各类专业技术人员1371人，占职工总数的13%。截至1985年，连续7年被评为湖北省环境保护先进单位。

第七节　装备制造基地建设

江汉油田石油机械制造企业，包括总机厂、第三机械厂、第四机械厂、仪表厂、钻头厂、钢管厂，这些工厂分布在潜江、江陵、荆门、天门、沙市5个县市，其产品面向全国。20世纪70年代，根据燃料化学工业部关于“把江汉建设成为石油机械制造基地”的规划要求，加强了石油装备制造基地建设。

1970年以后，江汉机械制造业产品品种逐年增多，产量、产值持续增长，从修造结合过渡到以造为主。1970—1975年，机械制造年产量从725吨提高到3237吨，年产值从696万元上升到3172万元，分别增长3.46倍、3.56倍。1972年，抽油机生产作业线建成投产；1973年，开始生产冷油泵、高中压闸阀、刮刀钻头、取心钻头等产品，并着手试制牙轮钻头。1973—1975年，牙轮钻头实验工厂（钻头厂的前身）、制管厂（钢管厂的前身）先后动工建设。1975年，进口汽车配件生产作业线、牙轮钻头生产作业线、罗马尼亚钻机配件生产作业线陆续建成投产。1975年底，机械制造企业的职工人数发展到8588人，设备增加到1294台，形成了较大规模的配套生产能力，开始发挥石油机械制造基地的作用（图2-13）。

图2-13　职工为安装6000吨锻压机主体部分献计献策

1976年以后，老厂不断完善配套，新厂陆续建成投产，企业规模逐年扩大。1978年，以江汉石油管理局原机械制造处为基础，成立了“鄂豫湘赣石油机械制造公司”，后改为“江汉石油机械制造公司”（于1985年撤销），管辖二机厂（在河南南阳，后划出但仍归石油工业部直接领导）、三机厂、四机厂、仪表厂、钻头厂、制管厂；石油机械制造公司机关选定在沙市东区。1979年，制管厂一期工程基本建成，投入试生产。当年，主要生产指标创机械制造企业历史同期最高水平。机械制造总产量为4975吨，比1975年增长53.7%；总产值达7983万元，增长151%；全员劳动生产率为6836元/人，增长57.3%；实现利润494万元，增长2.12倍。年末，机械制造企业的职工人数发展到1.12万人，设备增加到1996台。根据国民经济调整方针，全国石油机械制造系统的产销关系由“包产包销”变为“以销定产”。1980年以后，各厂狠抓产品开发，重点转产石油设备，使生产降而复生，出现了新的局面。职工队伍的数量和素质，也有较大的发展和变化。

1980—1981年，石油机械制造企业出现生产任务不满、企业亏损的困难局面。各厂积极主动，不怕困难，走向市场，深入调查；狠抓产品结构调整和产品质量工作，对一批性能老化、技术落后、质量不好、成本太高、缺乏竞争能力的产品，坚决停产、减产；加强新产品的研制工作，先后完成了28项新产品的试制任务，其中一批产品通过鉴定开始批量生产，陆续投放市场，受到用户欢迎；在质量管理上，开展QC小组活动，制定产品创优升级规划，先后付诸实施，取得初步成效。1982年，认真执行经济责任制，开始出现“产销两旺”的局面，部分产品首次打入国际市场。同年，总产量达1.33万吨，比上年的8048吨增长65.6%；总产值为8273万元，比上年的5370万元增长54.1%，实现扭亏为盈。1983年，通过企业整顿，工厂素质得到改善，生产持续发展。总产量、总产值和利润总额分别比上年增长18.2%、32.1%和122%。

1982—1985年，由于贯彻国民经济调整和经济体制改革的方针取得成效，经济效益明显好转。1982—1983年，上缴利税分别为828万元、1415万元，百元资产利税率分别为4%、6.3%；1984—1985年，上缴利税分别为1612万元、3211万元，百元资产利税率分别增至6.8%、9%。此后，随着产品结构的调整和经营管理的改善，取得了较好的经济效益。

1984—1985年，机械制造企业管理水平显著提高，产品开发和产品创优均取得新的成绩，技术引进和技术改造也获得较大进展，主要生产指标连创历史同期最高水平。1985年，机械制造企业的生产能力明显提高。①机加工3万吨，其中钻采设备2.5万吨，包括抽油机1200台，空压机、工业泵等600台；油田特种工程车2500吨，包括长管拖车100台、修井机（车）20台、其他特车30台；钻采设备及汽车等配件2000吨；其他500吨。②热加工1.23万吨，其中铸铁6600吨、铸钢4200吨、锻造1500吨。③其他，仪器仪表2000套、牙轮钻头2.15万只、螺旋焊接钢管8万吨。④大修，柴油机300台、抽油机50台、机床70台。年底，二机厂、三机厂等6个工厂，共有职工1.22万人，其中技术干部660人，占职工总数的5.4%。同年，总产量为7.84万吨，比上年的5.68万吨增长38%；总产值达2.36亿元，比上年的1.36亿元增长73.5%；上缴利润1979万元，比上年的1040万元增长90%。

1967—1985年，共完成基本建设投资3.39亿元，拥有技术设备3241台，其中金属切削机床1269台，锻压设备82台（套），精、大、稀设备361台（套）。固定资产（包括随厂迁来的设备资产）原值3.59亿元，净值2.82亿元。1970—1985年，完成工业产值10.22亿元，上交利税8934万元。共生产120多类、500多种产品，总产量达26.1万吨，包括各种设备7143台，其中油田特种工程车948台，抽油机4100台，空压机、工业泵及其他钻采设备2095台；各种配件2.37万吨；仪器仪表2.03万套，仪表配件87.48万件；各种钻头6.53万只，其中牙轮钻头5.75万只；螺旋焊接钢管14.24万吨。这些产品，主要供应全国石油勘探开发单位，为发展中国石油工业作出重要贡献。

在科学研究、技术革新和产品创优等方面，取得1160多项科技成果。自1978年以来，36项成果获得上级部门的奖励，其中4项获全国科学大会奖，1项获国家科学技术进步奖，3项获石油工业部科学技术进步奖；19项产品（共38项次）被评为国家、部省级的优质产品，获银质奖3个，实现了“厂厂有名牌”的目标。

第八节　夯实安全环保基础工作

江汉油田安全环保工作随着企业的发展和各项工作逐步走向正轨，由一般性的管理提高到技术监察与行政手段相结合的综合性管理，安全环保基础有效夯实，提高了企业整体素质。

一、加强安全基础工作

江汉油田早期安全管理工作基础薄弱，因而发生事故较多，尤以交通事故为甚，对生产建设造成不良影响，给人民生命财产带来严重损失。

1976年以后，管理局根据国家、部、省有关文件精神，加强对安全生产的领导和管理，狠抓安全管理机构和基础工作的建设，逐步夯实了工作基础。特别是1979年以后，认真贯彻党的十一届三中全会确定的路线、方针和政策，不断完善安全管理制度，消除事故隐患，改善劳动条件，使安全生产情况逐步好转，事故逐年下降。1977—1983年，事故发生率比1970—1976年下降72%，保证了生产建设的顺利进行。

（1）建立管理体系。1976年以前，油田安全生产管理工作，主要由生产调度部门兼管。1976年11月，管理局正式成立安全管理处（以后改名为安全技术处）。局属二级单位也先后设置安全科，大队（矿）级单位设立安全组，各基层车间（队）、班组配备专职或兼职安全员。1985年，全局有专职安全管理人员102人，其中局安全技术处12人。同年，局、处两级成立安全生产委员会，从而逐步完善了安全管理体系。

逐步建立各项安全生产管理制度。1982年，国务院颁发《矿山安全条例》《矿山安全监察条例》《锅炉压力容器安全监察暂行条例》，石油工业部颁发《石油工业安全生产管理规定》。1983年，湖北省颁发《厂矿企业安全生产条例》《厂矿企业安全生产监察条例》。管理局广泛宣传，认真贯彻，并结合油田实际情况，进一步修订、完善一系列安全管理制度，主要有《江汉石油管理局安全生产管理条例》《油田交通安全管理规定》以及安全用火、安全检查、受压容器管理、冬季安全生产管理等15项制度。各厂、处也根据本单位实际情况，制定有关规定、措施和办法，从而使全局的安全管理制度趋于健全，为搞好安全管理工作打下良好基础。

（2）加强安全教育。安全教育是安全生产管理的重要内容之一。1977年以后，管理局紧紧抓住这个重要环节，广泛、深入地开展安全教育工作。油田各单位、各部门积极宣传党和国家制定的安全生产方针和劳动保护法规，不断加深广大职工对搞好安全生产重要意义的认识，坚持在“安全活动日”、重大节假日期间开展安全教育活动。对新招收、分配的学徒工及技校学生，全部进行三级安全教育。对4560名锅炉工、电气工、压力容器焊工、爆破工、钻井司钻等进行安全技术培训，其中有2348人经过考核获得安全操作合格证。自1980年以来，按照国家规定，在每年的6月份开展“安全月”活动，采用图片展览、电影、幻灯、板报、专题讲座等各种形式，印发《重大事故案例》《安全知识问答》《安全基本知识》等各种教材，对油田广大职工、家属、学生及民工进行安全教育。各单位在采用新工艺、新技术或改变生产流程时，坚持对操作人员进行安全技术教育和基本功的训练；对机动车辆的驾驶人员，利用年度检审、办违章司机学习班等形式进行遵章守纪教育。各级安全管理部门，还开展预防性的教育，经常到学校给学生讲解交通、防火安全基本知识。

通过广泛深入的宣传教育，广大职工逐步树立了“安全第一”的思想，提高了安全技术素质和安全生产管理水平。

（3）狠抓安全检查。根据国务院《关于加强企业生产中安全工作的几项规定》，管理局建立安全检查制度。1979年以来，在过去开展岗位责任制大检查的基础上，坚持实施局每年两次、厂处一季一次、车间（大队）每月一次、班组每天一次的安全检查制度。针对生产、季节特点，开展不定期的专业性安全检查，主要是入夏的防汛、防雷，入冬的防冻、防火，以及压力容器检查、交通安全检查等。

在安全检查中，坚持“领导与群众相结合，检查与整改相结合”的原则。先由基层自查自改，后由局、处两级检查验收。对检查出来的问题，列出大表进行整改。对重大隐患和“老、大、难”问题，列入计划，限期整改，由安全管理部门组织验收。1979—1985年，在历次安全大检查中，全局共查出各种隐患5.66万个，其中重大隐患268个，由局投资1063万元，陆续进行整改，及时排除了生产上的不安全因素，防止和减少了事故的发生（图2–14）。

图2–14 风险防控、全员参与的“两表一卡”实施指南

（4）强化防火防爆工作。由于油田的特定条件，防火防爆问题显得极其突出。过去因钟市集油站、广华集油站和荆门炼油厂常减压装置发生的火灾，以及历年发生的大片芦席棚着火事故，给生产建设和职工生活带来严重影响。油田各级领导和安全管理部门吸取沉痛教训，逐步把防火防爆工作提上重要议事日程。在经常开展防火教育的同时，加强对重点设施和要害部位的安全管理，建立严格的用火制度，充实消防队伍，增设消防设施。

1979—1981年，管理局根据国家颁发的《气瓶安全监察规程》《液化石油气钢瓶设计制造质量标准》《蒸汽锅炉安全监察规程》《液化石油气汽车槽车安全管理规定》等安全法规，加强了对锅炉、压力容器的管理。包括：投资300多万元，将三道焊缝的液化气瓶全部换成符合国家标准的一道焊缝的气瓶；将不符合安全规定的12台石油液化气储罐和4台槽车进行改装或予以更换；开展对锅炉工的考试发证工作，作出“无证不准独立上岗操作”的规定。

1982年，管理局成立焊工考试委员会，开展对锅炉压力容器焊工的考试发证工作。经地方劳动部门批准，在油田建设工程公司金属容器制造厂成立锅炉维修队，担负油田的锅炉维修任务。1985年，设计院和金属容器制造厂分别获得国家三类压力容器设计、制造合格证。

（5）强化交通安全管理。油田的交通运输以公路为主，拥有2000多台机动车辆。由于多方面的原因，经常发生交通事故和交通堵塞。1978年以来，为改变这种状况，采取有针对性的治理措施。制定《油田交通安全管理规定》及《违章肇事处理规定》；加强对长途车、载客车的安全管理，由安全部门审查签发通行证；抓好专业运输车队的安全管理，制定安全行车规定；采取分段包干办法，排除路障和不安全因素；大力表彰安全行车先进人物，总结推广先进经验，用正反两方面的典型进行宣传教育。

油田的交通秩序逐步改善，交通事故明显减少。1985年，发生交通事故49次，比1977年的123次下降了61%；死亡13人，比1977年的29人下降了55%。

（6）做好劳动保护工作。为实现安全生产、文明生产，保护职工安全和健康，从1979年开始编制安全技术、劳动保护措施计划，先后付诸实施。1979—1985年，完成安技、劳保措施项目224项，投资590余万元，使主要生产单位的冶炼、铸造、喷涂、射线、化验等车间、岗位的尘毒危害得到有效治理，改善了劳动条件。

为了保护从事有毒有害作业职工的身体健康，按照国家和地方政府的有关规定，实行保健食品制度、健康检查制度和尘毒监测制度。管理局设立职业病防治所，对7972名从事粉尘、电镀、电焊等作业的职工进行体检，建档建卡1758份，收治职业病人212人。安技、卫生部门还先后深入基层和野外作业队，进行劳动卫生状况调查和尘毒测定工作，并提出防治意见。

为保护职工在生产劳动中的安全，先后几次修订《职工个人防护用品发放制度和标准》。对从事特殊作业的工人，专门配备防护用具；对野外、高空、高温作业单位，及时解决防暑、降温和防冻、保温物资；在女职工比较集中的单位，建立女工卫生室，从而使油田广大职工的工作环境和劳动条件逐步得到改善。

二、源头治理与环境保护

江汉平原是河湖密布、膏腴沃野的“鱼米之乡”，保护环境、防治污染尤为重要。

油田在钻井、采油、炼油过程中，持续、大量地产生各种废水、废气、废渣（简称“三废”）。江汉油田试生产期间，由于对“三废”和噪声的危害性认识不足，加上管理工作没有跟上，曾对周围环境造成一定污染。1978年以来，情况逐步发生变化。根据污染源点多、面广、量大的特点，采取“以防为主，以治为辅”“综合利用，化害为利”的治理方针。1979—1984年，荆门炼油厂连续6年被评为湖北省环境保护先进单位。其间，油田开发处和仪表厂于1982年被评为湖北省环境保护先进单位；江汉油田在1983年全国油气田环境保护检查评比中获总分第一，被评为石油工业部环境保护先进单位；第四机械厂于1985年被湖北省授予“清洁无害工厂”称号。截至1985年，全局共建成大中型环保工程72项，投资4480万元。污水年处理能力达1640多万立方米，废气（及天然气）年回收能力2亿立方米，废渣年处理能力15万吨。由于管理工作逐步加强，技术水平不断提高，环保设施逐渐完善，污染防治从简单处理提高到深度处理，从单一治理过渡到全面治理，并逐步发展到综合利用。与此同时，着力控制污染源，压缩排量，加强监测，绿化环境，使环境污染明显减轻（图2-15）。

图2-15　建成的生活污水处理厂

发展形成环保管理体系。1978年，国务院要求全国167个严重污染环境的工矿企业（包括江汉油田）限期治理。管理局对此极为重视，组织专人制定对“三废”的治理规划，拨出专款1100万元，并抓紧实施。加强环境保护的立法工作，制定完善了一些条例、规定和办法。1979年，国家颁布《中华人民共和国环境保护法（试行）》。管理局召开专门会议，认真传达贯彻并成立环境保护办公室（设于科技处），由主管生产的副局长兼任办公室主任。局属各单位先后成立相应机构，从上到下加强环保管理工作。1980—1981年，为了更好地贯彻国家关于“全面规划，合理布局，综合利用，化害为利，依靠群众，大家动手，保护环境，造福人民”的环保工作方针，管理局责成有关部门深入调查研究，全面修订治理规划，提出切实可行的措施办法，先后付诸实施，取得显著成效。1982年，石油工业部召开环保工作会议。管理局根据会议精神，成立环境监测站，同时充实环保办公室的人员。同年，制定《江汉石油管理局环境保护暂行办法》。为加强环境保护的基础工作，1983年培训了一批环保人员，建立了环境污染源档案，整理了一批环保技术资料，同时印发《环境保护奖惩办法》和《污染源监测和污染物排放的有关规定》。为进一步加强领导，1984年，成立以生产副局长为组长的环境保护领导小组，制定《油田内部排污收费办法》等管理制度，建立和实行“环境保护综合月报表”。1985年，成立江汉石油管理局环保委员会，组建2个二级监测站，7个监测组。全局共有环保专职人员61人，其中管理人员16人，监测人员45人，另有兼职人员14人，初步形成了环境保护管理、监测体系。

强化污染源的综合治理。①含油污水的治理。含油污水，主要是从原油中脱出的污水，其次是洗井污水、井下作业污水等。为解决含油污水的出路问题，1973年由规划设计室、地质处和油田处派出专业人员组成试验小组，正式开展室内和现场试验，并于1978年获得成功。此后，改建、新建王场、高场等7个污水处理站和广华、张港两个污水提升站，年处理能力达到513.2万立方米，从而使油田产生的污水大部分得到净化并回注油层。②钻井污水处理。1978年开始研制回收装置，次年获得成功。1979—1980年，共制成15套，交钻井队使用，效果较好。1981年以后，每个钻井队配备1套。1985年，钻井污水的循环利用率达到93%。③锅炉废气的治理。为解决黑烟对大气的污染问题，从1980年开始，在每台锅炉上安装了消烟除尘器，但效果不佳。1981年以后，淘汰了一批污染严重的锅炉，更新了消烟除尘装置。1983年，对全局的锅炉废气进行普测，合格率达到92%。④轻油回收。1982—1985年，先后在王场油田、钟市油田建成轻油回收装置，回收有用物质，减轻了环境污染。⑤含硫废气的治理。石油化工厂在加工高硫原油过程中，产生硫化氢、二氧化硫等有害气体。为消除公害，建成一座焚烧炉，进行高温焚烧处理。开始未达到设计要求，后经反复改进，取得初步效果，减轻了污染程度。此外，对各种废渣、污泥和噪声的治理工作也已陆续开展，取得不同程度的效果。

加强预防性的环保措施。①加强环境监测。1976—1981年，为适应农田灌溉需要，先后在油田基地设立26个监测点，开展对地面水的监测工作。按照石油工业部的要求，1982年成立环境监测站，下设大气、水质2个化验室，开始对生活饮用水、地面水、工业废水和废气进行监测，当年获得386个数据。1983年，开展了67个监测项目，主要对地面水、工业废水、大气、酸雨、土壤进行监测，当年获得913个数据。1984年，监测人员发展到23人，仪器补充到45台，当年获得1764个数据。有两个二级单位成立了监测组，对排放的污水和废气进行监测。1985年，局环境监测站改为环境监测中心站，人员发展到26人，仪器增加到78台，拥有固定资产（原值）50万元。开展环境质量、工业“三废”和噪声的综合监测工作，获得4760个数据。油田开发公司和石油化工厂成立了监测站，各机械厂成立了监测组。②贯彻“三同时”方针。1979年，为更好地贯彻“三同时”的方针，管理局责成有关部门制定了具体的规定和办法。审查新建、扩建工程设计方案时，认真听取环保部门的意见。新沟油田地面工程从设计、施工到竣工投产，都有环保人员参与其中。该油田自1981年底投产以来，一直未排放含盐含油污水。1984年，石油化工厂进行扩建，把废气、废水治理同时纳入总体设计方案。因此，有效地防止了新的污染。

搞好环境绿化工作。油田基地原系一片荒湖地带。1970年以前，江汉石油人兴修水利，平湖造田，同时在河渠、道路两旁广栽树木，为油田的绿化工作打下了基础。先后造林栽水杉1.34万株，在“四旁”植树6600多株。1970年以后，油田坚持年年植树，把保护水杉纳入履行社会责任范畴，精心管护，扩大种植2万余株，建成世界最大的人工水杉林，在国内外享有盛名。这片水杉林由江汉石油管理局管理，得到精心维护。1979年以后，管理局把环境绿化工作提上重要议事日程，制定绿化规划，成立专门机构（主要是园林队），建立各项制度；年平均栽树近6万株，且成活率较高。与此同时，精选树种，广栽水杉。根据《中华人民共和国森林法》规定，1981年将这片水杉林列为国家“特种用途林”，由地方政府和油田共同保护。截至1985年，全局共有各种树木82万余株，森林覆盖率达到16.2%（图2–16）。1988年12月26日，全国政协主席李先念亲笔题写了“江汉水杉纪念碑”（图2–17），使江汉水杉园林亮色倍增。

图2–16　江汉水杉林

图2–17　江汉水杉纪念碑

第九节　科研管理体系建设

1972年以来，科技管理工作得到逐步加强，基本形成一套适合江汉油田特点的科研管理体系。

（1）建立完善科技管理机构与管理制度。江汉石油会战时期，科技力量得到全面加强，各类专业技术人员一度达到5400多人；设有科研机构8

个，职工2300余人，其中科技人员1300多人。1972年5月前后，部分人员外调支援其他油田开发建设。

1970—1972年，各分指挥部普遍成立技术科，各团成立技术股，主管科技工作。管理局成立以后，局机关设置科技办公室，二级单位普遍设立技术科。局属科研部门先后成立科技办公室或科技科，厂（处）属科研单位成立相应的机构。科技管理人员逐渐得到加强。

1978年以后，为落实全国科学大会精神，从健全管理机构着手，充实局、处两级的科技管理人员。管理局有一名副局长兼管科技工作，进一步加强对科技工作的领导。局科技办公室具体负责全局科研、质量、计量、标准化、专利、环保、学会、情报等管理工作，对上与石油工业部、湖北省领导部门联系，贯彻落实有关指示、要求；对内组织拟订科技发展规划，制定科研管理办法和各项管理制度，编制和落实科研计划，组织鉴定科技成果，推广新的技术，处理日常事务等。二级单位也逐步健全了相应的管理机构，并分派一名厂（处）领导或主任工程师分管科技工作，从而使全局自上而下形成了一个比较完整的科研管理体系。

为加强对科技工作的领导，1980年3月，管理局成立科学技术领导小组，负责指导全局科学技术发展方向，审查科学技术发展规划；审定重大技术改造、技术措施方案，作出有关科技决策；负责科技人员的考核、晋升及职称评定。办事机构设在科技处。1985年，全处有管理人员20人，内设科研管理办公室、技术管理办公室、环保管理办公室、情报计算机管理办公室和学会办公室。

1979—1985年，根据国家、石油工业部和湖北省有关科技文件精神，结合江汉油田的具体情况，编制和修订了一系列科技管理条例和制度，主要有《科技管理机构及其职责范围》《科研计划管理制度》《科研成果管理和奖励制度》《物资管理条例》《科研经费管理条例》《科技成果的推广应用办法》《科技资料归档制度》《科技工作汇报制度》。这些条例和制度的贯彻执行，逐步扭转了“极左思潮”造成的混乱局面，使科技管理工作逐步走上正轨。

（2）遵循科研规律开展科学研究。江汉石油会战时期，科技人员“面向生产，面向基层，面向群众”，与工人同吃、同住、同劳动、同商量。针对油田生产实际，深入开展科学研究，取得8项成果，其中“10号镶装硬质合金阶梯式刮刀钻头”被国务院授予“国家发明创造二等奖”。

1972—1974年，管理局成立后取得10项科技成果。1974年以后，科研设备逐步更新，房屋设施陆续增加，工作条件和生活条件明显改善。1975—1978年，取得26项科技成果。1979—1985年，贯彻党的科技工作方针，认真落实党对知识分子的政策，严格按照科研规律办事，使科研工作走上健康发展的道路。其间，取得90项科技成果，其中一批成果具有国内先进水平，得到上级部门的奖励。

油田广大科研工作者克服困难、努力按科研规律开展科研工作。①做好开题前的调查研究，摸清国内外的技术水平，掌握发展趋势，做到心中有数。一方面汲取国内外的先进经验，少走弯路，节省时间，另一方面避免盲目选题或重复选题，保证科研成果符合生产需要，为新技术的推广应用打下基础。②做好科研项目的开题论证和方案答辩，要求详细阐明必要性和可行性，先进性和合理性，在生产建设中所起的作用和可能发挥的经济效益，所需经费，完成时间，计划达到的主要指标和技术参数。认为切实可行，方可开题研究。③落实计划，抓好“五定”：定研究人员，定经费数额，定研究内容，定完成时间，定技术指标。计划任务书包括七项内容：开题来源、目的意义、调查情况、技术参数、设备料表、概算指标、进度安排。④遵循科研规律，坚持试验程序，做到循序渐进。首先进行室内试验，在掌握第一性资料的基础上开展中间试验，待技术性能达到设计要求再进行生产性试验，按原定周期试运成功以后，再组织成果鉴定。

（3）推广应用新技术。为了加速油田生产建设的发展，1970—1985年科技管理部门认真抓好新技术的推广应用。

广泛开展情报交流活动，及时提供国内外新技术信息。油田科技部门先后成立了11个情报机构：钻采设备研究所情报室、测井研究所情报室、物探公司情报室，担负全国石油系统专业情报协作组组长任务；勘探开发研究院情报室、油田开发公司采油工艺研究所情报室，担负全国石油系统专业情报协作组副组长任务；钻井公司钻井工艺研究所情报室和设计院情报组等。这些情报机构与局内外的情报单位广泛联系，为本单位的科研、生产、建设提供技术信息。局科技处设置情报计算机管理办公室，加强全局的科技情报管理工作。为加强技术交流，各科技部门先后出版14种刊物及7种《科技信息快报》：勘探开发研究院的《院刊》《江汉石油译丛》，钻采设备研究所的《石油钻采机械》（全国发行），物探公司（计算机中心）研究室的《南方石油物探情报》《石油物探交流集》，测井研究所的《测井方法研究》《测井简讯》（全国发行），钻井公司钻井工艺研究所的《钻井工艺》，油田开发公司采油工艺研究所的《采油工艺》，第一职工医院的《江汉医学通讯》，劳动服务公司农业科学研究所的《农科简讯》等。这些科技刊物对新技术的推广应用，起到了桥梁作用。

组织引进国外新技术，积极开展生产性试验。1979年，石油工业部引进美国江斯顿公司的地层测试技术，油田钻采设备研究所等单位积极进行应用研究，开展室内试验和现场试验，取得了测试器胶筒与缸套间隙、温升、承受压差之间的关系曲线，掌握了各个部件的性能及影响测试效果的各种因素。在此基础上，对14口井的26个层位进行了27次试验，在其中12口井15个层位的16次试验中取得成功，为大面积推广应用做了充分的技术准备。截至1984年底，在69口井上进行了114个层位的试验，成功率达到80%；在9个地区的26口井中获得工业油气流，其中7口获得高产油气流，最高日产油270吨，最高日产气26.9万立方米。测试证实有13口井无工业油流，因而未下套管，节省费用约300万元。

建立相应机构，加快新技术推广应用的步伐。1983年，钻井公司成立新技术推广领导小组和新技术推广办公室，油田开发公司成立4个新技术推广小组，测井研究所成立新技术推广实验室。在加强组织领导的同时，采取相应措施，做到“四个落实”：计划落实、经费落实、器材落实和培训落实。科技人员经常到现场蹲点，进行技术指导和技术服务，新技术在生产建设中很快见到效果。物探公司采用“三维地震勘探技术”，找到了高场油田；钻井公司推广优质轻泥浆和“喷射钻井技术”，加快了施工进度，节约了钻井费用；测井部门推广电阻率、孔隙度2个测井系列和补偿密度等5种新仪器，提高了对油层的解释精度，并向6个兄弟油田推广先进的测井仪器42台（套）；油田开发公司采用“放大压差技术”，提高了采油速度，增加了原油产量。

（4）改革科研管理体制。为加快科研进度，多出成果，快出成果，自1980年以来，对科研管理体制试行改革，取得一定成效。

实行按题拨款。局科技处按科研项目的难易程度、实际需要，拨给经费，要求“专款专用，专题专用，合理使用经费，严格计划用款”。主要做法是：审定科研项目时同时审定科研经费，科研经费随同科研计划一起下达；建立经费核算台账，根据“限额凭证”，在所在单位的财务部门列支；科研单位的财务部门按月结算，并向局科技处及财务处上报经费使用报表；局科技处设专人管理费用，建立台账，按原定计划和实际需要，分期拨款；每年第三季度按照项目进度及变更情况，调整费用计划，报主管领导审定。自实行“按题拨款”以来，收到明显的效果：科研经费有了保证，为工作的顺利进行提供了物资条件；经济责任落实到组，科技人员关心经费使用，花钱精打细算；确保了重点项目，有效控制计划外项目，避免在人力、物力、财力上造成浪费。

试行专题招标。为了打开新的局面，加快科研进度，提高科研水平，勘探开发研究院从1982年开始试行科研专题招标。优选最佳招标方案，择优招聘项目负责人，明确责、权、利，扩大中标专题的自主权。在“钟市油田提高采油速度和改善开发效果研究”“潜江凹陷深层油气藏勘探评价部署研究”“潜江凹陷西坡勘探部署研究”中试行招标，其方法和步骤：张榜，启封招标书，论证招标书和公布中标人；组织落实，由中标人自选2名主要助手，并通过上下结合，确定其他人员；进行专题设计，开题论证，与院主管领导和院科技办公室签订合同，确定奖罚办法。实践证明，专题招标制切实可行，效果明显。“潜江凹陷深层油气藏勘探评价部署研究”专题组提供钻探的广23井，获得高产油流，发现了广北油田。科研专题招标制在油田内外引起了反响，《湖北日报》《人民日报》都作了报道。

采取经济措施。1980年以后，局属主要科研单位从各个方面探索科技工作与经济措施相结合的途径。勘探开发研究院在1980—1981年试行经费包干办法。1982年，试行三种形式的经济责任制：对两个大队级单位试行“三包干”（任务、经费、余额包干）和节约提成；对基层各队、室实行“任务包干，经费定额，责任考核，评分计奖”；对机关实行“部门考核，职责计奖”。1983—1985年，仍采用三种形式，但内容有所变化：对研究室实行专题研究承包责任制，对研究水平、工作质量、研究周期、经费定额实行包干；对技术服务科室实行定额承包、剩余提成的技术经济责任制；对提供咨询服务的情报资料、物资供应、后勤服务及机关科室，实行责任承包、经费定额、工作效能考核制。

推行所长负责制和设立所长奖励基金。1984年，石油工业部确定江汉油田测井研究所为科研体制改革的试点单位。改革的主要内容：推行所长负责制，所长全权负责全所的行政、业务工作；所长由上级任命，一届三年，副所长由所长提名，上级批准，科室长由所长任免；设立所长奖励基金，用于奖励取得重大成果的科技人员和作出突出成绩的职工。实行所长负责制和设立所长奖励基金，受到科技人员的热情支持，有力地促进了科研工作的发展。

成果有偿转让。1981年，开始试行科技成果有偿转让，由研究单位和制造厂家直接签订经济合同，明确双方应承担的责任，前者提供技术（图纸），后者负责试制，经济收入由两家分成。1984—1985年，对转让成果获得的经济收入作了规定，除部分上交以外，其余均作为科技发展基金、职工福利基金和奖励基金。这种办法进一步调动了研究单位和制造厂家的积极性，缩短了科技成果的研制周期，加速了新产品的推广应用。

“六五”期末，全局共有各类专业技术人员6731人，占职工总数的15.7%；其中社会科学专业人员2197人，自然科学技术人员4534人，包括工程技术人员2754人，占职工总数的6.4%。拥有科研机构12个，其中局属机构3个：勘探开发研究院、测井研究所和钻采设备研究所；厂属科研机构9个：物探公司的（计算机中心）研究室、钻井公司的钻井工艺研究所、油田开发公司的采油工艺研究所、设计院的科研室、钻头厂的工艺研究所、第三机械厂的工艺设计研究室、第四机械厂的设计研究所、仪表厂的设计研究所和石油化工厂的设计研究室。科学研究机构的职工为2532人，其中科技人员1084人。

适应生产建设发展需要，不断提高油田科学技术水平。1970—1985年，科研设施逐步完善，实验手段不断加强。至1985年，科学实验用房5.88万平方米，包括各种实验室38个，加工试制车间17个。拥有中、小型实验装置86套，各种仪器、设备1638台（套），其中有电子计算机、扫描电子显微镜、X射线衍射仪、800道能谱仪等一批先进仪器、设备。各科技、情报部门普遍设有图书室、档案室，藏有17万册科技图书及技术资料。各科研部门先后成立了11个情报研究机构，配备专业情报人员122人，与全国400多个单位建立技术情报联系。出版14种科技刊物，与全国石油单位及有关部门进行交流。广大科技人员积极参加各种学术交流活动。1985年，全局有1660多人参加全国和湖北省的58个学会和学术组织。其中，1179人参加湖北省石油学会（于1979年11月成立，会址设于江汉油田）。

1971—1985年，全局共支出科研经费3900余万元，年平均260多万元。各科研部门和各企事业单位，根据石油工业部、管理局安排的任务，结合各单位的实际情况，在地球物理勘探、石油地质、石油钻井、石油测井、油气田开发、石油炼制、机械制造、地面建设、文化教育、医疗卫生、商业服务和农副业生产等各个领域，积极开展科学研究和技术革新工作。科技工作的方向，主要是针对油田实际，解决生产技术关键和薄弱环节，发挥技术优势，促进生产建设发展，提高企业经济效益。在方法上，以应用技术研究为主，基础理论研究为辅，把当前急需与长远目标结合起来，并重视新技术的引进，不断提高油田的科学技术水平。截至1985年，全局共取得5740多项科学研究成果和技术革新成果。其中，17项获1978年全国科学大会奖，2项获国家科学技术进步奖，68项获部、省级优秀科技成果奖、科学技术进步奖和新产品优秀成果奖。广大科技人员通过科学实验、技术革新和生产实践，先后撰写1480多篇论文，其中355篇在国内有关刊物上发表，或在有关专业会议上交流；有的还在国外发表。

第十节　双文明建设统筹发展

1972年5月，中共湖北省委批准成立中共江汉石油管理局委员会。年底，全局设有27个基层（厂处级）党委，91个党总支，693个党支部；共有党员1.98万名，占职工总数的40.1%。管理局成立后，组建政治部，下设秘书室、组织部、干部部、宣传部、文教部、保卫部、家属工作部；各厂处成立政治处，职责范围与局政治部略同。1973年7月，干部部并入组织部；1974年4月，设立武装部；1975年底，设调查研究室；1980年8月，撤销家属工作部。1982年11月，根据上级指示精神，撤销管理局政治部和厂处的政治处，管理局党委设党委办公室、组织部、宣传部、老干部处、打击经济犯罪办公室等。其间，设管理局机关党委；成立局纪律检查委员会。

1982年11月，管理局党委召开第一次党员代表大会，选举产生由23名委员组成的中共江汉石油管理局第一届委员会；选举产生中共江汉石油管理局纪律检查委员会。随后，配备调整管理局行政领导班子。1983年6月，管理局工会召开第三次会员代表大会，选举产生第三届委员会。按照“两个不突破（人数不突破，年龄不突破），有进有出，成熟一个调整一个”的原则，陆续对22个厂处领导班子进行了调整，并按定员编制组建和配备了在体制和机构改革中新成立的3个二级单位、3个管理机构的领导班子。局、处两级领导班子调整后，总体上实现了班子精干，结构改善，“四化”程度提高。管理局领导班子调整后，人数由原来的20人减少到7人；平均年龄由53.4岁下降到49.7岁；具有大专以上文化程度3人，占42.9%，比原来上升22.9%；助理工程师以上职称4人，占57.1%；22个厂处领导班子调整后，人数由168人减少到113人，平均年龄由48.9岁下降到45.5岁；具有大、中专以上文化程度84人，占74.3%，助理工程师以上职称的73人，占64.6%；厂处新领导班子中，有38人是新提拔的，其中37人具有大、中专文化水平。根据工作需要，1985年3月调整局领导班子。1985年12月，管理局党委召开第二次党员代表大会，选举产生由23名委员组成的中共江汉石油管理局第二届委员会；选举产生由15名委员组成的中共江汉石油管理局纪律检查委员会。此前，管理局工会委员会进行了改选。

1983年以来，管理局实行党委领导下的局、厂（处）长负责制。党委对企业负有全面领导责任，企业大事由党委集体研究决定。党委在具体工作中，重点抓好党的建设、思想政治工作和精神文明建设，局、厂（处）长的工作对同级党委负责，从而形成党委集体领导，党政分工负责的格局。全局各级党组织在实践中逐步形成一套行之有效的工作方法。①坚持不懈地抓好各级领导班子和领导干部的党风廉政建设。除了开展多种形式的教育之外，还建立了一套以党风责任制度、党内监督制度、反腐倡廉制度为主体的制度保障体系。特别是从1982年开始实行的党风责任制度得到完善和落实，各级党组织和领导干部共同抓党风、促廉政的格局逐步形成。此外，管理局第二届和各厂（处）党委换届以后，都制定完善并实施了《加强自身建设的若干规定》。这些措施，对新形势下加强执政党在企业的基层组织建设，起到良好作用。②深化党内活动，增强党员队伍的先进性和基层党组织的战斗力。开展创建模范党支部、争当模范党员的“双模”活动，并围绕中心工作更新活动内容，修订“双模”标准。③以配齐配好班子、制定工作规范为重点，全面加强基层建设。全局800多个基层单位的班子配备始终保持健全，并恢复在基层队、车间设政治指导员的做法。④深入持久地开展职工思想教育。主要包括：配合企业发展目标的制定、年度生产任务的下达、改革方案的出台，及时进行形势任务教育，统一广大职工思想，围绕共同目标努力奋斗；在治理整顿时期，以及生产任务艰巨、资金和原材料紧张等关键时期，重点开展石油工人优良传统和作风教育，大力倡导“三老四严、艰苦奋斗、无私奉献、为国分忧”的精神，增强广大职工的全局观念和主人翁责任感；按照上级统一部署，扎扎实实地开展“双基”教育，宣传党的“一个中心、两个基本点”的基本路线，坚定广大职工走具有中国特色的社会主义道路的信念。⑤不断总结推广先进经验，树立方方面面的先进典型，推动各项工作向前发展。管理局党委十分重视发现、培养和宣传那些反映时代精神、反映新时期石油职工风貌、在工作中取得突出成绩的先进人物，以先进典型的号召力、影响力带动广大职工。全局每年都坚持召开“七一”表彰大会、年终表彰大会和思想政治工作会议，集中总结推广一批先进典型和先进经验；平时还根据工作需要，及时总结宣传各方面的先进典型。全局选树以江汉仪表厂宣传科长熊元启为代表的各类先进典型2400多人次，受到省部（总公司）级以上表彰31人次。熊元启身患肝癌，仍在思想政治工作岗位上兢兢业业，忘我工作，用“燃烧自己生命的火炬，照亮别人”，以实际行动为全体干部树立了榜样。学习以熊元启为代表的身边典型活动，有力地促进了职工队伍建设。1985年，中央电视台新闻联播播出江汉仪表厂宣传科长熊元启的自信、自强、自尊“三自”精神和先进事迹后，在全国引起强烈反响（图2-18）。中宣部发文要求“向全国模范政工干部的榜样熊元启学习”。“三自”精神成为江汉石油人搏击市场、发展油田的精神动力。⑥全方位、多层次地开展“双文明建设提档升级赛”，使企业物质文明建设和精神文明建设有机结合，协调发展。1985年，全面展开的“双赛”活动，成为统筹全局“两个文明”建设、全面推动基层工作的主要形式。开展“双赛”活动后，布置工作是“两项任务”一起下，工作当中是“两个建设”一起抓，检查工作是“两项成果”一起考核。每年年底，都要通过定性定量的考核，按照企业的结构层次，评比出职工、班组、车间（队）、科室、厂处中的标杆、模范和先进等档次，考核结果与经济利益挂钩，促使职工个人和基层单位逐步提高工作水平。

图2-18　1985年，在全国掀起学习熊元启先进事迹的高潮

管理局各级党组织富有成效的工作，受到上级党组织的充分肯定，1985年获得“全国思想政治工作优秀企业”称号（图2-19）。“六五”期末，江汉石油铁军，不畏艰难险阻，“逐梦千万吨级大型油气田”，建成年产原油100万吨、天然气3600万立方米的生产规模，建成勘探开发、石油炼制、机械制造、科研教育、农副业生产综合性石油基地，为全国经济建设和石油工业发展作出重要贡献。

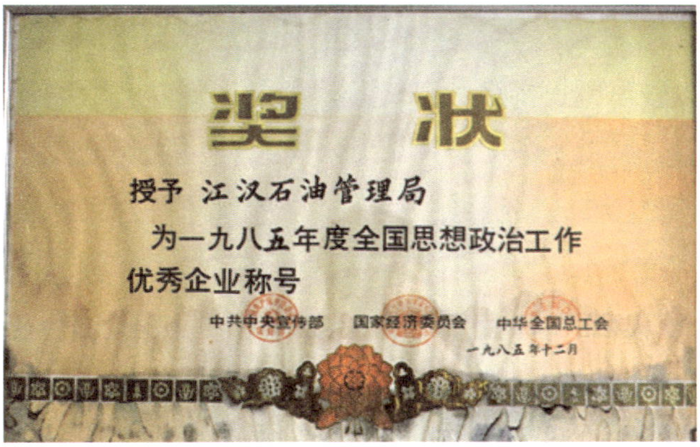

图2-19 江汉石油管理局1985年12月获得“全国思想政治工作优秀企业”称号

第三章

在改革转型中持续发展

“七五”至“八五”时期，中国石油工业经历了从计划经济向社会主义市场经济的转型发展，是深化改革发展的重要时期。随着市场经济的发展、企业改革的不断深化，江汉石油人怀揣“建设千万吨级油气田”梦想，坚定“我为祖国献石油”信念，紧密结合“油田进入开采中后期，原油含水上升，地层压力下降，原油稳产难度大”的实际，以发展为第一要务，积极探索建立现代企业制度，稳妥推进各项改革，开创“中国石油工业史上跨省承包开发石油区块”先河，“立足江汉、走出江汉、发展江汉”对外进行承包石油技术服务。全局上下苦干快上、自立自强，大力实施资源扩张战略、资本运营战略、市场开拓战略、科技兴业战略、多种经营战略，企业经营机制逐步与国际接轨，在改革转型中实现持续发展。建成以油气勘探开发为主，机械制造、油盐化工、技术劳务输出协调发展的跨区域大型综合性企业，主要产品由国内市场逐步向国际市场延伸。1986年管理局被评为国家二级企业，1990年获全国五一劳动奖状；1995年在全国500家最大国有工业企业中，按净值排名第86位。年原油产量由102万吨上升到1995年的164万吨，其中承包八面河油田生产原油82万吨；截至1995年，在江汉盆地勘探发现油田25个，探明含油面积140余平方千米。

“九五”时期，在经济效益下降的不利形势下，大力实施“控水稳油”综合治理等一系列有效措施；不断深化改革，转型发展，狠抓扭亏解困、增强企业经济实力，各项工作取得良好成果。1996年，油田获得“全国绿化先进单位”称号。1997年，管理局党委确定“苦干快上、自立自强”为企业精神，“双文明”建设取得优异成绩，连续多年获得“全国思想政治工作优秀企业”“湖北省最佳文明单位”等称号，并涌现出以贾光美、刘世杰、董乐山、曾令雄、张亨文、杨玉军、秦光粹、向朝银、余达桃、何天普、黄远涛、彭国生、姚建清等为代表的一批模范人物。截至2000年，共勘探发现油田27个（包括江汉油区、八面河油区、坪北油区）、天然气田1个，累计探明含油面积267.5平方千米，探明石油地质储量2.49亿吨；探明含气面积71平方千米，探明天然气地质储量50.55亿立方米。原油年生产能力155.4万吨，天然气年生产能力8500万立方米（含油田伴生气）。是年，油田全民所有制职工5.54万人，集体所有制职工3550人。全民所有制职工中，干部1.65万人，工人3.88万人；从事油气勘探开发1.68万人。

第一节　实施改革新举措

1978年12月，党的十一届三中全会作出实行改革开放的伟大决策，1992年10月，党的十四大明确提出建立社会主义市场经济体制，要求国有企业适应市场化需要，进行制度创新，探索建立现代企业制度。江汉油田认真学习贯彻会议精神，全面推行体制机制改革，加强企业管理，不断提高企业运行质量，促进了企业整体素质的提升发展。

“七五”期间，管理局深化经济体制改革，推行经济承包责任制。1988年3月，对油田开发处实行处长负责制，采用经济承包责任制形式，与油田开发处签订经济承包合同，同时下放部分管理权限。为保证管理局发包目标的实现，对基层单位层层签订承包责任制，并相应下放部分劳动人事、生产经营管理、工资奖金分配等权力，增强了基层活力；建立健全以技术标准为主体，包括管理标准、工作标准在内的企业标准体系，并修订完善内部结算价格、劳动定员定额和物资消耗定额，使各项管理工作有据可依，有章可循；改革劳动制度，对在边远地区工作的部分职工，实行内部轮换制，缓解了这些职工就医难、购物难和子女入托难的矛盾，对稳定一线职工队伍起到了一定作用；对采油队和作业队实行联产、联责、联酬责任制，将利益分配同工作职责和任务目标紧密挂钩，形成风险共担、责任共负、利益共享的约束机制；坚持每季度进行岗位责任制大检查，检查结果张榜公布，奖优罚劣，使各项管理水平不断提高。同月，管理局对勘探开发研究院采用目标管理责任制形式，按规定的科研任务和经济指标考核，实行院长负责制，签订承包合同。该院内部实行项目管理制，采取纵向垂直领导、横向有偿合作的方法；建立配套考核奖惩制度，完善了收益奖励办法。“八五”期间，管理局采取项目管理、夺油会战等形式，抢建抢投新区新井，完善承包责任制，千方百计提高原油生产能力。

（1）推进专业化重组，建立现代企业制度。1986年以后，管理局将施工单位逐步推向市场。为打破原有企业组织结构，按“油公司”模式组织生产运行。1996年，管理局借鉴中原油田的改革经验，按照生产专业化、服务社会化、运行市场化的原则，进行专业化重组改革。2000年2月28日，根据中国石化集团公司总体部署，江汉石油管理局通过重组改制，将油田勘探开发主业从管理局分离出来，成立中国石油化工股份公司江汉油田分公司，资产35.39亿元，员工1.87万人。

（2）实行局长负责制，实施“四大战略”。1988年1月，石油工业部批准江汉石油管理局实行局长负责制。1992年，在各二级单位推行不同形式承包经济责任制。管理局与二级单位之间由行政隶属关系转化为责、权、利相结合的内部承包经营关系；二级单位之间由协作配合、提供产品服务转化为内部市场运作、甲乙方合同纽带的协作有偿服务关系。1993年7月，进行机构改革，对主业富余人员实行分离，为进一步深化改革奠定了基础。1994年，中国石油天然气总公司决定，江汉石油管理局生产的原油实行价格放开，不再给予政策性补贴，面向市场，实行自主经营、自负盈亏、自我发展。管理局全面走向市场后，深层次矛盾也逐渐显现出来。资源接替严重不足：由于江汉地区地质情况复杂、清河地区勘探区域有限，石油后备储量少，油田稳产难度增大；富余人员过多：20世纪70年代初江汉石油会战结束后，部分一线工人和骨干队伍调往其他油田，大量的非生产人员留了下来，导致后勤人员多，队伍结构不合理，油少人多的矛盾十分突出，全局人均产油量只有23吨，不足全国油田人均产油量的三分之一。优质资产少，整体经济效益不理想：盐化工总厂由于资产结构、投资结构不合理，投产后就出现经营性亏损，机械制造受到进口产品冲击，生产能力出现相对过剩，部分机厂亏损严重。多种经营实体规模小、层次低、抗风险能力差，亏损面不断扩大。针对这些深层次的困难和矛盾，管理局统一思想认识，一致认为，江汉油田只有适应市场经济发展要求，加快改革步伐，强化企业内部管理，才能求得生存和发展。1997年11月，管理局针对企业亏损严重的局面，把深化改革、扭亏解困作为企业发展的头等大事来抓。1998年2月，提出了“以改革统揽全局，按‘两步走’的设想，实施‘四大战略’，形成‘五个经济板块’，努力扭亏解困，加快发展”的经营方针。“两步走”：在“九五”时期内，集中力量打好扭亏解困攻坚战，基本建成油公司模式的现代企业集团；在此基础上，实现大的发展，经济效益接近石油行业平均水平。“四大战略”：油气资源扩充战略、科技兴业战略、市场开拓战略和资本营运战略。“五个经济板块”：油气主业、机械制造、油盐化工、集体经济和技术劳务输出。从此，江汉油田迎来了改革发展的新阶段。4月，中国石油、中国石化两大集团重组，江汉石油管理局划归中国石化集团公司，为江汉油田发展带来了新的机遇。此后，江汉油田按照中国石化统一部署和安排，实施改革重组和减员工作，为深化企业改革奠定了基础。

（3）推行承包经济责任制，调动油气生产单位的积极性。根据前3年的承包经济责任制执行情况，于1995年进一步完善经济责任制承包方式，对油田开发单位实行原油产量、生产成本和内部利润总包干，老油田的开发调整和新油田的滚动勘探开发统一实行项目管理。其主要特点：坚持以经济效益为中心的原则，将单位的效益指标与承包经营责任者的利益紧密挂钩，充分调动承包经营者的积极性。按照国家关于实行经济增长方式转变的要求，管理局于1996年对经济责任制内容进行了调整，将投资纳入经济责任制管理，促进企业由商品经营型向资产经营型转变，由以实物量考核指标为主向以价值量考核指标为主转变，对单位经营责任者的考核实行由任务取向向成果取向转变。对油田生产单位实行原油商品量和上浮基数利润包干的办法，开发建设投资实行项目管理，对与油田开发生产有关的单位，核定上缴利润和限定指标，超额利润全留，折旧自提自用，建设资金自筹。江汉油田分公司成立后，经济责任制得到进一步完善，在主要收益指标上，逐步将油气产量、油气单位完成成本、内部利润、经费补贴等方面的主要效益指标与单位职工收益工资挂钩；在经济技术指标上，逐步对油气商品量、油田自然递减率、含水上升率、新建油气生产能力、当年新井产油量、油田动态监测计划完成率、措施增油量、油井免修期、老井措施设计方案有效率、新井措施设计方案工艺成功率、对外收入增长率等方面的经济技术指标实行一次性奖罚；在综合考评指标上，逐步将投资、安全生产、财务管理、市场管理、设备管理、“三基工作”等方面的综合考评指标与单位中层管理人员业绩奖励挂钩。加强动态管理，管理局将油田生产任务指标进行层层分解，形成横向到边、纵向到底的经济责任体系。在经济责任制的运行过程中，发现有的经济指标确实与实际执行有偏差，经过认真分析论证，调整经济指标。为确保责任制指标完成，坚持每月召开一次经济活动分析会，两个月召开一次分析例会；每月对油气生产单位经济责任指标完成情况进行动态监测，发现问题，及时采取措施。为明确考核指标和兑现办法，对油田生产单位制定经济责任制兑现细则。1996年，修订经济责任制考核兑现办法，规范责任制考核兑现程序。对油田开发单位自我考核—机关业务部门审计考核—责任制办公室综合考核提出兑现方案，由管理局考核委员会审定后实施。1999年，管理局将一季度一考核改为一月一考核，按考核结果兑现单位效益工资；效益工资上不封顶，完不成责任指标，除不兑现效益工资外，还按比例扣减基数工资。

（4）实施产权制度改革。1998年9月28日，按照规范化企业改制模式，成立江汉石油钻头股份有限公司（简称江钻股份公司），总股本2亿股，管理局占75%，社会公众股占25%。经中国证监会批准，5000万社会公众股在深圳证券交易所上网发行，募集资金2.3亿元，11月26日股票上市交易。江汉股份公司当年实现利润8307.7万元，比上年增长67.02%。根据管理局制定的“以油为主，多种经营，互相促进，全面发展”的方针，在多种经营企业深化配套改革，采取调整管理体制、改善经营方式、加强企业管理等措施，通过为油田主业服务、为职工生活服务、发展外向型经济、参与市场竞争、开展挖潜改造、加强基层建设等途径，使集体经济逐步走上自负盈亏、自我积累、自我发展的道路。根据管理局《关于多种经营集体所有制企业推进股份合作制的安排意见》《江汉油田多种经营集体所有制企业股份合作制试行办法》《江汉油田股份合作制试点企业产权界定暂行规定》《关于深化多种经营企业产权制度改革的实施意见》精神，进行以明晰产权关系为核心的产权制度改革。截至2000年底，共完成企业改制78

家，其中，实行内部股份合作30家、资产租赁32家、产权出售16家；除3家经济效益未见好转外，其余均实现增盈或减亏。此外，还对26家扭亏无望的企业进行关停清算。

（5）推行安全环保工作责任制。“七五”时期，由于经济体制改革不断深化，油田生产建设速度全面加快，安全环保管理工作难度日益增大。主要表现在五个方面：企业管理方式不断变化，各项配套措施和管理制度尚未建立、完善；组织机构频繁调整，基础工作管理难度增大；管理人员大批退休，职工队伍技术素质较低；国家对安全环保工作要求越来越高，管理局压力越来越大；更新改造资金不足，安全环保设施不能及时完善配套。为适应形势发展需要，管理局采取相应措施，加强安全环保工作：完善安全环保管理工作体系，推行管理责任制。管理局和二级单位分别成立安全环保工作委员会，各由局、处两级行政主要负责人任主任。管理局明确规定，各级行政正职为安全环保工作第一责任人，并采取承包、领导责任挂点、考核评比、挂牌奖惩等多种形式，对安全环保工作进行管理；进一步端正工作指导思想，管理局各级安全环保管理部门切实转变工作职能，由以事后处理为主转变到以超前预测、超前管理、重点治理、预防为主上来。对重大隐患和尘毒危害严重的作业场所进行重点改造；对从事特殊工种和对环境易造成破坏作业的职工，进行岗前专业培训和考试发证；在基层生产单位和岗位开展达“三标”（标准化班组、标准化岗位、标准化现场）活动。与此同时，修订和完善了安全环保各项规章制度和检查考核办法，为各项生产建设任务的完成，实现“平安、文明、高效”目标起到了保证和促进作用。

完善领导干部安全环保承包重点要害生产部位或单位责任制，是“八五”时期安全环保工作管理模式改革的一大举措。管理局确定的重点要害部位（单位）：盐化工总厂的氯碱厂、热电厂；石油化工厂的催化车间、成品油车间；勘探开发系统的钻井队、测井队、地震队、集油站、原油长输队；后勤辅助系统的变电站、液化气站、弹药库、运输中队等。各二级单位的厂（处）长和部分科室长也分别承包了本单位的一些重点要害部位。局级干部每季度一次、处级干部每月一次，到承包点要害部位或单位对操作规程、岗前培训、技术措施、隐患整改等方面的情况进行检查、指导，帮助这些单位加强管理、保证安全生产、做好环境保护。检查结果分别填入承包情况反馈表，由安全环保委员会办公室收集、汇总、公布，并通知、督促有关部门（单位）整改事故隐患及问题。安全环保委员会办公室根据承包单位的情况，每季度对局、处领导干部实施相应的奖励或处罚。为进一步强化领导干部安全环保意识，管理局从1994年6月起实行安全环保风险抵押金制度，年度达到事故指标控制标准和基础管理标准的，除退还本人抵押金外，另给予抵押金一倍的奖励；否则，将扣除交纳抵押金的20%～100%。

油田经过30余年的开发，设施设备严重老化，发生事故的概率增高。“九五”期间，油田认真贯彻“安全第一、预防为主、全员动手、综合治理”的安全生产方针，以落实安全责任制为中心，以安全教育为基础，以强化监督为手段，实施一系列安全管理新举措：推行领导、部门、职工三个层面的安全生产责任制，主要通过签订安全责任书、安全承诺书等形式，全面落实安全承包责任制；开展安全教育，落实劳动保护措施，确保安全工作规范化、制度化；对重点要害部位实施重点监控，在分等级、分层次科学界定关键装置与重点要害部位的同时，实行安全检查报告制度，确保油田关键装置、要害部位得到全面有效监控；理顺安全检测管理机制，对检测机构实行专业化管理；全面落实安全技术措施项目和隐患治理项目，改善企业安全生产条件；实施交通安全管理综合治理新措施；广泛开展班组安全活动，将安全生产措施落实到基层。在环境保护方面，管理局先后完成《江汉石油管理局环境保护管理规定》《江汉石油管理局建设项目环境管理实施细则》《江汉石油管理局环境监测管理规定》《江汉石油管理局环境保护标准》《钻井环保标准》《井下作业环境保护标准》《环保设施验收标准》的制（修）订工作，使油田环保管理制度逐步得到完善。始终把环境保护作为一项重要任务，列入全局“九五”发展规划内容付诸实施；明确提出“九五”期间环境保护工作的方针、目标与任务，要求严格落实油田主要污染物排放标准，努力把江汉油田建成清洁无害化矿区。

管理局在“八五”期间连续五年获得湖北省“安全生产红旗单位”称号、连续四年获得中国石油天然气总公司“安全生产先进企业”称号的基础上，1996—1998年又连续三年获得湖北省“安全生产红旗单位”称号，1999年、2000年分别被评为中国石化安全生产先进企业。“八五”期间，管理局先后被评为全国造林绿化先进单位、全国部门造林绿化300佳单位、湖北省造林绿化先进单位。2000年底，管理局环保工作顺利通过湖北省环保局“一控双达标”验收，获得达标合格证书。

（6）实施“三项制度”改革。根据中国石油天然气总公司在辽河油田召开的企业管理工作会议精神，江汉石油管理局自1995年起实施“三项制度”（干部制度、劳动用工制度、工资制度）改革，试行干部“三干法”、工人“三岗制”，全面推行劳动合同制。与此同时，进一步健全和完善职工养老保险、待业保险制度，加强油田内部劳动力市场管理，为推动全局“三项制度”改革创造必要条件。通过各级组织共同努力，企业改革逐步深化，综合管理能力不断提高，取得良好成果：企业内部改革工作取得实质性进展，由过去的单项推进转为整体推进；截至1995年，全局油气勘探、基本建设、工业生产、多种经营、科学研究等行业全面走向市场，并初步显示出竞争潜力，初步实现了企业经营机制的转换；管理局有36个二级单位设立了综合管理机构，综合管理人员由1990年的168人增加到210人，其中具有高级专业技术职称任职资格的28人、中级的46人、其他的136人，企业综合管理力量得到加强。

明确全局企业管理的五项目标：盈利单位的利润指标要逐年上升，亏损单位要限期扭亏，力争持平；以成本、经费指标作为主要考核内容的单位，要确保成本不升、费用不增；不搞计划外项目，计划内项目投资控制在预期指标以内；按企业增加值计算的全员劳动生产率，每年提高10%以上；加强基础工作，提高企业素质，杜绝重大质量和安全事故。围绕这五项目标，管理局制定出34条具体保证措施，并将其中的工程项目咨询、目标成本管理等9项重点工作按机关部处室职能对口分工，列出运行大表，限期完成。这些改革新举措的实施，使企业素质得到进一步提高。“八五”期间，在1991年、1992年先后亏损1.28亿元和1.74亿元的情况下，1993—1995年实现盈利1000余万元。“九五”期间，实现销售收入147.46亿元，比“八五”时期增长了78%；实现利税12.97亿元，比“八五”时期增长了289%。

（7）实施"引进来""走出去"经营战略。自20世纪80年代末以来，随着世界经济复苏，国际石油市场呈现繁荣景象。江汉油田坚持"立足江汉，走出江汉，发展江汉"，大力引进消化国外先进技术。先后引进勘探开发技术、钻头生产技术、石油机械生产技术、天然气压缩机生产技术、石油管杆生产技术、仪器仪表生产技术，在消化吸收基础上扩大生产规模，为油田勘探开发建设发挥了重要作用。在引进勘探开发技术方面，1988年从加拿大引进曼德利膨胀式测试工具，1993年从美国引进3700数控测井仪，1998年引进1套三次采油高压移动式注氮系统，1999年从哈里伯顿引进APR测试工具，2000年配套引进两台注氮设备。加强勘探开发先进技术和装备引进工作，专业化技术服务实力明显增强。在引进石油装备制造方面，形成了牙掌柔性钻头、金刚石钻头、成套固井设备、系列修井机、石油钻采设备、石油仪器仪表、玻璃钢抽油杆、特大直径高强高韧厚壁钢管、系列压缩机等拳头产品生产线。

在引进先进技术的同时，开展技术项目合作。中美合资企业四机赛瓦公司是油田第一家与外商（美国）合营的股份制公司，于1995年正式投产，当年完成产值935万元，实现销售收入1320万元，实现利税88.9万元；2000年被湖北省科技厅认定为"湖北省高新技术企业"，被科技部认定为"国家级CAD应用示范企业"。

自"九五"末起，油田测录井施工队伍积极拓展国内外市场，先后进入塔里木、西部新区、西北局、中南局、青海、长庆、胜利、中原、滇黔桂、南方海相、江苏油田等国内市场和吉尔吉斯斯坦、阿尔及利亚等国际市场，施工合同履约率、资料合格率均达到100%，工程优等率一直保持在70%以上，先后多次创造和刷新地区和国内施工作业纪录。

第二节　扩大勘探寻求后备储量

"七五"至"九五"时期，江汉石油管理局对勘探工作实行项目管理制，先后成立潜江凹陷勘探、外围勘探、天然气勘探、海相勘探等勘探项目组；加大勘探力度，对全局勘探工作统一规划、组织实施和协调管理。按照“区域展开，海陆并举，综合评价，重点突破”“深化老区保生存，加快新区求发展”的勘探方针，以江汉盆地潜江凹陷和沔阳凹陷为勘探重点，发现了一批新的含油区带，扩大了含油面积，增加了地质储量，延缓了产量递减速度，缓解了石油资源接替不足的矛盾。

一、集中力量勘探潜江凹陷

潜江凹陷是江汉油田的主要产油区。1985年以前，共发现王场、钟市、广华、光明台、黄场、张港、浩口、刁家口、高场、浩西、丫角、广北、老新、新沟、拖市等15个油田。1986年以后，江汉石油管理局积极引进新技术、新装备、投入主要勘探力量在潜江凹陷展开勘探。1986年，在潜江凹陷潜北部的潭口地区钻探潭19井，在潜江组地层发现油层，为潭口油田的发现奠定了基础。在钻探潜北断裂带钟市鼻状构造低部位时，在钟76井潜四下段和海相灰岩剥蚀面上也发现油气显示，后因井下事故被迫提前完钻。在钻探沉湖—土地堂复向斜天门构造时，于天12井嘉陵江组见到2层总厚3米的荧光白云质灰岩和3层总厚7.33米的角砾状荧光灰质白云岩。1987年，根据新的发现，调整勘探部署，确定“围攻潭口，突破小板，侦察潜山，暂缓鄂西”的方针。是年，整体解剖潭口构造，部署探井17口、完钻16口。其中，谭26井获得日产3吨工业油流；潭34井日产17.1吨工业油流，从此发现潭口油田。8月30日，在谭32井试油时，获得日产13.88万立方米天然气，这是江汉油田在浅层油田首次获得高产天然气流。中央人民广播电台、中央电视台和《人民日报》分别于9月1日、9月4日报道了这一消息。1988年，在谭口低凸起带东侧的代河构造钻探谭40井，对新沟嘴组下段试油获日产油3.2立方米。7月21日，在代河构造上部署钻探的代6井，经江斯顿工具测试获日产油32立方米，从此发现代河油田。

1990年，在总结前几年勘探经验的基础上，提出“精探潜江组，着眼增储上产；主攻新沟嘴组，准备接替区块；区域甩开，突破外围勘探”的方针，取得一批成果。在潜江凹陷北部探明严河地震振幅异常体岩性油藏；开展老井复查，在高场油田高12井潜3油组试油，获得日产33.9吨自喷油流。6月，部署钻探严2井；9月11日完钻，于潜江组试油获日产油20.4立方米，发现严河油田。“七五”期间，实行勘探项目管理，加大勘探力度，勘探投资由1988年的13.6元/吨上升到1990年的18.3元/吨（表3–1）。

表3–1 “七五”期间油气勘探经济指标完成情况

项目＼年度	1986	1987	1988	1989	1990
二维地震成本/（元/千米）	3698	4143	5192	4817	5429
三维地震成本/（元/平方千米）				40156	67482
钻井综合成本/（元/米）	729	643	653	822	924
投资/（元/吨）			13.6	14.2	18.3

精查发现周矶—返湾湖含油新区带。周矶—返湾湖断裂带位于潜江凹陷中部。1992年，通过资料重新处理和精细解释，发现和落实了一批小型圈闭，并展开钻探。5月23日，32401钻井队在圈闭面积仅为0.3平方千米的曾家滩背斜钻探周9井；9月17日完井，井深2945米，试油获日产油29立方米，发现周矶油田。1993年以后，在周矶油田实施滚动勘探开发。截至1995年底，在这个区带共发现10个含油区块，10口井获得工业油流；单个区块面积均很小，有的含油面积仅0.1～0.2平方千米，被称为一口井油田，体现了地震解释的精度和勘探水平的提高，也说明了油气聚集的复杂程度和勘探难度。

详探马王庙地区发现含油富集区块。马王庙地区位于潜江凹陷东部。20世纪80年代末期，通过数字地震勘探，发现了一批圈闭。1989年12月，在马王庙地区实施钻探。1990年1月27日，在马王庙鼻状构造获得突破，钻探的马13井在新沟嘴组下段试油，获日产油17.7吨，成为马王庙地区第一口工业油流井。9月26日，钻探马25井，获日产油79.5吨，这是当时江汉油田新沟嘴组目的层中日产量最高的一口探井，标志着马王庙油田的发现。1992年8月22日，在刘家湾断背斜钻探的马36井于新沟嘴组下段获得日产106立方米高产工业油流，证实马王庙地区为众多的小型高产富集区块。此后，又在马王庙地区发现一批新的含油区块。截至1993年，马王庙油田探明石油地质储量250万吨，成为江汉油田的主力区块之一。

通过滚动勘探，老油田含油面积不断扩大。1986年，在王场构造北端钻探王78井，发现油斑显示，电测解释有1层厚度17.2米的油水同层；1989年1月，钻探的王新8井，初期日产油1000余立方米；9月16日部署钻探的王四12-2井，在钻进中发生强烈井喷着火，22日在大火扑灭后，井口日喷油49.3吨。至此，王场油田的含油面积进一步扩大。此外，在广北油田钻探的广34井、广35井也获得高产工业油流。1991年，在潜江凹陷南部拖市油田部署了一批探井，其中拖9井获得高产工业油流（图3-1），拖15井获得日产30.6吨高产工业油流。广北油田和拖市油田的含油面积也相继扩大。1994年，在王广地区钻探的周8井试油日产油53.1吨，新增了一个小而肥的含油区块。

图3-1 拖9井喜获高产油流

1994年，集中勘探潜江凹陷周返、西坡、老新地区的“三小”构造。在潜江凹陷周返断裂带勘探，钻探井5口，完钻9口，发现周斜4、周8、周16、周18、周21、周斜22共6个含油区块，扩大了周返地区勘探成果。

二、江陵凹陷勘探取得突破

20世纪60年代，通过地震勘探，在荆州城西北方向，发现花园背斜构造；1968年4月，钻探陵1井，获得工业油流，发现花园油田。此后，又继续在江陵凹陷展开勘探，终因地质情况复杂，勘探工作一度停止。

“八五”时期，重新开展对江陵凹陷的勘探，并加强地震攻关，改善钻井、试油工艺，勘探工作取得重要突破。此后，继续加强勘探，又发现了一批含油区块。沙市构造勘探取得重要成果。20世纪90年代初期，对原有地质勘探资料进行复查，在此基础上，于1993年钻探沙24井。5月27日，经试油获日产20.6吨工业油流。沙24井区被命名为沙市油田。1993年，完成对沙市构造的三维地震勘探，发现新杨场断鼻；1995年，钻探沙27井钻遇油层厚度16.2米，试油获日产油32吨，找到了沙市构造的原油富集区块。

在荆沙背斜带北段发现断鼻油藏构造。荆沙背斜带北段八岭山构造勘探工作始于20世纪60年代。由于地表属文物保护区、地下为火山岩屏障，地震效果不理想。20世纪90年代初，通过与美国埃克森公司和美孚石油公司合作，对地震资料进行了重新处理，落实了4个圈闭。1995年5月，在马跑泉断鼻高部位钻探陵72井，于新沟嘴组下段发现油层，试油获工业油流，命名为八岭山油田。此后，钻探滚动井2口，其中陵722井获得工业油流。

荆沙背斜带中段发现含油区块。1992—1994年，在荆沙背斜带中段开展二维地震。1995年11月，在复兴场断背斜带钻探陵76井，试油获工业油流，这一区块被命名为荆西油田。1997年，在陵76井区以南的复兴场断背斜带钻探陵78井，试油获工业油流，成为荆西油田的又一个含油区块。

花园油田新增两个含油区块。1990—1991年，在花园油田周缘进行三维地震勘探，重新落实构造。1997年，在花园构造西南低部位的李埠断鼻钻探李3井，于新沟嘴组下段试油获得工业油流。2000年2月，在花园构造东部断块钻探陵24-1井，于新沟嘴组下段试油获工业油流。

三、钻探沔阳凹陷取得成果

沔阳凹陷的油气勘探于1962年展开，所钻探井仅见油气显示和少量油流。1986年，在该地区展开勘探，并通过数字地震发现了一些局部圈闭。1987年，对沔阳凹陷成油气地质条件进行重新研究。1988年4月8日，在周家湾断鼻构造上首钻沔7井，于下第三系新沟嘴组下段发现油层5层总厚6米。对沔7井Ⅰ油组进行试油，射开油层3层总厚4.6米，经江斯顿工具测试，获得日产13.2吨工业油流，从此发现洪湖油田，这是在沔阳凹陷发现的第一个油田。1989年，进行三维地震勘探，并钻滚动勘探开发井10余口。1990年后，又钻井10余口，基本控制了油气分布范围，共发现沔7井、沔16井、沔25井、沔48井等含油区块。1998年，在沔阳凹陷彭场构造带钻探沔31井，于新沟嘴组下段白垩系发现油层3层总厚3.2米，对白垩系2层共2.2米油层进行常规试油，获得日产5吨工业油流；在此构造高部位钻探沔311X井获得成功，展现出江汉盆地白垩系地层的勘探前景。

四、重新启动天然气勘探

1970年11月，由32151钻井队在鄂西渝东石柱复向斜构造钻探的建3井，获得3.77万立方米天然气流，从此发现了建南气田。1974年和1977年，江汉油田组织勘探人员继续进行钻探，逐步摸清了建南气田含气面积和天然气地质储量。到1985年，共钻井34口，累计探明含气面积71.04平方千米，天然气地质储量50.55亿立方米。

1986年以后，勘探重点放在江汉盆地。截至1988年，在建南气田累计投入基本建设资金666.6万元，新建气井井口装置5套（另有原建井口装置

4套），集气站2座、炭黑厂1座，铺设输气管线36.7千米，同时建成一批配套设施，天然气综合生产能力达7300万立方米/年，在鄂西山区开始有了一个初具规模的天然气生产和天然气化工基地。建南气田“立足气田，多元开发，自我积累，建设基地”方针目标的实现，不仅使单纯靠上级补贴、守勘探摊子的单位转变为生产经营型的企业，而且探索出一条在偏僻山区的中小气田投入产出良性循环、自我发展的新路子。

1999年，重新启动建南天然气勘探，寻找新的资源接替区域。2000年，在建南构造钻探建26井，获得低产天然气流。2001—2003年，对建南地区地震资料进行重新处理、解释和储层预测，认为建南构造飞三段为一整装气藏，圈闭面积164.3平方千米，含气面积和储量较复查前有大幅度增加。组织部署展开勘探，其中太1井和新场2井在茅口组、栖霞组中途测试中分别获日产3544立方米、1119立方米天然气；在建南构造南高点钻探的建68X井，在飞三段获得日产0.5万～2.3万立方米天然气；对建南构造中部的建27井（老井）开窗侧钻至飞三段，获日产10万立方米天然气；对建南构造北高点长兴生物礁气藏上的建44援1井钻至长二段，获得日产5.2万立方米天然气。通过勘探和资源评价，新增天然气地质储量48.12亿立方米。

五、加强特殊地层的勘探

随着勘探技术的不断发展，江汉油田加强了地质勘探研究，重点在平原海相地层、岩性油藏、盐间非砂岩地层开展勘探技术攻关，应用软件研究，取得重要进展。

1986年以后，江汉油田成立平原海相勘探项目组，加强研究工作。1991年5月，开展“江汉盆地海相地层勘探目标评价”研究，对平原海相地层有了新的认识。与此同时，组织平原海相勘探。在沉湖—土地堂复向斜天门构造、胡场构造、红丰背斜构造展开勘探，见到油气显示。

岩性油藏勘探。1999年，江汉油田与西北地质研究所合作，应用新技术进行储层、含油性预测研究，发现一批岩性圈闭。在严河油田以东的岩性圈闭钻探严5井，电测解释有油层4层总厚7.2米，对两个层位进行试油，分别获得日产3.7吨、26.1吨工业油流。2000年，在严河油田以西的岩性圈闭钻探严6井，也见油气显示。

盐间非砂岩地层勘探。盐间非砂岩地层大多是良好的生油岩，具有一定的资源潜力。江汉盆地盐间非砂岩油藏分布广泛，仅潜江凹陷预测资源量就达1.68亿吨。但由于油层薄、孔隙结构复杂、渗透率低，在国际上没有同类型油藏勘探经验可借鉴。1999年5月17日，在王场背斜北断块部署钻探首口科学试验井——王平1井，钻探目的：加深对盐间非砂岩油藏的认识；录取油藏评价资料；完善盐间非砂岩油藏评价参数；检验储层的产能条件；探索利用水平井开发具有微裂缝的低渗透孔隙型油藏的增产效果和工艺技术。承钻王平1井的45210钻井队在钻进中，采用国内领先的欠平衡钻井技术、水平井技术、成像测井技术、水平井优质泥浆技术，以及国际先进的导向钻井系统，9月3日王平1井完钻，钻井周期110天。9月6日用10毫米油嘴放喷，初期日产原油120立方米，探明石油地质储量75万吨，结束了江汉油田盐间非砂岩油藏无储量的历史，为盐间非砂岩油藏勘探积累了经验。

在此期间，承接了中国石油天然气总公司“地震资料交互处理解释系统”研究项目，在油藏描述和储层预测应用软件方面：1992年，完成“宽带约束反演”“多元统计岩性模拟”等研制工作；1993年，完成在PROMAX二维地震资料处理软件平台上开发三维地震资料交互处理系统的研究任务，通过总公司鉴定，被列为部级十大科技成果之一。1994—1995年，与四川大学合作开发出综合处理、解释平台软件，并自行研制出二维地震资料处理及其解释系统软件，被总公司列为1994年新技术推广项目。在黄土塬地震资料处理软件方面，根据长庆地区地表地质条件，研制出近地表模型静校正、单道初至折射静校等新技术。通过实际应用，黄土塬静校方法获得突破性进展。截至2000年底，应用软件研究取得一批重要成果，共有204个项目获得奖励，其中获国家科技进步奖1项，总公司科技进步奖9项，管理局科技进步奖87项。这些研究成果大部分得到推广应用，促进了勘探事业的发展。

第三节　综合治理提高开发水平

20世纪80年代中期，江汉油田进入开采中后期，原油含水上升，地层压力下降，原油稳产难度加大。1989年，原油生产在连续12年稳产100万吨以后开始出现下滑，到1991年，原油产量仅73.35万吨，处于历史低位。面对严峻的油田开发形势，江汉石油管理局组织力量对已开发油田的可采储量和最终采收率进行重新计算、标定，对处于开发后期的油田增产措施进行可行性研究，对未开发的探明石油地质储量进行评价分类，并围绕提高采收率、控制递减率开展工作。同时，根据油田实际情况，对油田开发进行了战略性调整。一方面加大新增储量的开发力度，另一方面实施挖潜增产措施，取得良好效果。1992年，原油产量出现回升。1993年，原油产量达到81万吨。此后，江汉油田坚持实施良性开采策略，努力提高采收率、控制递减率，实现高效稳产和均衡生产，原油年产量连续12年稳定在80万吨水平运行。

一、加快产能建设步伐

1985年以前，共发现油气田18个（1972年5月1日南阳油田划出），投入开发的油田有10个。1986—1990年，原油生产能力年均递减6%。为了稳住原油产量，江汉油田加快产能建设步伐。1990年5—8月，江汉油田组织开展“百日上产会战”，拖市、潭口等油田产量明显回升。

投入开发新油田。1986—1990年，共投入开发广北、浩西、丫角、拖市、老新、潭口、代河等7个油田，其中潭口油田、代河油田是1986年以后发现的油田。共钻井79口，建成原油年生产能力16万吨。虽然新开发的油田原油产量较低，平均年生产能力只有2万多吨，但对这一时期的原油稳产起到了重要作用。1991—1995年，投入开发洪湖、严河、马王庙、周矶、光明台等5个新油田，建成原油年生产能力21.7万吨，其中马王庙油田建成原油年生产能力14万吨，成为江汉油田的第二大油田。1996年，对江陵凹陷进行勘探，对新发现的沙市、荆西两个油田实施了开发；2004年，在江陵凹陷勘探发现的万城油田也投入开发，共建成原油年生产能力4.8万吨。

老油田新区新块投入开发。1991年以后，江汉油田加强对老油田的滚动勘探开发，在老油田周边发现29个新区新块，建成原油年生产能力40.44万吨。1991—1995年，在已投入开发的王场、潭口、拖市、老新、代河、黄场等6个老油田发现9个新区新块，新建原油年生产能力7.3万吨。其中，1994年在王广断裂带车断层下降盘钻探的周8井获日产油53吨，为小型富烃区块；1995年投入开发，建成原油年生产能力3万吨。1996—2000年，在马王庙、张港、刁家口、黄场、花园、严河等6个老油田的7个新区新块，动用石油地质储量885万吨，建成原油年生产能力11.5万吨。

老油田产能建设。1986—1990年，江汉油田在王场、广华、钟市、高场等4个主力油田部署了少量的开发调整井，新增原油生产能力6.3万吨，平均每年新增原油生产能力1.26万吨。从1991年开始，江汉石油管理局加强了老油田的产能建设工作。截至2000年，在已投入开发的22个油田中，有16个油田部署了开发调整井，10年共新建原油生产能力48.7万吨。

天然气产能建设与开发。1996年，建南气田长兴气藏综合利用工程启动，先后完成建44、建16、建34等8口井的修井和措施作业，建成建南至利川、恩施的输气管线，为气田全面开发做好了准备。2001年6月，建南气田首口开发试验井——建平1井，在钻至井深4646.17米时完钻，获日产天然气21万立方米。此后，建南气田天然气开发步入正规开采阶段。

二、加强老油田综合治理

1986年以后，江汉油田投入开发的老油田相继进入高含水开发期，产量处于递减阶段，主要特点：①采出程度高，储采比低。综合含水在80%以上的油田区块，可采储量的采出程度一般在66.6%～81.2%。②剩余油转入高度分散状态。③原油产量递减速度加快。1989—1990年，综合递减率分别为9.44%、13.31%，自然递减率分别为13.31%、19.01%。④地下存水率降低。1990年综合含水上升到78.4%，地下存水率下降到48%以下。⑤原油密度和黏度增大。为了提高油田开发效果，江汉油田根据不同时期的地质状况和油田开发实际，有针对性地实施了综合治理。

完善注采系统。以主力油田、主力区块和主力油层为重点，对老油田进行以稳油控水为中心内容的综合治理。通过完善注采井网、调整注采剖面措施和采取多种采油方式，提高了可采储量和水淹区采油量，油田综合递减率和自然递减率减缓。①注水系统建设和改造。1986年，为解决王场油田北区一批“难注井”的配注问题，将王二注水站改造成高压注水站，注水压力由15兆帕提高到18兆帕。同年，王一注水站由一套注水系统改为两套注水系统。1987年，江汉油田第一套撬装式注水装置在广北油田建成并投入使用。在此后的10多年时间里，又新建和改造了一批注水站和污水处理站。截至2000年末，已有注水站36座，比1995年增加了14座；污水处理站22座，处理能力2.72万立方米/日，平均处理或回注污水1.02万立方米/日，比1995年的1.18万立方米/日下降13.6%；注水井230口，比1995年增加57口；共有配水间127座，配注水管线和污水回收管线296千米。②分层注水。自1986年以来，实施分层注水工作；经过不断改进，完善了分层注水工艺；通过使用新型封隔器，采用涂料油管、丝扣密封脂、皮碗式底循环凡尔等措施，分层注水合格率保持在70%以上。③增注。对低渗透油层实施增注；对增注效果不理想的重点井，采用单井增压泵注水，提高注水压力，满足了配注要求。④调剖。为提高注入水的纵向波及系数、扩大水驱油体积、改善开发效果，在20世纪80年代中期开展了大剂量深部调剖技术试验，取得了明显增油效果。⑤污水净化回注。完善了对含油层污水的汇集、处理和回注系统，对含油污水净化处理后进行回注。15年来，含油污水的回收率、净化处理率和回注率保持在100%。

实施井下作业。①油井压裂。通过更新装备、改进工艺，突破3000米深井压裂难关；在压裂中添加活性防膨剂、助排剂，提高了对敏感性油藏压裂效果；推广应用低残渣羟丙基胍胶压裂液，避免了油层二次污染。通过压裂，增油效果明显。特别是1996—2000年，压裂有效率达到85%以上。②油井酸化。根据油井实际，选择应用土酸、油酸、复合酸、胶束酸、浓缩酸等酸液，采用全井酸化管柱、分酸合排管柱、多层分酸合排管柱，以及单酸单排管柱，提高了酸化增油效果。③堵水。根据多数油田进入高含水开发期的实际情况，大部分采用机械方式堵水，少数采用化学工艺堵水或水泥塞封堵。由于油井出水层复杂，层间差异不明显，高低含水层相互交错等，堵水措施有效率不高。④射孔。自1996年开始，应用水平井射孔、射孔测试联作、超正压射孔等先进技术，达到了提高油井产能的目的。⑤补孔改层。1991年以后，对地层能量较高的小、薄油层实施补孔改层，效果明显。1991—2000年，补孔增油12万吨，占措施作业增油总量的30%。

开展油田动态监测。自1986年以来，组织油田开发、采油工艺研究、测井工程和测井研究等单位，加强油井、注水井的测试，认真完成观察井的测压和注水井的分层调配测试工作，进行环空测试产液剖面、环空测压、压力恢复测试和井温测试，以及油井动液面和示功图测试，对油田开发状况实施动态监测，主要技术指标不断提高。油水井一次测试合格率、仪器定期校检率、设备完好率等多项指标达到或接近100%。自行研制的示功图测试仪和产液剖面配套装置，在国内油田普遍推广。2000年，完成动态监测1.57万井次，比1995年增加5614井次。

三、强化生产日常管理

江汉油田原油含蜡量高，地质水矿化度高。油田含蜡量最高达到30.6%，总矿化度达到32.8万毫克/升。原油含蜡量较高的有王场、钟市、广华、新沟、花园等油田，地层水总矿化度超过20万毫克/升的有王场、张港、黄场、钟市、广华、习家口等油田，王场、广华、钟市等主力油田油井结蜡、结盐、结膏和腐蚀情况严重。为保证油井正常生产，江汉油田开展了一系列试验研究，在防结蜡、防结盐、防结膏、防腐蚀方面取得重要成果。①防结蜡。1986年，购置两套管式磁防蜡器，首次在黄18井和新116井进行防结蜡试验，取得成功。此后，逐步在各油田推广使用。同年，还开始运用化学防蜡技术，有效地降低了蜡卡概率，减少了热洗作业井次。②防结盐。1986年以前，油井结盐后，采用掺淡水方法解盐，资源消耗大。“七五”期间，江汉石油管理局与江汉石油学院开展化学防结盐试验，获得成功，并在油田全面推广。③防结膏。对结膏油井主要采用阻垢剂，每日向井内加入1次阻垢剂，每月用碳酸氢铵水洗井1次，基本达到了防膏卡的目的。④防腐蚀。“七五”时期，推广使用自行研制的防腐耐磨泵。同时，配套采用阻垢剂、缓蚀剂和区域性阴极保护技术，井下设备、工具和套管使用寿命明显延长。⑤防砂卡。2000年，采用长柱塞防砂泵解决了细粉砂卡问题。通过试验，有效解决了防结蜡、结盐、结膏和防腐蚀问题。

维护性作业。通过广泛使用防腐耐磨泵，有效延长了检泵周期，减少了检泵作业量。根据采油井封隔器腐蚀情况，定期和不定期更换封隔器。对井下出现因套管腐蚀产生错断和盐卡、膏卡、蜡卡、砂卡等现象，实施大修作业（图3–2）。

图3–2 修井作业工人奋战在井场

完善责任制度。建立油井“三定一落实”（定人、定岗、定设备，落实岗位责任制）制度，完善基层管理流程，健全基础资料，每月开展1次现场检查。日常生产管理水平不断提高。1990年，江汉油田被中国石油天然气总公司评为“综合时效优胜单位”，王场油田被命名为“高效开发油田”。

四、推广应用新技术新工艺

围绕采油技术难题，推广应用先进的新技术新工艺。①稠油开采技术。1988年，对新发现的潭口油田广三段特稠油藏投入开采，通过采用蒸汽吞吐开采试验获得成功。2000年，对潭口代7井区、王30井区、马50井区等稠油井应用电热杆采油新工艺，取得增油效果。②三次采油技术。自1995年开始，将三次采油技术作为重要课题开展技术攻关。重点开展超声波采油、微生物采油、氮气驱油、氮气加泡沫驱油等三次采油先导性试验，见到明显增油效果。2000年，对钟47井实施单井氮气吞吐试验，平均日产油由1吨提高到7.5吨，这是国内首次进行的单井氮气吞吐试验。③盐间非砂岩油藏开采技术。盐间非砂岩油藏地质条件复杂，勘探和开采难度大。2000年，江汉油田成立盐间非砂岩试采项目组，对盐间非砂岩油藏水平井——王平1井进行试采攻关，找出油井产量迅速下滑以致不出液关井的原因，对井底堵塞状况实施冲砂解堵获得成功，初期日产油恢复到10吨以上。④计算机技术得到广泛应用。1993年，引进美国飞波公司玻璃钢杆设计技术，并根据计算机型、计量单位不配套等问题进行调整、修改和完善。1995年初，根据钢质抽油杆设计存在的问题，重新编制出新的计算机设计软件。新软件的杆柱系统采用平衡法设计，各级杆柱顶部达到预期强度，从而提高了整个杆柱系统的可靠性。全年共进行700余井次的设计，同时校核了部分油井井下杆柱结构。该设计在现场运用中收到好的效果，抽油杆断脱事故由1994年的198井次下降到1995年的151井次，下降率为23.7%。加强工程技术调整力度，包括泵挂深度、泵径和抽吸参数的调整等。其间，为了确保油井正常生产，组织技术力量进行了大量工程技术调整。截至1995年，共运用改进技术进行玻璃钢杆设计70余井次，达到预期效果。“九五”期间，通过技术人员共同努力，计算机技术应用管理水平不断提高，促进了原油生产任务的全面完成。

第四节　承包八面河区块开发建设

1985年，江汉油田油少人多、资源接替严重不足的矛盾凸显，在加强江汉盆地石油勘探的同时，面向市场，寻求资源扩张。1986年5月，石油工业部党组决定，由江汉石油管理局对胜利油田八面河进行区块总承包。6月2日，管理局组成考察团，前往八面河地区进行考察。7月5日，石油工业部在北京召开八面河区块总承包会议，王涛部长在会上作了重要讲话。7月上旬，由江汉油田组织的第一批会战队伍开往八面河地区。7月15日，石油工业部下发《关于批转江汉石油管理局“在八面河地区进行区块总承包的报告”的通知》，指出：“江汉石油管理局赴胜利油田八面河地区进行区块总承包，是发展石油企业之间横向联合的一个试点，是发挥现有石油基地作用、提高石油工业经济效益的一个新的途径，也是改革石油工业管理体制的一次新的尝试，对发展我国石油工业具有重要的意义。”（图3–3）。根据通知精神，管理局组织职工3000多人赶赴八面河地区，投入油田勘探开发建设。按照石油工业部关于“大胆改革、搞好试点，为石油企业进行区块总承包探索新路子”的要求，管理局对八面河石油会战实行了项目经理负责制。

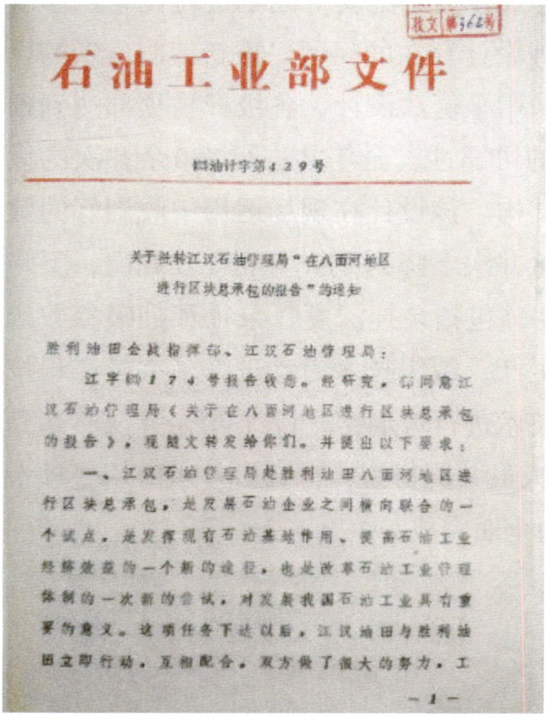
收文

石油工业部文件

油计字第429号

关于批转江汉石油管理局“在八面河地区进行区块总承包的报告”的通知

胜利油田会战指挥部、江汉石油管理局：

江字(86)174号报告收悉。经研究，同意江汉石油管理局《关于在八面河地区进行区块总承包的报告》，现随文转发给你们。并提出以下要求：

一、江汉石油管理局赴胜利油田八面河地区进行区块总承包，是发展石油企业之间横向联合的一个试点，是发挥现有石油基地作用、提高石油工业经济效益的一个新的途径，也是改革石油工业管理体制的一次新的尝试，对发展我国石油工业具有重要的意义。这项任务下达以后，江汉油田与胜利油田立即行动，互相配合，双方做了很大的努力。工

— 1 —

图3–3　1986年7月15日，石油工业部文件

建成年产100万吨级油田。1964—1985年，胜利油田会战指挥部先后在八面河北部的东营凹陷南斜坡、东部的莱州构造带和南部的草桥构造带钻探发现含油构造。1986年，江汉油田制定区块总承包方案，落实了含油面积和地质储量，1987年全面投入勘

探开发和地面建设，1988年基本建成100万吨/年产能工程；1989年继续展开勘探，扩大了含油领域；1990年，重点转入原油生产，在原油产量达到高峰以后，力争实现稳产10年以上。原油产量计入胜利油田总产量，原油销售收入由石油工业部、江汉石油管理局、胜利油田三方按比例分成。7月22日，管理局成立清河油田勘探开发指挥部。8月中旬，派出3400多人组成的会战队伍赶赴八面河地区，展开石油会战（图3–4）。

图3–4　八面河第一井

1986年8月，清河油田会战指挥部对八面河地区开展了勘探工作（图3–5），对地质资料进行了普查、详查和精查，进一步摸清了各圈闭构造特征及油层分布状况，扩大了含油面积，增加了石油地质储量。完成二维地震1470千米，探明石油地质储量7136万吨。9月，清河油田的地面建设全面铺开。会战队伍克服风沙大、气温低和缺电、缺水等困难，当年建成油井井口装置81套、计量站23座、接转站1座，铺设集（输）油管线183.8千米，建成部分水、电、讯、路工程，油田开始投入开发，实现“当年设计、当年施工、当年投产”的目标。1987年，建设速度加快，相继建成原油外输工程、联合站工程、注水工程及其他配套工程。截至1988年底，基本建成年生产原油能力100万吨的主体工程。1989年12月，成立清河采油厂。1990年，油田全面投入开发，当年生产原油91.63万吨。截至1990年底，完成投资8.38亿元，生产原油316万吨，产能建设投资较全国平均水平下降6.75%。清河油田的成功勘探开发，是中国石油工业推行区块承包的一个有益尝试，为石油行业新区勘探开发建设探索出一条投资省、工期短、效益高、质量好的新路子，也为江汉油田可持续发展开辟了一条新的途径。

图3-5　在八面河地区展开大规模石油勘探会战

对八面河油田实施滚动勘探。1989年，清河石油会战结束，油田转入正常开发。12月，江汉油田将清河会战指挥部更名为清河采油厂，变三级管理为二级管理，实行厂长负责制。清河采油厂行政上属于江汉石油管理局，生产业务上隶属于胜利石油管理局。“八五”初期，清河油田原油含水上升，产量自然递减速度加快。为了保持原油稳产增产，管理局根据中国石油天然气总公司指示，从1993年起恢复清河油田油气勘探工作，并根据八面河地区油气生产地质条件，制定“精雕细刻八面河鼻状断裂构造带，寻找‘小而肥’含油区块；开展深、浅层及南部斜坡带油气成藏条件的综合研究，开辟接替区块和接替层系，为原油稳产、增产奠定基础”的勘探方针，组织勘探人员在八面河鼻状断裂构造带中段和西段、南部斜坡中段和东段、广饶凸起中段等地带展开勘探。2001年以后，勘探工作取得重要成果，面120、面137-138、面14、面36等区块探明石油地质储量均达到1000万吨以上。

针对八面河油田的油藏特点，搞好油田开发（图3-6、图3-7）。在加强勘探、增强稳产基础的同时，清河油田针对油田开发中存在的“油稠、出砂、含水上升快”三大难题和油田开发工作的“抽、注、防、解、堵”5个重点，通过完善注采系统、滚动扩边开发、老井复查和“防差”开采、酸化解堵、关闭高含水井、堵水调层等配套措施，推广应用侧钻井、水平井、新型防砂、注氮气采油、注聚合物采油、微生物采油、中子寿命测井等新技术、新工艺，油田自然递减率和综合递减率分别由1990年的26.6%、20.3%下降到2005年的17.3%、8.6%，原油产量递减速度得到控制。

图3-6 开展夺油大会战

图3-7 采油女工为被海潮围困的职工送饭

截至2000年底，八面河油田共有油、气、水井950口，其中，采油井745口（包括11口零散井），注水井190口，观察井4口，采气井11口。采油井开井616口，注水井开井139口，月注采比0.64，累计注采比0.70。全面注水开发的南区，月注采比1.10，累计注采比0.91，平均动液面628米；部分投入注水开发的北区、广北区月注采比分别为0.10、0.14，平均动液面分别为661米、891米。截至2000年，累计产油1108.33万吨，累计产气3.9亿立方米，平均年产原油73.89万吨（图3-8）。

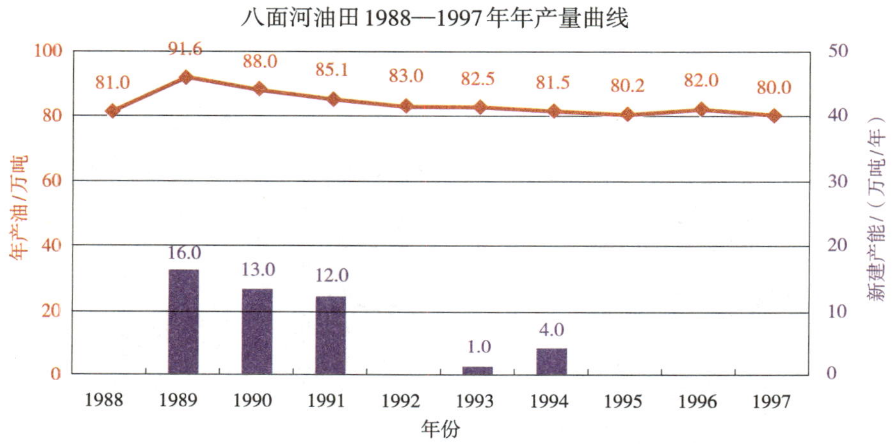

图3-8 八面河油田原油年产量连续10年保持在80万吨

第五节 强化盐卤资源的开发利用

江汉盆地潜江凹陷不仅拥有石油、天然气资源，而且蕴藏着极为丰富的卤水资源、岩盐矿床和一定储量的钾盐矿床。这对油田综合利用油气共生、伴生矿藏，发展盐化工业，形成得天独厚的条件。江汉油田认真贯彻“油盐兼探”方针，勘探盐卤资源，制定精细开发方案，提高生产工艺水平，加强项目工程建设，做大做强盐卤产业，使之成为战略接替资源。

一、开发利用盐卤资源

早在江汉石油会战前期，就开始对潜江凹陷盐卤资源的开发利用进行探索试验研究。1962年8月，江汉石油勘探处1251钻井队在潜江凹陷钻探石油探井王5井时，在潜二段发现盐层。在1969年8月至1972年5月进行的江汉石油勘探会战中，会战指挥部坚持“油盐兼探”的方针，不仅在潜江组发现巨大的固体盐类矿床，还在小板凹陷潜江组、江陵凹陷沙市组发现巨厚盐层，在江陵凹陷的渔洋组和沔阳凹陷的新沟嘴组也发现盐层。

1970年，经石油工业部军事管制委员会和湖北省革命委员会批准，建立高场盐化工试验基地。在中国科学院青海盐湖研究所、天津制盐工业研究所、大连制碱工业研究所、四川张家坝化工厂等单位的协作与帮助下，从1970年开始进行了为期5年的从卤水中提取各种有用物质的试验。共采卤水6.43万立方米，生产盐9369吨，氨水42吨（浓度30%），以及氯化钾等多种化工产品。其生产工艺通过了全国石油、化工系统18家单位35位专家参加的鉴定。1972年，燃料化学工业部向江汉油田提出“按照油盐并举，以油为主的方针，逐步开采盐水，发展盐化工业”的部署要求。根据国家对钾盐的需要，在有关单位专业人员的共同参与下，1972年8月至1979年，全面开展钾盐勘探工作，在潜江凹陷的蚌湖、周矶、广南3个地区找到钾芒硝矿藏，并在潜北进行水采钾盐试验。江汉石油管理局在调查研究的基础上，于1985年，提出开发利用盐卤资源，在江汉油田建立盐化工基地。1986年，建成一座利用伴生卤水生产工业盐和纯碱的小型工厂，最高年产量曾达到工业盐5721吨、纯碱2663吨。

1987年9月，江汉石油管理局向湖北省提交《湖北省潜江凹陷油田卤水评价储量报告》；11月，经湖北省矿产储量委员会审查批准，正式认定潜江凹陷的浩口、习家口、钟西北等地区的卤水地质储量为101.77亿立方米。根据湖北省矿产储量委员会审批精神和卤水矿床的分布特点，确定以浩口为主，以习家口为辅，改造利用油田伴生卤水，建设一座生产能力为100万吨/年的盐碱综合化工厂。同年，在浩52井试采卤水获得成功，卤水日产量达到100立方米左右，证实江汉油田卤水资源丰富，矿化度高，富含多种微量元素，具有较高的开发价值。以后，管理局委托四川自贡矿盐工业设计研究院用浩52井卤水开展“江汉油田盐卤制盐及化工综合利用工艺试验”；1988年，管理局与辽宁锦西化工研究院、湖北沙市农药厂联合进行“江汉油田伴生卤水电解制烧碱的工业性试验”；同时，委托轻工业部天津制盐工业研究所从浩52井卤水中成功地提炼出一级精盐和溴、钾、锂等产品；另有中国环球化学工程公司、江汉石油学院等10多家单位对江汉油田“卤水综合利用”课题进行了一系列试验和论证工作。此后，根据湖北省矿产储量委员会对王场油田北部潜二段盐矿储量的审批意见，制定开发方案。为降低生产成本，尽量利用报废油井。设计规模为：一期开发6对井，2口单井，其中利用报废井10口，钻新井4口，采卤能力为80万立方米/年；二期再开发4对井，1口单井，其中利用报废井4口，钻新井5口，采卤能力达150万立方米/年。

经过多年的地质勘探和分析研究，探明江汉盆地是一个中、新生代的内陆断陷盐湖，面积达2.8万平方千米。据测算，卤水分布面积达1200平方千米，卤水地质储量为227亿立方米，盐类资源量为51亿吨；岩盐分布面积约2000平方千米，资源量为5600亿吨。经湖北省矿产储量委员会划定可供开采的3.45平方千米盐矿面积中，岩盐储量为13.64亿吨，芒硝储量为1.18亿吨，盐层氯化钠含量为64.11%～85.47%。

“七五”“八五”期间，随着改革开放的不断深化，国家鼓励企业积极开展资源综合利用，实行一业为主，多种经营。这一方针为油田加快发展盐化工业起到了巨大的推动作用。1987年3月，管理局正式提出开发地下盐卤资源，在江汉油田逐步建设一个具有相当规模的盐化工生产基地的战略目标。1987年4月，管理局为加强对这项工作的管理以及做好前期准备工作，成立化工处。1988年8月，管理局组建盐化工总厂筹建处（后改为盐化工厂建设指挥部），在勘探开发处设立盐卤开发管理科，在勘探开发研究院设立盐卤综合开发研究所，在设计院设立化工设计室，在油田开发处组建盐卤综合试采队。职工大学和技工学校从1988年起分别开办无机化工班和盐化工专业班，为盐化工厂培训人员。截至1990年底，盐化工厂建设指挥部机关设有15个职能科室，下设7个基层单位，共有职工615人。

盐化工厂是中国石油企业综合利用油气共生、伴生矿藏兴办的第一家大型盐化工企业，被列为中国石油天然气总公司重点建设项目之一。1990

年10月19日，盐化工厂一期工程奠基开工。1994年，一期工程除漂粉精工程外，其他工程均全面建成或进入施工收尾阶段。截至1995年，完成工程建设投资3.72亿元并全面组织试生产。这项工程建设，成为江汉油田生产建设发展史上新的里程碑。

“九五”期间，完成基本建设投资1.13亿元，包括热电厂燃烧炉改造第一、二期工程（将燃油改为燃煤），漂粉精厂扩建工程和卤水预处理建设工程等。1996年，完成建设投资2948万元，主要建设项目是热电厂燃烧炉改造一期工程、卤水预处理建设工程、氯碱厂电解槽改造工程、盐酸装置酸雾处理和片碱生产装置制作安装工程。1997年，完成建设投资589万元，主要建设项目是热电厂燃烧炉改造一期工程续建、热电厂电容补偿系统安装、“汉康卫士”牌消毒剂生产线建设、ADC发泡剂改性生产线建设、提高采收率导向工艺技术改造工程。1998年，完成建设投资359万元，主要建设项目是“三合一”法盐酸装置建造、漂粉精厂生产工艺技术改造、液氯包装秤改造、氢气加压罐安装、采卤井建设工程。1999年，完成建设投资1858万元，主要建设项目是热电厂燃烧炉改造二期工程建设、漂粉精干燥除湿系统改造、氯化石蜡生产工艺技术改造、王盐4井建设、氢气加压灌装系统配套设施建设、液相产品外输管线建设工程。重点项目是热电厂燃烧炉改造二期工程，主要内容是将热电厂2号燃油炉改为燃煤炉，同时安装一套3000千瓦凝汽机组。其主体工程由华中科技大学设计，配套系统由江汉石油管理局勘察设计研究院设计；土建工程由湖北省武汉建筑集团负责施工，工艺设备安装工程由湖北省第二建筑工程公司承担。该工程于1999年底开工，2000年10月竣工投产。2000年，完成建设投资5586万元，主要建设项目是4500吨/年漂粉精工程建设、污水处理工程建设、ADC发泡剂生产线扩建、掺卤制碱工艺技术改造、漂粉精生产线建设、展览厅建设和档案室维修等。其中，4500吨/年漂粉精工程项目是中国石油化工股份有限公司重点工程，于2001年1月建成投产。

“九五”期间，管理局对盐卤产业大胆改革、积极创新，累计生产精制盐50.98万吨、无水芒硝2.76万吨、烧碱12.56万吨、液氯8.85万吨、合成盐酸4.63万吨、氯化石蜡0.96万吨、发电2699万千瓦时，累计完成工业总产值5.67亿元，销售收入4.62亿元，收回贷款6.1亿元。

二、提高生产工艺水平

截至1987年，江汉油田在江汉盆地石油勘探开发中共钻井1600余口，积累了大量的盐系地层资料，为精细开发盐卤资源提供了借鉴经验。科研部门对这些资料进行深入分析研究，先后撰写了《江汉盆地卤水、岩盐和钾盐资源概况》《江汉盆地钾盐矿床的发现与研究》《江汉盆地潜江凹陷潜江组卤水资源及评价》《湖北省潜江凹陷潜江组油田卤水评价储量报告》等20余份有价值的研究报告。

“七五”期间，根据规划目标和计划任务书的要求，盐化工厂一期工程的主要生产工艺和关键设备均从国外引进。其中：盐硝工程引进瑞士苏尔寿—爱雪维斯公司的真空制盐、热法提硝技术和有关配套设备及仪器仪表；氯碱工程引进英国ICI公司的电解槽、美国杜邦公司的Nafion—90209离子膜和加拿大凯密迪公司的离子膜食盐电解制烧碱工艺；漂粉精工程引进加拿大凯密迪公司的用烧碱消石灰法制漂粉精专利和关键设备。

盐硝厂制盐系统采用一效罐部分二次蒸汽加压和四效真空蒸发联合制盐工艺，制硝系统采用二次蒸汽加压与母液闪发循环工艺。二次蒸汽加压生产工艺，比中国普遍采用的四效真空蒸发制盐、冷冻提硝工艺简单，不需制冷系统，能耗较低，每吨盐省电8.4千瓦时、省蒸汽0.3吨，每吨硝省电600多千瓦时、多耗蒸汽仅0.4吨。这种工艺虽投资略高，但生产成本较低，而且产品纯度较高，能创造更好的经济效益。

为提高生产工艺水平，氯碱厂采用当时世界上最先进的离子膜烧碱生产法。此法同国内普遍采用的隔膜法相比，不仅能耗低，投资省，占地面积小，劳动强度低，而且产品纯度高（电解溶解液浓度高达32%）。固碱生产工艺采用传统的大锅熬制法；此法工艺成熟，投资较低，产品质量稳定。此外，为平衡电解产生的氯气，还设置了3万吨/年规模的液氯装置，采用低温低压法生产液氯；5000吨/年规模的次氯酸钠装置，采用双塔吸收法生产次氯酸钠，同时处理事故氯气；2万吨/年规模的合成盐酸装置，采用夹套式石墨合成炉合成氯化氢气体，经降膜吸收生产工业盐酸及部分高纯盐酸。漂粉精厂采用当时世界上比较先进的烧碱消石灰法，这种生产工艺的主要优点是原材料消耗低，生产过程无污染，副产品母液可循环使用，产品有效氯含量高、易溶解、无残渣、使用方便，且产品稳定，便于储存和运输。

在制盐提硝及氯碱生产中须耗用大量蒸汽及电能。为充分保证生产需要，配备了6000千瓦热电站1座，采用两台35吨/时燃油锅炉与6000千瓦背压式机组配套，以热定电，热电联产，在保证盐硝厂、氯碱厂用蒸汽的同时，生产相应电能供系统使用。为充分保证盐硝厂及氯碱厂原料供应，建设采卤能力为200万立方米/年的采卤站1座，并按1：2：1注采比建设注水能力为240万立方米/年的注水站1座。

盐化工厂的主要工艺技术水平，与国内同行业相比具有能耗低、原料省等特点。①能耗低。制盐消耗蒸汽1.1吨/吨，与国内平均水平相比，节约蒸汽约30%；离子膜法制碱消耗电力2000千瓦时/吨，与国内普遍采用的隔膜法相比，节省电力约400千瓦时/吨。②原料省。制盐平均消耗卤水3.5立方米/吨，与国内（卤水成分相同）平均水平相比，节省卤水1.5立方米/吨。③自动化程度高。绝大多数工序采用自动控制，节省人力，减轻劳动强度，保持较好的生产环境。④关键设备抗腐蚀性能强。生产周期长，平均一年检修一次。⑤产品质量好。盐的氯化钠含量达99.8%，高于国家优质产品的含量（99.1%）；离子膜法烧碱出槽碱液浓度NaOH含量达30%，高于隔膜法的10～20个百分点。

“八五”期间，盐卤化工按照管理局“一机两化”的方针，在采卤工艺技术方面，主要运用岩盐钻井“水溶法”开采，以水力压裂对井连通为主，单井对流为辅；在氯碱生产工艺改造方面，对盐水预处理、氯气处理、氢气处理、次氯酸钠、液氯等装置以及电解和纯水站排污系统进行了技术改造；在漂粉精生产工艺方面，引进了加拿大凯密迪公司的技术和关键设备，于1995年11月投入运行。通过技术改造和技术引进，保证设备操作稳定，降低了生产成本，提高了产品质量。

“九五”期间，进一步提高了生产工艺水平。1997—1999年，新建1台35吨/时燃煤锅炉，生产成本显著降低；建成了“三合一”法盐酸生产装置，淘汰了原“二合一”法装置，酸雾污染基本消除，产品质量得到提高；开展湿氯气热能回收利用工艺技术改造，将高温湿氯气与盐水换热，盐水温度从47摄氏度升至56摄氏度，每吨碱节约蒸汽0.15吨；开展离子膜电解槽技术改造和电解槽阴、阳极涂层及橡胶垫片等项目国产化技术攻关，电耗降低，换膜费用减少；开展氯气处理工艺技术改造，氯气泵运行周期延长，运转效率提高。2000年，扩建漂粉精生产线，生产能力提高1倍，年增效益1000万元；将热电厂2号燃油炉改为燃煤炉，燃料消耗进一步下降；增建1台3000千瓦凝汽式机组，蒸汽资源得到综合利用，发电量显著提高；改进氯化石蜡生产工艺，产品质量、原料消耗指标达到国内先进水平；扩建ADC发泡剂生产线，增加两台反应炉，生产能力提高到1500吨/年。此外，针对漂粉精产品特性，将旋转闪蒸干燥技术应用于漂粉精的干燥过程，将DCS技术应用于监控系统，对原干燥器进行了补偿。这些技术的应用，为生产装置安全、平稳运行提供了技术保障。其间，该厂立足现有工艺技术，开发出高浓度液碱、片碱、高纯度次氯酸钠、罐装氢气、优质卤水、氯化石蜡、“汉康卫士”牌消毒剂及洗涤剂系列产品。

“九五”期间，江汉油田盐化工企业——盐化工总厂加强盐卤开发工艺技术研究，先后有16个项目分别获得省部级和局级科技进步奖。1996年，“18-5Mo超低碳双相不锈钢及其复合板制作盐硝设备的应用研究”成果获得中国石油天然气总公司科技进步奖三等奖。1997年，“‘汉康卫士’牌消毒剂生产技术研究”“FM-21SP离子膜电解槽阴极涂层国产化研究与应用”“‘三合一’法盐酸生产工艺研究与应用”“氯气处理技术的研究与应用”项目分别获得管理局科技进步奖一等、二等、三等、四等奖。1998年，“漂粉精装置国产化研究”“离子膜电解槽自动监测系统研究开发”项目分别获得管理局科技进步奖一等、三等奖。1999年，“漂粉精装置国产化研究”项目获得中国石化集团公司科技进步奖三等奖；“优质卤水采输技术研究”获得管理局科技进步奖三等奖。2000年，“离子膜电解槽部件国产化研究”获得管理局科技进步奖二等奖；“氯化石蜡装置技术改造”“旋转闪蒸干燥技术在漂粉精生产中的应用”获得管理局科技进步奖三等奖。

第六节　创新发展机械制造业

“七五”期间，江汉油田实施引进与创新相结合，积极发展机械制造业。1986年4月，石油工业部召开石油机械技术引进会，对钻头厂引进工程给予充分肯定。此后，江汉油田加快了石油机械制造技术引进、新产品开发和改造的步伐。

一、引进消化国际先进技术

自1985年以来，第四机械厂引进了美国修井技术、固井水泥车制造技术和压裂机组制造技术等，并自行研制出单机单泵、双机双泵水泥车和修井机；第三仪表厂从美国引进了压力计制造技术和环空测井设备制造技术；钻头厂继成功引进休斯牙轮钻头生产技术后，又引进了休斯金刚石钻头生产线；第三机械厂从美国引进了天然气压缩机生产技术。此外，江汉机械厂和沙市石油钢管厂对生产装置进行了多项技术改造，产品技术含量和质量不断提高。到1990年，机械制造业先后开发出抽油机、固井设备、修井机、石油特车、注水过滤器、岩压机、仪器仪表、三牙轮钻头、金刚石钻头和螺旋钢管共10个系列的成套产品，有的达到20世纪80年代国际先进水平。江汉石油机械产品产量占到全国石油机械产品产量的30%，重点产品的市场占有率逐年提高，成为全国石油机械制造基地。

引进仪器仪表生产技术。1985年，仪表厂引进美国江斯顿公司的200-J型压力计制造技术后，于1989—1990年又分别从美国的康普乐公司和卡斯特公司引进AT+数控测井系统和KPG型、K4型井下压力计制造技术；从英国莱克斯设备有限公司引进电子读卡仪制造技术。开发出的产品技术含量高、性能稳定，技术水平均处于国内领先地位，部分产品达到世界先进水平。

引进石油机械生产技术。1986—1988年，第四石油机械厂先后引进了美国艾迪科公司修井机制造技术，道威尔公司CPT986型大功率、大排量、双机双泵固井水泥车制造技术，西方石油国际服务公司压裂机组制造技术，库伯OPI公司OPI压裂泵制造技术和SPM公司高压管汇件组制造技术；“八五”期间，又从美国引进了FMC公司活动弯头技术、赛瓦公司固压设备制造技术和阿里逊公司传动箱维修技术，通过消化吸收，自行研制出具有国际先进水平的石油钻采设备。1994年，第四石油机械厂被国家经贸委确定为国家重大技术装备“修井机、固井压裂设备国产化基地”。

引进钻头生产技术。1987年8月，引进美国凤凰晶体公司聚晶金刚石复合片制造技术。10月16日，江汉石油钻头厂从美国休斯工具公司引进金刚石钻头和复合片制造技术，建成年生产能力1000只金刚石钻头的生产线。截至1988年，基本形成批量生产能力，可生产符合休斯质量标准的聚晶金刚石复合片（PDC）钻头、热稳定聚晶金刚石（TSP）钻头和天然金刚石（HD）钻头3种系列22种规格30多种型号的产品。1988年10月，引进意大利雷诺贝拉蒂公司（BERSRDI）牙掌柔性钻头生产线。1994年2月，牙掌柔性钻头生产线竣工投产。通过引进、吸收国外先进技术，江汉钻头厂的生产能力得到迅速提升，成为国内最大的油用钻头制造企业。

引进天然气压缩机生产技术。1988年2月，第三石油机械厂以技贸结合方式，从美国德莱赛兰公司引进分体式天然气压缩机关键制造技术。1989年，建成生产装置并完成样机试制；1991年12月投产。

引进石油管杆生产技术。1990年12月28日，沙市钢管厂从美国飞波公司引进玻璃钢抽油杆制造技术，并购买了成套挤拉生产线设备。1992年底，玻璃钢抽油杆生产线建成并投产，其生产规模和技术水平在全国名列前茅。2001年7月12日，从德国SMSMeer公司引进大口径直缝焊管生产线。此后，建成年产10万吨大口径直缝焊管生产线，实现了企业产品结构调整和产业升级，成为国内设备先进、规模较大的一流现代化制管企业，其产量占全国石油钢管市场的五分之一。

通过先进技术引进，形成了牙掌柔性钻头、金刚石钻头、成套固井设备、系列修井机、石油钻采设备、石油仪器仪表、玻璃钢抽油杆、特大直径高强高韧厚壁钢管、系列压缩机等拳头产品生产线。在引进先进技术的同时，还开展了技术项目合作。

二、实施自主创新战略

自1986年以来，6个机械制造厂和石油机械研究所、测井研究所等科研单位，在引进、消化和吸收国外先进技术的同时，进行了多层次、全方位的技术合作，并发挥自身技术优势，围绕钻井、修井、固井、压裂设备、钻井工具、注水处理装置和采油、测井工艺，开展技术攻关和新产品开发，先后研制和开发出一批具有国际先进水平的三牙轮钻头、金刚石钻头、单牙轮钻头、工程钻头等系列产品，载装钻机、2000型压裂机组、修井机、压裂泵、天然气压缩机、注水过滤器等系列石油机械产品，以及大口径钢管、仪器仪表产品。部分产品填补了国内空白，有的产品达到国际先进水平。1986年，与上海原子核研究所共同研制出“岩性密度测井仪”“自然伽马能谱测井仪”，填补了国内空白，其技术指标达到国际先进水平，1989年被定为国家级新产品。1988年10月，研制开发的注水精细过滤器、自走式液压修井机、CYJ10–3–53HB型抽油机、金刚石取心钻头、气轮式探测仪、SG2型示功仪、直径609毫米螺旋焊接桩管等7项产品被列为国家重大新产品试产计划。1989年，研制的常规游梁式抽油机、异向曲柄平衡式抽油机、岩密度测井仪等5种产品被确定为“1989年度国家级新产品”。1994年研制的SNC35–16Ⅱ型固井水泥车获国家科研进步奖三等奖；新型抽水泵获联合国技术信息促进系统颁发的“TIPS发明创新科技之星”奖。1996年研制的SDC–A数控测井系统被评定为中国石油“九五”时期“十大科研成果”。2001年研制出国内首台2000型压裂机组，被国家经贸委列为“十五”重大装备研制项目。

三、发展优势产品生产项目

1991年以后，全国石油机械产品价格逐步放开，并按市场经济规律运行，江汉油田6个机械厂开始全面走向市场。1992年11月，中国石油天然气总公司召开办公会议，研究江汉油田6个机械厂的生产经营问题。会议听取了江汉石油管理局的工作汇报，提出了“今后机械厂技术改造投入要通过转换经营机制，依靠自身能力解决；要走自我积累、自我发展的道路”

的意见。从此，6个机械厂全面推向市场。1993年，江汉石油管理局为增强6个机械厂的市场竞争能力，及时调整经营策略，提出了“巩固石油市场、扩大社会市场、开拓国际市场”的战略。1995年，管理局在进行可行性市场调研后，加快技术引进和改造步伐，着力调整产品结构，发展钻头、固井压裂设备、天然气压缩机、钢管和水处理设备等优势项目，不断增强企业实力，提高产品市场竞争力，实现生产经营的良性发展。

1995年，江汉钻头厂在与美国休斯工具公司签订的技术合作协议到期后，依靠自身力量实施技术创新战略，成立技术开发研究所，开展新技术、新产品的研制和开发；引进世界先进的牙掌柔性生产线和抗回旋钻头生产技术，制造技术保持世界一流水平。1996年，被国家科研技术委员会列为全国首批13家国家高新技术发展计划（863计划）CDMC重点应用企业之一，开始全面应用计算机技术辅助产品设计、制造和开发。1998年9月28日，工厂进行了改制，在武汉东湖新技术开发区成立江汉石油钻头股份公司。1999年1月19日，被确定为国家重点高新技术企业。截至2000年底，江汉钻头厂主要生产技术指标大幅度提高。与1994年相比，产品品种由48种增加到252种，生产周期由18～20周缩短到4～5周，实现利润由2300万元增加到7451万元。

经过几年努力，管理局机械产品优势项目已形成规模，产品质量也不断提高，先后有三牙轮钻头、固井压裂设备、天然气压缩机等7种产品被湖北省人民政府和省名牌产品推进委员会评为湖北省名牌产品，牙轮钻头被中国技术监督情报协会评为“中国质量过硬服务放心品牌”。

截至2000年底，江汉油田拥有江汉石油机械厂、第三机械厂、第四机械厂、仪表厂、沙市钢管厂和江汉石油钻头股份有限公司6家机械制造企业。这6家企业中，除江汉石油钻头股份有限公司为管理局控股上市公司外，其余均为管理局二级单位；全局机械制造企业共有职工1.22万人，占同期油田（包括管理局和分公司）职工总数的22%。其间，按照专业化、市场化、社会化、现代化的要求，以资本为纽带，以建立现代企业制度、转换经营机制为目标，打破工厂原有建制，进行专业化重组。在完成江汉石油钻头股份有限公司改制的基础上，将其余5个机械厂逐步改造为资本结构多元化的企业，实行自主经营、独立核算、自负盈亏的管理方式。

四、积极推行管理新模式

“七五”时期，江汉石油管理局认真贯彻“以科技进步为先导”的企业管理方针，先后采取了深化内部改革，加强工艺质量管理，增加新产品的开发投入，完善销售服务机制等措施，逐步形成了“四个转变、四个配套、三个负责到底和区块总承包”的经营管理模式。“四个转变”：由重产轻销转变为以销定产；由单纯“做生意”转变为“决策经营”；由年度订货和合同指导生产转变为跨年度产品开发和市场长远开拓指导生产；由组建临时现场服务队转变为建立正规、固定的销售服务机构。“四个配套”：配套设计，配套生产，配套供应，配套服务。“三个负责到底”：对产品质量的可靠性、稳定性、耐久性负责到底；对出厂设备的安装、调试、使用、操作、修理和现场使用人员的技术培训、技术咨询负责到底；对设备在用期间的技术服务及其更新改造负责到底。“区块总承包”：根据自然属性，将全国油田划为若干区块，对区块内实行包销售额、包技术服务、包配件供应、包销售资金回收、包跨年度市场预测和订货数量。

“八五”期间，江汉石油管理局针对机械制造行业市场萎缩、效益下降的不利形势，实施了一系列有效措施。积极推行新的管理模式，共取得质量管理成果75项，其中获得省部级奖励的优秀成果16项。江汉石油机械厂的抽油机系列产品获得美国石油学会颁发的API会标使用证书；第四机械厂的抽油机系列产品取得API会标使用证书，自行研制生产的江陵牌SNC35-16Ⅱ型固井水泥车高压装置获得国家优质产品银奖；仪表厂生产的石钥牌200-J型压力计系列、SQ3型取样器获得湖北省优质产品奖；钻头厂通过加拿大质量认证局对产品质量和工厂质量保证体系的API、ISO9002双重认证；沙市钢管厂在通过总公司生产许可证换证检查、美国石油学会（API）换证检查之后，于1995年又通过中国船级社ISO9002质量体系认证检查，获得国家技术监督局颁发的ISO9002质量认证证书。

结合全国“质量、品种、效益年”活动，江汉石油管理局于1991年提出“以质量求生存，以品种求发展，以管理求效益”的方针，开展“挖掘内部潜力，增产创收节支”活动，取得较好成效。当年在机械产品产量下降12.4%的情况下，完成工业总产值（1990年不变价，下同）5.16亿元，实现利税9015.6万元，其中利润4724.1万元。与同期相比，产值增长了23.3%，利税增长了35.3%。

为强化管理调动各方积极性，江汉石油管理局于1992年对各机械厂下达“八五”后4年的生产经营任务，并在全行业推行“独立核算，自主经营，利润包干，包死上缴基数，超额盈利全留”的经济责任制。当年生产经营指标全面上升，完成机械产品产量3.94万吨，完成工业总产值5.88亿元，实现利税1.09亿元，与上年同期相比分别增长2.4%、14%、20.8%。钻头厂生产经营形势最好，各项指标创历史最好成绩，完成钻头产量1.93万只，完成工业总产值2.43亿元，实现利税8305.5万元。11月，中国石油天然气总公司研究江汉油田6个机械制造企业生产经营问题。在听取江汉石油管理局关于“6个机械制造企业技术改造投入产出、流动资金、产品价格、进出口权和当年生产经营情况、企业内部改革情况”汇报之后，提出了“机械厂技术改造投入要通过转换经营机制，依靠自身能力解决；要走自我积累，自我发展的道路”的意见。根据市场形势所发生的变化，1993年管理局提出“巩固石油市场，拓展社会市场，开拓国际市场”的市场开发战略。各机械厂按照这一指导思想，大力调整产品结构，积极开展销售服务，实现生产经营指标同步增长。全年完成工业总产值6.38亿元，实现销售收入7.98亿元，创出历史最好成绩；实现利税9945.3万元。1994—1995年，石油机械产品销售市场全面萎缩，全行业生产经营指标大幅度下降。针对这种情况，管理局在加快转换经营机制的同时，大力开展“扭亏增盈”活动。1995年，实现利税1554万元，其中上缴税金3155万元。

“八五”期间，累计生产机械产品18.23万吨，比“七五”期间的20.36万吨下降了10.5%；累计完成工业总产值29.08亿元，占全局同期工业总产值53.33亿元的54.5%，比“七五”期间的17.6亿元增长了65.2%；累计实现利税3.57亿元，比“七五”期间的3.28亿元增长了8.8%，其中上缴税金2.03亿元，比“七五”期间增长了74.4%；实现利润1.54亿元，比“七五”期间下降了27.5%。

“八五”期间，主导产品逐步由单一品种向多样化发展。在原有的牙轮钻头、金刚石钻头、抽油机、螺旋焊接钢管生产线的基础上，先后新建、改造、扩建了包括牙轮钻头柔性生产线、成套固压设备生产线、修井机生产线、石油钻采仪器仪表生产线、注水过滤器生产线、玻璃钢抽油杆生产线在内的6种拳头产品生产线，还建成施工升降机、塔式起重机、工程钻机生产线以及汽车半轴生产线，开发出一批石油机械、建筑工程机械产品，改善了产品结构，拓宽了产品销售渠道。产品销售国际市场不断拓宽。“八五”以前，油田销往国际市场的机械产品很少，只有少量钻头和少量零部件返销美国。“八五”期间，产品外销规模不断扩大，创汇能力逐步提高，钻头厂生产的牙轮钻头、第四机械厂生产的XJ650型修井机及石油机械配件销往美国、印度、新加坡、加拿大、乌克兰和新西兰等国家。5年累计出口创汇1596.4万美元，是“七五”期间的4.6倍。销售服务方式由单纯的售前售后服务发展到综合性服务。各机械厂在加强售前售后服务的同时，积极开展技术咨询、产品使用技术培训、产品维修、施工技术指导等全过程、全方位、多层次服务活动，得到用户信赖。全行业在全国各地设有销售服务站点28个，服务人员共155人。

进入“九五”时期后，江汉石油管理局重点抓扭亏增效工作。1996年，管理局成立机械行业扭亏工作组，对亏损严重的江汉石油机械厂、第三机械厂实施重点帮扶。为强化质量管理，1997年开展“销售年”活动。全行业6家工厂全部通过ISO9000系列质量保证体系认证，其中江汉石油机械厂、第四机械厂、钻头厂、沙市钢管厂通过API认证证书年审。钻头厂生产的“江钻牌”三牙轮钻头、第四机械厂生产的SCD200/200施工升降机被评为湖北省首批精品名牌。企业声誉提高，并涉足国际石油机械产品市场。全行业经济指标开始回升，全年完成工业总产值（时价）7.96亿元，比上年增长18%；实现销售收入7.5亿元，比上年增长12%；实现利润1336.8万元。1999年，根据市场形势发生的变化，开展了企业改制。同年4月，第三机械厂完成铸造分厂、物业站、医院、运输队共4个基层单位的改制分离，并按新机制运作。12月28日，承德石油机械厂改造成为江汉石油钻头股份有限公司控股65%、江汉石油管理局参股35%的承德江钻机械有限责任公司。

为进一步提高企业管理水平，2000年开展了“企业管理年”活动。各机械厂根据本厂特点和生产经营实际，调整产品结构，研制开发出替代产品。第三机械厂在完成产品结构调整的基础上，集中精力研制和生产CNG加气站用压缩机，完善RDS天然气压缩机系列，开发出单螺杆空气压缩机产品。第四机械厂投入300万元，完成新产品开发项目10项，其中60吨、120吨海洋修井机在渤海油田通过工业试验。沙市钢管厂组织开展螺旋机组改造和直缝焊管机组引进工作，初步见到成效。

第七节　提升技术特色优势

1986—2000年，江汉油田施工单位坚持立足江汉，积极开拓国内外市场，通过引进、消化、吸收国内外先进施工生产技术，强化内部管理，企业核心竞争力不断增强，技术特色优势明显提升。

一、创新地质勘探技术

1986年，物探公司针对平原水网、黄土塬地貌、碳酸盐岩裸露区高陡构造带的施工难点，通过装备更新、完善施工作业组织，开展各类攻关试验，逐步形成以野外采集、资料处理、方法研究和软件开发为主的地震勘探技术，市场竞争力不断增强。1991年12月，被国家地质矿产部、人事部、国家计划委员会、全国总工会联合授予“全国地质勘查功勋单位”称号；2000年8月，成为国际地球物理承包商协会正式会员；2001年，通过ISO9002国际质量体系认证。

强化装备配套，提高野外采集能力。截至1985年底，江汉物探已配备使用常规数字地震仪，实现野外采集数字化。自1992年起，相继引进了YKZ-480型有线遥测数字地震仪、SN-368型有线遥测数字地震仪和MYRIASEIS-Ⅱ型无线遥测数字地震仪。1997年，开始使用新型有线遥测数字地震仪，此后陆续配备了408UL遥测数字地震仪、VSP数字测井仪、可控震源、重力仪、磁力仪、电法仪、卫星定位仪、全站仪、沙漠钻机等主要装备，并引进资料采集和处理工程软件系统，野外采集和处理解释能力不断提升。截至2000年底，二维地震资料年处理能力达30万标准千米、三维地震资料年处理能力达到1000平方千米，基本满足了日益增长的油气勘探需要。

发展特色技术，提高施工水平。物探公司地震勘探技术在许多方面处于国内领先地位。1980年，曾在全国首次运用三维地震勘探技术获得成功。同年，因圆满完成国家运载火箭发射的部分数据处理任务，受到党中央、国务院、中央军委嘉奖。1986年以后，物探公司继续开发和培育特有物探技术。1986年8月，开发的“三维地震资料处理软件系统”，作为石油工业部唯一项目，参加了在香港举行的计算机应用展览会的展示；1992年，物探公司与江汉石油学院等单位合作完成的国家“七五”重点科研项目“油藏描述技术研究”获国家科技进步奖二等奖；1993年，开展沙市城区三维地震勘探技术攻关取得成功，10月4日中央电视台《午间新闻》播发这一消息，并称“标志着我国城区三维地震勘探技术达到国际先进水平”；1994年，三维地震勘探技术获国家经贸委颁发的“技术开发优秀项目奖”。截至2000年，物探公司形成了一套以山地地震勘探技术、高分辨率地震勘探技术、地震和非地震综合物探技术、黄土塬地震勘探方法、复杂地区三维地震勘探方法为代表的具有江汉特色的物探技术系列，具备了在平原、山地、江河、水网、湖泊、戈壁、沙漠、黄土塬、水陆过渡带和城镇居民区等复杂地貌、地质条件下，进行地震、重磁力、电法、VSP测井等综合物探专业施工能力（图3-9）。

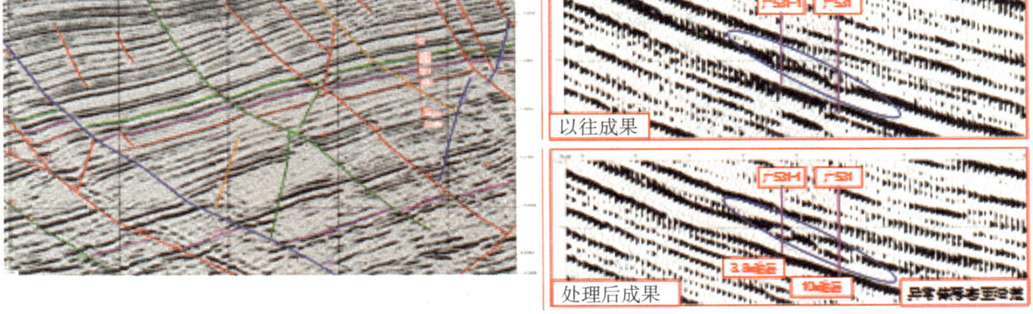

图3-9　江汉油区二次采集资料，重新处理剖面对比

立足江汉盆地，积极开拓国内外物探市场。物探公司在巩固江汉油田内部市场的同时，不断拓展国内外市场。1988年，首次进入国内物探市场，成为全国石油物探系统最早走向市场的企业之一。江汉物探先后在鄂西鱼皮泽构造获得我国南方石灰岩出露区第一张可供解释的地震剖面图，1997年在第十五届世界石油大会上参展，受到专家好评。2000年8月，地球物理勘探处加入国际地球物理承包协会（IAGC），为了解沟通国际物探信息渠道创造了条件。“九五”期间，完成鄂渝湘地区、山西沁水盆地、滇黔桂南盘江地区的二维地震勘探4786千米和三维地震勘探75.2平方千米；完成西藏阿里地区、鄂渝湘地区、云南思茅盆地、江苏盐城—大丰地区、如皋—通州地区、河南伏牛山地区、山西太行山地区、湖北大别山地区和安徽南陵地区的重力测量2.19万个物理点共4.47万平方千米，大地电磁测深2097个物理点共6985千米，电磁阵列剖面测量620个物理点共124千米。5年累计完成经济技术合作项目56项，合同总金额2.86亿元。

1996—2000年，有249项科研和新技术应用项目获奖，其中省部级奖5项，局级奖77项（图3-10）。

图3-10　科研人员在现场进行技术研究

二、发挥钻井特色优势

钻井公司是一个集生产、科研和技术服务于一体的综合性单位。截至2000年，累计完成钻井进尺285.96万米；完井2769口，其中探井1331口；累计完成钻井工作量40亿元，其中探井钻井工作量17.36亿元，生产井钻井工作量22.64亿元。其主要举措如下。

更新钻井装备，调整队伍结构。江汉钻井自1986年以来，为满足市场需要，针对大量钻机设备使用年限超长、钻机机型落后的实际，先后引进了14种新型钻机；年钻井进尺能力达到60万米，具备了承钻水平井、欠平衡井、侧钻井、多目标井、超深井等7000米以内各类高难度井的施工能力。随着钻井市场的不断扩大，钻井队伍也从1986年的13支扩充到2000年底的22支。

开拓外部市场，争创一流水平。自1992年进入国内外钻井施工市场以来，先后在新疆、四川、陕西、山东、广东、湖北、吉林、青海、冀东、湖南和内蒙古等省、自治区和区域的10多个油气田承揽了各种油气勘探开发井、盐卤及芒硝井等钻井工程，并多次刷新多项钻井新纪录。2001年6月，在建南地区施工的建平1井，井深4646.17米，垂深3450.08米，水平段长1046.19米，创当时我国陆上油田海相水平段钻井新纪录。

加强技术攻关，提升市场竞争力。江汉钻井区域勘探难度大，施工要求高，生产成本居高不下，钻井速度慢是与国内同行业形成差距的原因之一。针对这种情况，江汉钻井发扬“敬业、诚信、协作、创新”的企业精神，积极推行科学管理和科技创新。1994—1995年，在辽河油田科尔康和欢喜岭施工期间，推广应用油气层保护等新技术、新工艺，有效地保护了油气层，顺利完井45口，进尺61080米，每口井的井身质量、固井质量均合格，各项指标达标或优于设计要求，创下当地同类钻机历史最高水平。1996—2000年，开展科研项目45项，其中部级（集团公司）项目2项，局级项目43项；有30项成果获得奖励，其中省部级奖2项，局级一等奖3项、二等奖10项、三等奖15项。推广应用科研新成果，有效解决钻井生产中的实际问题。建平1井是江汉油田的第一口水平气井，针对该井上部井段漏失严重的情况，应用复合暂堵解堵技术，有效处理了产层的漏失问题。

1999年，在江汉王场地区应用盐膏层固井工艺技术，固井优质率由1998年的57.2%提高到78.05%，提高了20.85个百分点，均未发生套管早期损坏情况，节约勘探投资3667.70万元。

三、提高测录井技术水平

测录井公司主要从事测井、射孔和气测录井的施工作业，1984年改为测井工程处，后改为测录井工程公司。此后15年，通过滚动发展，已成为集测井、射孔、录井、地层测试和资料解释等多专业于一体的综合井筒技术服务公司。截至2000年底，拥有施工队伍29支。

1986年以后，测录井公司加强先进技术和装备引进工作，专业化技术服务实力明显增强。1988年，从加拿大引进曼德利膨胀式测试工具，1993年从美国引进3700数控测井仪，1999年从哈里伯顿引进APR测试工具，2003年从美国购置2套成像测井系统和1套综合录井仪。这些先进仪器和设备的购置，大大提高了测录井公司的施工实力，为走向市场打下基础。加强人才队伍建设和培养，消化国内外先进技术，掌握了水平井、大斜度井、海相井的测井、录井、测试、射孔新技术和成像测井及测井解释技术，在动态测井、中子寿命测井等方面处于国内先进水平，高温高压地层测试技术、裸眼膨胀式测试技术、水平井测试技术、多功能酸化管柱、非常规试井资料解释评价技术等在国内处于领先水平。

在为江汉油田油气勘探开发提供优质服务的同时，测录井公司积极拓展国内外市场，先后进入塔里木、西部新区、西北局、中南局、青海、长庆、胜利、中原、滇黔桂、南方海相、江苏油田等国内市场和吉尔吉斯斯坦、阿尔及利亚等国际市场，施工合同履约率、资料合格率均达到100%，工程优等率一直保持在70%以上，先后多次创造和刷新地区和国内施工作业纪录。1998年，在塔里木塔参1井（7136米）测试，创全国深井测试作业纪录。2001年，在建平1井创造当时国内水平井段最长（1046米）的测井施工作业纪录。

四、井下作业工艺进步

“七五”期间，井下作业系统继续实行三级（处、矿、队）管理体制。井下作业质量不断提高，作业资料全准率达到99.6%。先后被中国石油天然气总公司授予各种荣誉称号17个队次，其中被授予“银牌队”“铜牌队”称号的有5个单位（作业二队、作业三队、作业四队、作业六队、作业九队）共8个队次，被授予“一级队”称号9个队次。“八五”期间，承担江汉油区井下作业任务的是油田开发处试油作业大队，1995年更名为井下作业部。截至1995年底，设井下作业队14支，大修队1支。“九五”期间，新技术、新工艺得到广泛应用，老井侧钻、水平井采油、低频脉冲振荡、电爆震、微生物采油、电热杆采油等技术得到应用。

1996年底，在石油行业解体“大而全”“小而全”的历史背景下，井下作业施工单位从原油田开发处分离，成立井下作业处；1998年2月，江汉石油管理局又将部分作业队和生产准备大队划归江汉采油厂。1996年以后，先后购置ZJ30钻修机、ZJ20钻修机和2000型、1800型压裂车等一批先进的修井压裂设备。2000年底，共压裂70井次，有效压裂57井次，有效率达到81.4%。2000年以后，井下作业单位积极开展对外揽活，通过竞标，先后进入陕北、长庆油田、新疆吐哈油田、西北石油局、鄂尔多斯等作业市场。同时，积极开展井下作业技术攻关，初步形成了以分层压裂、复杂大修、防砂、作业为代表的井下优势作业技术。

五、采油工艺日臻成熟

油井深抽工艺技术、斜井采油工艺技术、小泵综合配套技术、皮带抽油机应用技术、稠油开采配套技术、长柱塞防砂泵应用技术、油井增产稳产技术等日益成熟，形成适合江汉油区特点的采油配套技术。检泵周期由1995年的271天延长到2000年的466天，采油时率由1995年的95.0%上升至2000年的97.9%，维护性作业由1996年的751井次下降到2000年的585井次。

图3-11 深井超深井分层注水工艺提高油田采收率

分层注水工艺配套采用Y341-114型和JH752-6型封隔器，实现3500米的深井分层注水。注水管柱配套使用KPX-114型偏心配水管柱及皮碗式底部循环凡尔、涂料油管与丝扣密封脂，形成配套工艺技术。增注工艺应用高温高压酸化压裂工具及配套技术，针对地层渗透率低的特点，推广使用单井增压注水工艺，保证了配注水量（图3-11）。防腐技术重点在注（污）水站推广应用，用高、低压玻璃管道、玻璃钢容器替代金属管道、容器，取得较好防腐效果。

实行油田动态监测管理，油水井测试一次合格率、仪器定期校验率、设备完好率均达到100%，资料解释外报差错率为0，测试合格率除1999年、2000年外，其余均为100%。油田动态监测8项指标除油、水井测压率比“八五”期间有所下降外，其余均保持在“八五”期间水平，有的略有提高和改善（图3-12）。

图3-12 具有自主知识产权的环空测试技术

油气集输管理技术不断进步。“九五”时期，天然气利用率在98.0%～99.8%，比“八五”期间指标略好；伴生气处理率由1996年的71.5%上升至2000年的85.9%，高于“八五”期间指标；原油密闭率和输油泵效率分别在80.18%～87.31%和56.0%～63.3%，优于“八五”期间指标。

六、培育核心施工技术

油建公司发展形成油田地面建设、长输管道和水平定向钻穿越三大核心业务，其中长输管道和水平定向钻穿越具有核心竞争优势。在外闯市场的过程中，公司施工实力不断增强，施工质量不断提高，创出了一批优质工程。1993—1995年，完成洪湖—荆门输油管道工程；1996—1997年，承建的陕京天然气管道工程山西省河曲—五寨段，业主给予“起点高、质量优、速度快”的赞誉。公司拥有美国生产的奥格DD-625、DD-330HP、威猛D80×120水平定向钻机，可承担直径1200毫米以内油、气、水管道及电缆工程的定向穿越施工。从2000年开始，成功穿越汉江、黄浦江、大运河水系河流、苏丹阿特巴拉河、若伯卡纳河、青尼罗河等著名河流，完成穿越施工250多项，穿越各类口径管道累计总长8.53万米。人工磁场定位、穿越曲线大偏移等技术在国内处于领先地位。

“七五”至“九五”期间，江汉油田以“科学技术就是第一生产力”的思想为指导，坚持依靠科技进步求发展，积极引进先进技术，实施“科技兴油”和“技术创新”战略。把加速油田技术发展放在关键地位来抓，使科学技术在油田发展中起到重要支撑作用（表3-2～表3-4）。

表3-2　“七五”期间江汉油田科技成果获奖情况统计

年份	国家级			省部级					局级					总计
	二等	三等	小计	特等	一等	二等	三等	小计	一等	二等	三等	四等	小计	
1986						3	5	8	3	9	27	43	82	90
1987	1	4	5			1		1	3	9	27	37	76	82
1988	1	1	2		1	6	3	10	10	10	45	42	107	119

续表

年份	国家级			省部级					局级					总计
	二等	三等	小计	特等	一等	二等	三等	小计	一等	二等	三等	四等	小计	
1989						4	12	16	17	32	44	36	129	145
1990	2		2		1	4	6	11	20	27	53	41	141	154
合计	4	5	9		2	18	26	46	53	87	196	199	535	590

表3-3 “八五”期间江汉油田科技成果获奖情况统计

年份	国家级			省部级					局级					总计
	二等	三等	小计	特等	一等	二等	三等	小计	一等	二等	三等	四等	小计	
1991					1	5	6	12	15	26	48	39	128	140
1992	1		1		1	2	6	9	10	23	65	65	163	173
1993		1	1	1		4	11	16	10	26	66	80	182	199
1994					1	2	6	9	21	36	70	47	174	183
1995							1	1	18	39	71	54	182	183
合计	1	1	2	1	3	13	30	47	74	150	320	285	829	878

表3-4 “九五”期间江汉油田科技成果获奖情况统计

年份	国家级			省部级					局级					总计
	二等	三等	小计	特等	一等	二等	三等	小计	一等	二等	三等	四等	小计	
1996					2	2	11	15	14	42	78	34	168	183
1997							9	9	16	39	81	21	157	166
1998						1	5	6	13	41	72	33	159	165
1999						3	13	16	12	26	51		89	105
2000						1	7	8	20	36	60	60	116	124
合计					2	7	45	54	75	184	342	88	689	743

第八节　促进多元经济发展

江汉油田在发展油气主业的同时，实施多元经济开发战略，以石油化工、天然气化工和集体经济为主的多元经济形成新的经济增长点。截至2000年底，江汉油田多种经营系统共有经济实体233家，其中工业企业（包括建筑安装和运输）175家，农业企业14家，商贸企业44家。

一、发展石油化工业

江汉油田发展石油化工业，1983年8月将盐化工厂更名为石油化工厂。1984年，荆门炼油厂划归中国石油化工总公司管理后，江汉石油管理局根据油田生产需要，对石油化工厂炼油生产装置进行了改造扩建，11月竣工投产，年加工原油能力达到10万吨。

“七五”期间，石油化工厂按照管理局“以油为主，综合利用，全面发展”的要求，加强科技攻关、扩大生产能力、调整产品结构、搞好综合利用、改善经营管理、提高经济效益，为油田建设和勘探开发提供了更多资金。其间，全厂生产建设及其他工作取得显著成效，是建厂以来发展最快、形势最好的一个时期；石油化工厂先后4次被评为管理局“双文明”模范（先进）单位，先后4次被评为管理局安全生产先进单位，1987年被评为荆州地区安全防火先进单位。1989年、1990年分别被评为管理局和中国石油天然气总公司设备管理先进单位。1990年，全面质量管理经中国石油天然气总公司和湖北省达标验收合格，计量、档案管理分别达到国家二级计量单位和国家二级档案标准。

1985—1990年，石油化工厂对生产装置进行新建、扩建和工艺改造，年加工原油能力达到12万吨，并新建了150吨/年的润滑脂装置、600吨/年的石油亚砜装置和1000吨/年的石蜡装置。截至1990年，累计加工原油96.85万吨，其中加工高硫原油17.28万吨；完成工业总产值1.84亿元，实现利税总额6649万元。1990年，全员劳动生产率为2.39万元/人，比1985年的1.45万元/人增长65%。

“八五”期间，石油化工厂以原油加工为主，主要生产燃料油、润滑油、润滑脂、沥青、特种油品等五大类产品。根据管理局关于发展“一机两化”的思路，积极开展了技术改造，坚持以内涵扩大再生产；1991年和1995年，经过两次扩建改造，建成25万吨/年常减压装置、7万吨/年催化裂化装置、2.5万吨溶剂油装置、2000吨/年废机油再生装置、2000吨/年凡士林与乳化炸药专用蜡生产装置、2000吨/年污水偏硅酸钠装置。石油化工厂各项工作均取得显著成绩，连续4年被局党委和管理局授予“先进党委”“双文明模范单位”称号，厂纪委被评为陆上石油系统1995年度先进纪检监察组织，厂工会被评为石油系统合理化建议和技术改进先进集体。

“九五”期间，石油化工厂成为江汉油田重点效益型企业。1996年，获得湖北省“清洁无害工厂”称号。1997年，被评为湖北省文明单位、湖北省石化行业思想政治工作优秀企业。1998年，被湖北省确认为计量认证合格单位。1999年，被国家质量技术监督局确认为“完善计量检测体系合格企业”，9月14日，石油化工厂更名为精细化工厂。2000年，被评为湖北省文明单位。2001年11月30日，根据中国石化关于关停小型炼油装置的要求，管理局撤销精细化工厂，关停生产装置，原厂534名职工转岗。

二、发展天然气化工业

为开发利用天然气资源，江汉石油管理局于1987年和1993年，先后建成两条炭黑生产线，年生产能力达到5000吨。1990年10月，炭黑质量达到国家优等品标准；同年12月，“腾龙”牌炭黑被评为湖北省优质产品，填补湖北省石油化工行业的名牌产品空白。

“八五”期间，江汉油田坚持走“立足气田，发展化工，以气养气，滚动发展”的道路，继承发扬“扎根山区，顽强拼搏，艰苦奋斗，无私奉献”的企业精神，全面加强企业管理，积极推进科技进步，圆满完成各项任务，取得较好经济效益；加工生产天然气2.76亿立方米，比“七五”期间增长了37.4%。1994年，炭黑产品被国家技术监督局评为国货精品。

“九五”期间，加工生产天然气3.07亿立方米，比“八五”期间增长了11%；其中2000年加工生产天然气7119万立方米，比1995年增长了25%。其间，生产炭黑1.68万吨，其中2000年生产4473吨，比1995年增长了16.8%。2000年，被湖北省经贸委命名为“重合同守信用”企业，并通过湖北省“清洁无害工厂”复查验收。

三、集体经济的发展

江汉油田的集体经济以农业生产为主，其农产品基本自给自足，同时解决了职工家属的就业问题。随着油田经济的不断发展，配套建成化工、建材、轻工、商业、食品饮料等21个行业，生产1100多种产品。1985年10月，全国石油企业多种经营工作会议在江汉油田召开，推广了江汉油田发展多种经营的经验。1990年10月，全国石油企业集体经济工作会议暨石油企业集体经济产品展销会在江汉油田召开，对江汉油田发展集体经济的工作给予了肯定。截至1990年底，江汉油田集体经济从业人员达到1.2万人，经营产值1.98亿元。

1991—1995年，油田集体经济得到进一步发展，一批产品先后被评为国家和省部优质产品，其中1992年广华酒厂生产的“楚魂酒”获全国第二届食品卫生质量监测评委会授予的金杯奖。其间，引进先进技术并投资建设了一批新产品生产线。其中，与武汉大学共同研制开发的天然色素项目取得良好效益，“栀子蓝”产品填补了国内空白，天然色素系列产品获得1995年全国专利精品博览会金奖。集体经济平均每年以30.2%的速度递增。1995年，全局油盐化工、集体经济共完成生产经营总值12.16亿元，占管理局社会总产值的29.27%，形成了以油为主、多元发展的经济格局。1996年以后，部分多种经营企业由于新增投资少、负债高，加上市场竞争加剧，经营出现亏损。2000年，江汉油田出台了一系列配套改革政策，对78家企业实施改制，除4家效益仍不理想外，其余均不同程度实现增盈和减亏。此后，油田对集体经济实行与主业彻底分离的改革措施；截至2005年，除保留农林处外，其余均通过买断、租赁等形式实行民营化经营或关停。

第九节 加强党的建设

“七五”至“九五”期间，江汉油田以“立足江汉，走向世界”建设“千万吨级油气田”为远景目标，管理局党委认真学习贯彻执行党的十三大、十四大、十五大精神，按照党的十四届四中全会作出的《中共中央关于加强党的建设几个重大问题的决定》、把党的建设提升到“新的伟大工程”高度的要求，全面加强党的建设和思想政治工作，把提高企业经济效益作为工作的出发点和落脚点，创造性地开展工作，充分发挥了党的建设在油田各项事业中的引领保障作用。

“七五”期间，江汉石油管理局党委全面加强党的建设，以创建模范党支部和争当模范共产党员的“双模”活动为重要载体，加强党组织和党员队伍建设，党组织坚强堡垒作用、党员先锋模范作用充分发挥，取得显著成效。管理局党委在发挥“双模”载体作用的同时，坚持开展“双文明”建设提档升级活动。自1985年以来，坚持常抓不懈。每年初，由局党委和管理局作出部署，各二级单位制定具体实施方案，将任务指标落实到机关职能部门和基层单位。年终，管理局组织党、政、工、团各部门对基层单位的“双文明”建设情况进行综合检查，将经济效益、廉政建设、安全生产、社会治安和计划生育工作作为主要内容与职工队伍素质、企业管理水平捆在一起，一并考核，并在二级单位、车间（队）、基层班组、机关科室和职工中选出标杆、模范、先进单位及个人，在年度总结表彰会上进行表彰奖励。1986—1987年，围绕管理局第二次党代会确定的奋斗目标开展“双模”活动，主要是突出党性、党风、党纪学习教育和理想宗旨教育，坚持四项基本原则教育和反对资产阶级自由化教育；开展为企业发展献计出力和建功立业系列活动，“为党旗增光辉，向党的十三大献礼”主题活动，提高了广大党员端正党风的自觉性，增强了党支部的战斗堡垒作用和党员的先锋模范作用。1987年，管理局被中共中央宣传部、国家经济委员会、中华全国总工会授予“一九八六年度全国思想政治工作优秀企业”称号、管理局党委被湖北省委授予“党风建设先进集体”称号（图3–13）。1988—1989年，重点开展“党员责任区”活动。根据各单位生产（工作）的特点和党员分布状况，以党员所在的行政班组为基本区域，划定工作责任范围，定期检查考核。这一活动，把党章中规定的党员义务具体化，使每个党员有任务、有责任、有压力，自觉发挥先锋模范作用，带动广大职工为实现党的任务和企业发展目标共同奋斗。“党员责任区”成为各级党组织发挥党员先锋模范作用的主要形式，“一个党员一面旗，一个党员一盏灯”在党员责任区得到充分体现。清河采油厂机关党员突击队奋战两个月，为海滩油区修建了13千米的海堤大道（图3–14）。1990年4月，管理局被中华全国总工会授予社会主义双文明建设“全国先进集体”称号，颁发“五一劳动奖状”（图3–15）。8月，湖北省委组织部在江汉油田召开“党员责任区”活动经验交流会，充分肯定这个活动的经验和做法。由于各级党组织坚持不懈开展“双模”活动，在活动的内容和形式上常抓常新，强化了党员的榜样意识，增强了党支部的工作活力、密切了党群关系，全局基层党支部的战斗堡垒作用和党员先锋模范作用明显增强。截至1990年底，一类党支部占全局党支部总数的75%，没有三类党支部；合格党员和基本合格党员占全局党员总数的99.3%、党员综合先进面达80%以上。

图3–13　1987年，江汉石油管理局、管理局党委获得的荣誉奖牌

图3–14　党员突击队为海滩油区修建海堤大道

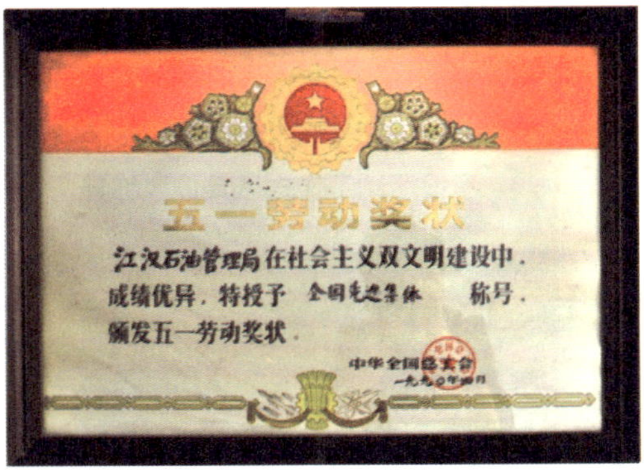

图3–15　1990年4月，管理局获得“五一劳动奖状”

“八五”期间，管理局党委认真落实上级党组织部署，聚焦基层、服务基层，全面加强基层建设。具体做法如下：①配齐配好基层班子，按照能力互补、有利于团结、适应企业生产经营要求的原则，对部分力量薄弱的班子进行充实、加强，对少数软、散班子进行整顿、调整，使基层班子的整体素质不断改善。②健全各项管理制度，先后制定《关于加强基层建设的10条意见》《关于优惠野外基层队职工的若干规定》《基层车间（队）建设标准》等，使基层管理工作更具有规范性和可操作性。③开展丰富多彩的群众性活动，党支部主要组织创“双模”和“党员责任区”活动，并通过“达标准、创模范、夺红旗”竞赛来增强基层党组织的战斗力；基层工会重点开展“增产节约创收”岗位练兵比武、争创模范“职工之家”和提合理化建议活动，通过这些活动达到提高素质、团结群众、增强企业凝聚力的目的；基层团组织侧重于理想、道德教育，并通过争创“四好”团支部、“明珠”团支部、“标杆”团支部和争当青年岗位能手的活动，激发青年人的工作热情，增强了基层团组织活力。1993年2月，管理局党委被湖北省精神文明建设协调办公室授予“精神文明建设活动工作先进集体”称号（图3-16）。1996年12月，被中共湖北省委宣传部、中共湖北省委组织部、湖北省经济贸易委员会、湖北省总工会授予“1995—1996年度思想政治工作最佳企业”称号（图3-17）。1997年，管理局党委提出“苦干快上、自立自强”的企业精神，组织开展“弘扬江汉精神，加快油田发展”的主题教育，号召职工战胜困难，为提高企业经济效益多做贡献。1998—2000年，组织开展“争当实践江汉精神的江汉人”“发扬江汉精神，加快油田发展”的主题活动，将主题教育引向深入。具体活动包括：①开展精神

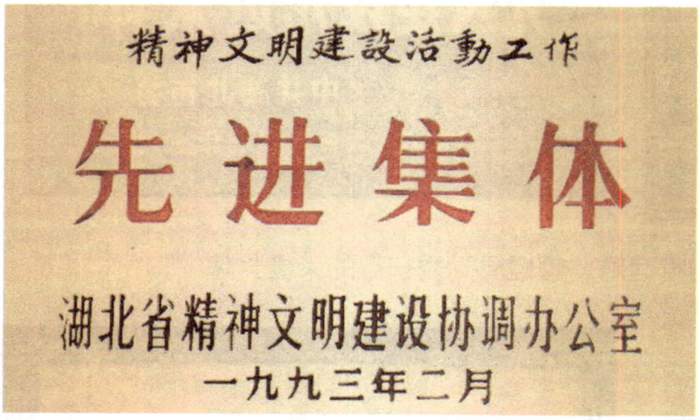

图3-16　1993年2月，管理党委获得“精神文明建设活动工作先进集体”称号

图3-17　1996年12月，获得的荣誉称号奖牌

文明系列教育，以“四创一争”活动为主线，通过评选“最佳公仆”“最佳效益个人”“职业道德明星”“美好家庭”，提高职工社会道德素养。②开展“三五”普法教育、企地联防、“扫黄打非”取缔邪教组织、“扫黑除恶”等专项活动，加强社会治安综合治理。③局、处两级党、工、团部门注重各类先进典型的培养和总结，一批先进典型被广泛宣传，成为全局职工学习的榜样。“九五”期间，有42人获得局级以上荣誉称号，其中付强、文光辉、熊成立、黄远涛、徐全心、王明华获得全国五一劳动奖章或被授予“全国劳动模范”“全国十大杰出青年”称号；宋长松等17人被评为湖北省劳动模范、中国石油化工集团公司劳动模范。

管理局党委在总结争创“双模”活动开展情况的基础上，“九五”期间为调动各级党组织和党员创先争优的积极性，从1999年开始把“双模”活动拓展为创“五好”党委、模范（红旗）党支部、红旗党员责任区和争当优秀党务工作者、模范共产党员、“十佳”先锋战士的“三创三争”活动，并根据党委的中心工作，每年拟定一个主题，将活动逐步推向深入（图3-18）。2000年2月，按照中国石化关于企业重组的要求，江汉石油管理局重组为中国石油化工股份有限公司江汉油田分公司（简称分公司）、中国石油化工集团公司江汉石油管理局（简称管理局）。重组改制后，按照党管干部的原则，厂处级领导干部的培养、选拔、使用和日常管理仍由管理局党委组织部统一负责。2000年，制定出台关于《进一步加强和改进思想政治工作的意见》，保证思想政治工作有章可循。

图3-18　油田党员干部带头向灾区人民献爱心

截至2000年底，江汉油田共有二级党委44个，党总支122个（其中直属党总支2个），党支部1226个，党员2.34万人；二级工会46个，矿（大队）级工会82个，车间（队）级工会686个，会员5.84万人；二级团委37个，团总支82个，团支部729个，团员8895人。

“七五”至“九五”期间，江汉油田咬定“建设千万吨级油气田”宏伟目标不放松，让“双模”活动贯穿始终，并不断充实内容。同时，结合油田实际，以改革统揽全局，加强产业调整、技术引进、科技攻关和企业改制、思想政治工作及“双文明”建设，油田生产经营在形势极其严峻的情况下，取得了较好成绩（表3-5）。

表3-5 “九五”时期江汉油田主要经济指标完成情况统计

项目＼年度		1996	1997	1998	1999	2000	合计
产值	1990年不变价/万元	121442	133358	133275	127508	144433	660016
	当年价/万元	277759	285122	274299	272726	401498	1511404
企业增加值/万元		177079	176721	170772	180131	270076	974779
销售收入/万元		269739	270778	268047	250551	415532	1474647
税金/万元		19074	19195	20499	23912	47035	129715
利润/万元		-3059	-5908	-6780	508	45242	30003
全员劳动生产率/（元/人）		31896	31400	30224	31338	46100	

第四章

深化改革与科学发展

21世纪，是江汉油田深化改革、扩大开放、全面构建现代企业制度体系、生产经营各项事业突飞猛进、实现持续、稳定和跨越式发展的关键时期。在1998年全面实施资源扩充、科技兴业、市场开拓、资本经营“四大战略”，做强油气主业、机械制造、油盐化工、集体经济、技术劳务输出“五大板块”，以及全面实现企业“扭亏为盈”的基础上，围绕“建设千万吨级大油田”和“建设全国知名石油机械制造和特色化工基地”，正视困难，真抓实干，砥砺奋进，不断加快“走出江汉，发展江汉，壮大企业自身实力”的步伐。特别是2005年以后，根据企业加快发展的良好势头，深化和调整“四大战略”内容，把实施资源扩充、市场开拓、人才开发、品牌经营、管理创新、企业文化建设“六大战略”，作为今后一个时期推动油田跨越式发展的新目标，不断自觉加压，整体推进。油气生产实现江汉本区和外围油田“两稳”、建南天然气开发“一增”的好形势，步入良性开发轨道；持续推进和深化企业改革，现代企业经营管理体制和内部机制逐步确立；以油气勘探开发为主，机械制造、油盐化工、技术劳务输出协调发展的跨区域大型综合性企业在激烈的市场竞争中发展壮大，“五大板块”格局加速形成；以“江汉钻头”“石油钻机”“石油固井压裂设备”“空压机械”“离子膜烧碱”和精细盐卤化工产品为主的一大批“江汉品牌”迅速崛起，创新培育的多种主导产品和骨干产品在国内国外“两大市场”份额增长迅速，积蕴了更强的竞争优势，企业发展的前景向好，综合经济实力和产品市场开拓力、占有率显著提升，开创了科学和谐发展的新局面。

第一节　构建现代企业制度新体系

进入21世纪，中国的改革开放和社会主义现代化建设进入了一个日新月异、加速发展的新时期，国内经济呈现出高速发展的新态势，作为能源产业的石油工业，体制机制不活、应对风险和危机能力差、油气资源和生产后劲不足、供需矛盾反差大等矛盾日渐突出，确保国家油气资源安全稳定供应成为一个亟待解决的紧迫问题。对此，国家在制定“十五”和“十一五”规划时特别强调，能源特别是石油问题，是一个战略问题。要求石油工业不断加大石油天然气资源勘探力度，实行油气并举，稳定增加原油产量，提高天然气产量，确保能源供应，并且针对石油工业发展出台了一系列改革新举措，并于1998年按照“产、供、销”一体化原则，扩大企业自主权，完成了石油和石化两大行业国家层面的战略重组，促使各石油石化企业走自主经营、自负盈亏、自我约束、自我发展道路，提高企业参与国际竞争能力。为贯彻落实党和国家能源战略部署，解决制约油气资源接替和自给不足的矛盾，中国石化党组制定了“稳定东部，加快西部，开拓海域，发展南方，加快国外，油气并举，依靠科技，降本增效”的可持续发展油气资源战略，要求各油田企业以深化企业改革为突破口，调整经营发展模式，改变企业内部治理结构，完善经营管理体制机制，不断壮大自身实力，保证国家能源供应。

这一时期的江汉油田和国内其他油田一样，面临着后续资源接替不足、油气产量下滑严重、企业生产经营困难的窘境。油气主业由于江汉本区油田投入开发时间较早，于20世纪90年代初油田整体进入高含水和特高含水开发阶段，全面进入开发中后期，受资源基础条件和资金技术等多方面制约，区域内油气勘探多年未能取得重大突破，后备接替阵地准备不足，原油产量递减加剧，造成油气主业发展失速。1991年，江汉本土原油产量下降到73.35万吨的历史低位，油气生产后劲不足，产量下滑趋势难以遏制。特别是1998年，受亚洲金融危机影响，国际石油价格断崖式下跌，加之企业改革工作尚在推进之中，经营体制和机制不相配套、资源市场化程度低、企业创新活力不足、社会负担沉重等因素制约，造成企业经济效益下滑，油气生产出现大面积亏损。多种经营产业由于受金融危机影响，市场需求不足，个别企业工艺技术落后，造成产品销售萎缩，各个厂点经济效益下滑严重，亏损面加大。油田整体经济效益的下滑，一方面带来人员大量富余，下岗职工规模增大，就业渠道严重不足；另一方面具有较高专业知识、企业需要的优秀人才流失加速，油田面临着生存危机和难以实现持续稳定发展的困境。

面对困难形势，江汉油田正视问题，扛牢责任，把走油气勘探开发良性循环之路、实现企业持续稳定发展作为第一要务，聚精会神，理清思路，精细部署，以抓好油气勘探开发系统改革为“突破口”，强主体，壮筋骨，促发展，于1998年提出实施油气资源扩充、科技兴业、市场开拓和资本运营“四大战略”，建设形成油气主业、机械制造、油盐化工、多种经营、技术劳务输出“五个经济板块”的经营发展思路，聚焦“提高经济效益、重组改制上市”两大任务和油气勘探新突破和大发现，打好油气勘探突围战、油田开发阻击战、深化改革转换机制攻坚战，并于1999年提前一年全面实现企业“扭亏脱困”目标。2000年以后，江汉油田抓住中央大力推进国有企业改革与发展、石油石化重组改制和国际油价上涨三大发展机遇，管理局各级领导干部深入基层厂点和单位进行调研，组织召开各种形式的座谈会、恳谈会，了解基层情况，理清工作思路，征求职工群众意见，统一思想认识。坚持发展不动摇，正视困难，坚定信心，推进和深化企业改革，勇担责任，负重前行。全局上下以困难面前不低头、泰山压顶腰不弯的良好精神状态，不畏各种艰难险阻，埋头苦干，接续奋斗，迈出了迎接新挑战、走向新胜利、共创新辉煌的坚实步伐，也使这一历史阶段真正成为全面深化改革、突破难点，脱胎换骨、扩张实力，适应市场经济要求、走上持续稳定发展之路的关键历史时期。

一、改革重组与改制

“十五”期间，江汉油田根据党中央、国务院和中国石化集团公司对石油工业深化改革工作的总体安排和统一部署，依据油田实际，落实各项改革任务，积极开展资产清查、评估和确认，明晰划分产权关系，制定出台关于资产处置和处理、产权制度改革工作指导意见等一系列规定和文件，全面推行资产经营责任制和专业化管理，促进内部承包向资产经营转变。先后从企业体制和机制各方面，连续进行了几次大的调整。对上市部分以管理创新、降低成本、提高效益为目标推进经营机制的转换；对非上市部分围绕面向市场、自立生存、扭亏增盈，聚焦培育专业技术服务新优势，持续推进管理创新，以变革性思维实施流程再造、组织重构和资源优化，在解决深层次和发展根本性问题上持续发力，努力推进企业专业化发展、市场化运营步伐，逐步形成了支撑主业发展、服务社会创效的专业化发展的新格局，为企业扭转困境、轻装前进、扬帆启航建立起了稳固的基础保障。

2000年，按照中国石化集团公司“主业与辅业分离、优良资产与不良资产分离、社会职能与企业分离”的原则，开展企业内部重组，着力解决主体责任和职能不清、体制机制和产权关系不顺，以及社会负担沉重等问题。将油气勘探开发、物资供应、油盐化工行业划出，组建成立中国石油化工股份有限公司江汉油田分公司，其他单位存续于江汉石油管理局，并于2000年2月28日正式挂牌成立，分公司设11个职能部门，下辖江汉采油厂等12个单位，另辖11个直属单位。资产35.39亿元，员工18697人。

2001年5月，为顺应新的体制机制，解决企业人员富余、运转低效、效益低下等问题，管理局、分公司制定出台《江汉油田“十五”期间减员增效工作总体实施方案》《江汉油田2001年职工协议解除劳动合同实施办法》《江汉油田实行职工上岗、待岗、下岗动态管理暂行办法》《江汉油田协议解除劳动关系人员社会保险有关事项的处理意见》《江汉油田职工内部退养实施办法》等5个文件，减员增效工作全面展开。根据企业自身实际状况，本着职工自愿、依法依规、协商一致的原则，实施减员分流，当年协议解除劳动合同的职工17453人，约占同年油田职工总数的31.5%，实现了“瘦身健体”。对5个机厂和1个股份公司的20多个基层单位进行改制分流，对17个集体企业进行改革重组，成立民营企业31家。2002年，根据中国石化集团公司改制分流实施意见精神，按照“结构专业化、产品市场化、服务社会化、管理现代化”的要求，整合教育实业集团，组建油田教育培训中心；对各物业单位实行模拟法人管理，推向市场，自负盈亏。

2004年，按照国务院办公厅《关于中央企业分离办社会职能试点工作有关问题的通知》和中国石化集团公司深化改革工作的统一要求，推进完成井下作业系统专业化重组。江汉石油管理局成立井下作业处，将江汉、清河两个采油厂的作业队伍和准备大队加工、工具车间及井架队分离出来，组建两个井下作业部，统一由井下作业处管理。完成教育、公安两大系统的“办社会”职能移交。按照“保留实体、整体移交、计划单列、集中管理”的原则，将油田所属全日制普通中小学、教育机关和公安机构整体移交湖北省政府，教育处更名为湖北省江汉油田教育实业集团，直属湖北省教育厅。对油田医疗机构进行改制，并整体移交湖北省政府，江汉油田中心医院更名为江汉油田总医院，直属湖北省卫生厅，分流人员1222人。江汉油田公安分局更名为湖北省江汉油田公安局，直属湖北省公安厅，共移交人员2422人。对国有商业总公司进行改制，成立广华商场、广华商诚、广商商贸、油城饭店等8家民营法人企业。仪表厂改制成立湖北江汉石油仪器仪表有限公司，共有资产3370万元、员工310人。

2005年，开展企业联合重组，撤销公共关系管理中心、分公司人力资源处。江汉油田电视台、江汉石油报社、中国石化报社驻江汉油田记者站合并组建新闻中心；局生产管理处与分公司生产运行处合并成立总调度室；分公司技术处与局科技处合并成立科技处；分公司财务结算中心与管理局财物处合署办公；住房资金管理中心并入房产管理处；劳动督察室、劳动仲裁庭划入劳动工资处；在外经外贸公司基础上，组建国际合作公司；改公共事业管理处为公共事业处，将张家界培训服务中心、油田文体中心、广华招待所、青少年宫、江钻国资站、交警队、液化气总站、矿容管理站、卫生监督所、疾病控制中心、职业病防治所、综合服务队和原深圳、青岛办事处划归公共事业处；整合离退休管理部门，将江汉基地周边地区的江汉石油机械厂及第三机械厂、第四机械厂、仪表厂、沙市钢管厂、武汉办事处、地球物理勘探处等单位的离退休职工管理机构并入离退休管理处。

2006年，对管理局机关和单位进行专业化重组，精减机构及人员，油田机关处室由34个压缩至10个，机关直属和附属单位由46个压减至10个，二级单位由42个减少至36个；管理局机关人员由1289人减少至815人，基层单位压缩机关人员1195人，比上年减少23%，精简和理顺组织架构，强壮“企业肌体”。对部分二级单位进行重组整合，将农业处管理的水杉公园和陵园、广华社区管理服务中心幼儿园、房地产管理处下属的房管所、新业劳务公司基层工作站按所在片区分别划入三个社区管理服务中心；将外围单位的离退休职工管理职能划入离退休管理处，社区管理职能划入社区管理服务中心，水电管理职能划入水电厂，通信职能划入通信公司。

2007年，根据中国石化集团公司改革重组安排，中南分公司松滋采油厂划归江汉油田分公司。2008年，将井下作业公司部分施工队与测录井公司的测试队伍重组成立井下测试公司；井下作业公司更名为井下作业处，整体划归分公司管理；将向阳实业总公司和建设工程公司建筑路桥施工处整合成立江汉油田建筑工程公司。2010年，按照专业化管理要求，将公共事业处污水处理厂划归水电厂管理；根据勘探开发工作实际需要，组建荆州采油厂、石油机械研究院和江汉油田西部工作委员会；将原江汉油田分公司天然气勘探开发处更名为采气厂，成立天然气勘探开发处和油气工艺处2个机关处室，在勘探开发处设立勘探项目科；将公共事业处住房资金管理中心划转为机关直属单位，更名为住房公积金管理中心。2011年，分公司撤销西部工作委员会，成立天然气新区建设项目部，负责天然气新区的建设规划和探井试采工作。将钻井工程公司划分成立钻井一公司和钻井二公司，分别负责南方市场和北方市场。

2012年12月，根据中国石化集团公司《关于中国石油化工集团公司石油工程专业化整合重组实施的指导意见》，江汉油田第三机械厂和第四机械厂、钢管厂、机械研究院、江钻股份有限公司、四机赛瓦合资公司整体划出，组建中国石化工程公司机械有限公司。钻井一公司、钻井二公司、测录井公司、井下测试公司、运输公司整合成立江汉油田中国石化工程服务公司。油田建设工程公司、勘察设计研究院、建筑工程公司整体划归中国石化石油工程建设公司，物探公司整体划归中国石化地球物理勘探公司。划出人员23791人，其中正式职工13076人，长期合同工2884人，劳务派遣工6926人，非全日制用工904人，其他用工1人。

同时，根据油田建设发展的实际需要，持续推进和深化油田集体所有制企业改制工作，根据企业经营发展状况和经济效益情况，进行划转、撤并、分离或股份制改造，使强者更强，减少低效低质产能和空耗。2000—2012年，先后有51个集体企业通过股份制改造、买断或租赁等形式，进行了产权制度改革，初步建立形成了满足市场化需求、适应现代企业制度要求的新的运行体制和管理模式，企业活力明显增强，为江汉油田迎接新世纪、不断实现持续稳定发展奠定了良好基础。

二、建立现代企业管理新机制

伴随企业改革工作的深化和企业体制机制的变革，江汉油田围绕低成本经营发展、实现油气生产良性循环战略和建立现代企业制度的要求，以实现企业“自主经营、自负盈亏、自我约束、自我发展”为目标，聚焦油藏经营价值最大化，深化油公司机制建设，努力构建以油藏经营管理为核心的油公司组织体系和运营机制，与时俱进，开拓创新，推进与新体制、新机制相适应的管理运行程序、管理标准和相关制度的建设，确保企业科学和谐发展目标的实现。

（1）加强企业内部控制及管理。进入21世纪，为参与国际市场竞争，加快股份制改造，构建现代企业管理体系，油田不断建立健全和完善企业生产经营管理内部控制各项制度，完善法人治理结构，明确各个层级职责和责任权限，使企业管理更加科学和规范。特别是2006年以后，坚持以风险管控为导向，以“四自”为目标，围绕油田整体经营目标，分公司、管理局修订完善了《内部控制手册》，内容涉及13大类业务、43个流程和860多个控制节点，建立起内部经济责任动态管理考核制度以及相应实施细则，并根据外部监管和内部管理变化进行补充修订和完善，做到严考核，硬兑现，走精细化管理、集约化发展之路，截至2011年，内控执行率达99.7%，基本实现了内控制度的“全覆盖”，有效规范了企业各项业务流程和管理行为，规避了重大和重要风险，促进了企业的依法合规经营，提升了企业参与国际化竞争的能力和整体水平（图4–1）。全面推进管理本质化提升和创新，持续开展“企业管理年”活动，全方位推动企业管理工作在基层落实。围绕油气勘探开发建设工作重点，突出经营财务、规划计划、安全环保、产品及服务质量等重点方面，全系统、全流程、全环节抓好制度建设，严格落实以岗位责任制为核心的各项管理制度，实现经营管理模式由简单粗放型向集约高效型转变，增强企业发展的内生动力和活力。以深化内部改革、抓好两项整顿、强化四项管理为工作重点，强化经济责任制管理，制定《江汉油田有关工作协调运行规则》等制度，油田生产管理系统坚持24小时值班，生产指挥运行不断线，健全完善生产调度值班、现场办公、生产汇报、油气产量和产品产销统计分析、信息收集报告、会议组织、应急及快速反应处理等管理制度，紧密衔接油气勘探开发和重点工作节点，推进信息自动化技术发展，使油气生产向全面动态监控和快速反应转变。

图4-1　油田全面实施以风险为导向的内控制度，内控执行率达99.7%

（2）严格规划计划管理。江汉油田以保证重点、量力而行、效益为先为原则，不断加强规划计划管理。充分考虑企业财力状况和资金可能供给量，以效益最大化为目标，优化优选，先后编制完成“十五”“十一五”发展规划和历年年度油气生产建设计划，包括油田基本建设与矿区建设，新区产能建设，石油化工及机械制造，水、电、气管网等重大工程项目和重大科技改造项目。科学制订生产运行计划，根据市场价格变化，合理配置年度、季度和月度原油销售量及库存量，实现原油资源和主导产品生产能力合理配置。2001年，在全年每吨原油平均市场销售价格下跌200多元的严峻形势下，增加原油销售收入近900万元。合理配置机械制造主导产品和盐卤化工生产运营，主要产品产量大幅增加，压缩机产销量比上年翻两番，压裂车产销量接近上年的5倍，钢管产量由3.35万吨上升到6万吨。

（3）规范财会资产预算与内部审计。江汉油田从抓好财务基础工作和规范化建设入手，规范内部稽核制度，随着深化改革工作发展和体制机制的转变，修订完善了会计财务工作相关制度，规范了经济合同订立、资金预算管理、账目出纳、资金流转、债权债务等各项工作的流程手续，严格落实财经纪律，抓好财会人员新的财经、财会制度的学习和岗位培训，宣传财经法律法规，严肃财经纪律。加强概预算管理，建立全面预算管理调控体系，预算管理全面纳入各单位的经济承包责任制，制定了《基本概预算、决（结）算审计暂行办法》《经理（厂长）任期经济责任制审计管理规定》等管理办法。按照“总量控制，效率优先，以收定支，量入为出”的原则，将油田的经济指标层层分解落实到各二级、三级单位。完善预算监控、预警，预算执行情况月分析、年考核等措施，深化与纪检监察等多部门联合，与效能监察、财经财会检查、岗位责任制检查等各项工作的深度融合，确保各项工作任务的落实，特别是2005年随着ERP财务管理平台成功上线，江汉油田分油田和化工两大部分及财务管理、物料管理、基金管理、项目管理、销售分销等六大模块和272个业务流程，完成客户化开发清单138项，物料主数据编码4万多个、供应商编码4000多个，并于当年顺利通过中国石化集团公司验收。加强资产管理，油田认真贯彻执行国家的有关政策，健全资产管理、资产核算相关制度，理顺工作程序，完善管理体系，组织对全局资产进行清查，编印闲置设备调剂目录，搞好闲置资产调剂，防止国有资产流失。组织固定资产核算，合理计提折旧和分摊费用，真实把握企业资产底数，对真实掌握企业经营状况、提高企业经济效益起到了重要作用。

（4）搞好内部价格定额和市场监督管理。江汉油田规范内部市场运作，按照“先内后外，先行业后社会”原则，开展项目审查和报批，抓好招投标管理，实行市场准入和企业“入网”许可证制度，本着公开、公正、公平原则，由企管、监察、审计和法律事务处等部门参与招投标全过程，严把油田施工企业资质认证，规范招投标程序，制定《项目审计工作暂行规定》，开展效能监察，审计多种经营、物资设备采购、基建和外投外欠等项目资金使用情况，坚持每年组织开展定期或不定期效能监察工作，及时立案查处违法违纪案件，避免和挽回经济损失。

（5）推行目标成本责任制。江汉油田坚持低成本管理战略，实施成本目标层层分解、责任逐级落实，责、权、利相结合的成本控制体系。完善成本核算、成本反馈、成本分析制度，推进和适时调整成本价格定额管理标准建设，从单井、单件、单项工作微观入手，把各种施工物料、加工材料、车辆及人工费用等纳入定额，做到各项费用支出有标准、有依据，特别是对物探、钻井、采油、井下作业、物资采购等大额重点项目进行综合评估和效益分析，提出成本控制意见。压缩外雇车辆费、会议费、机关办公费等各种非生产性支出。油气工程系统按照甲乙方项目管理体制要求，制定实施《监督工作细则》，钻井设计全部实现复测坐标设计。推行《效益手册》管理，《效益手册》管理覆盖率达到100%。

（6）推行项目管理。2001年，江汉油田制定印发《江汉油田分公司勘探开发建设项目管理暂行规定》，2002年，对重大工程项目和重点工作逐步实行项目经理负责制，项目立项10项，总投资8亿元，通过实行项目管理，当年节约资金3000万元。自2003年起，针对影响原油生产成本较大的注水、措施作业、水电、生产管理、委托修理、物资采购等项目，分别成立专项成本控制项目组，由分管项目领导人与各项目负责人签订项目承包合同，明确管理职责，控制成本费用。2004年以后，持续完善项目管理月、季、年度检查考核和责任目标体系，扩大项目管理范围，梳理推广“管理示范工程”的成功经验，基本实现油田勘探开发、重大油气工程、重点建设投资、重点工作成本及服务、外协合作和物资采购等项目的全覆盖，使得油田重大投资效益逐年得到提高。

（7）加强人事和劳动管理。企业改革必然牵涉职工的利益，牵一发而动全身。江汉油田以劳动人事工资改革为突破口，坚持“三个有利于”原则，实事求是，稳步推进分配制度改革。在现行基本工资架构不作改变的情况下，将固定的水电补贴、部分奖金、新增工资总额、职工误餐补贴纳入工资总额管理，建立市场价位调节工资，根据企业经济效益状况，实行内部浮动调节。建立和盘活人才、劳务两大市场，完善考核激励机制和措施，建立干部能上能下、工人能进能出的动态管理机制，激发了企业活力；采取竞争上岗、带资分流、协议解除劳动合同等形式，推进减员增效和分离分流工作；稳步推进分配制度改革，对所有企业以转机制、增效益为目标，强化资本化运营，努力降本增效，提质量，讲效益，走集约化发展的道路。

（8）强化基层基础管理。江汉油田以强化油气生产管理基础为主要内容，每年组织开展岗位责任大检查，坚持季度、月度检查和巡查、重点工程和施工现场检查跟踪制度。加强钻井、作业、注采、集输、天然气、采出水处理、车辆设备等各专业系统管理，完善相关标准，加强日常监控，推进全流程控制体系建设，加大检查工作力度，查问题、揭矛盾、找差距、搞整改，筑牢了企业管理工作的基础。持续开展“管理创新”“劳动竞赛”“金银牌基层队”等活动，企业监督约束机制得到强化，基层基础工作得到稳固，现代企业制度的建设架构得到夯实。

通过深化改革和强化管理，“十五”和“十一五”期间江汉油田实现了科学发展和持续稳定发展（表4–1、表4–2）。

表4–1　2000—2005年江汉油田主要经济指标

项目 \ 年度	2000	2001	2002	2003	2004	2005
工业总产值/亿元	17.34	17.21	21.81	22.72	60.25	81.17
工业增加值/亿元	19.03	21.57	19.89	25.66	30.39	48.88
资产总计/亿元	95.62	110.44	117.45	103.63	111.28	114.37
流动资产	41.05	47.46	49.50	37.77	43.43	39.72
固定资产原值	96.24	117.19	—	130.94	54.67	134.91
固定资产净值/亿元	45.85	56.37	63.80	62.61	34.22	70.82
销售收入/亿元	41.55	25.98	48.35	58.74	71.42	96.46
实现利税/亿元	6.91	3.63	2.58	5.66	10.28	20.12
税金	5.09	4.05	2.31	3.13	6.69	5.48

表4–2　2006—2010年江汉油田主要经济指标

项目 \ 年度	2006	2007	2008	2009	2010
工业总产值/亿元	110.96	113.87	158.26	131.45	148.76
工业增加值/亿元	60.87	50.89	82.57	35.47	67.21
资产总计/亿元	125.72	153.31	185.29	210.89	243.44
流动资产	41.33	46.70	58.42	56.66	73.72
固定资产原值	150.27	191.04	219.10	249.87	277.65
固定资产净值/亿元	76.44	87.38	110.88	130.43	152.62
销售收入/亿元	119.06	155.16	203.39	178.93	200.53
实现利税/亿元	29.65	21.53	44.23	–0.78	17.53
税金	8.83	10.87	26.24	11.87	19.82

第二节 稳油增气提高效益

2000年，江汉油田有江汉油区、建南气区、八面河油区和安塞坪北合作区4个油气区，共有油气田28个。其中，江汉油区有25个小型油田，主要分布于湖北省潜江、荆门、荆州、天门、仙桃市境内。江汉油田所属的清河油田位于山东省东营市广饶县八面河地区，是江汉油田除江汉本区以外增产上产的主力油田。安塞坪北合作区位于陕西省安塞、子长市境内。外围气田主要为建南气田，在湖北省利川市境内。直接从事油田勘探开发科研和油气生产管理的单位和部门主要有油田开发处、勘探开发研究院、采油工艺研究院、江汉采油厂、清河采油厂、坪北项目经理部、井下作业公司，以及运输车辆、生产后勤保障等部门和单位。

江汉油田所属地域勘探开发工作起步于20世纪五六十年代，勘探程度较深，区域构造大都经过详探，发现整装大油田的可能性甚微，勘探空间难以拓展，后备资源接替"入不敷出"的矛盾十分突出，成为制约油田发展的首要问题。特别是江汉本区各油田，由于投入开发时间较早，至20世纪90年代初期，就已全面进入开发中后期，1991年，原油产量只有73.35万吨，到达历史低位，产量下滑趋势难以遏制。2000年，老油田进入高含水或特高含水阶段，勘探工作没有大的发现，新增后备储量不足的矛盾尤为突出，妥善解决好后备资源接替和老区稳产问题，既是客观因素带来的严峻考验，又是江汉油田摆脱困境、寻求发展而必须面对的首要任务。

"十五"期间，江汉油田在老区稳产方面主要立足现有储量，搞好控水稳油，夯实稳产基础；加强老区块边缘滚动勘探开发，实现增储上产；紧跟油气勘探新成果，及时抢建新区产能；加强科技攻关，积极引进新工艺、新技术，提高油田整体开发水平。在油田开发规划制定方面，以"储量、产量、投资、效益"四统一为原则，实现油田可持续发展，新增探明储量1500万吨；加强老区块综合调整和技术改造，将老区块年均递减率控制在3%以内；到"十五"末期，江汉油区原油年产量稳定在77万吨，保持稳中有增的良好局面。2005年以后，围绕实施资源扩充战略，实现油气勘探大突破，完成“十一五”末年产油气当量达到300万吨的战略目标，树立油藏经营管理新理念，着力资源扩张、产能抢建、老区夯基，深化二次油藏描述，加强剩余油规律研究，全面实施良性开采战略。以调整注采关系、完善注采井网为手段，进行老区注采调整和调配，强化油田注水“指标链”管理，老区生产形势总体保持稳定。积极探索走勘探开发一体化之路，新区产能建设坚持地质、钻井、工艺、工程、监理相结合，从勘探开发方案设计到区块建成投产，全程参与，各负其责，并根据施工中遇到的问题，随时调整部署，切实提高勘探开发效益，推动和实现油气勘探开发主业探明储量、油气产量和储采比“三个增长”，使原油生产逐步迈入良性循环的开发轨道。

一、老区滚动勘探取得新突破

“十五”期间，江汉油田在老区空间和地质条件受到限制的情况下，依靠科技，解放思想，在限制中找空间，在被动中求主动，围绕实现勘探突破、油气资源扩充的目标，科学认识、正确把握、开拓创新，以打进攻仗的态势，咬定青山不放松，强化勘探开发一体化，立足老区，突破新区，海陆并举，稳油增气。2000年，按照“立足富烃凹陷区带拿储量，开拓新区新带寻找接替资源，加强海相勘探，争取重大突破”的勘探方针，在江汉油区加强盆地岩性油藏、深层和盐间非砂岩资源勘探技术研究和攻关。在花园构造东部断块钻探陵24-1井，于新沟嘴组下段试油获得工业油流，在花园油田新增2个含油区块。在代河、黄场油田之间钻3口井，均钻遇油层，其中黄22井获得初期日产26.7吨工业油流，初步形成代河、黄场、张港和王场油田含油连片。加强老资料重新处理，开展构造精细解释，在潜北地区发现并扩大了6个含油区块。在幺口地区彭家垸断鼻钻探浩82井于潜江组油层获日产52.55吨工业油流。随后在该地区周缘开展滚动评价钻探浩32-1井和浩斜30-1井，均获得成功，新发现两个含油区块。在长湖地区优选袁家嘴断块钻探长9X井，获日产12.5吨工业油流。对周返断裂带进行复查，重新落实后湖断鼻构造，钻探周23X井，获得日产8.1吨工业油流。在马王庙油田马56井区实施滚动勘探钻，探马56–2井，获日产3.2吨工业油流，扩大了马王庙油田的石油地质储量。2001年，在江汉盆地潜江凹陷北部习家口斜坡带和周返断裂带展开钻探，其中钻探的浩82井发现油层10层总厚20.2米，试油获得日产52.6吨高产油流；浩30–1井发现油层4层总厚8.8米，日产油20.1吨；浩32–1井发现油层4层总厚9.8米，日产油10.4吨；长9X井发现油层1层总厚4.8米，试油获得日产16.65吨工业油流。当年发现含油区块4个，新增探明石油地质储量149万吨。开展隐蔽性油藏预测方法攻关，寻找油气富集区块。2002年，在潜江凹陷西斜坡红光断鼻钻探曹8井，于潜3—潜4油组获日产25.6吨工业油流。在王场油田南断块钻探王63–1和王63–2井，分别获日产30.7吨和32.6吨工业油流。在潜江凹陷东坡黄场油田钻探井5口，均获工业油流。其中，黄22–45井发现油层3层共14.8米，投产后日产原油20吨，新增石油地质储量204万吨，新增含油面积7.7平方千米，实现王场油田和黄场油田的含油连片。同时，在丫角—新沟低凸起石桥背斜、沔阳凹陷颜家湾北断块部署钻探均有较好发现。按照“深化勘探潜江组、展开勘探新沟嘴组、积极评价勘查新领域”的勘探部署，2003年在潜江凹陷北部黄场油田、王场油田南断块和西斜坡地区的红光断鼻部署黄9–10井、黄8–9井、王63–4井和曹8–1井等滚动勘探井，投产取得日产10吨以上工业油流，取得良好勘探成果。在潜江凹陷南部建新—毛场地区部署探井3口，主探新沟嘴组，获日产13.9吨工业油流，控制含油面积2.8平方千米，新增控制石油地质储量66万吨，发现建新—毛场含油新区带。对江陵凹陷万城断裂带北部开展三维地震勘探，发现和落实晒花台、高桥、刘家台地区3个三级圈闭，圈闭总面积20.2平方千米，在晒花台地区部署的探井万5X井获日产13.5吨工业油流，发现万城断裂带含油新区带，万城油田被发现，落实探明石油地质储量19万吨。2004年，在潜江凹陷北部围绕蚌湖生油向斜周缘通过三维地震勘探，发现蚌东大型岩性圈闭群，钻探蚌1井，试油初期日产原油5.4吨。对周返断裂带构造线、砂岩尖灭线、断层线“三线”配置关系进行研究，落实3个构造—岩性复合圈闭，部署钻探周30井等多口探井，发现新的含油层系。在潭口地区开展滚动勘探，落实圈闭14个，圈闭面积2.8平方千米。钻探的潭63井和潭62–1井均见工业油流。按照“立足老区稳基础，加快新区求发展”的勘探思路，在潜江凹陷南部地区和北部岩性油藏、江陵凹陷新沟嘴组，重点围绕富烃凹陷周缘开展三维地震勘探，在潜江凹陷北部岩性油藏发现3个岩性新区块，新增含油面积2.10平方千米，新增探明石油地质储量132.45万吨；控制含油区块4个，新增控制含油面积10.70平方千米，控制石油地质储量373万吨。在王场油田王场背斜最北端部署探井王78–2井，发现含油新区块。在蚌湖向斜部署钻探广9–2井，投产日产原油6.1吨，初步形成广北、蚌东、严河岩性油藏连片分布。在江陵凹陷新沟嘴勘探发现陵93X含油区块。“十五”期间，江汉油田共探明含油区块44个，新增探明石油地质储量6067万吨，是“九五”期间的1.30倍、“八五”期间的1.90倍，年新增探明地质储量连续七年超过1000万吨，是江汉油田勘探会战结束以来储量增长最快的时期，油气产量保持在175万吨当量。

“十一五”期间，勘探重点主要在滚动勘探江汉盆地潜江组、鄂西渝东建南构造上寻找含油气新区块，确保稳产；加强在江汉盆地新沟嘴组、鄂西渝东地区石柱复向斜上组合寻找含油新区带，增储上产；积极评价江汉盆地盐间泥质白云岩新领域，以及鄂西渝东地区下组合和江汉平原沉湖土地堂复向斜，力争有实质性新突破，寻找勘探新接替；搞好江汉盆地陈沱口、小板凹陷及白垩系、古潜山，湘鄂西地区及江汉平原当阳复向斜、潜江乐乡关复背斜前期评价，为后续发展提供接替阵地。设立江汉探区油气勘探项目和油气滚动勘探项目，建立实施滚动勘探开发一体化的管理体制，发挥勘探、开发等不同专业的复合优势，强化科研与生产的衔接，集中力量展开勘探工作。

围绕提高储量动用率、采收率和单井产量，加强油藏富集规律研究。2006年，滚动勘探以潜江富烃凹陷潜江组岩性油藏和潜南地区新沟嘴组岩性—构造复合型油藏为主要目标，实施滚动扩边，精细挖潜。深化江陵凹陷荆州背斜带、潜江凹陷马王庙地区和潜北断裂带研究，寻找富集区块；立体勘探新沟低凸起和沔阳凹陷东北部的新沟咀组、白垩系、潜山等多个目的层系，开展综合研究和重点勘探。在潜江凹陷习家口斜坡带、周返断裂带发现4个含油区块，新增探明石油地质储量149万吨。为全面加快中扬子地区平原海相勘探步伐，实现南方海相勘探突破，以掌握和获取地质工程参数为目的，兼顾油气资源勘探，在湖北省咸宁市嘉鱼县簰洲镇境内部署勘探中国南方中扬子海相最深的区域性重点探井——簰深1井，该井设计井深6950米，为了解地下地质构造和成藏理论研究提供了可靠依据。以“动态源控、有效保存、储层优先、立体勘探”思想为指导，强化重点勘探区带岩相古地理和目标储层预测研究。2007年，在志留系、二叠系、三叠系礁滩相带和下古生界等三个重点勘探领域优选部署钻探井位。建深1井在志留系中途测试获得工业气流，实现了中国南方志留系勘探的重大突破。在龙驹坝构造钻探的龙8井茅口组获得工业气流，在飞三段发现优质白云岩滩相储层；对鄂西渝东区二叠系生物礁、三叠系滩体和江汉平原下古生界勘探取得新认识。针对潜江凹陷北部潜江组开展潜江盐湖沉积充填机理及模式研究，明确了周返—张港、蚌湖向斜周缘东南斜坡两个有利勘探区，对潜江组岩性油藏勘探相继发现严7、周16等一批高产富集区块。通过强化构造演化、沉积体系和精细沉积微相研究，新沟嘴组形成了万城断层下降盘、老新—建新地区、杨林尾鼻状构造带三个勘探增储区带。

按照“立足老区保稳产，加快新区寻接替，突破海相求发展”的勘探方针，2008年在江汉盆地新沟嘴组发现两个含油圈闭群。在建新构造带部署钻探总4井获工业油流，形成叠合连片。在荆沙背斜带南缘断鼻群发现虎3含油新区块，新增预测石油地质储量351万吨。在松滋油田白垩系渔洋组三段部署SK8-16井，投产试油获日产15.62吨的工业油流，发现整装构造油藏，新增石油地质储量304万吨，获中国石化股份公司重大发现奖。

按照“海陆并举，稳油增气”勘探思路，强化勘探开发一体化。2009年在潜江凹陷岩性油藏，部署钻探老30井，试油日产16立方米，初步实现老新坡折带叠合含油连片。在潜江凹陷北部优选团结东圈闭钻探严10井，试油日产15.48立方米，发现严10含油新区块。在周16块通过地层精细对比和单砂层细微相储层预测，部署3口开发评价井并取得成功，发现周16扩含油新区块。通过地质资料分析和老井复查，在王场油田浅层发现潜13油藏。在马王庙北部浅层金家湾断块部署马71井，于新沟嘴组下段测井解释油层10层总厚11.8米，试油获日产23.85立方米高产油流，首次发现埋深1000米以内的稀油油藏。2010年，在潜北断裂带钻探钟112井，发现江汉油田20年来油层最厚、丰度最高、单块储量最大的整装油藏，区带储量规模超千万吨。在高场地区部署评价井高5斜-1井，获日产原油3.5吨，标志着江汉油田潜一段勘探获重大突破。在王场油田部署开发调整井广13平井获日产原油11.6吨，对加快低渗透、难动用储量油藏的后期开发积累了丰富经验。2011年，在潜北高精度三维区部署的预探井钟112井录井见61层总厚80.2米的油气显示，解释油层13层总厚56.4米，单层最大厚度23.4米，首次在钟市地区发现潜一段厚油层，试油获日产原油11.8立方米，新增控制石油地质储量519吨。在潜江凹陷潭6断鼻较高部位对潭50井实施压裂获得成功，经试油日产原油1.04立方米，这是油田首次对页岩油层实施压裂作业，为页岩层油气开发积累了经验。围绕富烃凹陷周缘，开展成藏要素的配置及主控因素研究，不断深化盆地沉积充填与断裂结构认识，寻找隐蔽型油田。2012年，在江陵凹陷梅槐桥向斜周缘多层系评价获得新发现，在万城断裂带白垩系红花套组发现新类型油田，在八岭山复杂断块油藏发现厚油层等一批新成果。

二、新区产能建设提速

“十五”和“十一五”期间，江汉油田产能建设按照“储量落实、产能可靠、工艺可行、经济有效”的原则，注重抓好前期工作研究、论证和准备，加强项目管理和跟踪实施，同步搞好新井抢投和建设配套，尽快形成生产能力，特别是地质勘探投入的加大，使得江汉油区和外围油田地质储量增长保持了较高水平，科学技术的发展和科技研究的加持，使得油田在对付“低、难、小”等高难复杂小断块油藏工艺技术上不断取得突破，勘探开发和产能建设工作明显提速，较好缓解了油田资源储备“入不敷出”的矛盾，成为地质勘探发现和储量投入较高的一个时期，无论是江汉油区，还是对外合作开发的油田和区块，均达到或超额完成油气稳产增产的预期目标，为油田步入可持续、良性发展的轨道打下了坚实基础，提供了可靠的资源保证。

“十五”期间，重点对江汉油田和八面河油田周边有潜力的地区进行滚动扩边。2000年，在黄场油田新增含油面积2.3平方千米，新增地质储量47万吨。在花园油田东部部署陵24-1、陵24-2、陵24-3等滚动扩边井，建成年产能1.2万吨，当年新井产油1万吨。八面河油田在面118区块新建年原油生产能力1.2万吨。2001年，遵循“紧跟勘探成果，及时滚动开发；加强分析研究，保证良好效益”的指导思想和“整体部署、分步实施、及时跟踪、动态调整、提高效益”的原则，在江汉油区浩82、浩83、浩32、长9区和八面河油田面120、面14等区块及坪北油田，新建年原油生产能力18.7万吨，当年实现新井产油16.95万吨。2002年，新区产能建设主要有广43区、王76区、八面河面120、面14扩边区等8个重点区块，新建年原油生产能力33.2万吨，投产新井142口，新井产油16.76万吨，比上年增加3.65万吨。2003年，重点在江汉油田王63区、黄2区两个高产区进行产能建设，新井投产60口，当年产油8.4万吨，是“九五”以来新井年产油最高的一年。在八面河油田按开发层系组织58口新井投产，年产油5.1万吨。对坪北合作区进行井位优选排序，加快产能建设节奏，仅上半年就完成26口新井工作量，初期平均单井日产原油3.2吨，是全油区平均单井日产量的2倍，新井当年产油1.46万吨，创出产能建设新水平。2004年，重点在江汉油田利用开发井进行老区扩边，在新层新块开展滚动评价，全年新建产能16.76万吨。在八面河油田本着“先厚后薄、先稀后稠、分步实施、滚动开发、及时调整”的原则，在面138块钻井38口，全年新建产能4万吨；在面138北区和广北区进行地层重新对比和精细构造解释，部署钻井25口，全年新建产能6.8万吨。在坪北油田注重提高钻井落点精度，部署完钻开发井26口，全年新建产能1.8万吨。2005年，优化产能建设设计方案，提高投入产出效果，全年部署新投开发井184口，新建原油生产能力25.32万吨。

“十一五”期间，坚持资源扩充战略，实现资源良性循环，深化和完善滚动勘探开发一体化管理体制，加快新区产能建设步伐。2006年，对实施效果较好的王78-2井区、严6井区、面120区、面3块等调增产能建设工作量，部署钻井57口，建成产能8.19万吨/年。2007年，在江汉油区老新鼻状构造带、周返断裂构造带、万城断裂构造带展开滚动评价钻探，新建产能0.54万吨/年，在周16井区、面14-1-斜8井区、SP199井区等13个区块开展产能建设，新建年产能16.22万吨，此后年增产能均保持在20万吨以上，逐步走上良性循环的开发轨道。

三、油田稳产基础日益稳固

江汉油田认真贯彻中国石化“稳定东部、发展西部、加快海外”的战略方针，面对油气资源后备不足、勘探难度逐年加大、产量递减难以遏制的客观实际，在抓好老油田滚动勘探扩边和抢建新区产能工作的同时，转变思想观念，调整工作思路，围绕“提高储量动用率、油田采收率和减缓递减”三大主题，大力推进科技进步，探索走以注重提高开发效益中心、以“控水稳油”为重点，实现自我约束、内涵发展的良性开发战略。

为提高最终采收率和遏制产量递减、实现稳产增产，针对江汉油区含油分布“广、多、薄、散、杂、碎”的特点和进入特高含水开发期的实际，以减缓老区产量递减、提高油藏采收率和储量动用程度为目标，根据不同油藏地质和流体特性，实施“控水稳油”。地质工作主要围绕地下地质、剩余油分布、油层渗流机理、改善驱油模式等方面开展研究；油田开发主要围绕注采井网完善、开发工艺技术措施配套应用、提高化学产品适应性等方面展开研究。根据江汉油区各油田开发地下实际和特殊工艺需要，将地质、工艺和地面工程相结合，开发各种管柱配套技术、计算机仿真技术，以及强化酸化压裂、大修侧钻、调剖、封堵、测试等技术应用，提高工艺措施成功率和效果。加强静、动态资料录取，适时跟踪了解和掌握生产情况，及时采取相应措施，制定相应配套管理制度，搞好油田注采调整和调配，实施分类治理，努力探索油田开发管理新模式，夯实油田稳产基础。许多成果的性能指标达到国际先进水平，较好满足了不同类型油田、不同岩性油层、不同井况条件下开发工作的实际需要。

2000年，针对王场油田地层能量严重不足、油井间歇出油现象严重的情况，制定实施阶段性强化注水方案，加强油水井措施治理，提高区块注采比，区块日产油量提高40吨以上。针对江汉油区稠油油藏，实施措施增油井28口，成功见效井19口，增加日产能力23吨以上，年累计增油4047吨。新井措施方案成功率100%，老井措施设计方案有效率90.3%，其中丫角和习二区的5口井平均增油达到10吨以上，收效明显。推广热驱、化学驱、混合驱等三次采油技术，加快低效、低产、难动用储量开发。针对钟市油田钟5-23井组实施注氮增油，在钟47井、钟

5-24井进行单井吞吐试验，全年增油4328吨。2001年，在浩口油田、王场油田、黄场油田开展老区扩边、调整更新、稠油降黏等综合措施，使各区块产量均有不同程度的提高。2002年，立足老区调整挖潜，实施完成老井增油措施327井次，有效245井次，措施有效率75%，年措施增油11.37万吨；完成测静压油井135井次，注水井102井次，测吸水剖面67井次，中子寿命测井23口。2003年，针对老井层间、层内出力状况和未动用情况，选层选井实施工艺增油措施312井次，措施有效率81.7%，比上年提高6.8个百分点。在江汉油区广泛应用水平井、大斜度井、多靶点定向井等复杂结构井措施工艺，原油日产水平有较大幅度增长。2004年，强化老区注采调整，开展“调整注水结构，降低无效注水，提高注水效益”活动，狠抓注采调整，实施投转注水井47口，水井增注措施井65口，补孔改层9口，调剖8口，分注15口，封堵4口，大修23口，投入分注井126口，增加有效注水量42.49万立方米。累计增油1.6481万吨，恢复产能2.59万吨，累计增加注水30.82万立方米，恢复水驱控制储量438.5万吨。油田综合递减率和自然递减率分别为8.27%和14.69%，比上年分别下降了2.39个和2.44个百分点。2005年，继续深化油田注水调整工作，新投转注井63口，对低渗、低效井实施酸化压裂增压措施井63井次，分层注水15口，调剖井3口，动态调水措施700井次，全面改善了油田注水条件，提高了注水效果。全年共注水815.20万立方米，水质达标率69.30%，比上年提高11.60个百分点；分层注水合格率达92.60%，比上年提高0.80个百分点；综合含水85.88%，与上年持平；油田自然递减率13.96%，比上年下降0.73个百分点。开展老井侧钻、注氮气、重复压裂、稠油井举升等工程工艺技术应用试验，也为油田稳产增产发挥了重要作用。

2006年，油田为盘活石油储量、增加原油产量，组织力量对未动用储量进行分析评价，开展工艺攻关，编制8个低品位储量开发专项可研报告上报审批通过，实施部署新钻井43口，进尺5.06万米，新建产能4.17万吨。筛选老井蒸汽吞吐热采恢复井6口，新增产能1.28万吨。蚌湖周缘岩性油藏滚动开发项目被中国石化股份公司评为“高效滚动勘探开发项目”。2007年在江汉油区老新鼻状构造带、周返断裂构造带、万城断裂构造带和外围八面河及坪北开展油藏评价区块18个，老井复查12口，新钻评价井24口，评价储量1099万吨，落实储量882万吨。对江汉油区广华潜三段实施封堵水措施，提高采收率1.5个百分点。实施蒸汽吞吐热采工艺83井次，年增油2.87万吨，比上年增加了1.2万吨。成立盐间泥质白云岩攻关项目组，开展开发研究试验，实施措施井3口，全年累计增油1103吨。开展老井复查挖潜，对低产井老2-4-10井压裂获得自喷日产油10吨的好成绩，稳定日产量比措施前提高5倍，为低产低效井治理提供了经验。围绕“注好水、注足水”，开展注采调整、水质治理、注水井检管、新工艺应用等综合措施。2008年新投转注井99口，水井措施81口，年增注水63.11万立方米，层段注水合格率由治理前的88.2%提高到89.4%，水质达标率由治理前的65.8%提高到73.6%。立足稳油增气，加大大修、侧钻工作量，推行不压井作业技术，开展水平井分段压裂酸化试验，2009年完成油水井大修作业131口，其中油井102口、水井29口，年产油和年注水分别增加了2.71万吨和41.97万立方米。不压井作业8口，7口获得成功并见到明显成效。2010年，继续推广不压井作业实验，实施措施27口，成功率100%。针对不同油藏、不同砂体、不同水驱状况进行水驱单元综合治理，实施措施118井次，年增加注水量35.84万立方米。实施水井分注34口，动态调水929井次，保持一段时期以来最高调水频次。围绕勘探开发一体化，于2011年全面开展新老油区油藏综合评价，成立9个相应课题小组，确定9个重点研究区带，领域涵盖潜江、江陵和沔阳三大凹陷，研究对象由局部向区域构造带扩展，研究内容向沉积规律、成藏规律、构造演化、开发部署、针对措施等整体延伸。全年在7个区带29个构造区块实施评价井35口，落实可动用储量838万吨，当年动用储量301万吨，新建产能4.34万吨/年。通过细致工作和艰苦努力，江汉油区原油产量在连续12年稳产100万吨后出现大幅下滑趋势的情况下，基本保持在80万吨/年水平运行，为遏制老区产量递减、实现原油产量硬稳定起到了积极作用。“十五”和“十一五”期间江汉油田主要生产建设指标见表4-3、表4-4。

表4-3 2000—2005年江汉油田主要生产建设指标

项目 \ 年度	2000	2001	2002	2003	2004	2005
原油产量/万吨	155.52	163.2	168.04	165.13	165.02	163.11
天然气产量/亿立方米	0.91	0.75	1.01	1.0	1.11	1.21
新建原油生产能力/万吨	27.4	32.9	33.2	29.75	28.64	25.32
新建天然气生产能力/亿立方米	—	0.5	0.33	0.30	0.07	0.39
新增探明石油地质储量/万吨	1139	1280	1217	1390	1114	742
新增探明天然气地质储量/亿立方米	—	—	48.12	—	2.6	0.3
二维地震/千米	979.33	1015	1204	529.63	663.74	446.45
三维地震/平方千米	313.20	298	284	420.73	388.93	330.98
石油钻井/口	363	333	194	185	223	221
探井	27	38	45	32	43	39
开发井	336	295	149	153	180	182
注水井/口	56	24	6	19	8	16
钻井进尺/万米	65.88	57.97	39.86	39.41	9.61	45.56
勘探投资/亿元	2.5	3.10	3.92	3.11	3.02	3.17
开发投资/亿元	8.69	9.99	8.92	7.23	7.61	6.77

表4-4 2006—2010年江汉油田主要生产建设指标

项目 \ 年度	2006	2007	2008	2009	2010
原油产量/万吨	163.20	162.00	162.50	162.80	163.00
天然气产量/亿立方米	1.38	1.02	1.35	1.60	1.60
新建原油生产能力/万吨	23.37	20.17	21.11	22.17	21.34
新建天然气生产能力/亿立方米	0.48	—	0.20	0.24	0.19
新增探明石油地质储量/万吨	749.96	871.00	933.02	854.00	853.66
新增探明天然气地质储量/亿立方米	—	—	23.48	36.18	—
二维地震/千米	18.03	617.53	413.74	344.67	472.00
三维地震/平方千米	580.79	1246.76	280	493.41	606.39
石油钻井/口	247	231	323	295	316
探井	32	33	29	35	43
开发井	215	198	294	260	273
注水井/口	19	13	29	19	26
钻井进尺/万米	47.04	52.64	64.88	61.39	64.43
勘探投资/亿元	3.39	4.05	5.89	6.94	8.47
开发投资/亿元	10.76	12.86	17.29	16.60	17.63

四、油气田对外合作开发加速推进

“十五”期间，江汉油田把实施资源扩张战略放在重要位置，把油气田对外合作开发作为突破油田资源接替不足困境、实现油气田跨区域开发和企业良性发展的有效措施，着眼于“大突破、大发现、大发展”，提出了“立足江汉、走出江汉、发展江汉”的总体工作部署，在继续抓好八面河油田和建南气田等合作区块开发工作、探索成功经验的同时，充分利用相关政策，积极寻求上级支持，加快跨区域联合合作开发油气田步伐，拓展生存空间，努力实现探明储量、油气产量、储采比“三个增长”，推动油气主业持续快速发展。2000年，经国土资源部批准，先后取得西部地区六盘山、敦煌、雅布赖和潮水等4个盆地7个区块探矿权，区域面积3.57万平方千米。同年9月，组织32名科技专家赴西北地区进行了为期15天的考察，对中国西北地区主要油气田的地质地貌情况、勘探开发流程设计和未来战略规划等进行现场考察，结合勘探开发工作步骤，进行深度对标，全面解析，为资源扩充战略实施提供切实可行的依据，为后续坪北油田的周密部署和开发建设打下坚实基础。2001年后，取得湖北省天门—监利、江汉盆地陈沱口凹陷、鄂渝鱼皮泽地区、四川盆地涪陵和綦江地区、渝东地区、鄂尔多斯盆地延川南地区、长武地区等多个地区和区块的油气勘查权，总面积2.56万平方千米。对外合作开发油气田工作步伐不断加快并走深走实，进入一个全面出击、多头并进、跨越发展的崭新阶段。

（1）八面河油田——高效合作开发新标杆。八面河油田是江汉油田最早通过承包形式进行合作开发的油气区块，也是落实油田走出江汉、寻求发展的战略举措和取得较好成果的油田之一，对于江汉油田后来的勘探开发建设发展具有重要的示范、指导和推动作用（图4–2）。

“十五”期间，清河采油厂油田坚持勘探开发一体化，大力加强滚动扩边开发，精细油田管理工作，努力实现油田生产良性循环。2000年，运用油藏规模序列法重新评价石油资源潜力，转变构造油藏为构造–地层、构造–岩性油藏，拓宽勘探新区域，在广北和草26区块两个大型岩性圈闭展开勘探，打探井9口，有4口见到工业油流，基本落实查清了构造面貌和岩性油藏连片分布格局。新增含油面积7平方千米，新增控制石油地质储

图4-2　八面河油田井组现场

量1061万吨，新增探明石油地质储量315万吨。探明和控制面120块、面137-138块、面14块、面36块等5个千万吨级含油新区块，扩大石油资源量1亿吨。2001年，在构造低部位钻探面120、面120-4和面120-5等评价井，进一步探明了油藏边界，落实了西部边界断层。针对该区块油稠、出砂等油层特征，通过钻水平井及热采试验攻关，摸清了油田产油特征和生产底数，当年新增含油面积2.4平方千米，探明石油地质储量824万吨。2002年，八面河地区勘探聚焦主体构造带和南、北部斜坡带实施滚动开发，在面120区块东南部有37口滚动开发井钻遇新油层；在面14区西和面14西北块，部署面14-2井和面14-3井等开发评价井，合计新增含油面积3.7平方米，新增探明石油地质储量585万吨。在八面河断裂构造带南部斜坡带面137-138区块滚动开发，部署探井3口，使面138区块实现预测储量升级，总体控制储量规模达到千万吨级。在八面河断裂构造带北段部署钻探滚动开发井角3-X1、角16-X1、角16-X3，发现多个沙四段含油区块。2003年在南部斜坡带沙三上段首次发现油层，新增探明石油地质储量534万吨，稳定了油田产量，降低了油田的自然递减率和综合递减率。连续六年新增石油地质储量超千万吨，无论是含油面积、含油层系、储量规模都有重大升级，成为江汉油田储量增长最快的探区。2004年，以沙河街组为重点，精细勘探八面河鼻状断裂带和北部斜坡带，展开南部斜坡带，在面14区部署钻井5口，试油解释发现沙四段六砂组油层，实现了面14区沙四段六砂组含油连片。同年10月，八面河油田重点探井——面36井获日产原油1.6吨，标志着面120南区取得勘探突破。2005年，在八面河地区部署钻探面36-6井、面39井、面37井，落实圈闭低部位和圈闭南部，评价沙三中地层—岩性圈闭，并在孔店组发现新的含油层系，累计新增石油地质储量846万吨。“十五”期间，在八面河油田探明和控制5个千万吨级含油新区块，新增探明石油地质储量4789万吨，年均新增探明石油地质储量958万吨，取得了丰硕成果。

“十一五”期间，按照实施油气并举，努力稳油增气的总体工作思路，依循战略稳定、战略展开、战略突破三个层次，强化老区新领域新层系、地质条件优越的大型构造或复合圈闭和深层隐蔽油藏的滚动勘探，集中优势力量，形成勘探大场面，取得战略大突破。按照“主攻南部斜坡带，控制规模储量；精雕细刻鼻状构造带和北部斜坡带，寻找经济可采储量；评价勘查孔店组和古潜山，准备接替战场”的工作部署，2006年，对八面河鼻状断裂构造带和南部斜坡带交接处展开滚动勘探，部署评价井面37-1井，发现新的含油层系。同时，对面36、面120块北部草1、草古4、草8和面38等井重新复查和地层对比，证明含油面积向西进一步扩大，预测含油面积3.42平方千米，预测新增石油地质储量324万吨，面37、面36、面120实现含油连片，被中国石化集团公司授予“高效产能建设项目”称号。2007年，通过细分目标层系，加强沉积微相和油藏富集规律研究，使面14区东、面138沙三上岩性油藏含油面积不断扩大，并呈现含油连片态势（图4-3）。

图4-3　深化八面河油田隐蔽油藏勘探目标研究，发现面138等较大规模隐蔽油藏

北斜坡莱10井区发现高产含油区块，新增探明石油地质储量474万吨，控制石油地质储量479万吨。2008年通过钻探面137–8井、面137–9井，实现南部斜坡带与鼻状构造带沙三上3砂组含油连片，发现沙三上1砂组含油新层系，新增控制储量316万吨。对面14块的面14–31井钻探和老井复查试油，沙四段1砂组实现控制储量升级，新增探明地质储量508万吨。2009年，在八面河鼻状断裂带草11南圈闭部署钻探草12井，钻遇孔店组2层14.6米的厚油层。对八面河南斜坡面滚动扩边，新增探明石油地质储量275万吨。2010年，在八面河面120区块北发现滩坝油藏。2011年，在中生界勘探部署重点探井——广北2–斜6井，成功钻遇中生界油层10层总厚21.8米，经试油获少量原油，首次突破出油关。2012年，部署钻探面14–斜33井，在沙四段钻遇油层8层总厚19.6米，初期日产原油1.6吨，在沙四段6砂组发现新油藏，预测新增石油地质储量200万吨。同年7月，八面河重点探井面孔斜7井采用常规手段试油，获初期日产原油18吨，投产后稳定在日产8吨水平。这是八面河勘探40余年来，首次在孔店组新层系获得工业油流，预测新增石油地质储量50万吨。

针对该油田存在的“油稠、出砂、含水上升快”三大难题和油田开发工作中的“抽、注、防、解、堵”5项重点，开展老井和高含水井复查，采取打更新井、酸化解堵、堵水调层和“防差”开采等措施，改善油层注采关系，推广应用侧钻井、水平井、新型防砂、中子寿命测井等新技术和新工艺，采取注氮气、注聚合物、微生物采油等方式，增加地层能量，改善油藏运油机理，精细油田的注采调配，提高开发效果。原油产量递减速度得到较好控制，油田开发形势逐年向好，稳产基础不断巩固，为江汉油田的稳产增产提供了可靠保证和有效支撑。“十五”“十一五”期间八面河油田勘探开发建设及生产情况见表4–5、表4–6。

表4–5　2000—2005年八面河油田勘探开发生产情况

年度 项目	2000	2001	2002	2003	2004	2005
累计探明含油面积/平方千米	55.8	58.2	61.9	79	80	83.60
探明石油地质储量/万吨	9891	10715	11932	12946	13778	14387.30
可采储量/万吨	2029.9	2351.5	2594.9	2581.3	2968.4	2834.20

续表

年度 项目	2000	2001	2002	2003	2004	2005
剩余可采储量/万吨	919.13	1172.7	1344.6	1261	1579.1	1377.40
采油井/口	745	821	911	976	791	867
开井/口	616	632	679	724	703	754
年产油/万吨	68.0	68.01	71.51	70.02	69.02	67.5
累产油/万吨	1110.77	1178.8	1250.3	1320.3	1389.3	1456.80
采油速度/%	0.82	0.78	0.7	0.69	0.65	0.59
采出程度/%	13.4	13.52	13.1	13	13.71	12.73
注水井/口	190	199	210	221	141	165
开井/口	139	136	120	124	119	137
综合含水率/%	90.4	90.0	89.5	89.8	90.07	90.09
自然递减率/%						
综合递减率/%						

表4-6　2006—2010年八面河油田勘探开发生产情况

年度 项目	2006	2007	2008	2009	2010
累计探明含油面积/平方千米	82.64	88.57	90.66	93.18	98.89
探明石油地质储量/万吨	15075.13	15548.69	16056.84	16392.42	16159.62
可采储量/万吨	2898.96	2998.44	3100.07	3145.19	3011.27
剩余可采储量/万吨	1374.74	1408.24	1443.84	1422.16	1221.74
采油井/口	963	1037	1096	1197	1206
开井/口	830	859	903	959	1115
年产油/万吨	67.40	66.0	66.0	66.80	66.50
累产油/万吨	1524.22	1590.2	1656.23	1732.03	1789.53
采油速度/%	0.56	0.53	0.53	0.53	0.53
采出程度/%	12.61	12.85	13.39	13.72	14.20
注水井/口	166	172	207	211	222
开井/口	136	138	152	139	197
综合含水率/%	90.77	91.2	92.4	91.55	91.55
自然递减率/%			15.81	15.79	15.71
综合递减率/%			8.14	8.11	8.14

（2）建南天然气田——多方合作开新局。建南天然气田是江汉油田成功引入多方投资，合作开发、多方受益的又一合作典范工程。气田位于四川盆地东缘石柱复向斜中心，分为南北两个高点，北高点在湖北省利川市境内，南高点在重庆市石柱县境内。含气层系为三叠系下统嘉陵江组嘉一段和飞仙关组飞三段、二叠系上统长兴组长二段、石炭系黄龙组，气藏类型南点飞三段和北高点长二段为块状分布气藏，北高点石炭系为层状气藏。

1970年11月，在鄂西渝东石柱复向斜钻探建3井，完井测试获得日产3.77万立方米天然气流，建南气田宣告发现。1974—1977年，江汉油田组织勘探人员继续进行钻探，逐步摸清和落实了该区域含气面积和地质储量。到1985年，共钻井34口，累计探明含气面积71.04平方千米，天然气地质储量50.55亿立方米。此后十余年，由于油气供需紧迫程度不一，油田勘探工作的重点一直放在江汉盆地，建南气田开发建设相对停滞。1999年，随着国内经济高速发展和中国石油工业开发战略调整，天然气开发再次纳入视野并重新启动。

2000年在建南构造钻探建26井，获得低产天然气流，并投资580万元建成投产了天然气脱硫备用装置，日净化天然气能力为20万立方米。由重庆市民生燃气有限公司投资兴建，江汉油田油建处施工的建南至利川市天然气管道试运成功，全长54千米，日输天然气能力20万立方米，推动了当地经济发展，改善了当地居民的生活条件。2001年，借助计算机技术等先进科技手段的运用和加持，对地震资料重新处理、解释和储层预测，分析认为建南构造飞三段为一整装气藏，圈闭面积164.3平方千米，含气面积和储量较复查前有大幅度增加，经济效益前景良好，立即组织钻井队伍展开勘探，并获得较好战果。其中太1井和新场2井在茅口组、栖霞组中途测试分获日产天然气3544立方米和1119立方米；对建南构造北高点长兴生物礁气藏上的建44援1井钻至长二段，获日产天然气5.2万立方米。同年3月，建南天然气净化装置建设工程竣工。该工程总投资2060万元，设计日处理含硫天然气能力35万立方米，年生产精硫黄1000吨以上。2002年，继续开展建南及周缘地区天然气勘探，圈闭面积由113.6平方千米扩大到164.3平方千米。在建南构造南高点西南倾没端钻探建68X井，获得日产5.1万立方米的工业气流。在建27井开窗侧钻飞三段获得日产气10万立方米，累计探明天然气地质储量达到98.67亿立方米。同年，随着第一口超长水平天然气开发井——建平1井投产，结束了自发现30多年来靠勘探井开采的历史，新增天然气探明储量正式通过国土资源部矿产资源储量评审中心石油天然气专业办公室验收。

2003年，与新奥（中国）燃气发展有限公司（香港独资经营企业）签订合作利用建南天然气协议，在建南及其周缘地区组织开展天然气勘探会战，对建南飞三段气藏测井试气资料复查，对地震资料重新处理解释，开展气层识别和地质评价，增加圈闭面积50.7平方千米。2004年，在建南构造南高点部署的重点探井——建平2井获日产1.6万立方米天然气流，预测储量30亿立方米，实现建南构造长兴组预测储量升级。2006年，通过勘探和资源评价，先后钻探建平5井（图4–4）、建35–2井、建平12侧1井，获得良好工业气流，形成了规模开采能力。

图4–4 2006年，建平5井实施酸压后放喷求产，稳定产量达21.4万立方米/日，是自20世纪80年代以来建南气田日产量最高的单井

2007年，部署钻探位于建南构造深层圈闭上的建深1井在志留系测井解释气层和含气层20层48米，对志留系韩家店组中途测试，获日产5.13万立方米工业气流。志留系气层具有异常高压、全层系饱含气、自生自储式特征，区域对比志留系全层系均含气，勘探形势良好。同年10月，在重庆市万州区龙驹镇境内部署重点探井——龙8井，地质构造位于石柱复向斜

北端龙驹坝构造，南部紧邻建南气田，东靠齐岳山背斜带西潜伏构造带，西接方斗山背斜带东潜伏构造带。该井由江汉油田钻井公司50786钻井队钻探完井，测试日产天然气9.35万立方米。该井的成功完钻和产气，结束了江汉油田在建南气田外围构造40年来勘探没有重大突破的历史，由此揭开了鄂西渝东石柱复向斜勘探开发序幕。

2008年，立体勘探建南构造，部署建深1、龙8、三星1等井位，其中建深1井在中寒武统覃家庙组发现良好膏盐岩盖层，在志留系中途测试获得日产天然气5.13万立方米，实现南方志留系勘探的重大突破，通过综合评价，预测天然气储量291.63亿立方米。龙8井在茅口组试气获日产天然气9.35亿立方米，在南高点长二段探明天然气储量23.48亿立方米，加强建南外围勘探，在龙驹坝构造茅口组发现2个含气区块，新增控制天然气储量57.42亿立方米。建南地区控制天然气储量达1000亿立方米。2010年10月，位于鄂西渝东地区的石柱复向斜中部建南构造西南端附近部署的浅层页岩气预探井——建111井试气点火成功（图4–5），焰高1～4米，经压裂试气，获日产天然气2022～3008立方米。该井于6月23日开钻，7月14日完钻，完钻井深845米，完钻层为三叠系须家河组，9月19日对须6段799～818米井段射孔后，采用强制裂缝闭合、纤维增强加砂压裂等措施，试气获得成功，证实建南地区具有浅层天然气勘探开发潜力，展示出良好前景。

图4–5　2010年7月，打出了中国石化第一口获工业气流的页岩气井——建111井

2011年，在建南地区侏罗系开展页岩气勘探，钻探建页HF-1井，试气获日产页岩气1.12万立方米，获中国石化勘探突破奖。2012年1月，部署重点探井新店1井，主探目的层为下三叠统飞仙关组飞三段，完井测试点火成功，酸化后放喷火焰高8～10米，用10.2毫米孔板测试，稳定日产天然气8.5万立方米，设计井深3500米，在侏罗系东岳庙段页岩、三叠系须家河组砂岩和飞三段均见良好油气显示。同期，部署在建南地区北高点的须家河组6段密砂岩水平井建HF-1井完钻，完钻井深1588米，水平段611米，垂深816米，完井解释气层39段301.20米，完成6段分级压裂。试产油管控制放喷，油压5.7～6.2兆帕，累计出液量1138.60立方米，点火焰高7～8米，测试获日产天然气4万～7万立方米。2012年9月，位于四川盆地川东褶皱带石柱复向斜建南构造黄金村的预测井——新店2井，完井后于飞仙关三段第一组酸化压裂施工，在油压16兆帕、套压5.5兆帕下，用10毫米孔板测试，日产天然气6万～7.5万立方米，为整体提升江汉油田油气当量水平、实现良性发展作出了贡献。“十五”和“十一五”期间建南气田勘探开发生产情况见表4-7、表4-8。

表4-7　2000—2005年建南气田勘探开发生产情况

项目＼年度	2000	2001	2002	2003	2004	2005
累计探明含气面积/平方千米	71.0	71.04	104.04	104.04	104.04	104.04
探明地质储量/亿立方米	50.55	50.55	98.67	98.67	98.67	98.67
可采储量/亿立方米	26.35	28.55	52.57	50.32	52.57	53.85
剩余可采储量/亿立方米	15.91	17.29	40.77	37.81	39.29	39.67
采气井/口	19	18	13	15	10	12
开井/口	12	13	12	14	8	11
年产气/亿立方米	0.83	0.82	0.7010	0.72	0.765	0.90
累产气/亿立方米	10.44	11.26	11.796	12.51	13.28	14.18
采气速度/%	1.61	1.62	1.39	1.42	1.52	1.41
采出程度/%	20.65	22.3	23.3	24.76	26.3	22.08

表4-8 2006—2010年建南气田勘探开发生产情况

项目＼年度	2006	2007	2008	2009	2010
累计探明含气面积/平方千米	104.04	104.04	104.04	114.82	114.82
探明地质储量/亿立方米	100.25	100.25	100.25	159.91	159.91
可采储量/亿立方米	53.85	53.85	53.85	83.52	84.02
剩余可采储量/亿立方米	38.66	37.64	36.49	64.75	63.84
采气井/口	12	13	14	14	16
开井/口	12	12	13	14	16
年产气/亿立方米	1.003	1.02	1.15	1.41	1.41
累产气/亿立方米	15.19	16.21	17.36	18.77	20.18
采气速度/%	1.45	1.42	1.66	1.88	1.59
采出程度/%	21.93	22.44	25.08	25.05	22.74

（3）坪北油田——“三低”复杂小断块油田开发新典范。坪北油田的勘探开发是继江汉油田和胜利油田合作开发八面河油田之后，与长庆石油勘探局开展合作的又一成功典范，也是江汉油田走出江汉、发展江汉、拓展资源和发展空间的又一成功探索。2006年，坪北油田被中国石化股份公司授予“高效开发油气田”称号，为“三低”复杂小断块油田开发提供了宝贵经验（图4-6）。

图4-6 “坪北开发模式”成为特低渗透油藏高效开发典范，开发经验在全国石油行业推广

坪北油田属长庆石油勘探局安塞油田的一部分，位于黄土高原中北部的陕西省延安市安塞区和子长市境内。地面高程1250～1651米。油区区域地处黄土高原，黄土覆盖层厚，沟壑纵横，土质疏松，气候干旱，植被稀少，环境恶劣。地质构造位于鄂尔多斯盆地东部的陕北斜坡坪桥鼻褶带，为西倾大单斜，坡度不足1度，面积64平方千米。属特低渗、低压、低产和复杂小断块岩性油藏。

1997年底至1998年初，江汉石油管理局组织有关人员前往长庆油田就合作开发事宜进行协商，并达成合作意向。1998年3月12日，江汉油田与长庆油田正式签订合作开发安塞油田坪桥北部油区协议（图4-7）。长庆油田以探井、资料、勘探成果出资，占总投资的15%。江汉油田以货币、实物出资，占总投资的85%。协议规定：以探明含油面积（64平方千米）作为合作开发区域，建成年10万～20万吨原油生产能力，并可在周边地区进行滚动勘探。

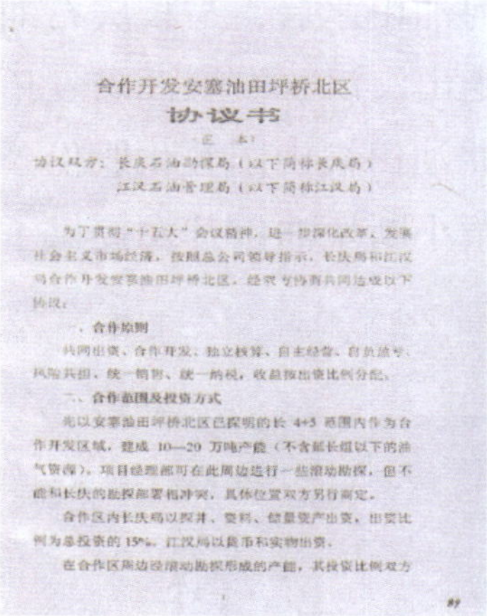
合作开发安塞油田坪桥北区

协议书

（正本）

协议双方：长庆石油勘探局（以下简称长庆局）

江汉石油管理局（以下简称江汉局）

为了贯彻"十五大"会议精神，进一步深化改革，发展社会主义市场经济，按照总公司领导指示，长庆局和江汉局合作开发安塞油田坪桥北区，经双方协商共同达成以下协议：

一、合作原则

共同出资、合作开发、独立核算、自主经营、自负盈亏、风险共担、统一销售、统一纳税，收益按出资比例分配。

二、合作范围及投资方式

先以安塞油田坪桥北区已探明的长4+5范围内作为合作开发区域，建成10—20万吨产能（不含延长组以下的油气资源）。项目经理部可在此周边进行一些滚动勘探，但不能和长庆的勘探部署相冲突，具体位置双方另行商定。

合作区内长庆局以探井、资料、储量资产出资，出资比例为总投资的15%。江汉局以货币和实物出资。

在合作区周边滚动勘探形成的产能，其投资比例双方

89

图4-7 1998年3月，在中国石油集团公司的支持下，江汉油田与长庆油田签订了合作开发陕西坪北油田的协议。（图为陕西延安安塞境内沟卯之中的坪北油田）

4月27日，江汉油田正式成立安塞油田坪北油区开发项目经理部（坪北项目经理部），部机关设于陕西省安塞区坪桥镇。由长庆石油勘探局和江汉石油管理局共同管理。项目部成立后，江汉油田随即派出近400人的队伍北上坪北进行滚动勘探开发，坪北项目正式启动（图4-8）。

经理部和施工单位之间建立起经济合同关系，通过实施工程标的浮动

制，降低工程建设成本；采取资金集中管理措施，保证资金合理调度；控制用工数量和非生产性成本支出，实现油田内部挖潜增效。这种甲乙方共同管理的新模式，为江汉油田拓展外部市场提供了有益的探索和经验，在走出江汉、挺进西部、拓展发展空间、实现企业长远发展上迈出了坚实而可喜的一步。

图4-8　1998年5月4日，60辆满载江汉将士和钻井设备的车队启程赴陕，拉开了江汉石油人走向黄土高坡合作开发新油田的序幕

坪北油田地下地质属低渗、低压、低产油田，且地面条件复杂，环境艰苦，气候恶劣。新区产能建设工作坚持“整体部署、先肥后瘦、跟踪分析、及时调整”的工作思路，快运行、早投产、多拿油、早见效，努力提高开发水平。1998年，搞好扩边勘探，跟进落实地层、构造、储层等多方面地质综合研究工作，陆续找到一批“小而肥”的富含油气区。通过采用快速钻进单扶正器定向钻井等技术，完钻探井4口，探明含油面积6.2平方千米，新增石油地质储量228万吨。本着“节支增收，快速见效”的原则，地面、地下结合，优化优选施工设计方案，加强工程项目招投标管理，简化生产流程，节省工程投资，就近选用常驻本地的各兄弟单位钻井队伍，采用丛式井“三小二简”采油配套技术，完成55口井井口设施和20座丛式井场拉油站建设。同步建成注水站1座，转投注井6口，铺设注水管线3.8千米。新建原油生产能力5万吨，生产原油1.5万吨，实现当年建设、当年产油、当年增效的目标。以注水站点和管网建设完成投产为起点，坪北油田全面进入注水开发新阶段。1999年，在资金不足的情况下，注采不平衡的矛盾逐步显现，当年产油仅有5.6万吨。2000年，加快滚动勘探和扩边，在坪北地区部署完钻评价探井5口，均见油气显示，有2口井获得工业油流，在SP36–88井区新增含油面积9.1平方千米，新增探明地质储量68.3万吨。同年，以完善注采井网、恢复和补充地层能量为重点，加快产能建设步伐。当年投转注水井52口，其

中新井投注达37口、新井转注3口，老井转注26口，到12月底，全区注水总井数达到77口，注采井数比达到1∶3.1，水驱见效面积显著增大，注采比例日趋合理，开发效果快速显现，实现当年产油12.4万吨，超产2.4万吨，保持高位运行。至2001年，完成钻井152口，新建产能8万吨，累计建成原油生产能力25万吨，当年产油18万吨，产建符合率达到72%，高出鄂尔多斯盆地同类油藏10个百分点。2002年，在P54-P94至P54-98和P48-86至P48-90等部分区块强化拉水线注水试验，4口注水井平均单井单层日注水20立方米，对应的16口油井产量稳定，地层压力上升。2003年2月，坪北油田第一口开发调整井——P25-88井开钻。2011年12月，在坪北P199-19平台部署首口致密砂岩水平井——PH-1井投产，实施压裂作业成功，日抽吸产油10.9立方米，为致密砂岩油藏开发进行了积极探索。

为了保持坪北油田持续稳产和增产，针对这种低渗、低压、低产复杂小断块油藏的特点，在管理上采取了一系列特殊的稳定产量的办法。针对油田生产实际和难点，优选采用快速钻进单扶正器定向钻井钻具组合技术，大大加快了钻井进度和工作效率，提高了钻井开发效果。内引外联，搞好科技攻关，与北京勘探研究院专家现场指导和学习当地油田钻井、测井、压裂、地面建设及油井管理经验。1998—2000年，通过对S142井区的注水开发先导试验，基本掌握了该区注水开发规律，在工区南部钻注水井3口，应用小排量环空产液剖面测试和分采小排量分注技术，改善特低渗油藏注水开发效果，实施先期注水试验成功。根据油田低渗、低压等开发实际，探索制定并推行以“十个合理”为主要内容的油水井管理制度，即合理沉没度、合理工作参数、合理间开制度、合理插桩组合、合理防冲距、合理抽油机平衡、合理套管压力、合理电耗、合理热洗、合理加药等措施，使油水井管理工作更加规范、精细、有效。坚持油水井动态分析制度，及时监控油水井生产动态，实施措施作业。实施暂堵压裂和补孔压裂，改善低渗油层连通效果和条件，提高油田采收率。

通过多年实践，开发上初步形成了适合坪北油田特点的快速钻进单扶正器定向钻井钻具组合技术，小排量、高砂比、深穿透、快破胶、可任意选层的分压合排压裂技术，丛式井“三小二简”采油配套技术等工艺技术方法，以及相关地面管网设施设备技术配套和一整套与之相适应的综合管理制度与措施，较好地解决了这种高难度“三低”复杂小断块岩性油藏开发中的实际问题，使坪北油田最高年产达到20万吨以上，连续多年稳定在年产原油17万吨的水平。“十五”和“十一五”期间坪北油田勘探开发生产情况见表4-9、表4-10。

表4-9　2000—2005年坪北油田勘探开发生产情况

年度 项目	2000	2001	2002	2003	2004	2005
累计探明含油面积/平方千米		41.7		77.2	77.2	77.2
探明石油地质储量/万吨		3448		3745	3745	3745
可采储量/万吨				488.5	611.9	520.1
剩余可采储量/万吨				488.5	520.7	411.40
采油井/口		375		386	399	418
开井/口				379	386	402
年产油/万吨		18.01		17.58	17.8	17.50
累产油/万吨		37.6		73.4	91.2	108.70
采油速度/%				0.51	0.5	0.51
采出程度/%				2.1	2.64	3.15
注水井/口		106		123	124	126
开井/口				114	121	109
综合含水率/%				42.9	41.96	43.46
自然递减率/%						
综合递减率/%						

表4-10　2006—2010年坪北油田勘探开发生产情况

年度 项目	2006	2007	2008	2009	2010
累计探明含油面积/平方千米	77.20	77.20	77.20	77.20	77.2
探明石油地质储量/万吨	3745	3745	3745	3745	3745
可采储量/万吨	532.52	532.52	561.90	561.90	476.78
剩余可采储量/万吨	406.54	389.52	401.59	384.59	281.47
采油井/口	441	466	515	535	551
开井/口	425	453	484	497	525
年产油/万吨	17.30	17.0	17.3	17.0	18.00

续表

项目 \ 年度	2006	2007	2008	2009	2010
累产油/万吨	125.98	143.0	160.31	177.31	195.31
采油速度/%	0.49	0.48	0.49	0.47	0.48
采出程度/%	3.60	4.02	4.50	4.89	5.22
注水井/口	134	143	159	197	192
开井/口	122	128	143	184	184
综合含水率/%	49.73	50.7	51.8	51.93	52.00
自然递减率/%			9.54	9.45	7.33
综合递减率/%			8.09	8.74	6.73

（4）拓展西部和其他外围地区。1996年起，在国内石油市场进一步放开的形势下，江汉油田就与新疆油田展开战略合作，迈出进军西部石油勘探开发市场的第一步，取得许多宝贵经验。2000年，紧紧抓住中国石化集团公司加快西部勘探开发建设的有利时机，发挥自身优势，积极推行资源扩张战略，不断加快“走出江汉，加快自身发展”的步伐，组建江汉油田分公司西部新区勘探项目组，进入西部新区进行地质勘探。同年4月到8月，经国土资源部批准，分别取得西部地区准噶尔盆地南部、六盘水盆地、敦煌盆地、雅布赖盆地和潮水盆地等5个盆地区块的探矿权，区域面积达4.8万平方千米。2001年，获得鄂渝鱼皮泽地区、鄂尔多斯盆地延川南及陕西长武地区、四川盆地涪陵和綦江地区，以及渝东等10个西部区块的油气勘查权，区域面积2万余平方千米。同年7月，西部新区的重点探井——柴参1侧1井开钻，钻至上叠统江雁池组和芦草沟组发现油气显示，最大单层厚度1.36米。同年10月，在鄂尔多斯盆地长武地区钻探武1井、武2井、武3井，其中武2井和武3井分别发现油气显示。2003年5月，在准噶尔盆地南缘柴窝堡构造上钻探达1井，发现气层13层，层厚29.8米，预测凝析天然气地质储量256.9亿立方米；同年11月，在六盘山盆地肖家湾北斜构造上钻探的海参1井，于下第三系、下白垩统分别发现良好生储油层。同年12月，中国石化将塔里木盆地卡塔克2、卡塔克3、卡塔克4等3个区块划给江汉油田西部勘探公司，探矿权面积1.66万平方千米。2004年10月，通过公开竞标，取得海南省福山油田采油生产管理承包权，并在海口市签

订承包合同，由江汉采油厂承包管理。2005年2月，福山油田第一口油井花4-2井投产，日产凝析油11.5吨、天然气5.7万立方米，开拓了海南市场。同年，在陕西长武地区钻探武10井发现油层；在二连盆地钻探的赛汉1井发现良好的烃源层；在西部新区钻探的克隆1井中途测试获日产天然气1万立方米。2006年4月，陕西长武区块武10井在三叠系延长组7油组试油获初期日产原油2.26立方米，首次获得工业油流。2009年12月，在重庆市涪陵—綦江地区部署的重点探井兴隆1井完钻，设计井深4938.7米。2010年6月，在长兴组测试，获得日产天然气51.7万立方米，计算日无阻流量123万立方米，从而发现兴隆气田。2010年11月，在重庆市巴南区接龙镇桥边村的隆盛1井经酸化压裂，获得日产16.2万立方米高产天然气。该井是中国石化勘探南方分公司部署在川东高陡构造带西南段隆盛潜伏构造带的一口区域探井，主探志留系、茅口组，兼探飞仙关组及长兴组油气层，该井的成功勘探，为江汉油田海相油气勘探提供了宝贵经验。

2000—2012年，通过实施油气资源扩张战略，在西部新区准噶尔盆地南缘、六盘山盆地、中扬子海相勘探上有了一个良好开端，探索并取得了许多宝贵经验。外围油气生产大幅上产增产，油气储量和产量占比逐年加大，成为支撑江汉油田油气总产量的“半壁江山”。资源扩张步伐走深走实，油气主业立足江汉、走出江汉、跨越式发展的战略，正在国内外更大的市场和更加广阔的空间加快实现。

第三节　“品牌战略”助推产业基地建设

江汉油田把“品牌经营”作为企业发展的“六大战略”之一，积极筹备机械制造系统重组改制，改革落后管理方式，逐步向以资本为纽带、以优势产品为核心的集团化方向发展。推动石油工程、机械制造、盐卤化工等多元开发产业的技术改造、质量优化和服务升级。依靠科技进步，强化品牌建设，淘汰落后低效产能，新建抢上技术含量高、产品质量好、经济效益显著和市场热销项目，扶持重点产品和骨干企业。2000年，江汉油田抓住国际油价持续走高、石化集团加大勘探开发力度和装备更新投入增加的历史机遇，提出了“面向大市场、服务大江汉、谋求大发展”的工作思路和资源扩张、资本扩张、市场扩张“三个扩张”的发展战略，不断推进石油能源和化工基地建设。2001年，面对加快发展的新形势和油田建设实际，提出“突出主业、振兴两翼、繁荣基地”的新思路，到2020年，石油天然气当量在2000年基础上翻两番、企业总产值达到320亿元，把江汉油田建成国内知名新型石油城的总体发展目标。瞄准国际、国内两大市场，加强企业以“提高质量，优化服务”为核心的管理体系建设，加快推进相关企业ISO9001:2000国际质量体系认证，提高产品质量水平，在竞争激烈的国内外市场上打下自己的一片天地。到2002年，先后有14个单位通过ISO9000质量体系认证或复审。积极推进实施名牌产品培养计划，围绕产品服务主体，开展市场调研和竞争要素分析，细化产品市场定位，不断提升产品品质。持续做好各个品牌质量监测和后续服务，搞好品牌维护和品牌升级，优化用户服务体验和认可度。重视搞好产品推介、品牌宣传，提高产品知名度。积极承担社会责任，赞助各项社会公益活动等方式，增强品牌的影响力，使产品市场竞争力得到持续提升。在拓展石油工程、石油机械、特色化工等上下游优势产业上持续发力，培育并做强新的经济增长点，形成了油气勘探开发、石油工程服务、机械制造加工、盐卤石油化工等多产业、多元化加速发展的新格局和新态势，企业综合经济实力和“江汉品牌”影响力大幅增强。“品牌战略“助推江汉产业基地建设由技术引进、合作开发为主，逐步走上自主创新、高质量发展之路，由一个产品和科技开发的“跟跑者”，逐步成为一个拥有众多骨干产品、站在科技开发前沿的“领跑者”，不断推动企业走向以“特色”争市场、铸“品牌”求发展的历史的新高点。

一、发展优势产品项目

2000年以来，江汉油田从强化企业基础工作入手，加强“名、优、新、特”品牌建设，通过改革转换企业体制和机制，加强内部管理，不断推进科技进步，加大特色产业和优势产品的项目建设及技改投入，拓宽完善销售渠道，逐步形成了以牙轮钻头、固井压裂设备、天然气压缩机为代表的机械产品优势项目，这些产品以可靠的质量和优质的服务得到了市场认可，骨干产品品牌影响力和市场开发力日益增强。品牌建设的辐射效应助力和带动区域经济呈产业链式、集群式快速发展，并不断形成更大规模，促进了产业基地建设的稳固，规模经济效益不断显现。2000年，由江汉油田第四石油机械厂研制生产的两台GJC70-25型双机双泵自动混浆水泥车起运哈萨克斯坦，首次实现中国大型固井设备整机出口。三机厂与北京通用机械研究所、华中理工大学共同开发的CNG天然气压缩机试制成功，并有2台于当年11月实现外销，发运出厂。该项目成为中国石化集团重点科研项目和江汉油田五大拳头产品之一。研制成功首台新型一机双井抽油机，该机与同类机型相比，可节能25.3%，整机重量减轻5.2吨，经济效益显著。机械厂与江汉石油飞龙公司、武汉宏洁科技开发公司联合研制成功国内首台五钻杆水泥土造墙机。由中国石化投资1400万元引进的DD-330HP水平定向钻机落户江汉，成为中国石化的首台水平定向穿越设备。由江汉油田生产的T系列特别保径三牙轮钻头、SJX5242TSN17型固井水泥车、ACS-Ⅱ密度自动控制固井水泥混浆机和SG5-2型遥测示功仪被国家科学技术部先后列入《2000年度国家重点新产品计划》。江汉钢管厂生产的特大直径（2642毫米）厚壁螺旋埋弧焊钢管被中国企业联合会列为“2000年中国企业新纪录”。由江汉石油机械厂研制的秦皇岛32-6项目海洋过滤器发往渤海石油公司，这是机械厂产品首次跻身海洋石油市场。这些优质的产品和先进的工艺设施设备浩如星云般显现，使略显“古老”的石油机械加工制造业，依靠新技术、新装备和质量管理创新的赋能加持，重新迸发活力。

2001年后，研制出国内首台2000型压裂机组，被国家经贸委列为“十五”重大装备研制项目；离子膜烧碱、塔式起重机被评为湖北省名牌产品。2003年7月，“江钻”牌牙轮钻头和仪表厂生产的“石钥”牌200-J型压力计产品，取得由湖北省质量技术监督局颁发的“采用国际标准标志”证书。2004年，四机厂生产的主要用于油田固井压裂、测试、采油装置和钻井设备等高压施工条件下的高压管汇系列产品和三机厂生产的RDS型、

CNG型系列压缩机获“湖北省名牌产品”授牌。2005年9月，盐化工总厂生产的“水杉”牌漂粉精、离子膜烧碱，奔腾胶带有限公司生产的“犇”牌橡胶V形带，被湖北省名牌战略推进委员会命名为“湖北省名牌产品”。机械厂生产的“宝涛”牌水处理过滤器通过复审，保持“湖北省名牌产品”称号。2006年，四机厂工业园被国家科委评为“国家火炬计划重点高新产品高新技术产业”园区，成为湖北省重点产业集群之一。2007年9月，“四机牌”石油钻机被国家质量监督检疫总局和中国名牌战略推进委员会授予“中国名牌”产品称号，成为国内首批获中国名牌产品称号的石油机械产品，实现江汉油田中国名牌产品零的突破。同时还有江钻股份的牙轮钻头，四机厂的固井水泥车、高压管汇件被评为“湖北名牌产品”。江钻股份被武汉市授予“出口品牌企业”称号。2008年，快移快装钻机被评为国家重点新产品。“江钻”牌商标被认定为“中国驰名商标”，获湖北省首届长江质量奖提名奖。2010年10月，江钻股份公司“KINGDREAM”商标获“中国驰名商标”称号。2011年1月，四机厂被国家科学技术部认定为“制造业信息化科技工程应用示范企业”，成为油田首家获此荣誉的企业。2011年3月，四机厂研制的首台车载式全液压顶驱SJ5460T/ZJ10地面煤层气钻机通过中国石化集团验收，标志着该厂非常规能源勘探开发装备国产化研制取得重要突破。所承担的国家863项目“2500HP”大型数控成套压裂装备参加国家“十一五”重大科技成就展，成为中国石化唯一参展的装备制造企业。同年，第四石油机械厂“四机”牌钻（修）井机、高压管汇件、固井水泥车，江钻股份公司“江钻”牌牙轮钻头等5项产品被命名为“湖北省名牌产品”。

2010年12月，四机厂被中国产品质量协会评为“全国第一批国际质量信用5A等级企业”，并获该协会颁发的“产品安全信用专项证书”。钢管厂“沙管牌”输送焊接钢管被评为中国石油石化装备制造业名牌产品，弧焊钢管获中国质量协会授予的“全国用户满意产品”称号。第四石油机械厂完成的“油气田超大功率数控压裂机组研制及产业化”、与长江大学合作完成的“压裂柱塞泵关键技术研究”和“海洋轻型模块式钻修机”等3项成果获湖北省科技进步奖一等奖，许多骨干产品成为兼具江汉特色的行业翘楚和大国重器。这些优质产品和项目的不断创新、研发和涌现，有力地推动了江汉油田多产业发展格局的形成，提高了油田的知名度，稳固了“江汉品牌”在石油工程服务、石油机械制造加工和盐卤化工等方面的优势地位。

二、打造石油机械制造基地

江汉油田的石油机械发展，随着全国“三线”建设步伐和江汉油田开发建设同步展开，逐步建设成为全国最重要的石油机械产品制造基地。石油机械是江汉油田机械制造系统的主导产品，适应于陆地、海洋、沙漠等各种自然环境条件下，油气勘探开发建设所用的施工作业机械和专用工程车辆设备等。主要生产厂家有江汉石油管理局机械厂、第三石油机械厂、第四石油机械厂、沙市钢管厂和钻头股份有限公司等单位。主要产品有石油管杆系列产品、钻井设备（系列车载钻机、泥浆泵、固井设备）、采油设备（抽油机、修井机、通井机、洗井设备、成套压裂设备）、水处理环保设备、高压液体控制管件和天然气（空气）压缩机系列，以及石油专用特种车辆设备等。

“十五”和“十一五”期间，江汉油田注重加强市场调研，大搞内引外联和科技攻关，大力度投资发展技术含量高、产品附加值高的产品，相继建成中国石化固压设备国产化基地、天然气压缩机国产化基地，以及水处理环保设备产业基地，江汉石油机械制造进入发展的“黄金期”和效益快速增长期。坚持走“江汉制造”向“江汉创造”转变的创新之路，研制出成套压裂装备远程网络控制、重载高速钻头轴承、高钢级厚管壁钢管成型与焊接、压缩机开发等一批具有自主知识产权、支撑国家名优产品的技术系列，国内国际市场不断扩大。各机械制造企业紧密联系石油行业发展具体实际，依据客户实际需求，不断加强科技研究和新产品开发，引进先进工艺技术，淘汰落后产能，做优做强优势项目，积极开拓国内外市场，使石油机械成为支撑油田发展的支柱产业之一，产品产量占到全国总产量的30%，在国内外占有举足轻重的地位。特别是钻井钻头系列产品、固压设备、天然气压缩机、水处理环保设备等保持行业领先水平，在全国有着较高的市场占有率，较好地满足了全国各油田勘探开发建设的实际需求，以较好的品质和质量，以及优质的服务，赢得良好口碑，也为加快全国石油工业的建设发展做出了应有的贡献。截至2012年，生产机械产品总量382.16万吨，各类钻头87.23万只，钢管323.49万吨，石油机械设备3.65万台（套），仪器仪表4.38万台（套）。

中国石化于2002年批准立项，江汉第四机械厂于2003年起建设固井压裂设备国产化基地，购置加工中心、三坐标检测仪、数控钻床、中频感应加热炉等设备194台，实现当年建成，当年投产，获“固井压裂装备国家制造业单项冠军”称号。研制成功国内首台集修井、抽吸于一体、井架与主机可自动分离组合的井架分离式通井车。所生产的修井机、车装钻机和固井压裂设备在国内市场占有率达到60%，产品出口量在全国石油机械行业排名第一，被中国石油和石油化工设备工业协会评为“中国石油钻采设备制造专业2003年度十强企业”（图4–9）。2004年12月，为美国科麦奇公司生产的价值2500万元的HXJ180DB海洋石油修井成套装备通过甲方验收，为国内第一宗大型海洋石油装备外销项目（图4–10）。2011年，被认定为“制造业信息化科技工程应用示范企业”，进入我国数字化综合集成应

图4–9 “四机牌”产品在国际市场的竞争力不断提升

图4–10 海洋修井机出口美国

用标杆行列；被选定为首批“湖北省国际科技合作基地”，博士后科研工作站、固压设备标准化工作部挂牌成立。研制的中国石化首台车载式全液压顶驱SJ5460/ZJ10地面煤层气钻机通过集团公司专家组验收，标志着该厂在国内非常规能源勘探开发装备的国产化进程中取得重要突破。国家863项目2500型成套压裂机组通过中期验收，首次亮相“十五”国家重大科技成就展；国家重大科技专项3000型成套压裂机组项目启动研发，进入关键技术攻关和关键部件试制阶段。

江汉三机厂武汉生产基地压缩机生产主体工程于2004年建设完工。2005年9月，江汉石油机械厂生产的抽油机首批16台销往美国。2006年，合作开发的快移快装钻机批量出口美国等30多个国家和地区。新开发的BE550钻机、ZJ30低温钻机等产品批量进入美国和俄罗斯市场。研制成功国内首台2000型压裂机组，被国家经贸委列为“十五”重大装备研制项目。2006年，中国石化固压设备和天然气压缩机国产化基地建设项目通过验收。2008—2009年，完成天然气压缩机二期工程建设，改造扩建完成泵类、高压管汇等5条生产线。2011年3月，江汉油田石油机械装备重点实验室被中国石化命名为“中国石油化工集团首批重点实验室”，为中国石化石油机械制造唯一重点实验室。

江汉沙市钢管厂于2001年投资2亿元，从德国引进主要设备，分别建成年产10万吨直缝焊管生产线和10万吨螺旋焊管生产线各一条，实现生产能力的重大升级，使其直缝管生产能力跃居当年全国第一。2003年8月，年产10万吨大直径厚壁直缝埋弧焊管生产线建成投产，主要钢管产品被用于国家重点工程项目建设。同年10月，参加西气东输工程建设的江汉油建处自动焊六机组、穿越施工机组和沙市钢管厂螺旋焊管分厂等单位（班组），被国家西气东输工程建设领导小组和中国石油西气东输管道公司联合授予“国家西气东输管道工程建设优秀机组（车间）”称号。2005年，依据市场需求，通过研发和引进，在武汉建成年产7万吨螺旋焊管生产线，钢管直径上限由1420毫米提高到2642毫米，产品结构和产品质量得到再次提升。开发的X70高强度、高韧性厚壁螺旋焊管达到国内先进水平，2006年，沙市钢管厂获得中国石化“川气东送”项目11万吨螺旋钢管加工合同，是该厂建厂30年来拿到的最大一笔单项加工合同。2011年，实施螺旋遥控技术，有效降低了主机停车时间和维修成本。应用激光测距动态管径测量技术，提升修正管径测量准确性。研制直径508～559毫米扩径头，解决扩径头瓶颈问题。取得PSI、CRCC、SABIC三项国际权威认证，获得进入南美、中东石油输出地区钢管市场的“入门证”。获得“川气东送”18.2万吨钢管订单，并首次获得1137吨海底管线订单。多项产品先后为国家级重点工程项目所应用，提升了产品的市场形象，满足了国家发展建设的实际需求。同年，“钢管牌”钢管被评为“湖北省名牌产品”。2012年10月，沙市钢管厂焊管生产线技术改造项目竣工投产，螺旋焊管生产能力由15万吨增加到30万吨，钢级提高到X80，壁厚提高到20毫米，新增FRW钢管生产能力15万吨（图4–11）。

图4–11　钢管厂员工装运钢管

江汉石油钻头股份公司（原江汉钻头厂）于1998年通过股份制改造、市场化经营，进一步激发了企业活力，被确定为国家重点高新技术企业。2000年11月，江钻股份有限公司与西南石油学院联合成立的石油钻头基础技术研究所，在西南石油学院正式挂牌，实施“学研一体、强强联合”战略，加快“走出去”的步伐。应用计算机技术辅助钻头设计制造，全年先后研制出12种新型钻头，获得国内外专利授权14项，主要生产技术指标大幅度提高，市场占有率大大增强。研发的“一种单牙轮钻头”制造技术在美国获得专利。同年3月，生产的81/2HJT617GDG特型牙轮钻头，在大庆达深1井使用，累计钻时304小时40分，进尺252.08米，创国内牙轮钻头钻时和同地层进尺最高纪录。开发建设的计算机集成系统（CIMS）二期工程通过中国石化主持的技术鉴定，被列为国家863计划重点应用项目。在国家科学技术部召开的国家863计划CIMS主题十五周年总结表彰大会上，江钻股份有限公司获“2000年度CIMS应用领先企业”奖，成为本届年会唯一获此殊荣的企业。2001年3月，江钻股份有限公司抢占地域优势，稳步加快对外扩张步伐，扩大优势产品的生产规模，在上海兴建竣工江钻新厂。新开发的81/2XA537钻头在吉林油田钻井试验中获得成功，进尺达217.96米，纯钻时108.75小时，钻头起出新度在85%以上。2002年5月，自主设计的三刃翼螺旋刮刀结构金刚石钻头获中国知识产权局专利授权，填补了国内石油金刚石钻头外观设计无专利的空白。2003年，江钻股份有限公司一台1200吨金刚石复合片压机连续工作10000次无任何事故，产品一次合格率99.9%，标志着该公司两面顶压机使用技术处于世界领先水平。2004年，以5000万元收购在欧美及东南亚具有较大市场影响、产品外销占70%以上的亚洲最大的麻花钻头企业——江苏飞达公司47%股权，进一步拓展产品市场开发力。在北美办事处和俄罗斯办事处成立专项工作组，建立直通热线，及时了解反馈和解决产品销售和相关技术问题，加快产品外销能力，受到客户和代理商信赖和欢迎，提高了江钻品牌影响力。同年，石油钻头并行工程应用示范工程获中国石化集团科技进步奖，江钻股份公司成为国家首批计算机集成制造系统（CIMS）重点应用工厂，获得“国家级高新技术企业”和“全国质量效益型先进企业”称号（图4-12）。2005年11月，坚持多元化经营，跨越式发展，投资建设武汉天然气汽车加气站母站建成投产，设计日充天然气能力20万标准立方米，是国内最大的天然气加气母站。2010年11月，江钻股份公

图4-12　江钻股份公司研发的牙轮钻头系列产品国内市场占有率达70%，出口美国、俄罗斯等30多个国家和地区，确立了亚洲第一、世界先进的品牌地位

司井下动力钻具分公司一期工程竣工，标志着公司产业结构由钻头向钻具延伸。同年，江钻股份公司被国家科学技术部评为“国家火炬计划重点高新技术”企业和“中国驰名商标”认定。2011年，获批成为“国家火炬计划重点高新技术企业”。“江钻”牌获“中国驰名商标”称号，并受到湖北省、武汉市和东湖新区等政府部门嘉奖；获得“武汉市知识产权工作先进集体”“武汉市发明专利银奖”。

三、石油工程实力持续提升

2000年以来，国际国内石油工程技术服务市场需求旺盛，中国石化油气资源战略的实施和“决战川东北”的部署全面展开，为经受过外部市场锻炼的江汉工程技术服务专业施工队伍提供了难得历史机遇，江汉石油工程系统克服市场分散、装备老化、人员紧缺、任务繁重和工程施工难度大等困难，抓住深化改革、扩大开放的良好时机，增强市场开拓意识和危机意识，积极走出去，以优质的服务和优良的质量服务主业，参与国内市场，外闯国际市场，输出中国技术与中国标准，使油田钻井、地质测录井、井下作业等石油工程技术服务能力不断得到壮大和提高。特别是南方海相深井钻井配套技术、高温高压测试技术、脉冲中子测井工艺技术和人工磁场定位、穿越曲线大偏移配套技术等国内领先水平的特色技术系列，形成了搏击市场的独特优势。

（1）地球物理勘探。承担江汉地球物理勘探任务的单位和部门主要有地球物理勘探公司和物探研究院。地球物理勘探公司原称地球物理勘探处，隶属江汉油田分公司，2002年划归江汉石油管理局，2005年更名物探公司。下辖有基层单位13个，其中科级单位11个（物探研究中心、仪器服务中心、对外合作部、人才交流中心、监理中心、机修厂、供应站、物业服务管理站及3个指挥所）。主要负责江汉油田地球物理勘探工作规划、计划制定和各项工作任务的决策、部署、组织运行和实施。物探研究院是物探工作的科技研究部门，由物探处的计算中心、物探研究所组成。2002年，计算中心、物探研究所从物探处整体划出，归并到勘探开发研究院，定名为勘探开发研究院物探分院。2004年10月，物探分院从勘探开发研究院划出成立物探研究院，有计算中心、物探研究所、新技术开发中心和档案信息中心等4个基层单位。主要职责为油气地震数据处理、解释、储层研究、圈闭评价、井位论证、新技术研究开发和物探档案管理等。

2000年以来，物探系统把科技创新作为攻克技术难关、促进科学发展的法宝，注重发展特色技术，加大科技投入，提高装备配套水平。陆续配备了408UL遥测数字地震仪、VSP数字测井仪、可控震源、重力仪、磁力仪、电法仪、卫星定位仪、全站仪、沙漠钻机等主要装备，引进资料采集和处理工程软件系统，成功研制出XC-2000型消磁器，经测试，消磁率为100%，填补了国内地震勘探消磁仪器的一项空白，野外采集和处理解释能力不断提升，成为国际地球物理承包商协会正式会员。2001年和2003年分别通过ISO9002国际质量体系认证和HSE管理体系认证。2005年，获得中国质量协会石油分会“用户满意服务”称号。

针对各种不同地形地貌和地质特征，研究发展与之相适应的物探技术。在碳酸盐岩出露区，采用“饱和”激发技术和正演模型设计观测系统，小道距、高覆盖、长排列的观测方式和基于波动方程的基准面静校正方法，较好解决了静校正问题。在黄土塬地区按照“避高就低、避陡就缓、避碎就整、避墚就塬”的炮点布设原则，精选点位，因地制宜利用井深，适量炸药激发，加大检波器埋置深度和焖井爆炸等方法，解决了黄土塬地区地震勘探难题。在江汉平原村庄密集、水系发育、堤坝纵横、文物保护区等地区，采用炸药、空气枪、可控震源、地震枪等多种震源联合激发，配套使用灵活的观测系统、计算机设计质量控制、不同震源子波一致性处理等技术方法，较好地保证了地震资料的采集质量。在沙漠地区开展三维施工因素、表层地质结构调查研究，进行双井微测井、沙漠模型法静校正、多台地震仪无线同步方法试验，形成沙漠区三维地震勘探优化设计、布线定点、高精度表层结构调查、高效激发、无障碍接收、精确静校正等三维勘探技术系列。

应用处理解释一体化工作模式，成功处理江汉探区李埠、建新、老新等地区，山东八面河探区地震勘探资料。应用微机解释变速成图技术，解释江汉枝江地区、内蒙古二连地区二维地震资料，江陵地区三维地震资料，提高了解释效率和构造成图精度。应用叠前时间和叠前深度偏移技术，处理江汉探区管家台、钟市、山东八面河、内蒙古二连等地区三维地震资料，均取得较好的成像效果。应用山区重力地改、MT和EMAP面积测量以及重、磁、电、震联合反演技术，进行地质综合解释，主要指标达国际先进水平，效果良好。完成“山地地震勘探技术”攻关项目，经中国石化鉴定，认为整体成果达到国内领先水平，部分成果达到国际先进水平。特别是高分辨率地震勘探技术应用，有效提高了油藏解释精度，在潜江凹陷北部等多个地区取得许多新发现。针对鄂西渝东地区古生界深层展开山地地震攻关，在石灰岩出露区、砂泥岩出露区和高陡潜伏构造的地震采集、处理和解释技术应用上取得好效果。

2011年后，物探公司首次承揽包括地球化学勘探、叠加自然电位、高精度地面磁法等六种勘探方法在内的延长油矿综合勘探项目，完成勘探面积100平方千米，物理点位4283个。承接完成第一个海外非地震项目——伊朗大地电磁测深野外采集项目，EMAP物理点5215个，TDEM点2485个。先后在国内20多个省市以及缅甸承揽了二维、三维地震勘探工程项目。在鄂西鱼皮泽构造获得中国南方石灰岩出露区第一张可供解释的地震剖面图，在第十五届世界石油大会上参展，受到专家好评。在宁夏六盘山施工中，首次获得六盘山盆地深层侏罗系和三叠系地震资料。在川东北达县—宣汉地区施工中，运用山地地震勘探技术和复杂地表地质条件下的地震勘探技术，取全取准复杂地表下的地震资料，为发现普光1井特大型气田作出了重要贡献。在缅甸的地震施工中首次实现对国外技术和劳务的输出，创造多项缅甸石油勘探作业新纪录，中国海洋石油总公司缅甸公司专门发来贺电，给予高度评价。截至2012年底，二维地震年采集能力达到2000～5000千米、三维地震年采集能力达到600～1200平方千米、重磁力20000个物理点、电法2500个物理点。地震勘探技术在许多方面处于国内领先地位。

（2）地质测录井工程。地质测录井工作主要负责单位为测录井工程公司。下设录井大队、测井作业部、射孔作业部、测试作业部、清河项目部、坪北测井项目部、塔里木测试分公司，以及测井资料综合开发所、测井技术研究所、综合服务队等基层单位。主要承担油田地质测录井工作任务。企业于2002年通过ISO9001质量体系认证，2003年通过HSE管理体系评审。

为适应高难度勘探开发，注重先进设备设施的购置引进，加快新工艺、新技术的消化和吸收。购置引进地质数据采集仪、紫外线荧光录井仪、成像测井系统、DLS综合录井仪、OFA型石油荧光分析仪和521数控测井系统等测录设备，推进水平井、大斜度井、海相井的录井和石油测井技术水平的提高，采用JP录井软件处理系统，实现资料分析处理计算机化，大大提高了测录井资料的精确解释能力和处理水平。

“十五”到“十一五”期间，地质测录井面对油田开发逐步转向油藏小、断块多、储层展布不规则的复杂地质状况，以及“低渗、低能”等油藏特点，坚持加大适合油田生产特点的科技技术研究和相关产品的开发、引进和应用，力求用高科技战胜油田勘探开发的高难度。为适应油田钻井和油田作业施工新工艺、新技术加快发展要求，努力加强复杂地质条件下岩屑录井方法研究，采用岩屑荧光普照、双目显微镜鉴别岩性、镁试剂鉴别碳酸盐岩、水平井地质导向等方法，准确录取各项地质资料，应用新的录井技术，在江汉油区潜江凹陷周返断裂带、西斜坡、习家口单斜带、潜北断裂带、蚌湖向斜、沔阳凹陷杨林尾鼻状构造，丫角新沟低凸起石桥背斜、渔洋斜坡，江陵凹陷万城断裂带、范家台断背斜、荆州背斜带，四川盆地建南构造进行地质录井，发现了一批新的含油构造。

石油测井围绕高温、高压、低渗、高凝等复杂油藏，推广应用高压密闭吸剖测井、核磁成像测井、电成像技术测井等新技术，开展油气藏测井评价研究，提高了复杂地质条件下的油气层识别能力。利用井筒综合测井技术开展区块评价项目研究，解决江汉油田小区块油藏的勘探难题，大大节约了勘探成本，沉积相分析准确率达到80%，砂体储渗分析准确率达到90%。开发完成声波/变密度、GR、CCL组合仪器研制，通过验证，测井性能稳定，重复性较好，反映界面胶结情况清楚。通过资料对比，仪器的稳定性、可靠性及灵活组合方式等指标，达到国内先进水平。完成低电阻储层流体识别技术研究、建南地区碳酸盐岩储层测井评价方法、多用途防误爆电缆传输射孔点火系统、中子寿命测井解释软件、射孔辅助决策系统、滚动开发区块储层评价、膨胀式测试技术、电子压力测试、测试解释技术、高温高压地层测试关键技术等测井相关技术和实际应用技术的研究，为摸清油田地下地质状况、加强油田管理提供了可靠依据。其中：动态测井、中子寿命测井处于国内先进水平；高温高压地层测试、裸眼膨胀式测试、水平井测试、多功能酸化管柱、非常规试井资料解释评价等技术处于国内领先水平；2005年开展的高温高压地层测试关键技术研究多项技术指标填补国内空白，其中4项被中国石化确定为专有技术，1项获得国家专利，总体达到国际领先水平；在盐间非砂岩和海相地层测录井方面处于国际领先水平。

地质测录井凭借先进的技术和优质的服务外闯国内外市场，先后进入塔里木、西部新区、西北局、中南局、青海、长庆、胜利、中原、江苏油田等国内石油开发市场和吉尔吉斯斯坦、阿尔及利亚等国际市场。施工合同履约率、资料合格率均达到100%，工程优等率一直保持在70%以上，先后多次创造和刷新本地区和国内施工作业纪录，以优质服务和较高的质量，打出了“陕西压裂王”的响亮品牌（图4–13）。

图4–13　江汉测试打出了“陕北压裂王”的响亮品牌

2001年，在建平1井创造当时国内水平井段最长1046米的测井施工作业纪录。2006年，成功完成亚洲第一超深井——塔深1井（8408米）的完井测试和射孔，再创国内深井测试和射孔的最高纪录；创造哈德2–1井测试最长裸眼井段（4886.73米）的测试最新纪录；完成高温、高压、高产井——迪那202井测试施工，测试最高日产气量177万立方米，是塔里木油田当年气产量最高的一口井；完成塔里木油田硫化氢含量最高（7666ppm）的井——塔中75井的测试施工；完成超深水平井——庄104井射孔施工和西部勘探指挥部第一口作业机试油井——中4井试油作业；创造井深140米的最浅井（大宛101井）、最大斜度940米的塔中168井、最长支撑尾管196.63米的克孜1井、最高井口压力93MPa的迪那11井等多口各类高难度井的测试作业施工。2010年，首次进入青海民营市场，在南方海相市场相继中标元坝205井、元陆2井等录井施工任务。与江汉钻井公司首次共同挺进南美阿根廷市场，中标完成阿根廷CHE区块5口井施工，取得海外市场新突破。2011年，在广18-2井首次完成钻杆爆炸切割解卡施工，实现了射孔技术的工艺创新。首次应用井口密闭和中子寿命测井工艺，成功检测王储3井油水界面获得成功，为确定储气井油水界面提供了新的方法和手段，为川气东送天然气管线配套工程提供了技术支持。

（3）石油钻井。江汉石油管理局钻井工程处是一个集生产、科研和技术服务于一体的综合性钻井工程施工单位，也是最早实施品牌扩张战略，“走出江汉谋发展”的行业之一。截至2000年底，有F320、ZJ20等六种规格钻机22部，主要上报设备569台套，固定资产原值1.57亿元，净值7363万元，有钻井队22支。其中，甲级队1支，乙级队14支，下属后勤辅助生产服务单位12个。2001年，顺利成为江汉油田首个通过ISO9002质量体系认证的单位。2002年，获得HSE、GB/T 24001（环境管理体系）和GB/T 28001（职业健康安全管理体系）三项资格证书，成为中国石化首批建立HSE管理体系的试点并于当年通过认证的单位。2005年，改革成立江汉油田钻井工程公司。2010年末至2011年初，随着钻井市场的不断扩大，钻井公司一分为二，分别成立钻井工程一公司和钻井工程二公司，率先整合并实施QHSSE管理体系，钻井安全质量规范和标准得到新提高，有效促进了钻井施工安全、快速、优质、高效运行，开创了工作新局面。截至2012年，钻井队从2000年的22支扩充到62支，其中拥有国际资质队伍7支，甲级队10支，乙级队19支。38支钻井队取得中国石化工程资质等级。

面对激烈的市场竞争，江汉油钻井队伍发扬“敬业、诚信、协作、创新”的企业精神，以创建“纪律严明、管理科学、技术精湛、装备优良”的综合性钻井公司为目标，注重强化内部管理，完善各项技术规范和标准体系，实行安全环保管理领导承包和三级监控制度，细分钻井工程施工重要节点，全面进行效益分析和测算，推行实施钻井效益管理法，靠科技、质量和优质服务擦亮“江汉品牌”。2000年，创造开钻263口、完井259口、进尺49.52万米的历史最高纪录，比上年增长59.67%。投用首台2000米车载钻机，成功完成江汉油田自行设计施工的首口大位移井——代斜9-3井和油田首例套管开窗侧钻井王云2B井施工，填补了江汉油田开窗侧钻技术和大位移技术的空白。2001年，在建南地区钻探施工建平1井，井深4646.7米，垂深3450.08米，水平段长1046.19米，创当时中国陆上油田海相水平段钻井新纪录。成功完钻油田第一口浅层大位移目标定向井——长斜10井。该井位于长湖岸边，目标靶位于长湖中心位置，设计井深1390米，位移与垂深之比达0.85，创造了284米最浅层段造斜、1238米最大位移、54.7° 最大井斜等多项江汉钻井纪录。努力加强PDC钻头复合钻井及地质导向技术在定向井、防碰绕障井、水平井等多种复杂形态施工井中的工艺研究，精细施工标准，规范流程操作，形成了独具特色的综合配套技术，大大提高了钻井机械钻速，最大提高幅度达5.77倍。2004年2月，由钻井公司南方固井分公司进行固井施工的中国石化勘探南方分公司一口超深天然气井普光3井，井深6110米，经测试显示，固井质量为优良，创江汉油田钻井史上固井最深纪录。推广应用水平井及地质导向新技术，2010年在浩2井创出0.68米薄油层水平穿越67米、油层穿越率95%的最薄油层穿越历史纪录。

积极开拓国内市场。坚持走靠科技求发展之路，先后在新疆、四川、陕西、山东、广东、吉林、青海、内蒙古和河北等省市和自治区的10多个油气田承揽勘探开发井、盐卤及芒硝井的钻井工程，不断创造海陆相油田、高低海拔地区及水网沙漠环境和非均质、复杂性地层等多种不利条件下的钻井施工的新纪录和高水平，打响了“江汉钻井品牌”。采用优快钻井技术，2005年由江汉70155钻井队承钻、井深6421米的西部新区永6井，从开钻到完钻交井，平均机械钻速比邻井永1井提高90.96%，钻井周期缩短119天，夺得西部新区组织开展的“优快钻井”竞赛第一名，被西部工委授予“名牌基层队”称号。2005年承钻的永8井从开钻到完井，用时162天，完成进尺6120米，节约建井周期60天，在准噶尔盆地创造了钻机月速、钻井周期、取心收获率等多项地区纪录。2010年承钻的坪北油田P76-106大位移井，完钻井深2417.52米，大斜度稳斜段长1791.77米，水平位移1757.71米，位垂比1.26，创江汉油田位垂比最大、大斜度稳斜井段最长、水平位移最大3项纪录。2011年，钻井一公司承钻位于上扬子地台川东褶皱带石柱复向斜中部建南构造的中国石化第一口页岩气水平井建页HF-1井，完钻井深1777.77米，水平井段1022.5米，水平位移与垂深之比为2.06，创国内页岩气水平井位垂比新纪录。该井的成功钻探，为页岩气水平井钻井积累了经验。

努力拓展国际市场。自2003年起，江汉钻井队伍聚焦质量、管理和服务，实现“江汉品牌”走向国际的崭新跨越。先后与吉尔吉斯斯坦、尼日利亚、委内瑞拉等10余个国家的石油公司展开洽谈合作竞标，与哈萨克斯坦等国家签订了钻井工程服务合同。其中，在哈萨克斯坦施工的SIN144钻井队，优质高效地完成了5口井的钻探任务，得到对方高度称赞，彰显了当代中国石油工人的技术实力，为石油工业赢得了荣誉（图4-14）。2006年2月，由江汉油田钻井项目部SIN144钻井队承钻的哈萨克斯坦KN-16井顺利完钻，并于21日固井完井。该井于5日开钻，设计井深300米，是江汉钻井公司首次独立在国际市场上承钻的第一口井。2010年，油田与香港有成公司达成协议，由钻井公司采用日费制参与阿根廷CHE区块5口井施工，首次挺进南美阿根廷市场。2011年5月，钻井一公司成功进入哥伦比亚固井市场。

图4-14　江汉钻井队伍在国外打响“中国江汉钻井品牌”

（4）油气田建设工程。江汉石油管理局油田建设工程处是国家建设部、国家劳动人事部审定的化工石油工程施工一级企业和一类、二类、三类压力容器定点制造企业。主要承担GA级压力管道、大型液化石油气站安装，炼化工、石油化工、石油天然气、工业与民用建筑、公路工程施工、锅炉压力容器制造与安装、送变电、邮电通信、防腐保温、超重机械安装检修、工程与压力容器设计、计量检验、质量检测、高低压开关成套设备生产与销售。下设安装施工作业、管道穿越、机械运输、建筑工程、电讯作业等10个施工单位，有金属容器制造厂、电气开关厂、机械修理厂、质量（计量）检测站、职工技术培训学校等单位和建昌公司、金鹰公司两个多种经营企业。油建系统坚持以经济效益为中心，以市场为导向，以改革为动力，以技术进步和科学管理为依托，发挥在油田地面建设和管道施工方面的竞争优势，培育核心施工技术，创建优质工程，形成了油田地面建设、长输管道和水平定向钻穿越三大核心业务，其中长输管道和水平定向钻穿越具有核心竞争优势。在外闯市场的过程中，公司施工实力不断增强，施工质量不断提高，创出了一批优质工程。

长输管道名扬海外。油建公司作为中国石化专业化长输管道施工企业，拥有世界一流的长输管道施工设备，先后在国内外承担大型长输管道工程施工。2002—2003年，公司承建的西气东输管道23A标段（管径直径1016毫米 × 17.5毫米，长度125.187千米）和9B标段（管径直径1016毫米 × 14.5毫米，长度74.45千米）管道焊接一次合格率达到97%以上，半自动焊六机组被国务院西气东输工程领导小组评为“红旗机组”，全自动焊机组被业主评为“优秀施工机组”，多个机组被中国石化监理总部确定为“HSE工作免检机组”。2003—2005年，完成甬沪宁、西南成品油管道工程；2004—2005年，公司承建苏丹MELUT盆地3/7区块原油外输管道工程，创造了在四家国际总承包商中“开焊第一、施工质量第一、河流定向穿越一次成功、机械完工时间最早”等4个第一的好成绩，在苏丹市场上树立了良好的形象。2011年，油田承担的合同金额2.02亿美元的巴西铁矿石管道EPC项目开工。该项目是油田首次承接、工作量最大的一项铁矿管道施工国际项目。

管道定向钻穿越形成领先优势。公司拥有美国生产的奥格DD-625、DD-330HP、威猛D80 × 120水平定向钻机，可承担直径1200毫米以内油、气、水管道及电缆工程的定向穿越施工。从2000年开始，成功穿越中国汉江、黄浦江、大运河水系河流，苏丹阿特巴拉河、若伯卡纳河、青尼罗河等著名河流，完成穿越施工250多项，穿越各类口径管道累计总长85300多米。人工磁场定位、穿越曲线大偏移等技术处于中国领先地位（图4-15）。

图4-15　江汉油建队伍在巴西管道施工中成功穿越奥古巴沙河

截至2012年，先后铺设完成广华至荆门、魏岗至荆门、利川至万州等3条长输管线，参与铺设秦皇岛至北京、陕西至北京、洪湖至荆门等原油长输管道工程和西气东输工程、西南成品油工程、苏丹国原油长输管道工程、巴西天然气管道工程等大型长输管线部分管段的施工任务，并在国内首次实现直径1020毫米管线的长江穿越。

油气田产能工程外拓市场持续发力。油建公司在完成江汉油田本部油田建设工作任务的同时，参与承建新建塔河、鄂尔多斯等生产能力在100万吨以上的基地；2003年，在新疆塔河油田110万吨产能建设工程中获中国石化“先进集体”称号。油田建设工程公司承建的首个国外工程项目——苏丹共和国MUTL盆地3/7区块原油管道工程完工。承建管道直径8133毫米，全长240千米，主要施工技术指标居各参建单位第一名。2011年5月，参建普光气田地面集输主体工程获“中国石油化工集团分公司2010年度优质工程奖”。

四、发挥盐卤化工特色优势

发展盐卤化工，加强伴生盐卤资源综合利用，逐步纳入油田发展议程。经国家批准，江汉油田盐卤可开采储量为108亿立方米。江汉油田充分利用中国石化集团公司给予的优惠扶持政策，发挥盐卤资源优势，以市场为导向，全面推进实施品牌扩张战略，不断加强企业内部管理，提高产品质量，完善营销网络，重视客户满意度，提高市场影响力和产品开拓力，拓宽市场规模，全力打造“中国石化无机化工生产基地”，盐卤化工产业迅速崛起，形成采卤—盐硝—氯碱—消毒剂”一体化产业链，建成中国石化唯一食用盐生产企业、全球最大含氯消毒剂生产基地，使盐卤化工成为江汉油田继油气勘探开发工程、石油机械制造之后的又一支柱产业，同时，利用盐穴建设天然气储气库，打造“华中清洁能源供给基地”，不断推进产业链延伸和多元发展。

2000年以来，根据市场销售状况，在江苏、湖南、江西、上海等12个省市和九江石化、金陵石化等6个上下游兄弟石油化工企业建立网点，掌握信息，协调沟通，紧密协作，搞好服务。同年4月，扭转自全面投产后一直巨额亏损的局面，首次实现盈利。生产的“水杉”牌锌强化营养盐产品以过硬的质量通过中国盐业总公司验收，被正式批准上市销售。

加大技改投资力度，狠抓科技创新和技术改造，提高产品质量。于2001年对氯碱厂进行整流数字化控制系统改造，分别新建投产了年产4500吨漂粉精和年产2万吨氯碱生产装置各一套，产品市场容量扩大，销售情况和经济效益向好。同年10月，以其技术设备先进、质量体系健全、基础工作扎实、产品质量稳定等方面的优势，在中国盐业总公司定点生产企业换证验收中，获得综合评分99.5分的高分，顺利通过验收。顺应市场需求，扩大优势产品生产规模，2004年投资兴建第三套年产5000吨的漂粉精生产线和年产2万吨的离子膜烧碱装置，产品保持热销，市场销售情况稳定。重视企业内部质量建设和能力建设，使内劲，练内功，提高企业整体素质和产品品质。2005年11月，全面通过ISO9001质量管理体系认证考核。在湖北省碘盐质量评比中，名列全省第一名。2010年，新建年产5000吨精品钠法漂粉精装置完成主体工程建设并调试生产出合格产品，漂粉精年生产能力由2.5万吨提高到3万吨，保持世界第二、亚洲第一的位置。完成6万吨离子膜电解装置技术改造工程，投料试车一次成功，生产出的氯气纯度达98.5%，氢气纯度达99%，烧碱含铁量低于4ppm，含盐量低于20ppm，产品全部为优级品。烧碱年生产能力由9.3万吨增加到15.3万吨，液氯年生产能力由8万吨增加到13.6万吨。2011年竣工投产年产4万吨的离子膜烧碱扩建工程和年产2.4万吨漂粉精扩建工程，全部投料试车成功，累计年生产能力达到8万吨，超过美国奥麒公司7.2万吨的年生产能力，居世界第一。随着这些项目的相继投产，盐卤化工产业的规模效益逐年壮大，销售收入和利润水平跨越式增长，成为新的产业经济效益增长点，逐步形成油气勘探开发工程、石油机械、盐卤化工“三分天下”的可喜局面。

多渠道发展和完善国际贸易。漂粉精产品继1999年走向南非等11个国家和地区后，与伊拉克等4个国家和地区建立了贸易关系，在海外市场以优良的产品质量和良好的品牌形象赢得用户信赖，出现了产销两旺的好局面，并首次打入欧美市场，赢得国内外市场青睐，在全球漂精粉市场的占有率达33%（图4–16）。

图4–16　盐化工漂粉精年设计生产能力达5.4万吨，占全球漂粉精生产总量的33%以上

至2012年，建有5套大型生产装置，总投资5.27亿元。主要产品有盐硝、氯碱、漂粉精、发泡剂、氯化石蜡等五大系列30种。生产精制盐407.54万吨、漂精粉37.30万吨、烧碱158.66万吨、液氯135.58万吨，为江汉油田总体经济实力的增强和经济效益的提高作出重要贡献。

第四节　加强HSE管理体系建设

进入21世纪，作为现代企业不仅仅是要追求自身的经济效益，企业发展能否实现科学、和谐、可持续，成为考核现代企业经营管理和建设发展的重要指标，因此，企业内部以安全、质量、环境、职工健康及相应社会责任为主要内容的风险管控机制的建立越来越得到重视，也是建立现代企业和以往单纯追求生产型、效益型企业最明显的区别之一。江汉油田不断增强现代企业管理发展新理念，把构筑企业可持续良性和谐发展、履行企业社会责任、实现企业与社会自然和谐共生作为更高目标，更加注重并不断加强企业依法合规经营、风险管控、安全生产、环境保护、职工健康等工作的整体推进和做深做实，走科学和谐和良性可持续发展之路。

（1）建立应急管理机制。结合油田地域特点和各种灾害和极端事件突发情况，科学分析，周密考虑，组织编制制定《破坏性灾害、突发事件应急行动预案》。形成油田层级一个总体预案和工业生产、公共卫生、自然灾害、社会安全四个大类，包括地震、消防、井喷、防汛、防风暴潮、安全事故等15个子预案，明确各类应急机构职责、应急范围和分级、分路行动方案、应急状态解除和灾后恢复等内容，并根据生产经营活动情况，每年进行补充修订和完善。定期开展各类突发事件和事故的应急演练，加强常规培训、事故分析和警示教育，努力实现由事后处理向事前预防控制转变，企业风险防控能力明显增强。

（2）完善QHSSE管理体系。江汉油田是中国石化首批建立实施HSE（安全、环境、健康）管理体系的试点单位。2001年，先期在钻井工程处和江汉采油厂开展建立HSE管理体系试点，后逐步在全局展开推行。按照“先试点，后推广，积极稳妥推进实施”原则，合理设置体系，加强人员培训，编制勘探开发、机修制造、交通运输3个类别《HSE管理记录本》，将管理知识、法律法规、专业规范和事故安全纳入其中，规范推行。突出风险评估和隐患治理，依据危害程度编制重大危害管理方案、运行控制文件和岗位作业指导书，简化层次，方便操作求实效。继承与创新并重，以提高安全、环保和职业卫生管理水平为目的，深度融合领导干部安全责任制承包，首创“两表一卡”（工作危害分析表、安全检查分析表、隐患报告卡），推动风险识别、评估、管控的“全方位、全过程、全天候”和工作网络、管理制度、检查考核、责任落实的全覆盖，实现由传统安全管理向系统化风险防控的转变。2005年后，按照国家和中国石化建设资源节约型和环境友好型企业的总要求，把清洁生产、绿色低碳发展作为战略任务，列入企业发展的重要议事日程，把抓好质量、健康、安全、环保、节能等工作深度整合、一体化运行，引入QHSSE管理体系。全面落实三级安全教育和安全生产十大禁令，在有条件的企业开展ISO9001质量管理体系论证、ISO14001环境管理体系论证和ISO45001职业健康安全管理体系论证等。建立完善的QHSSE体系框架，制定相应的管理程序、工作指导书、流程控制表等。企业通过QHSSE体系建设，较好实现了对内外部风险的有效控制，企业和全体职工的社会责任意识明显增强，为降低事故率、提高运行效率、降低成本、维护企业声誉，实现企业可持续发展提供了有效支撑。

（3）推进清洁生产绿色发展。江汉油田所辖油区和合作开发油气区及主要生产企业均处于长江或黄河流域，90%的油气产能位于发达的长江经济带，从汉水之滨到莱州湾畔，从武陵山脉到黄土高原，环境保护任务艰巨。2000年来，油田坚持以QHSSE管理体系为平台，不断强化生态优先、绿色发展的新理念，全面实行领导干部环保责任承包制，健全环保管理网络，完善各项管理制度，制定事故问责和风险管控考核办法，强化日常工作监督检查。广泛开展环境保护法、清洁生产促进法等法律法规制度的宣传力度，抓好职工教育培训，落实特种作业人员持证上岗、生产关键区域和施工现场规范化操作、空气质量监测等工作。坚持工作从源头抓起，工程项目建设优先安排考虑和满足环保项目，实行环保不合格“一票否决制”。搞好环保科技攻关，加大科研、技研投入，推广应用环保新技术和新工艺，对油田钻井、井下作业、采油试气等专业工程施工，推广网电钻井和电驱压裂等“油改电”技术、“瘦身型”井身结构和水基泥浆替代油基泥浆等措施，减少危废污染。推行减量化、再利用、再循环的清洁生产方式，抓好产出水处理工程和集气站点建设，搞好“三废”综合利用，解决施工现场采出水、采出油、采出液沉积物、钻井采油废液治理难题，完善设施实现采出水处理后全部回注。严格落实执行国家节能方针政策，强化用能监督，推进科技进步，持续扩大分布式光伏规模，降低生产设备能耗，持续降低碳排放量，碳排放履约率100%，提高能源利用效率，努力转变发展方式，创建节约型企业，逐步形成绿色、低碳、高质量发展的新局面，确实把“绿水青山就是金山银山”的理念落到实处。

（4）加强全面质量管理。抓好质量宣传和培训教育，在油田层面建立5个基层质量检测机构，29个二级单位设有质量技术监督管理职能部门，加强日常质量检查，结合品牌战略，积极推进完善、采用和实施国际标准规范，实现质量管理体系化。在基层一线单位广泛建立QC质量管理小组，持续深入开展“质量月”活动，积极参加、广泛参与各个层级和各个行业组织开展的质量竞赛，全领域、全过程、高标准完善质量标准体系，强化质量管理和质量监督，持续推进质量标准化建设。江汉油田于2008年和2012年两度荣获“全国质量管理小组活动优秀企业”称号。江汉股份钻头组装QC小组于2012年10月代表国家参加在马来西亚召开的第三十七届国际质量管理小组会议，发布成果获得国际最高大奖“三星”奖；井下作业精细化管理成果获全国企业管理现代化创新成果二等奖。

（5）关注职工职业健康。江汉油田把职工职业健康作为企业义不容辞重大责任，从“预防－管理－保障－促进”全链条发力。重视改进岗位职工生产、生活环境，重点场所设置防滑、防坠落、防机械伤害等防护设施，合理布局施工区域和办公场所安全通道，确保符合安全标准。提高劳动保护用品的质量和配备，开展尘毒、噪声、化学、生物等作业场所数据监测，加强安全防护，重点区间、岗位实行挂牌管理和跟踪治理。建立职业健康管理体系，落实《中华人民共和国职业病防治法》等法规要求，开展职工职业病筛查和防治，为接触危害因素的职工建立个人职业健康档案，组织职工参加以防危害识别、防护用品使用、应急处理、自我健康保护等为主要内容的培训。编制《有毒物质信息卡》，对油田生产过程中使用的有毒物质的理化特性、人体危害特征、预防保护措施、中毒急救方法，详细介绍说明挂牌警示，对毒源场所管理实行定期监测，提前预防监测，严格管理防护。对高危岗位实施早期管理、早期干预，对健康损害前兆职工及时介入，协助职工了解和掌握工伤认定流程和相关待遇，提供心理健康服务和医疗救助，增强企业的凝聚力和全体职工的归属感，最终实现职工健康与企业可持续发展的双赢。

第五节 科技进步提供有效支撑

江汉油田把科技进步、人才强企作为实现企业提质增效、科学发展的战略措施，努力发挥科技作为“第一生产力”的强大作用。全方位加强对科技工作的组织领导，加强科技创新平台建设，完善科研工作制度体系和机制，强化科技项目组织运行，加大有效科技投入，持续提升科技成果转化能力，以新理论、新技术的突破带动油气勘探、石油工程、机械制造、盐卤化工等产业的快速升级和产品的迭代创新。以油气田全产业链发展为方向，在谋划油田“六大工程”时，同步谋划人才培育发展战略，重视科技人才引进教育和培养，靠制度打通科技人才科研工作中的“堵点”和“痛点”，厚植优秀科技人才发挥能力、提升水平的生态和土壤，营造人才脱颖而出、发挥才智、快出成果、建功立业的良好环境，高度重视和鼓励以岗位工作人员为主体的各类技能人才对油田高质量发展的推动作用，引导科技工作者和全体职工始终站在科技发展“潮头”，勇当科技浪潮中展翅奋飞的“领头雁”。

一、加强科技和人才工作

（1）健全科研组织机构。油田科技工作在江汉油田科学技术委员会的指导下进行。科委会主任由油田主要领导兼任，副主任由管理局、分公司分管领导兼任，委员由油田机关相关处室长组成；各二级单位相应成立科学技术委员会。油田层面设科技处和技术处（科委会办公室），各二级单位设科技办公室（技术科、技术部、总师办等），为日常办事机构。主要职责是指导并审议本单位的中长期科技发展规划和年度计划，组织制定科技进步政策措施，审定科技进步奖励项目和表彰决定，策划和决定科技工作重大事项。油田直属科研单位主要有勘探开发研究院、物探研究院、采油工艺研究院和勘察设计研究院等。油田科研经费的投入主要由三部分组成：中国石化集团公司和中国石化股份公司下达的科技开发经费；管理局和分公司投入的科技补助费；各二级单位自行投入的科技经费。

（2）强化科研体系建设。不断完善科技管理制度，修订完善《江汉油田科学技术项目管理办法》《江汉油田科技成果评定办法》《江汉油田科学技术进步奖励办法》，制定以开题报告、项目进展、技术总结汇报为主要内容的《科技基础资料编写规范》。严格立项管理，对申请管理局、分公司的项目，必须经过二级单位预论证、油田科技管理部门初审和油田专家组论证通过后才能立项，避免项目研究“低、多、散”现象。成立勘探、开发、工程、机械等专业的专家咨询小组，对重点项目开展早、中、晚各期评估，定期检查落实考核进度，提出下一步研究重点和建议，并及时进行项目通报。针对滚动勘探开发、石油工程服务、石油机械制造和盐卤化工等主要产业的生产难点和特点，确立发展完善41项综合技术配套体系。聚焦技能人才队伍建设，优化体系、完善制度、夯实基础，打造形成了促进技能人才干事创业发展的良好配套体系。

（3）畅通人才培养成长和上升渠道。2002年，制定出台《江汉油田关于进一步加强学术、技术带头人队伍建设的暂行办法》《江汉油田特薪制度试行办法》，对特殊人才的选拔条件、方法、考核管理及特薪的支付办法均作了规定。开展内引外联，与中国石油大学、中国地质大学、长江大学、西南石油大学等院校订立人才培养计划，选送优秀科技人员在职攻读博士、硕士学位，培养高科技人才。健全完善科技激励和奖励机制，提高科技进步奖励额度，重奖科技明星，在工资晋级、住房、通信、疗养等方面给予优惠。建立基层知识产权保护网络，在科研项目立项、项目攻关、成果鉴定评定过程中，按不同情况及时办理专利申请或专有技术保护手续，以加强对专利持有人的知识产权保护。2003年，对372名有突出贡献的专业技术人员实行特薪制度，完善有利于调动科技人员积极性、激发创新活力的激励政策和约束手段。2008年6月，国家人力资源和社会保障部将江汉油田确定为第一批国家高技能人才培训基地。2009年，推行专家和首席技师制度，首次选拔聘任油田高级专家27名、首席技师6名。2010年，以重点工程、重大项目为依托，引入“技能+业绩+潜力”评价体系，完善优化和量化各项指标，注重人才的综合能力发挥和实绩，加强高技能人才选拔培养和任用，鼓励科技创新，畅通人才成长通道。坚持每年组织举办不同类型的业务技术和技能培训，选送优秀技术人员外出学习培训，提高队伍整体技能，培养造就了一支门类齐全、结构合理、素质优良的科技人才队伍，技能人才“金字塔”结构基本形成，高技能人才总数持续增加，员工成长明显加速，为油田持续稳定发展提供了有力的技术支撑。

（4）技师创新工作室建设加快推进。2003年开始，建立健全分层分类相结合的技能职位管理体系，支持技能大师、首席技师、主任技师参与技能人才建设工作，赋予不同层级高技能人才技术把关权、团队组建权、资源调配权和信息知情权，确保各层级高技能人才责任实、目标清、任务准。划拨专项资金，对有条件的单位，成立以专家和技能大师为骨干的“工作室”，由湖北省总工会命名的首个专家创新工作室——张建荣创新工作室揭牌成立。以此为起点，特别是2009年后，技师创新工作室建设加快推进。以中央企业劳动模范、“荆楚工匠”王宏图为领衔人的“王宏图创新工作室”，以“中华技能大奖”获得者、全国劳模张义铁为领衔人的“张义铁创新工作室”，以中国石化劳动模范、“荆楚工匠”孙建兵为领衔人的“孙建兵创新工作室”等多个创新工作室相继成立。这些创新工作室依托高级技能人才的带动辐射作用和强大感召力及影响力，凝聚带动各行各业职工队伍，心想企业发展，围绕生产建设实际，发挥聪明才智，解决生产建设过程中的实际问题，为企业降本增效，加快发展起到了巨大推动作用。2011年12月，测录井公司仪表修理工龙景庆立足岗位开展技术革新，取得突出成绩，获得“中华技能大奖”，龙景庆国家级技能大师工作室在江汉油田揭牌，成为国家人力资源和社会保障部确定的首批50个国家级技能大师工作室之一，也是湖北省唯一国家级技能大师工作室。截至2012年，有集团公司技能大师1人、油田首席技师2人、油田技师8人、主任技师23人、主管技师74人、责任技师437人；建成1家国家级、2家省示范级、6家省级、5家油田级、9家厂级工作室，共有成员2000余人，形成了结构合理、梯队完善的创新格局。

（5）科技能手和领军人物不断涌现。以这些技能大师优秀的工作成绩和爱岗敬业、技能卓越、勇于奉献的精神为引领，江汉油田职工“对标先进学技能，热爱岗位勇争先”的热情得到空前激发，各行各业的技术能手、行业标杆不断涌现，有力推动了各项生产经营管理活动顺利进行，促进了基层各项工作的蓬勃开展，职工队伍整体素质和企业经济效益明显提高，企业品牌力和社会影响力，以及全体职工的“比、学、赶、帮、超”的良好精神风貌得到充分展现。2008年11月，在全国第三届数控技能大赛中，江汉油田职工权海峰、严智虎分别获得数控车工第二名和第三名的好成绩，12月5日，江汉油田获“国家技能人才培育突出贡献奖”（图4–17），有4名同志获全国技术能手称号。2009年10月16日和19日，在全国第三届职工职业技能大赛和中央企业职工数控车工技能大赛中，吴吉高、权海峰、田菁分别获得第一名、第三名和第四名的好成绩。吴吉高获全国技术能手称号。2010年，帅卫军在第十届全国建设系统职业技能大赛中获钣金金奖。

图4–17　油田荣获“国家技能人才培育突出贡献奖”

（6）科技进步取得累累硕果。以科技技能人才队伍为支撑，科学技术研究成果丰硕。到2014年，全局共取得科技成果3862项。其中，3项获联合国教科文组织颁发的“科技发明创新之星”奖，4项获国家发明奖，17项获国家科技大会奖，10项获国家科技进步奖，289项获省部级科技进步奖，319项获国家专利。如国际“981”平台研制成套固井设备、3000型压裂机组整体技术、致密气藏压裂改造技术等许多技术成果，达到国内或国际领先水平。2000—2010年江汉油田获省部级以上科研成果奖项见表4–11。

表4-11　2000—2010年江汉油田获省部级及以上科研成果奖项

年度	项目名称	主要完成单位	获奖等级
2000	深井任意层压裂工艺技术研究	采油工艺研究院	中国石化科技进步奖二等奖
	江汉盆地第三系盐湖相未熟–低熟石油研究	勘探开发研究院	中国石化科技进步奖三等奖
	FORWARD软件的推广及改进	测井工程处	
	高含盐油田采出水综合深度处理技术研究与应用	勘察设计研究院	
	安塞油田坪桥北区注水开发先导试验研究	坪北经理部	
	JHL99高速铝拉丝油的研制	精细化工厂	
	GJC40–17单机单泵自动混浆固井车	第四机械厂	
	《石油、石油化工规划参考资料》	管理局合作项目	
2001	江汉探区高分辨率地震勘探技术研究	地球物理勘探处	中国石化科技进步奖二等奖
	高温高压注堵酸压封隔器及管柱研究	采油工艺研究院	
	自动控制双机双泵固井设备	第四机械厂	
	小井眼系列单牙轮钻头的研究	江汉钻头股份	
	江钻股份公司CIMS二期工程	江汉钻头股份	中国石化科技进步奖三等奖
	南方海相烃源岩综合评价研究	勘探开发研究院等	
	三维约束反演软件研究	地球物理勘探处	
	低渗透特低渗透油藏流变性质研究	勘探开发研究院	
	120吨、60吨海洋油田修井设备	第四机械厂	
2002	ZJ30重载车装钻（修）井机	第四机械厂等	中国石化科技进步奖一等奖
	山地地震勘探技术研究	地球物理勘探处	中国石化科技进步奖三等奖
	坪北油田储层地质模型研究	勘探开发研究院、江汉石油学院	
	X70厚壁、高韧及大口径螺旋埋弧焊管研制	沙市钢管厂	
	压缩天然气汽车加气站装备	第三石油机械厂	
2003	江汉油田滚动勘探开发研究	江汉油田分公司	中国石化科技进步奖二等奖
	2000型成套压裂设备	江汉石油管理局	
	石油钻头并行工程应用示范工程	江汉钻头股份	
	黄土塬地区地震勘探方法研究	江汉石油管理局	中国石化科技进步奖三等奖
	潜江盐湖隐蔽岩性油藏预测方法、技术研究	江汉油田分公司	
	鄂西渝东海相深井钻头技术研究	江汉石油管理局	
	特殊套管井井下工具技术研究	江汉油田分公司	
	离子膜法氯碱国产化成套技术研究及应用	江汉油田分公司	
	中国石化集团土地房产信息管理系统	江汉石油管理局等	
	钠法漂粉精生产技术研究应用	盐化工总厂	湖北省科技进步奖二等奖

续表

年度	项目名称	主要完成单位	获奖等级
2004	HXJ180海洋钻修设备	江汉石油管理局	中国石化科技进步奖二等奖
	潜江凹陷潜江组层序地层学研究	江汉油田分公司	中国石化科技进步奖三等奖
	江汉油田注氮气提高采收率基础研究及先导试验	江汉油田分公司	
	八面河油区高含水期综合治理研究	江汉油田分公司	
	压裂机组系统自动控制技术	江汉石油管理局	
2005	股份公司油气资源信息系统	江汉石油管理局	中国石化科技进步奖三等奖
	江陵凹陷油气田形成条件与勘探方向研究	勘探开发研究院等	
	高含盐油田采出水COD达标及综合配套处理技术研究与应用	江汉石油管理局	
	江汉低渗透油藏薄油层压裂改造技术研究	江汉油田分公司	
	抽油井多油层试井技术研究	江汉油田分公司	
	面120区低渗透非均质稠油油藏开发技术研究	江汉油田分公司	
	浏阳坳陷八面河探区油气成藏机理与勘探实践	江汉油田分公司	湖北省科技进步奖三等奖
2006	中石化复杂地层深井钻井技术难点及对策	江汉石油管理局等	中国石化科技进步奖二等奖
	高温高压套管井地层测试关键技术研究	江汉石油管理局	
	RDS系列压缩机组研制	江汉石油管理局	
	潜江盐湖潜江组充填模式与成藏关系研究	江汉油田分公司	中国石化科技进步奖三等奖
	江汉油田结盐结垢机理及防护对策研究	江汉油田分公司	
	计算机仿真技术在Y341系列封隔器设计上的应用	江汉油田分公司	
2007	深井超深井分层注水工艺技术研究	江汉油田分公司	中国石化科技进步奖一等奖
	逆冲推覆带地震资料采集与处理技术研究	江汉石油管理局	中国石化科技进步奖三等奖
	江汉盆地分析及勘探方向	江汉油田分公司	
	江汉盐湖盆地构造叠前成像技术研究	江汉油田分公司	
	非线性渗流三维二相油藏数值模拟软件开发	江汉油田分公司	
	王场油田水驱储层参数变化机理与规律研究	江汉油田分公司	
	快速移动和快速安装钻机	第四机械厂	湖北省技术发明奖二等奖
2008	压裂过程井下监测及评价技术研究	江汉油田分公司	中国石化科技进步奖二等奖
	秦岭－大别造山带两侧盆地油气勘探选区研究	江汉油田分公司等	中国石化科技进步奖三等奖
	ZJ40CZ车载钻机	第四机械厂	湖北省科技进步奖二等奖

续表

年度	项目名称	主要完成单位	获奖等级
2009	西非重点盆地油气资源潜力及目标评价	江汉油田分公司等	中国石化科技进步奖二等奖
	潜江凹陷潜江组沉积体系与岩性油气藏预测	江汉油田分公司	
	钻柱裸眼多油层测试技术	江汉石油管理局	
	中扬子西部震旦－三叠系储层及控制因素	江汉油田分公司	中国石化科技进步奖三等奖
	盐湖沉积低渗透油藏改善开发效果技术	江汉油田分公司	
	海相碳酸盐岩储层沉积学研究及其应用	江汉油田分公司等	湖北省科技进步奖一等奖
	异相游梁平衡抽油机系列设计及节能技术研究	江汉油田分公司等	湖北省科技进步奖二等奖
	油气输送用直缝埋弧焊管扩径关键技术及设备	沙市钢管厂等	湖北省科技进步奖三等奖
2010	南方海相碳酸盐岩储层测井解释及评价	江汉石油管理局	中国石化科技进步奖二等奖
	井下智能分层开采与测控技术	江汉油田分公司	
	马王庙地区NEWS油气综合解释系统应用研究	江汉油田分公司	中国石化科技进步奖三等奖
	剩余油检测的电磁阵列新方法试验	江汉石油管理局	
	总口地区敏感性低渗透油藏开发技术研究	江汉油田分公司	
	钠法漂粉精生产工艺优化研究及应用	江汉油田分公司	
	海洋轻型模块式钻修机	第四机械厂等	湖北省科技进步奖一等奖
	油气田超大功率数控压裂机组研制及产业化	第四机械厂	
	压裂柱塞泵关键技术研究	第四机械厂等	
	难采高凝油和稠油油藏注气提高采收率技术研究	勘探开发研究院等	湖北省科技进步奖二等奖
	塔里木油田物资储备定额研究	职工培训中心等	
	松滋油田白垩系红花套组滚动勘探与油藏评价研究	江汉油田分公司	湖北省科技进步奖三等奖
	总口向斜低品位油藏压裂改造技术研究	江汉油田分公司	

二、科技进步支撑勘探开发

（1）信息化的广泛应用为油田勘探开发建设赋能。计算机技术和信息化应用，成为推动科技向生产力加速演进和转化的数字平台和最强引擎。2000年，计算机和互联网技术快速发展，并逐步应用于油田勘探开发建设的各个方面。用于物资管理采购的电子商务系统完成首批上网采购品种清单及油田内部数据文件编码工作。当年完成网上采购3763万元，节约采购资金100多万元。同年9月，以江汉油田在因特网上成功建立企业网站为标志，江汉油田信息化建设及应用全面进入一个崭新的发展阶段。2001年，开发应用高分辨率资料处理软件，为地震勘探提供强抗噪、宽频保真处理技术，广泛应用于不同震源、不同年代地震施工资料的拼接及低信噪比资料处理。开发出静校正处理系列软件，广泛应用于山地、黄土塬、沙漠等复杂地表条件下的成像效果。引进Forwar测井资料评价系统软件，成功移植mva.exe多矿物模型分析软件和水平井处理、固井解释等常用解释模块，开发出数据编辑、曲线校正处理软件和数据解编模块，大幅减少了资料处理时间，提高了资料处理解释精度。引进特殊工艺井轨道设计软件，广泛应用于定向井、水平井、侧钻井、丛式井等井眼轨迹控制，满足了不同类型特殊工艺井井身质量要求。2002年，引进钻井资料管理软件，开始录入钻井工程基础资料数据，编制钻井月报、年报。开发应用地震储层预测软件，用于综合地震、测井、钻井、地质等多元地学信息，对储层厚度及空间展布规律进行定性、定量描述，进一步精细岩性解释和烃类检测，为油气勘探提供支撑。开发广角—转换波地震资料处理软件，较好解决了当高速层位在储层之上的常规地震资料处理问题。2003年，开发出采用偏移成像精度较高的波动方程傅氏有限差分算法为基础的地震叠前深度偏移软件，避免了复杂地表条件下偏移成像高程校正精度低的问题，解释精度大大提高。研究开发的“中国石化集团土地房产信息管理系统”通过中国石化鉴定。同年11月，油田第一口井控实验井建成，并模拟井喷实验成功。引进钻井综合信息管理系统，并进行几次大规模改进升级，系统功能逐步完善，实现了井史资料电子化。引进斯仑贝谢公司测井资料评价系统，开展单井测井资料精细分析与多井评价、测井岩相分析、测井成像资料处理、油藏剖面制作，使油田测井评价由传统的储层参数分析和单一孔隙型储层分析进入到多种储集裂缝综合预测和现代油气藏综合评价的阶段。2004年，江汉油田企业网总体设计与系统集成研究、江汉油田财务资金结算网络动态管理等2项成果获湖北省现代化管理成果一等奖。引进Geoframe地震解释和哈里伯顿能源服务公司地球物理测井解释软件，全面提升了储层参数分析精度和种类。进一步优化去噪处理技术软件，资料保真去噪能力有了新提高。2005年，江汉油田OA办公业务综合处理系统全面上线投入使用，实现了油田机关办公自动化和信息化。勘察设计研究院开发的“工程测量数据处理系统”软件获湖北省测绘科技成果一等奖。引进应用ORACLE大型数据库管理系统，以此为平台，建立起生产数据库、综合开发数据库和以油水井大事记要为中心的各类动、静态资料114个数据表链。建设应用企业资源计划系统数据库，共设计流程272个，开发报表、单据程序140个，完成物料主数据编码4万多个，供应商数据编码4000多个，转换导入和创建数据记录37.5万条，培训终端用户686人。引进SMT地震资料解释、VVA地震属性可视化分析、FRS综合裂缝储层描述、Marvel叠前偏移处理、吉普泰FRC一体化精细油藏描述等10套软件系统，自主研发DGR3000、地层压力计算、录井定量分析、采油井站监控及信息管理等一批计算机应用软件。分公司ERP系统成功上线，先后完成业务流程设计、系统设置、系统集成测试及用户接受测试、用户权限的设计及配置、最终用户培训工作及考核、模拟系统的试运行等工作，总体运行态势良好。2006年，完成中国石化非线性渗流三维二相油藏数值模拟软件开发项目研究，并通过鉴定，应用该软件，针对低渗油藏和注水开发的常规稠油油藏进行实地测试，模拟符合率达90%以上，总体成果达到国际先进水平。2007年，完成小波包时频分析及频谱成像技术研究和基于地理信息的地震资料采集设计方法研究两项具有自主知识产权的局级科研项目。2008年，开展地震变速成图、层析静校正、高精度高速度叠加等多变量、多参数状态下，实现反射层参数自动拾取、校正和分析处理等方法的研究，不断推进物探工作的效率和精度。2009年，开展基于参数快速寻优的CRS叠加技术、提高可控震源资料相关叠加效果方法研究、基于浏览器的勘探数据库二维成图及查询系统完成上线。2010年，开展高密度地震资料高精度处理方法、灰岩裸露区噪声调查分析及去噪处理、建南气田试井资料解释和马王庙地区NEWS油气综合解释等计算机软件开发系统应用研究，均取得良好效果。特别是通过对马王庙地区油气综合解释，完成150平方千米地震资料解释和储层预测，发现和落实圈闭18个，提供探井井位8口，实钻4口，马71井获高产油流，新增探明石油地质储量35万吨，实现了新沟嘴组在1000米以内浅层油藏勘探的突破。2011年，完成Icluter叠前时间偏移速度建模及功能开发、石油物探测量数据处理方法软件、潜北地区NEWS系统测井综合解释及层序地层应用等项研究和地球物理勘探信息管理系统的成功上线，为提高资料的实时传输查询调用，以及分析管理提供了方便。

（2）配套勘探开发技术助推油田科学发展。勘探开发技术研究数字化、精细化、一体化发展，为克服和解决制约油田勘探开发的关键问题、实现油田持续稳产和上产目标提供了强有力保证。“十五”到“十一五”期间，针对江汉本区和各油田开发实际，确定重点开展滚动勘探开发技术、高含水油田提高水驱采收率配套技术、低渗透油藏高效开发配套技术、稠油油藏开发技术、盐间泥质白云岩油藏勘探开发技术、三次采油提高采收率技术、非线性渗流油藏开发技术、油层保护技术、采油工艺技术等9大项勘探开发技术的研究，形成了复杂断块油藏、岩性油藏的滚动勘探开发技术系列和特低渗透油藏、薄互层稠油油藏的开采等配套技术系列，较好地服务并推动了勘探开发工作的开展和落实，并且形成了独特优势，发挥了科技工作的先导和支撑作用。

加大地质勘探综合研究工作力度。2000年以来，开展老区块滚动勘探开发技术研究，充分利用地质、物探、测井、试油、试采、测试资料，综合运用现代石油地质学理论和先进的精细油藏描述、储层预测、油藏数值模拟、低渗透油藏储层改造等技术，多学科联合攻关，形成比较成熟的适应复杂小断块、岩性油藏的滚动勘探开发技术系列。开展中高含水油田提高采收率配套技术研究，在江汉油区、八面河油区的中高含水油田建立地震、地质、测井、测试、动态基础数据库，应用储层地质建模软件系统重建储层三维地质模型，精确描述储层参数分布。应用动态监测、数值模拟软件模拟油水运行规律及剩余油分布特征。重点进行精细地层对比、单砂层沉积微相、构造解释、储层预测及三维地质建模、数值模拟一体化等精细油藏描述配套技术研究工作，对准确预测储层分布、落实复杂断块油藏的断层位置，弄清剩余油分布规律起到了积极作用。通过研究，在王场、广华等23个油田开发单元，新增可采储量193.3万吨，提高采收率2.7%。开展层序地层学研究，首次系统厘定中扬子地区震旦系—中三叠统、江汉盆地白垩系—第三系、八面河地区沙河街组地层层序，建立地层层序序列，编制各研究区层序岩相古地理图，指出勘探有利区带和层位，确立岩性圈闭预测技术流程，为开展岩性油藏勘探提供了依据。开展江汉盆地构造演化研究，系统分析、总结盆地构造特征、不同级次构造样式及其发展规律，重新厘定各级构造样式及其展布规律、各级构造单元和构造演化对成烃、成藏过程的控制、影响以及油气分布聚焦规律，提出7个有利油气勘探区带，发现江陵凹陷万城断裂带、潜江凹陷建新—毛场含油区块。开展沉积微相研究，通过对江汉盆地潜江凹陷黄场地区、马王庙地区、广北区南区和山东八面河北区主要目的层段精细对比分析，搞好小层沉积微相和剩余油分布规律研究，开展储层评价与预测，提出研究区内滚动勘探开发的有利区带和调整挖潜建议。开展南方海相烃源岩评价研究，明确了评价南方海相高演化烃源岩的有效指标，并重新制定南方海相烃源岩有机质丰度下限及评价标准，确定南方海相区域性烃源岩发育5套、局部性烃源岩3套。开展潜江凹陷潜江组岩性油藏勘探技术研究，围绕蚌湖向斜周缘进行“潜江凹陷潜江组隐蔽岩性油藏预测及评价研究、新农地区高分辨率层序地层及岩性圈闭研究、潜江凹陷潜江组地层研究、潜江凹陷蚌湖东部高分辨地震储层预测及隐蔽油藏勘探研究攻关，发现蚌东大型岩性圈闭群。2003年8月，勘探开发研究院完成的“潜江盐湖隐蔽岩性油藏预测方法技术研究”项目通过中国石化评审。经认定，总体达到国内领先水平，在识别盐间落砂层方面达到国际先进水平。通过黄场地区沉积微相研究、潜江东区勘探目标精细评价研究，实现王场—黄场油田含油连片。通过周返—广浩地区油藏精细描述，实现周返地区由过去的以构造油藏勘探为主向构造—岩性油藏勘探为主的转变，发现4个构造—岩性圈闭。通过江陵凹陷中北部区带评价及目标描述研究、万城复杂地表三维资料处理方法及构造研究，发现和落实晒花台、高桥、郭家台大型三级圈闭，面积20.2平方千米。通过江汉盆地东部新沟嘴组高精度层序地层与砂体预测研究，发现熊口—毛场含油区带。开展八面河地区隐蔽油藏勘探目标评价研究，认为沙河街组向东南超覆沉积，南部斜坡带是寻找大型构造—地层、构造—岩性油藏的有利地区。通过八面河孔店组成油气地质条件及其潜力研究，建立孔店组成藏模式，指出中央鼻状构造带为勘探最有利区域。开展南方海相油气勘探研究，通过对建南及其周缘地区的地质综合评价，系统总结研究区石炭系、长兴组、飞三段气藏的油气富集规律，建立了建南及周缘地区飞三段成岩相平面展布模式，厘定石炭系、长兴组、飞三段储层的分布规律和储层类型。通过对涪陵—綦江地区前期勘探评价，认为区内黄泥塘区块和綦江区块成油气地质条件较好，勘探潜力较大，勘探后发现丁山、天堂坝、四面山、轿子山等圈闭，并落实金鸡场、梅家场圈闭。开展中国西部及东北新区勘探研究，认为塔里木盆地塔中隆起南斜坡、准噶尔盆地南缘柴窝堡、米泉区块为最有利勘探区带。其中，柴窝堡构造、阿克苏断背斜为最有利勘探目标，二连盆地赛汉塔拉凹陷都北洼槽周缘为最有利勘探地区。以“三小”构造油藏和隐蔽性岩性油藏为对象，开展预测及评价研究、层序地层学研究、油气潜力及目标评价研究等科研课题研究。在西部新区六盘山、潮水、雅布赖、敦煌、吐哈、准噶尔和塔里木7个盆地和邻区海相地层开展油气地质综合研究，进行勘探目标优选和评价。建立地层层序格架，开展高精度层序地层分析，重点区域建立岩性圈闭地质模型，加深对油层充填模式、成藏关系、运油机理、剩余油分布和运移规律的把握及认识。其他如开展的以山地地震勘探资料采集技术、中扬子区海相地层构造层序岩相古地理研究等，为提高油田开发水平、实现可持续发展目标起到了重要作用。

提高石油地质测录井水平。石油勘探开发声、电、核、磁等各系列井下仪器全面向成像化方向发展，地质测录井技术解决地质问题的能力由传统的油气层识别与评价，发展到以搞清油藏地质特征为目标，实现储层与油藏地质特性的整体评价。2000年起，推广521数控测井系统应用于测井施工。推广高压密闭吸剖测井新工艺，结束了江汉沿用30余年的敞开式吸剖测井工艺应用，提高了测井工艺水平。推广应用地层油气藏测井评价系统，资料处理效率提高30%以上。引进应用电磁成像、核磁成像技术设备，提高了油层测井识别精度。采用岩屑荧光普照、双目显微镜鉴别岩性、镁试剂鉴别碳酸岩、水平井地质导向等新方法，重点在江汉探区潜江周返断裂带、西斜坡、习家口单斜带、潜北断裂带、蚌湖向斜，沔阳杨林尾鼻状构造等进行地质录井，发现一批新的含油构造。开展气测资料解释方法攻关，先后完成录井定量解释技术应用、潜江凹陷盐间泥质白云岩油层录井特征、江陵地区致密砂岩解释方法研究等课题研究。应用CS-4全自动校深射孔仪，开发出具有国内领先水平的现场自动校深射孔作业技术、自然伽马自动对图一次校深技术，增设压力监测、震动监测、注磁测井、电缆深度计数滚动条显示、枪身通断指示全监测功能，提高测井质量和精度。

充分利用测井资料，开展测井技术预测，利用井筒综合技术开展区块评价，解决小区块油藏勘探、低渗难动用和常规生产油气储层的解释问题。应用Geoframe地震资料交互解释系统和局部扩大剖面、水平切片、方差体、相干体、三维可视化等技术，落实构造形态和断层组合；运用RMS、Gridstat、RC2等相控地质建模技术，进行层位标定、属性分析、神经网络、油气识别、MDI多元油气检测、测井约束波阻抗反演及密度、伽马测井参数、岩性反演等综合应用预测储层，在万城油田、浩西油田浩82井区、黄场油田黄34井区探明石油地质储量720万吨。对江汉油区潜江组油层、新沟嘴组油层，八面河油区和外围油田不同区块、不同层位分别建立相应解释图版，提高解释准确率，同时开展产能预测研究。开拓外部市场，在中国石化南方新区、西部新区和吉尔吉斯斯坦等中外油区承揽测录井任务。2000—2012年，测井成功率保持在100%，沉积相分析准确率达到80%，砂体储渗分析准确率达到90%，创出好成绩。

运用先进钻井工艺技术解决勘探开发难题。2000年，开展南方海相深井钻井工艺技术研究，通过提高海相深井钻井速度、储层保护攻关研究，总结出适应南方海相深井钻井的配套技术。研制出特殊变径扶正器、电磁流量式漏层测量仪，开发出井漏解释软件。通过对储层裂缝、储层敏感性、潜在损害机理和因素分析研究攻关，形成鄂西渝东气井复合暂堵、解堵现场施工工艺技术。开展盐膏层固井工艺技术研究，通过盐膏层蠕变特性井下试验、数学模型反演，厘清了盐膏层蠕变与时间的关系，解决了盐水水泥浆高温失水控制问题。通过常规API套管承受不均匀挤压载荷的变形及挤毁研究和高抗挤套管承受不均匀挤压载荷的变形及挤毁研究攻关，开发出提高固井质量的欠饱和盐水水泥浆体系、外加剂配方和隔离液配方。开展水平井、大位移井钻井技术研究，总结出优化设计、井眼轨迹控制、套管开窗侧钻、钻井液与油气层保护、固井工艺、随钻测量、地质导向等配套钻井经验与技术，提高了队伍施工水平，厚植队伍技术储备。开展优快钻井技术研究，集成导向钻井、轨迹控制优化、针对性钻井液体系及事故预控处理的优化快钻技术系列。数据的实时采集，远程传输、处理与远程控制、自动导向钻井等推动了自动化钻井的发展。应用具有国内先进水平的直井、斜井、水平井、特殊工艺井设计软件，独立设计了建平1井、长斜9井和代斜9-3井等大位移井，应用GPS测量仪等高新技术测量井位坐标，测量精确度和效率大幅提高。开展鄂西海相深井钻井工艺技术研究。该项目运用钻具组合力学分析、地层压力检测、提高钻井速度等理论，通过建立各种钻柱组合力学方程，研究深井钻井各个环节的工艺技术，提出利用地层造斜规律优选井位、使用“金”系列PDC钻头+螺杆方式提高机械转速和Sigma录井法随钻监测地层压力等三个方面的技术创新点，设计黄金1井和建26井，实施证明生产实效高，建井周期短，井身质量和固井质量合格，成为鄂西海相地层的钻井技术规范。江汉盆地盐间非砂岩地层分布广泛，且大多具有良好的生油成藏条件，仅潜江凹陷预测资源量就达1.68亿吨。但由于油层薄、孔隙结构复杂、渗透率低，在国际上没有同类油藏的勘探经验可借鉴。因此，江汉油田将盐间非砂岩油藏勘探列为“九五”重点攻关课题。针对王场油田王场区块储层类型多、压力系数高、开发层系多且呈现波动状态特性，进行底部钻具组合力学分析、三个压力剖面、岩石可钻性等理论研究，不同井身结构、完井方式、井眼轨迹控制、井喷、井漏、储层保护专项技术攻关。1999年5月17日，在王场背斜北断块部署钻探首口科学试验井——王平1井，详细录取地层（油藏）第一手资料，开展科技攻关，进行油藏、储层和产能条件评价，解决开采难题。承钻王平1井的45210钻井队采用国内领先的欠平衡技术、水平井技术、成像测井、优质泥浆技术，以及国际先进的导向钻井系统，精细施工，历时110天，于9月3日完钻试油，用10毫米油嘴放喷，初期日产原油12立方米，探明石油地质储量75万吨，一举结束了江汉油田盐间非砂岩油藏无储量、无开采的历史，敲开了盐间非砂岩油藏开发的大门，为此类油田开发献上了一把“金钥匙”。

增强开发工艺技术的针对性。开展低渗透油气藏开采技术研究，完成坪北油田储层地质模型构建。在安塞油田坪桥北区进行特低渗油藏井网加密调整、整体压裂改造、注采剖面调整、储层保护及提高水驱效果等方面研究攻关，形成丛式井钻井工艺、储层预测、分层压裂、注采配套、优化调整方案等开发配套工艺技术。针对潜江凹陷潜江组低渗透油藏油层薄、隔层薄的特点，研制出适用于隔层为3米的薄油层分层压裂管柱及配套工具和两种适用于不同井温的施工液体系和适用于薄油层、薄隔层控制缝高的压裂优化设计技术。通过对建南气田的储层描述、储层保护、储层改造技术研究，提出针对建南气田的以屏蔽暂堵技术为核心的储层保护方案，配制出适合于建南气田的暂堵剂。开展低渗透非均质性稠油油藏开采研究，以面120区块为对象，建立集三维地震精细解释、地层精细对比、微构造及沉积微相分析、储层综合评价等技术为一体的低渗透、非均质性稠油油藏精细描述方法与流程。通过对稠油热采开发的可行性评价，确定了直井与水平井相组合的布井方式。研制出低渗透非均质稠油油藏低温破胶压裂配方，采用氮气辅助蒸汽吞吐技术对油层进行压裂改造，提高了周期油气比和回采水率，改善了热采开发效果。研制出套装式抽稠泵，解决了原常规泵存在的检泵周期短、油稠不能正常生产、泵筒偏磨严重和稠油举升难的问题。

开展油气层保护技术研究，通过对江汉油田储层敏感性分布规律、不同油藏不同开发阶段注入水水质标准、钻井过程中的屏蔽暂堵及欠平衡技术等课题研究攻关，建成了江汉油区储层敏感性分析基础数据库系统平台，确定了江汉油田不同油藏注入水水质标准，优化了屏蔽暂堵及欠平衡钻井工艺。在建南气田和江汉油区4口井应用该技术，对油气层的保护效果显著。开展三次采油技术研究，建立从油藏筛选、长岩心室内评价实验，三维定量地质建模、非混相驱组分数值模拟到方案优选、防止气窜、现场施工的工艺机制，形成注氮气提高采收率的系列配套工艺技术。通过对聚合物的耐盐增黏、增黏机理 、凝胶体系配方、热稳定性研究和多组分流线型化学驱数值模拟研究攻关，研制出满足不同温度、不同矿化度油藏的驱油剂系列。开展调剖堵水综合治理技术研究，总结出微细水泥油井堵水、颗粒凝胶调剖堵水、冻胶堵剂调剖堵水、含油污泥回注调剖等系列实验成果，满足了各种地层调剖堵水工艺需要。

引进调剖堵水优化决策软件，通过数值模拟实现单井调剖堵水优化设计和区块调剖堵水综合治理决策优化。开展抽油杆管、抽油泵、油水罐体的防护与修复技术研究，形成以电化学为主的系列防护措施。对注水配套工艺技术攻关研究，改进和完善了深井、低渗透井、斜井和高温高压分层注水井方面的工艺技术配套能力。开展分层堵水采油工艺管柱技术攻关，解决了在油水层不明确情况下不动管柱找水堵水的难题。对特殊套管井井下工具系列研究攻关，开发出用于5.5英寸、7英寸套管变形井及4.5英寸套管井的注水、卡堵、酸化压裂封隔器及其配套井下工具技术。开展油井环空测试技术研究，研制出分测仪、存储式温度接箍仪和多油层试井分析解释应用软件等。开展经济开发技术政策界限研究，有针对性地采取注采井网调整、注采结构优化、细分迅敏开发、高含水井卡堵水、油水井调剖等工艺措施，提高中高含水油田的原油采收率，都在油田开发实际应用中发挥了很好作用。

“十五”和“十一五”期间，针对油田特性和开发实际，重点确定并配套完善了压裂工艺技术、防砂工艺技术、酸化工艺技术、有效提液工艺技术、注水工艺技术、堵水调剖工艺技术等6项研究与应用。在坪北油区特低渗透油层采用低温破胶压裂液、三级封隔器一次压裂三层、投球一次分压三层、两级封隔器不动管柱一次压裂两层和“小排量、高砂比、大规模、深穿透”等工艺技术研究，并逐步完善形成系列，油井一次打开层数逐年增加，油井产量递减速度逐年下降，取得较好的增产效果，坪北油田特低渗透地层压裂整体改造技术总体达到国内先进水平。高温高压注堵酸压封隔器及管柱研究，共完成9套配套管柱及配套工具的研究，进行7口井9井次现场试验，效果良好。5英寸高温高压酸化压裂管柱在塔里木油田进行了2口井4井次现场试验，最大下入深度6262米，最高工作温度155℃，最高压力72.5兆帕，成功率100%；5.5英寸高温高压酸化压裂管柱在江汉油田进行了2口井2井次现场试验，最高工作压差97兆帕。在西部油田现场试验6口井，其中5.5英寸、7英寸管柱各3口，成功率100%。堵水管柱在2000米以上深井中应用2口，最高井温130℃，堵水成功，整体技术水平达到国内先进水平，部分达到国际先进水平。应用转盘和动力钻具双重驱动、滑动有线测钻监控井眼轨迹、有线测斜仪配合单弯细杆侧钻及甩尾管技术进行套管开窗侧钻，在代斜9-3井和王云2B井获得成功，填补了江汉油田套管开窗侧钻技术空白。自行研制的井下测斜仪在广10-5B测井施工中，经受了速度为每小时8000米井眼复合盐层的冲击，在高温（120℃）、高压（75兆帕）环境中稳定工作2小时。在高温（110℃）、高压（101兆帕）、超深（4332.6米）的建26井，实施超正压射孔—酸化压裂联作施工获得成功，填补了江汉油田在该技术上的空白。在马50井区、黄16井区分别进行以氮气吞吐、水气交替注氮气为主的三次采油先导试验，累计增油1.23万吨。新井措施方案成功率100%，老井措施设计方案有效率90.3%，检泵周期由2001年的507天延长到2005年的615天，采油时率由98.2%上升到98.6%，维护性作业井由522下降到445次。

第六节　开创和谐发展新局面

进入21世纪，特别是党的十六大召开以后，江汉油田各级党政组织坚决响应党中央把建设有中国特色社会主义事业推向21世纪的伟大号召，学习贯彻和落实邓小平理论、“三个代表”重要思想和科学发展观，坚持党在国有企业中的主导地位，发挥党的政治优势和引领保障作用，努力建设一支有理想、有道德、有文化、有纪律的“四有”职工队伍；坚持“两手抓，两手都要硬”，把抓好精神文明建设作为促进和谐发展的有效保证；坚持从严管党、从严治党，高度重视和推进党的先进性建设；坚持党建和思想政治工作服务于企业发展，服务于职工群众，融入油田改革发展和生产经营全过程，不断提升党组织的战斗力和队伍的凝聚力，为改革发展稳定提供了强大的组织保证和不竭动力。截至2012年，江汉油田多次被评为“双文明”建设先进单位，连续多年获得“全国思想政治工作优秀企业”“湖北省最佳文明单位”“创先争优先进基层党组织”等称号（图4–18）。

图4–18　油田荣获中国石油化工集团公司“创先争优先进基层党组织”称号

（1）坚持从严治党强肌体促发展。江汉油田党委坚持全面抓好党的政治、思想、组织和党风廉政建设，着力抓班子建设强核心，抓支部建设强堡垒，抓廉政建设促和谐，抓党员队伍建设强肌体，抓干部队伍建设提素质，层层压实党建责任，推动全面从严治党向基层延伸，促进企业和谐发展、科学发展。2000年，油田各级党委以实施党建目标管理为主线，以“讲学习、树形象、比贡献”活动为载体，开展党支部工作达标竞赛，强化班子整体功能发挥，以理论学习中心组为核心，以“发扬江汉精神，加快油田发展”为载体，组织开展邓小平理论、党的十五大精神、党史党建知识学习培训和党章学习活动。2001年，深入学习江泽民同志七一重要讲话和十五届五中、六中全会精神，广泛开展“增党性、树形象、献厚礼”主题活动和实践“三个代表”重要思想为主要内容的保持共产党员先进性教育活动，开展党员责任区、党员工程、党员先锋岗创建，引导党员在工作实践中挑重担，建功业。制定下发关于党风廉政建设责任制实施、考核和追究制度实施细则等制度，层层签订党风廉政建设责任书，把任务目标落实、检查考核监督和责任追究贯穿于油田生产建设改革发展全过程。针对油田党的作风建设方面存在的差距，在完善领导班子建设、重大事项报告、民主生活会等制度的基础上，建立《领导干部八小时以外重要活动报告制度》和领导干部谈话制度，加强日常监督检查。全年有23名领导干部因党风廉政建设落实不到位受到不同程度的责任追究。坚持把党建工作的重点放在基层，修订完善《江汉油田基层党支部工作条例》，层层明确党政组织的职责、权限和工作关系，完善党组织工作程序和议事规则，建立党支部动态考核评价标准，开展优秀党组织和“五好”党支部创建活动，定期检查，公正公开考核，促进基层党组织争先创优，保证党组织作用发挥。按照相关部署和要求，建立和完善巡视制度，开始对全局范围内干部作风、廉洁自律等工作进行年度检查考核，对考核结果较差的干部进行纪律约谈和廉政诫勉谈话。制定下发《关于局处两级领导干部严明纪律、廉洁勤政、转变作风的规定》和春节等重大节日期间加强廉洁自律、反对奢侈浪费的通知，拓展廉政建设工作覆盖面。2004年，深化党建目标管理和“三争三创”活动，完成3个厂处党委换届工作，新组建基层党组织38个，整顿基层党支部班子24个，调整296个，改进322个。建立基层党建工作示范点138个，党建基层联系点410个。876个党支部（总支）被评为达标党支部，341个党支部（总支）被评为模范党支部。2005

年，根据中国石化集团公司党组印发的《关于加强领导班子思想政治建设的意见》，局党委制定廉洁自律“新五条要求”实施细则，并向油田干部职工作出带头执行、接受公开监督的庄严承诺，完善个人和家庭重大事项报告、廉政诫勉谈话和巡视制度，加强经常性监督。于七一前夕，在油田电视台、《江汉石油报》开办“源头治腐”“廉洁之声”等栏目，加大反腐倡廉的宣传力度。贯彻《油田非公有制企业党组织工作暂行规定》，加强非公有制企业党建工作，在新建非公有制企业建立党组织14个，实施党员“安家”工程，新建家属党员、离岗党员党支部19个，全部纳入党组织的日常管理，对其及时进行检查指导和培训。以纪念江汉油田发现四十周年为契机，宣传艰苦创业历程和改革发展成果。在油田两级机关开展“树立三观、提高素质”主题活动，分局处级党员领导干部、一般在职党员干部和非在职党员三个层次开展学习教育。组织举办单位正职、基层正职指导员及相关企业法人参加的培训班，集中组织学习，深刻领会精神实质。2006年，优化厂处领导班子结构，加强各级班子治企能力。调整处级干部129名，涉及28个二级单位和22个机关部门。开展“强核心、固堡垒、争先锋、献厚礼”“抓源头、促清廉”和“四好”领导班子创建活动，落实基层党建工作责任制，制定出台《关于落实油田基层党建工作责任制的实施意见》和《江汉油田厂处党（工）委落实基层党建工作责任制考评细则》，使党建工作制度化、规范化，促进党建工作深入扎实开展。深化党风廉洁勤政制度体系建设，完善惩治和预防体系，落实党风廉政建设责任制，开展“双促”“抓促”主题活动，建设廉洁文化建设示范点，江汉采油厂、江钻股份公司、坪北项目经理部、第四机械厂、井下作业处、广华社区管理服务中心等6家单位被命名为“油田首批廉洁文化建设示范点”（图4-19）。

2010年，围绕“推动科学发展、促进油田和谐、服务职工群众、加强基层组织”总体目标，开展“增强纪律性，提高执行力”专题教育和研讨，提高领导干部政治理论素质和执政能力。坚持把纪检监察工作融入企业科学发展、和谐建设各项工作，对执行上级重大决策部署、民主集中制和“三重一大”决策制度，以及党员干部廉洁自律、述职述廉、个人收入申报、重大事项报告等执行情况进行监督，开展廉洁自律承诺和节前“十

图4-19　2009年9月，江汉油田廉洁文化建设示范点授牌仪式

问”等活动（图4-20），应用现实案例、违纪人员现身说法、组织家属参观监狱等方法，搞好引导示范和警示教育，促进各级班子健康廉洁，纯洁党的组织和党员队伍。

按照党中央在党的基层组织和党员中开展“创建先进基层党组织、争当优秀共产党员”活动整体部署，按照“围绕中心、服务大局”的总体要求，深化基层党建工作目标管理，开展优质党课竞赛，广泛开展创先争优活动，通过建立“党员示范岗”“党员示范井”“党员品牌工程”“党员承诺”等方式，鼓励广大党员在各行业、各领域亮身份，当先锋，做表率，提高队伍的战斗力和凝聚力，有效推动了党在企业生产经营发展中核心作用的发挥（图4-21）。

（2）围绕中心任务建设“四有”职工队伍。江汉油田各级党组织重视发挥党的政治优势，密切党同人民群众的血肉联系，坚持思想政治工作沉到基层，坚持统一思想塑造有理想、有道德、有文化、有纪律的“四有”职工队伍，坚持围绕中心促发展增活力。2000年以来，根据中央思想政治工作会议精神，围绕改革发展的中心任务，组织开展“企业思想政治工作继承和创新”思想调研和理论研讨，依据调研情况，制定《关于进一步加强和改进思想政治工作的意见》，对油田思想政治工作的先进做法和成果进

图4-20 2010年5月，油田处级干部签署廉洁承诺展板

图4-21 奋战在压裂一线的党员突击队

行系统总结和推广。广泛组织开展“发扬江汉精神，加快油田发展”主题活动和省级最佳文明单位创建达标等工作。围绕“塑造形象、加快发展”主题活动，开展形势任务教育，深度融合企业经济发展各项工作，把握正确舆论导向，做好减员增效政策宣传，解答职工关心的有关问题。以贯彻落实《公民道德建设实施纲要》为主线，开展居民道德素质、行业作风建设等教育，矿区环境整治实践活动，以及创建道德建设十佳单位评选。坚持解决职工思想问题与实际问题相结合，广泛开展“送温暖进困难家庭，送慰问进基层一线，送活动进居民社区”的“三送”活动，走访慰问到基层、到社区、到家庭，起到了春风化雨慰人心、添干劲的良好效果。以江汉油田发现40周年为契机，宣传油田40年发展历程、改革发展成果。结合纪念红军长征胜利70周年和抗日战争胜利60周年，开展爱国主义、集体主义思想教育和革命优良传统教育活动。2006年后，结合形势任务教育，大力宣传油田发展战略和发展目标，推动“基础管理年”活动顺利开展。以“素质、环境、平安、爱心”四大工程建设为主线，组织开展“八荣八耻”教育，抓好思想道德建设工作。广泛开展“创优质量、创高效益、创新技术、创低能耗”为主题的劳动竞赛，推进“五五”普法，增强干部依法治企、广大职工遵章守纪的思想意识。以推进精神文明“四大工程”建设为主线，提升队伍技能素质和文明素养，广泛开展岗位技能培训、技术竞赛、青年班组风采大赛，引导、培养和激发职工队伍心向企业、蓬勃向上的最强斗志。在中华人民共和国成立60周年之际，结合生产实际，组织开展“转观念、增信心、树正气、比贡献”形势任务教育和职工爱国主义

及石油工人优良传统教育等活动。以“转观念、增信心、树正气、比贡献”为主题，加强职工形势任务教育，坚定职工队伍化危为机的信念，鼓舞队伍奋发向上的斗志。思想政治工作紧密结合生产实际，广泛开展以“创先争优”“比学赶帮超”为主题的劳动竞赛和“油田是我家”等文明建设活动，有效密切了党群、干群关系，调动和激发了职工群众的积极性和工作热情。江汉油田干部职工把爱党、爱国的巨大热情，转化为积极投身深化改革、促进企业发展的生动实践，把个人命运和企业命运紧密相连，风雨同舟，勇挑重担，砥砺前行，自觉扛起“我为祖国献石油”重大历史责任，在各个历史时期，以英雄群体的伟大创造和辉煌实践，在油田建设发展史上，用自己的勤劳和智慧、心血和汗水、热血乃至生命，谱写了一曲曲令人难忘、壮丽辉煌的不朽篇章，不断推动油田发展从无到有、从小到大、从弱到强。

在事发紧急、生命攸关之际，职工队伍无惧生死，一往无前。2000年2月24日，共产党员、清河采油厂治安保卫大队护油队员董斌，在执行护油任务时，为保护国家财产，与6名盗放原油的不法分子展开英勇搏斗，壮烈牺牲，时年24岁。3月13日，江汉石油管理局党委做出决定，授予董斌“护油勇士”称号。5月16日，中央人民广播电台播发了董斌以身殉职的事迹。油田交通民警王江在1999年9月26日与持枪歹徒搏斗中，生擒持枪歹徒，2000年3月29日，被公安部、人事部授予“全国特级优秀人民警察”称号。他们是当代石油工人的杰出代表。

在灾害来临的危急时刻，职工队伍忘我工作，勇于担当。石油工业生产生活环境条件艰苦，生产基础设施处于野外，布局分散，点多线长，极易受到各种自然灾害的袭击。仅在2002—2003年，江汉油田所属各油田区域先后经历6次不同程度的自然灾害侵袭。

2002年4月4日晚10点至次日凌晨，江汉油田遭受8级暴风袭击。刮倒井架4部，毁坏房屋上百间；31条供电线路跳闸停电，江汉油区55个采油区块、488口油井受到不同程度影响，直接减少产量2014吨；上万亩小麦、油菜倒伏。造成直接经济损失达921万元。同年7月4日，陕西坪北地区突降特大暴雨，持续两个半小时，造成坪北油区供电线路中断，1台变压器、2个开关箱被烧坏；5个钻井、采油平台不同程度塌陷，输油管线、供水干线及道路受到不同程度损坏；320口油井停产，影响原油产量600多吨，共造成直接经济损失500多万元。

2003年7月8日—10日，江汉油田连降暴雨。三天累计降水量达290.4毫米，为年平均降水量的五分之一。其中，8日凌晨4时20分至下午1时40分，降水量达139.2毫米，是1970年以来持续降水时间最长、降水量最大的一次。暴雨造成油田矿区11条共4.98万米的水渠全部超过警戒水位，油田2.8万亩农田被淹，12个居民小区的8000户居民家进水，150口油井停产，4支钻井队被迫停工，造成直接经济损失2650万元。同年7月25日—27日，位于山东油区的清河采油厂两次遭受风暴潮和暴雨袭击，500多口油井停产，15台电器设备烧坏，直接经济损失234万元。同年10月11日—12日，清河采油厂再次遭受特大风暴潮袭击，最大风力10级以上，莱州湾浪高超7米，造成100个井场被淹，200多口油井停产，原油产量减少3000吨，造成直接经济损失1149余万元。

为了应对这些自然灾害和生产突发事件，油田自上而下层层制定应急预案，每次灾害到来之际，迅速组织生产自救。全体干部职工重灾面前不低头，重担在肩腰不弯，以舍家忘我、无私奉献的主人翁责任感，以“有条件要上，没有条件创造条件也要上”的拼搏精神，以战天斗地、敢打敢拼、人定胜天的大无畏英雄气概，大打抗灾抢险、恢复生产攻坚战，确保了油田各项生产设施和财产安全，保证了原油生产各项工作的平稳运行，用实际行动践行“我为祖国献石油”的铮铮誓言。

在平凡的工作岗位上，职工队伍总是默默无闻，勇于奉献。2000年以来，江汉油田把思想政治工作和生产建设发展深度融合，全心全意依靠职工群众，尊重职工群众的价值创造，真正把企业的困难交给职工，走群众路线，广泛开展各种形式的劳动竞赛，鼓励广大职工爱岗敬业、拼搏奉献，发挥聪明才智。油田广大干部职工不忘初心，团结协作，立足本职，争当模范，形成了一个你追我赶、奋勇争先的良好局面，有力地推动了江汉油田各项事业的蓬勃发展。多年来，先后涌现出“加油中国，传承铁人”的优秀人物龙景庆、十大“感动石化”人物之一杨克红、湖北最有影响力劳动模范和荆楚楷模张建荣、全国十大杰出青年岗位能手付强和杜峰、坚持20余年无偿献血的中国百名优秀志愿者获得者叶明、全国最美青工张义铁等一大批优秀模范人物，他们的先进事迹在油田内外广为流传。2006年，油田被授予“全国对口支援三峡移民先进集体”称号；2009年，被中央文明委员会办公室授予“全国精神文明建设先进单位”称号（图4–22）；2011年，首获全国文明单位称号（图4–23）。2013年，油田作为国有企业唯一代表在全国第十届公民道德论坛上介绍经验。

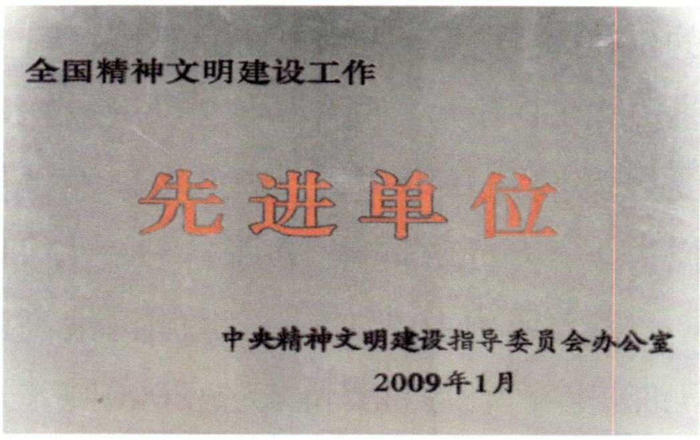

图4–22　2009年，油田获得“全国精神文明建设先进单位”称号

图4–23　2011年，油田获得“全国文明单位”称号

英雄的土地蕴育出英雄的群体，也孕育了那些关键时刻油然显现和迸发出的英雄品质。由此，不禁让人想起江汉大地上那遍地生长、高耸挺拔、坚韧伟岸的水杉树，它的雄姿令人肃然。它是江汉油田发展历史的见证，更是一辈辈石油工人昂扬不屈、拼搏奋斗精神的象征，从会战初期的艰苦岁月到改革发展的各个历史阶段，它深深植根这片热土，向阳而生，栉风沐雨。也许是它的品格融入了石油工人的血液，也许是石油工人的优良品质才使得它更加挺拔和伟岸！

（3）推进民主政治建设促和谐发展。2000年以来，江汉油田党委围绕构建和谐社会、和谐企业，大力推进企业民主政治，强化民主管理制度和体系建设。认真贯彻《国营工业企业职工代表大会暂行条例》，按照《企业法》《劳动法》《工会法》规定和有关职工参与企业民主管理工作的要求，建立完善政务公开、群众监督、民主质询工作流程和管理制度，健全自上而下的组织管理网络，完善以职代会为核心、以民主管理七项工作制度为主要内容的管理机制，开展民主达标活动，推动民主管理工作向更深层次和更广领域发展的新格局。始终坚持将企业发展规划计划、改革改制方案向全体职工公开，并经职代会审议、讨论通过；始终坚持在企业重大资金使用、重点建设项目、大宗物资采购、技术改造、规章制度建立等发展重大决策上，纳入民主管理重要内容，以提高决策的民主性和科学性；始终坚持在职工住房、保险金缴纳、收入分配、奖金使用、福利生活补贴等事关职工切身利益问题上，实行公正公开，广泛征求意见。深度结合党风廉政建设工作，把领导干部住房、收入、通信工具、用车、子女就业、业务招待费用等向职工公开，促进党风廉政建设开展。理顺和畅通民主管理通道，发挥工会、共青团、女工等群团组织和信访工作在民主管理工作中的重要作用。常态化组织抓好政务质询会、职工代表座谈会、主题班会、职工代表活动日、政务公开栏等工作，保证职工的知情权、参与权、表达权和监督权。2008年和2010年，油田荣获中华全国总工会颁发的“全国五一劳动奖状”（图4–24）。

图4–24　2008年，油田荣获“全国五一劳动奖状”

（4）坚持以人为本维护职工群众利益。职工群众是物质财富和精神财富的直接创造者，是推动社会进步和经济发展的根本动力。江汉油田把提高人民生活水平、改善职工生活居住条件作为大事来抓，把职工群众拥护不拥护，赞成不赞成，高兴不高兴，作为制定决策、考核工作的重要标准和依据，使广大职工在为国家和企业创造财富的同时，个人利益也会得到同步提升。民生事业范围逐步扩大，民生项目建设服务质量标准逐年提高。

自2003年1月起，制定《江汉油田内部分配制度改革方案》，实行内部市场价位调节工资制，优化薪酬管理，按职务、职称和岗位确定价位工资，通过调级晋级效益兑现，职工人均工资有了大幅度提高。同年10月，调整油田失业人员在享受失业保险待遇期间的医疗补助金标准，由每人每月5元提高到20元，离岗劳动家属养老补贴标准由每人每月28元、33元、38元提高到100元、110元、120元。帮助协解人员办理医疗保险，发放失业救济金，给予离退休人员生活水电补贴。深入开展“就业援助月”“信访连心卡”“包帮扶、促和谐”送温暖活动，慰问困难职工。特别是在事关企业发展和职工利益攸关的问题上，听取职工意见，照顾群众切身利益，对职工群众反映强烈的问题，认真对待，妥善解决。2005年6月，多渠道搞好职工再就业，湖北省劳动就业管理局在油田主办再就业援助第二场招聘洽谈会，湖北石油分公司等30多家省内外企业为油田提供就业岗位1500多个，有325名求职人员签订意向书。

持续不断抓好卫生、教育，以及道路、水电等民生工程项目的建设，尽最大限度改善职工整体生活品质和条件（图4-25、图4-26）。2001年，中心医院门诊大楼主体完工，向阳文化广场投入使用，1344户、11.9万平方米职工经济适用房竣工。2002年，6.6万平方米的油田文体广场二期工程投入使用，2200立方米库容的液化气总站、5000立方米的广华水源建成投产。2003年12月，经过4年2个月的分段拓宽改造，东起周矶农场前进分场、西至水杉公园的五七大道全线贯通。该工程全长9.2千米，共投资4514万元。2004年3月31日，广华江汉路

图4-25　一个美丽石油大家园在江汉人共建中崛起

图4-26　美丽家园　幸福油田

（后更名为广华大道）开工建设。江汉路北建起青少年宫转盘，南至广华商场十字路口，全长1.31千米。8月，工程竣工通车。改造后的道路由14米扩宽至21米，为双向6车道。2006年，在广华、向阳、五七等小区修建文化长廊，搞好文明小区创建，美化、亮化、净化居住环境。2007年，供暖工程改造，天然气入户、生活区配水管网改造。2009年，实施“净、绿、畅、亮、美”工程，完成29个老住宅区改造，调整矿区和住宅小区绿化布局，完善商业服务网点和停车点建设。2010年，投入11.9亿元，新建集资住房1万余套，实现沙洋仪表厂、三机厂龙尾山等边远社区居民回迁。

第五章

高质量建设千万吨级油气田

至2012年，江汉油田已探明含油面积389.86平方千米，石油地质储量3.69亿吨；探明含气面积143.26平方千米，天然气储量222.50亿立方米。在江汉盆地探明含油面积213.77平方千米，石油地质储量1.60亿吨；在山东八面河探明含油面积98.89平方千米，石油地质储量1.72亿吨；在陕西坪北探明含油面积77.20平方千米，石油地质储量3745万吨；在鄂西渝东探明含气面积143.26平方千米，天然气储量222.50亿立方米；在江汉盆地发现盐卤地质储量7900亿立方米。累计生产原油5608.60万吨，生产天然气28.80亿立方米。2012年，生产原油163.4万吨，生产天然气1.7亿立方米，保持了油气产量的硬稳定。

江汉油田深入贯彻落实“四个革命、一个合作”能源安全新战略，始终坚持高标准、高质量、高效益开发建设国家级涪陵页岩气示范区，累计探明地质储量达1.02万亿立方米，建成中国首个商业开发的大型页岩气田；累计生产页岩气超700亿立方米，约占中国页岩气年产量的三分之一，为长江经济带高质量发展、保障国家能源安全作出重要贡献。积极努力打造行业领先的油公司，大力实施“万千百”目标战略，年产页岩气超70亿立方米，油气当量历史性突破700万吨。大力发展盐卤化工特色产业，中国石化品牌——“漂粉精”产品走向世界。安全绿色生产稳步发展，企业管理改革动能不断释放，积极履行企业社会责任，高质量党建引领企业高质量发展，取得令世人瞩目的成就。

第一节　建设国家级页岩气示范区

2010年6月2日，中国石化勘探南方分公司在位于重庆市梁平县境内钻探的兴隆1井，测得日产页岩气51.71万立方米；2011年8月18日，钻探的兴隆101井试气，测得日产页岩气39.87万立方米；2012年4月8日，钻探的福石1井获日产页岩气5.5～6.7万立方米。2012年4月，中国石化根据涪陵页岩气勘探进展情况，确定将涪陵页岩气区块作为页岩气产能示范区块投入开发。江汉油田抓住机遇，加快涪陵页岩气勘探开发的建设步伐。2013年9月，涪陵页岩气示范区被国家能源局批准成为国家级页岩气示范区。2014年4月，国土资源部宣布设立“重庆涪陵页岩气勘查开发示范基地”。10多年来，江汉油田高质量勘探开发建设涪陵页岩气示范区取得一系列成功经验，为中国页岩气勘探开发建设发挥了重要引领作用，为推动中国页岩气产业化发展、保障国家能源安全作出突出贡献。

一、设立涪陵页岩气示范区

2012年5月，中国石化部署涪陵大安寨页岩气产能建设会战，要求江汉油田集中力量，高标准建成中国第一个页岩气示范区。5月8日，中国石化股份公司油田勘探开发事业部组织勘探南方分公司、江汉油田召开联席会议，启动“涪陵大安寨页岩油气勘探开发及产能建设”项目。会议决定，由江汉油田负责产能建设，勘探南方分公司负责勘探评价。项目第一批工作量计划在梁平县境内、兴隆101井周边60平方千米范围内，新钻6口开发评价井，完成9口井（含已钻探井3口）的试采。同日，江汉油田成立涪陵页岩气产能建设会战领导小组，并设立产能建设项目部，具体负责实施产能建设项目。先期组织完成了“涪陵大安寨页岩（油）气开发概念设计”和“涪陵大安寨6口页岩气评价井方案”，并顺利通过中国石化专家组审查。5月24日，涪陵大安寨页岩气产能建设一期部署方案通过审查。6月9日，江汉油田举行涪陵页岩气产能建设示范区项目开工典礼（图5-1），示范区首口页岩气开发评价井——涪页2-2HF井开钻（40410钻井队承钻）。

图5-1　涪陵页岩气产能建设示范区项目开工典礼

图5-1　涪陵页岩气产能建设示范区项目开工典礼（续）

11月28日，在涪陵焦石坝部署钻探的首口页岩气探井——焦页1HF井（图5-2），试获日产页岩气20.3万立方米，取得重大突破。12月9日，根据中国石化安排，勘探南方分公司将焦页1HF井移交江汉油田涪陵页岩气产能示范区，统一规划、统一产能建设。到年底，共完钻4口井，其中3口井投入试采，按期建成页岩气产能5亿立方米。

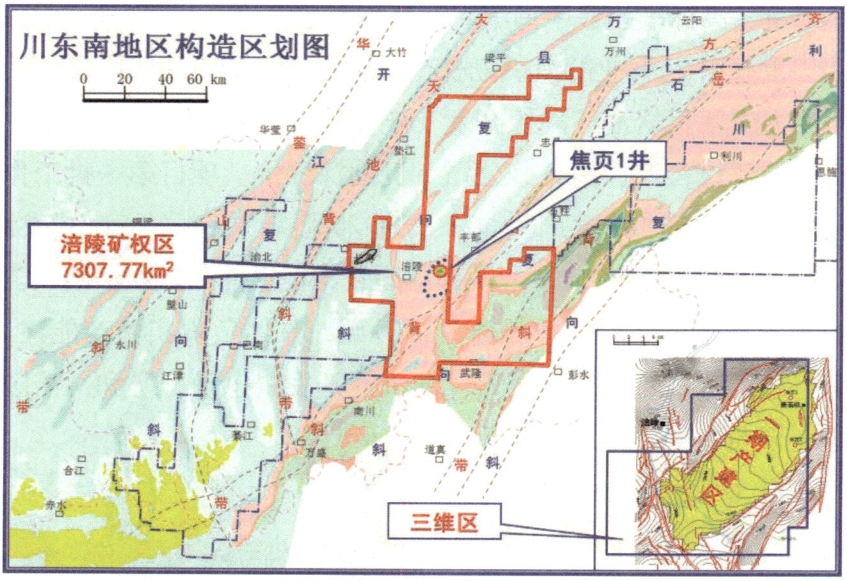

图5-2　涪陵矿权区及焦石坝焦页1HF井所处位置

按照中国石化“海陆相整体规划，同步评价，评建一体，先肥后瘦”的原则，江汉油田编制完成涪陵地区龙马溪组页岩气开发试验井组产能建设方案、涪陵页岩气田焦石坝区块一期产能建设方案。确定“整体部署、滚动实施、动态跟踪、优化调整”思路，以龙马溪组下部页岩气层段作为目的层，重新编制了2013年实施方案，部署10个平台、新钻井17口，新建产能4亿立方米。

2013年1月9日，焦页1HF井投入试采，日配产6万立方米，标志着涪陵页岩气田焦石坝区块正式进入商业开采（图5-3）。2月2日，涪陵页岩油气产能建设示范区试验井组首口开发评价井——焦页1-3HF井开钻（图5-4），5月12日完钻，井深3800米，水平井段长1003米，完钻层位为志留系龙马溪组；6月22日，完成15段压裂施工；6月28日，完成钻塞施工，开始放喷排液试气；6月29日，采用12毫米油嘴，在23兆帕压力下，获日产页岩气11万立方米，进一步证实涪陵龙马溪组具有广阔的页岩气勘探开发前景。7月2日，涪陵第一口页岩气开发井焦页1-3HF井投入试采，涪陵焦石坝页岩气开发取得重大突破。

图5-3 2013年1月9日，焦页1HF井投入试采，第一车页岩气充装外运

图5-4 2013年2月2日，焦页1-3HF井开钻

根据焦石坝页岩气试验井组方案部署及运行安排，龙马溪组页岩气开发试验井组钻井工程有序进行，开钻30口、完钻26口。中国石化组织审查17口井的试气地质设计、工程方案，并完成10口井的压裂施工，测试平均日产页岩气无阻流量15.3万～155.8万立方米。根据《涪陵地区页岩气开发试验井组产能建设可行性研究报告》评审意见，5月底启动供水、集气管网建设，8月20日供水管线建成投产，设计日供水能力8000立方米，基本满足压裂试气要求。至此，试气投产17口井，新建产能5亿立方米。

这一时期，摸索出目的层段上部区域标志层，为水平井地质导向奠定了基础。成立现场和室内钻井轨迹跟踪小组，通过精细剖析焦页1井、焦页2井、焦页3井、焦页4井，开展横向对比分析，确定主要对比标志——龙马溪组顶部含泥粉砂岩、中部浊积砂岩、浊积砂岩下含灰质泥岩三个标志层，精细刻画龙马溪—五峰组38米主力气层，并将主力气层细分5个小层。采取每日更新“三图一表”，实时监控各井进展，预报标志层位及靶点深度，遇到异常情况，及时组织地质、工程技术人员讨论，确保了钻井轨迹顺利在主力气层中穿越。

形成以空气钻井和复合钻井技术为主的优快钻井技术系列，实现了钻井工程关键技术国产化。2013年完钻23口井，平均井深4204米，平均水平段长度1473米；与焦页1HF井相比，水平段由1030米增加到1473米，工期由167天缩短到93天、提速44%。研发国产PMC油基钻井液体系，水平段钻探及后期的电测、下套管，均满足了页岩气水平井安全钻井的要求，实现国产油基钻井液完全取代进口，费用为进口油基钻井液的60%，大幅降低了页岩气水平井的钻井液费用。开发韧性胶乳防水窜水泥浆体系和适应油基钻井液条件的固井前置液体系，提高长水平段固井质量，满足了多级分段压裂的要求。强化钻井运行管理，焦页12号平台4口井成功试验同平台双钻井运行模式，有效缩短了钻井周期。

根据储层纵向上的差异，实施过程中不断优化调整，逐步形成水平井不同层位压裂施工模式。针对已压裂井不同层段施工状况，及时综合新的地质认识，对比评价水平段长度、簇间距、段数、规模、方位角、压裂材料等参数，持续优化施工工艺，最终确定不同层段压裂工艺技术，为大规模开发提供理论依据与实践经验。

二、推进国家级示范区建设

2013年9月3日，国家能源局根据中国石化《关于申报涪陵国家级页岩气开发示范区的请示》（石化计〔2013〕238号）、《关于中国石化涪陵页岩气国家示范区扩大面积的请示》（中国石化计油函〔2013〕18号），在“关于同意设立重庆涪陵国家级页岩气示范区”的复函中指出，“为落实《页岩气发展规划（2011—2015）》产量目标，加快页岩气勘探开发技术集成和突破，切实推动中国海相页岩气产业化发展，同意‘十二五’期间设立‘重庆涪陵国家级页岩气示范区’”（图5-5），“加大工作量及资金投入力度，2013—2015年，部署三维地震600平方千米，探井10口，长水平井段开发井83口，实施水平井压裂90口，探明页岩气地质储量1000亿~1500亿立方米，2015年末形成产能10亿立方米以上，2015年页岩气产量5亿立方米”。

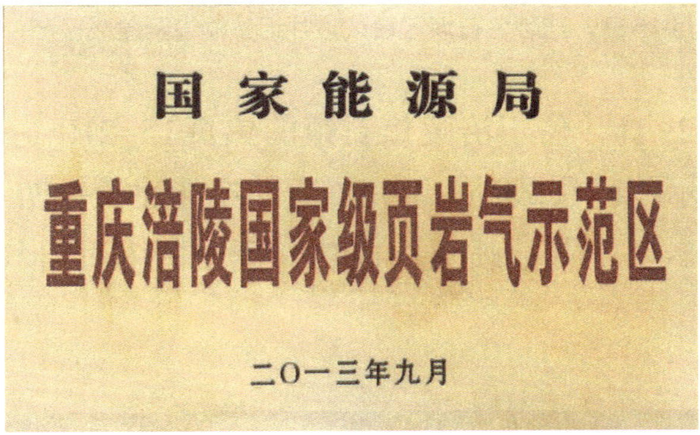

图5-5　“重庆涪陵国家级页岩气示范区”标志牌

按照中国石化集团公司党组关于高质量开发建设涪陵国家级页岩气示范区“走在中国页岩气开发前列”的要求，江汉油田举全油田之力，加快推进涪陵页岩气试采试验和示范区建设工作。2013年9月15日，焦石坝页岩气开发试验井组至白涛集输站输气干线建成并投入试运行，所有试采井均并网输气（图5-6）。11月28日，“涪陵页岩气田焦石坝区块一期产能建设方案”通过中国石化的论证，计划钻井253口、新建产能50亿立方米。在产能建设方案实施中，实行“一体化决策、一体化组织、一体化控制、一体化保障、一体化管理”的会战模式。到2013年底，焦石坝区块一期产能工程完钻26口井，投入试采井10口，生产页岩气1.42亿立方米，建成生产能力7.1亿立方米。新增探明含气面积77.15平方千米，储量790.63亿立方米；新增控制面积64.2平方千米，储量593.8亿立方米；新增预测含气面积142.21平方千米，储量1017.93亿立方米。

图5-6 2013年9月15日，涪陵焦石坝区块试验井组集输管网建成投产，实现页岩气外输销售

2014年1月29日，位于涪陵焦石镇的焦页15-2HF井开钻，标志着涪陵国家级页岩气示范区在试验井组完工后的产能建设一期工程正式启动。2月18日，焦页12-4HF井放喷点火成功，创出国内页岩气钻井6项新纪录（图5-7）。

图5-7 焦页12-4HF井钻井施工现场

3月1日，中国石化与重庆市签署关于涪陵页岩气开发利用战略合作协议。3月24日，中国石化在香港宣布：在重庆市涪陵区焦石镇发现国内首个整装页岩气田，并投入商业开发，日产气量超过200万立方米。《人民日报》以《我首个大型页岩气田提前商业开发》予以报道（图5-8）。

4月14日，在涪陵页岩气田焦页9号平台完成对焦页9-1HF井和9-3HF井的“井工厂”交叉式压裂，首次实行“井工厂”压裂取得成功。8月22日，涪陵页岩气田对焦页42号平台4口井实施大规模“井工厂”同步压裂施工，压裂段数8段、总加液量1.3万立方米，加砂量335立方米，创出国内页岩气单平台单日压裂施工段数最多、加砂量最大、加液量最多、效率最高、供水量最大等5项施工纪录。10月，涪陵页岩气开发又一关键技术——国产桥塞及配套技术在涪陵页岩气田焦页42号平台应用成功。桥塞是长水平段井分段压裂施工的关键技术，江汉油田经过5年攻关取得成功，页岩气开发核心技术全部实现国产化。8月24日，中央电视台财经频道《对话》栏目播出《页岩气引发的能源革命》，中国石化及其下属公司领导做客《对话》栏目，围绕页岩气的勘探开发阐述中国能源革命的实践行动及其成就。10月13日，中央电视台新闻联播对页岩气开发核心技术全部实行国产化予以专题报道。10月15日，《人民日报》在头版以《页岩气开发核心技术装备全部实现国产化》为题予以报道。是月，第五届世界页岩油气峰会授予中国石化“页岩油气国际先锋奖”（图5-9）。

人民日报
RENMIN RIBAO
携手同行　追梦造梦
我首个大型页岩气田提前商业开发
自贸园区应是“改革高地”
信阳　轻轻落子山水间
查摆红脸出汗　纠风细照真改
西藏推进环保和生态建设
房贷岂能滥设门槛
“三贴”支书段爱平

图5-8　2014年4月18日，《人民日报》

图5-9　2014年11月，中国石化获“页岩油气国际先锋奖”

12月22日，涪陵页岩气示范区已完成试气井75口，新建页岩气生产能力20亿立方米，提前完成全年产能建设任务。截至2014年底，提交三级储量2504.51亿立方米，一期产建区页岩气资源得以落实；累计开钻149口、完井120口，完成试气69口、投产53口，累计生产页岩气11.36亿立方米、销售10.87亿立方米；建成50亿立方米/年的集输工程、15亿立方米/年的脱水装置、3.5万立方米/日的供水系统、19座地面集气站。投入试采的53口井均获高产工业气流，平均单井测试产量34万立方米/日，最高测试产量59万立方米/日，平均单井无阻流量52.7万立方米/日，最高无阻流量155.8万立方米/日，开发效果均优于规划方案预期的6万立方米/日的水平，证实一期产建区产能可靠。从投产试采动态分析来看，一期产建方案单井6万立方米/日稳产两年的目标能够实现。中国页岩气商业化开发的第1口井——焦页1HF井，采用定产6万立方米/日生产（井口套压15.9兆帕、油压13.7兆帕），持续稳定生产700余天、产气4726万立方米，被重庆市政府命名为“页岩气开发功勋井”（图5-10）。焦页6-2HF井大压差生产降压至6兆帕后定压生产，生产420天、产气1.24亿立方米（图5-11）。

图5-10　2014年4月，焦页1HF井被重庆市政府命名为“页岩气开发功勋井”

图5-11　2014年9月6日，焦页6-2HF井累计产气1亿立方米，成为全国首口产量突破亿立方米的页岩气井

2015年3月，中国石化授予江汉油田涪陵页岩气开发评价研究创新团队“中国石化集团公司优秀创新团队”称号。3月19日，中国工程院29名院士到涪陵页岩气田考察调研（图5-12），对这一全国首个国家级页岩气示范区取得的突出成绩给予高度评价，“涪陵页岩

气田快速开发形成了可以支撑页岩气商业开发的工业技术体系，而这个体系经过实践检验证明行之有效”“涪陵大气田是我国非常规页岩气第一个大气田，它的发掘的速度、层位、深度世界第一”。5月11日，重庆市和中国石化在涪陵增压站举行管道竣工投运仪式，开启页岩气管道阀门，涪陵页岩气田产建配套工程——涪陵白涛—石柱王场页岩气管线建成投运（图5-13）。这条管道始于重庆市涪陵区白涛化工园，与涪陵页岩气1号、2号脱水站相连，途经涪陵区、丰都县、忠县、石柱县4个区、县，止于重庆市石柱县王场镇，全长136.5千米，设计年输气量60亿立方米，全线设置涪陵增压站、王场清管站场及8座阀室。9月，重庆市科协、市发改委等8部门联合发文，批准在涪陵页岩气公司建立涪陵页岩气院士专家工作站，

图5-12　2015年3月19日，中国工程院29名院士到涪陵页岩气田考察调研

图5-13　2015年5月11日，涪陵页岩气输气管道投运成功

是全国第一家页岩气院士工作站。涪陵页岩气公司与施工单位不断探索创新，形成勘探开发5大技术体系、100多项技术标准，获国家专利数十件。设立院士工作站，涪陵页岩气公司加强与院士团队合作，为高效勘探开发页岩气田提供技术支撑。

涪陵国家级页岩气示范区建设项目通过验收。2015年12月10日—11日，受国家能源局委托，由中国国际工程咨询公司牵头，中国工程院、中国海洋石油总公司、中国石油大学组成的专家组，到涪陵页岩气田进行重庆涪陵国家级页岩气示范区检查验收工作。专家组深入现场考察，听取汇报、查阅相关资料认为，涪陵页岩气田实现了高水平、高速度、高质量、高效益的开发，成为中国页岩气勘探开发理论创新、技术创新、管理创新的典范，为国内页岩气勘探开发起到了引领示范作用，一致同意重庆涪陵国家级页岩气示范区建设项目通过验收。

涪陵页岩气田建立和完善了海相页岩气勘探开发技术体系，创建了适合页岩气高效开发的产业化模式，实现关键技术和装备的国产化，形成了页岩气绿色开发和清洁生产方式。2015年12月29日，中国石化在重庆市举行媒体见面会，宣布首个国家级页岩气示范区——涪陵页岩气田一期50亿立方米产能建成，二期50亿立方米产能建设项目启动（图5-14）。中国石化党组领导和重庆市委领导共同为涪陵页岩气田一期50亿立方米/年生产基地揭牌。同日召开的50亿立方米产能建设总结表彰大会上，涪陵页岩气公司获“特别贡献集体”称号，20个先进集体、10名建设标兵、120名先进个人受到表彰。

围绕“建成一期，准备二期”的工作思路，按照“建成示范，走在前列”的目标要求，通过强化组织协调，优化生产运行，加强技术攻关，从严现场监管，高水平、高速度、高质量、高效益推进示范区开发建设，圆满完成全年各项目标任务，实现中国首个页岩气田商业性开发，兑现了中国石化的承诺。2015年，通过深入开展地震资料精细解释、裂缝预测和构造单元划分研究，为优化分区压裂工艺方案、实现高效压裂提供了依据；针对二期产建区“多区块、构造复杂、埋深较大、地层产状变化大”等特点，积极开展二期评价。全年实施探井5口、评价井7口，完钻10口，试气7口均见到良好油气显示，其中焦页8HF井、焦页69-2HF井分别获17.4

万立方米/日、12.9万立方米/日工业气流，为二期分区块产建方案的编制奠定了基础。截至2015年底，探明含气面积383.54平方千米，探明地质储量3805.98亿立方米，技术可采储量951.5亿立方米。一期产建区累计开钻290口、完井256口，完成试气198口、投产180口。完成试气的198口井，平均单井测试产量29.65万立方米/日，单井无阻流量44.72万立方米；新建产能25亿立方米，建成产能50亿立方米；累计产气43.9亿立方米，销售42.13亿立方米。

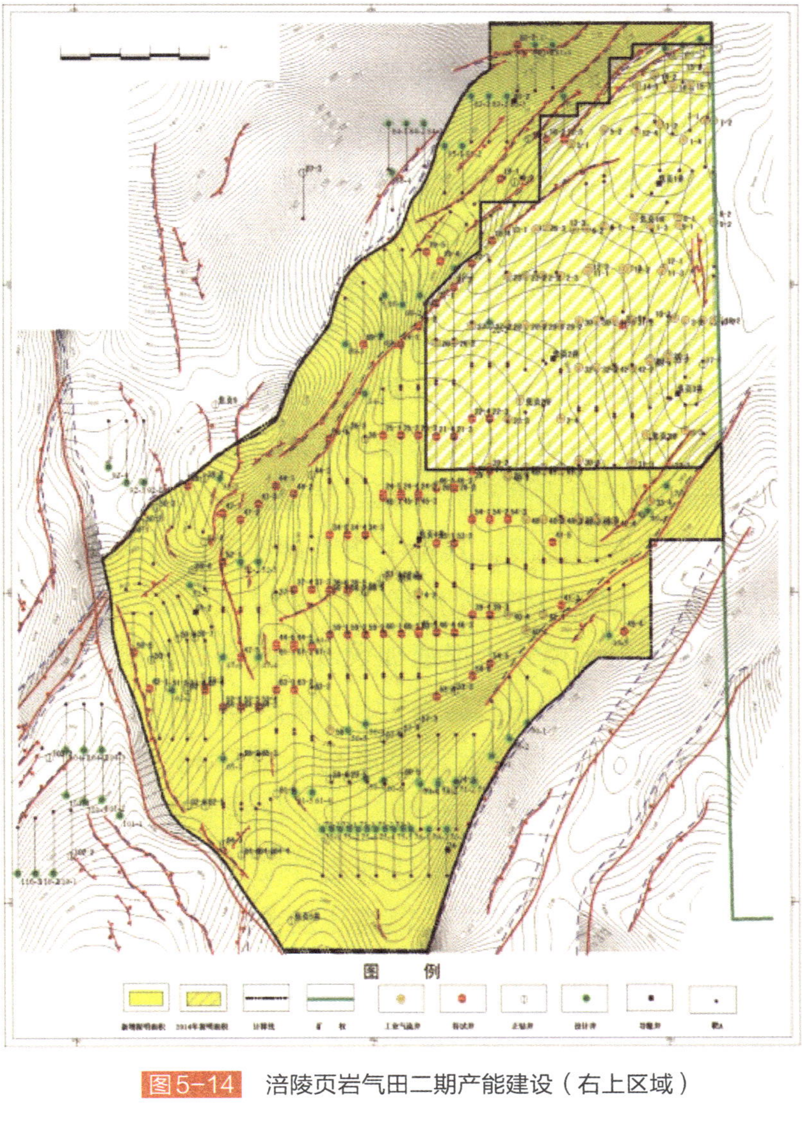

图5-14　涪陵页岩气田二期产能建设（右上区域）

涪陵页岩气田焦石坝区块一期产能建设，通过强化技术体系攻关研发和优选评价，逐步发展形成了3500米以浅页岩气开发的关键技术。①优快钻井技术系列。通过优化导眼、一开井眼尺寸，减少表套下深，提前中完深度，减少各平台中完测井井数，拓展清水钻井井段，优化水基钻井液体系，优选新型PDC钻头、耐油螺杆，推广应用并现场改进定向、地质、录井一体化的随钻地质导向技术，基本形成了钻井优化设计、裂缝预测及清水钻进、长水平段井眼轨迹控制、油基钻井液、长水平井固井技术为主的焦石坝工区页岩气水平井优快钻井技术系列。②适应的压裂试气工艺。通过深入认识井下各层段差异性，初步形成了以“压裂工艺+液体组合+支撑剂组合”为主导的压裂改造模式和差异化压裂设计技术。不断改进压裂材料体系配套技术，配套形成了适应地下条件的减阻水压裂液体系和支撑剂组合体系。长水平段连续油管钻塞工艺攻关取得成功，焦页12-4HF井在井深4600米、水平段2130米的情况下，13天钻除桥塞25个，创国内单井钻除桥塞最多纪录。③国产化配套设备。开展基础性、前瞻性研究，自主研制快移快装钻机集成技术核心部件和装备，使国际同类设备价格降低50%以上。研发高效PDC钻头，配套形成“长寿命耐油螺杆+高效PDC钻头”的钻具组合，有效提速。初步形成了3大专业（钻井、测录井、井下作业）、9大体系、57项技术系列，实现了从钻完井、测录井到压裂试气整个页岩气石油工程技术的配套，具备了从工具到工艺、从施工到技术服务的国产化能力，总体达到国内领先水平。

探索页岩气生产组织模式，提速提效成果显著，创新形成页岩气开发的涪陵经验。探索井工厂钻井、压裂运行模式，国内首次陆上轮轨式“井工厂”钻井试验在焦页30号平台取得成功（图5-15），将以往单井纵向一次完钻优化为同平台多口井流水线、批量化钻井作业，实现钻机“当天搬迁、当天安装、当天开钻”，4口井累计完井周期205天，平均单井完井周期控制在51天以内。国内页岩气开发首次“井工厂”交叉压裂试验成功并全面推广，在焦页9号平台实现压裂作业和电缆泵送桥塞射孔作业的无缝衔接，2口井11天压裂37段，同比缩短施工周期40%，减少压裂车辆动用35%；国内页岩气开发最大规模“井工厂”同步交叉压裂施工在焦页42号平台取得成功，4口井17天压裂75段，入井总液量13.3万立方米、总砂量4306立方米，创造国内页岩气单平台单日压裂施工5项新纪录。

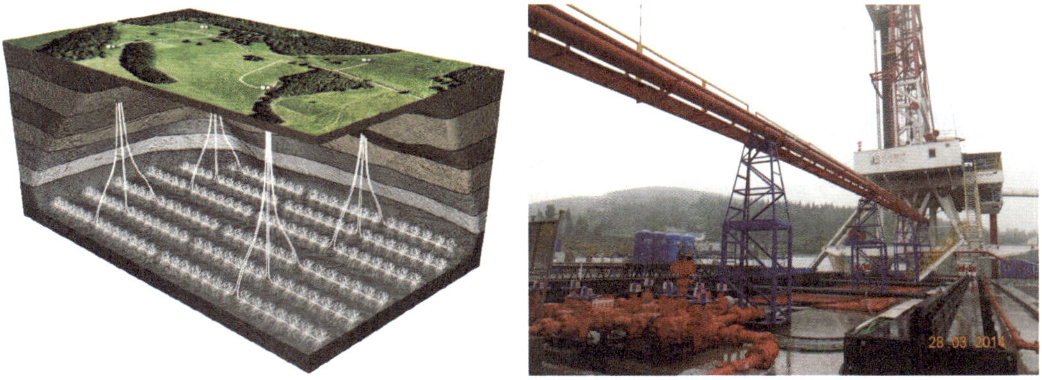

图5-15　“井工厂”钻井推动涪陵气田提速提质提效

采用高压采气、中压集气、集中脱水工艺，实现采气平台、集气站数据远程传输及无人值守。设计满足了气田安全采气、集输、合格净化的需要。建立涪陵钻井施工“学习曲线”模型，分阶段对工区的钻完井周期进行合理预测，抓好关键时间节点的监控，建立动态考评与激励制度，提高施工生产效率，实现了整体钻井速度的稳定提高，工区平均钻完井周期同比缩短25天，单井成本从建设初期的9000万元下降到8000万元。把安全环保、节能减排和绿色低碳发展放在首位，坚持资源开发与生态保护并重，强化HSE体系建设和全员HSE管理，狠抓从严管理，确保安全环保生产，建设绿色气田。研制钻井返排液就地资源化处理装置，形成钻井污水及措施返排液处理再利用技术和油基钻屑资源化利用、无害化处置技术，切实做到零污染、零排放，保护了当地的生态环境。

三、加强页岩气示范基地建设

2014年4月21日，国土资源部宣布设立“重庆涪陵页岩气勘查开发示范基地”；6月，中华人民共和国国土资源部、重庆市人民政府和中国石油化工集团公司为“重庆涪陵页岩气勘查开发示范基地”授牌（图5-16）。

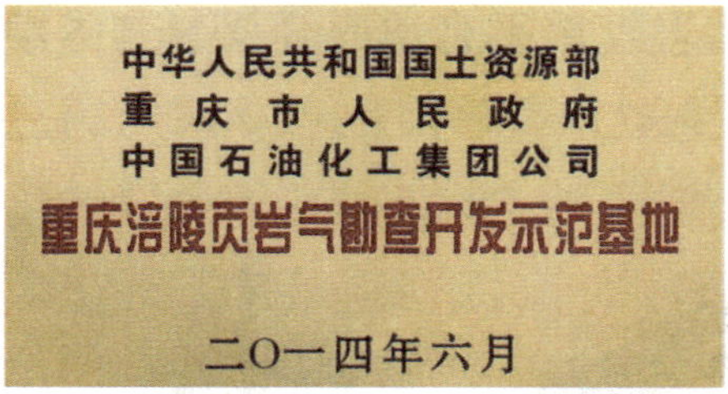

图5-16 “重庆涪陵页岩气勘查开发示范基地”标志牌

7月，为加快国家级页岩气示范区建设，江汉油田与重庆市涪陵区政府成立中国石化重庆涪陵页岩气勘探开发有限公司（以下简称“涪陵页岩气公司”）。7月18日，国土资源部组织的油气储量评审专家组，认定涪陵页岩气田是典型的优质海相页岩气；认可提交的焦石坝区块焦页1—焦页3井区五峰组—龙马溪组一段新增页岩气探明含气面积106.45平方千米、新增探明地质储量1067.5亿立方米，证实一期产建区页岩气资源落实，标志着中国第一个大型页岩气田诞生（图5-17）。2015年12月7日—8日，国土资源部组织对“重庆涪陵页岩气勘查开发示范基地”进行了阶段验收。

图5-17 中国首个优质大型页岩气田——中国石化涪陵页岩气田

加强涪陵页岩气勘查开发示范基地建设，组织开展涪陵页岩气田二期产建工作。2015年9月，位于重庆市涪陵区江东街道凉水村的涪陵页岩气田二期产建重点评价井——焦页69-2HF井试气求产，在稳定井口压力15.5兆帕下，获得日产气14.6万立方米，首次在水平段A、B靶点埋深均大于3500米页岩气井获得工业气流，创造了国内页岩气开发新纪录，突破了深层页岩气有效开发的埋深界限，扩大了页岩气勘探开发的新领域。

“十三五”期间，按照“评建一体、优化调整、强化地质评价和工程工艺攻关”的原则，加强地质与工程结合，不断优化钻井、试气方案设计，稳步推进二期产能建设。2016年5月23日，涪陵页岩气田3号脱水站投入运行，气田日处理页岩气能力从1650万立方米提升到1950万立方米。9月9日，由江汉油田分公司承担，中国石化石油勘探开发研究院、石油工程技术研究院、节能环保工程公司等17家单位共同参加的国家科技重大专项“涪陵页岩气开发示范工程”，经过国家能源局、国家财政部和大型油气田及煤层气开发重大专项实施管理办公室的审查，正式批准实施。9月10日，涪陵页岩气田二期产建平桥区块首口开发井——焦页108-6HF井，采用10毫米油嘴测试求产，套压19.2兆帕，获日产18万立方米高产工业气流。10月5日，涪陵页岩气田二期产建江东区块焦页70号平台的焦页70-1HF井、焦页70-2HF井完成放喷求产工作，测试均获得20万立方米/日以上的较高产量。11月1日，国家“十三五”科技重大专项“涪陵页岩气开发示范工程”启动会在武汉召开。全年，开钻50口、完钻51口、完井50口，完成试气78口、投产66口，新建产能20亿立方米；产气50.37亿立方米（表5-1），销售气量48.36亿立方米，实现了“十三五”良好开局。

表5-1 2014—2020年涪陵页岩气田勘探开发生产情况

项目＼年度	2014	2015	2016	2017	2018	2019	2020
累计探明含气面积/平方千米	106.45	383.54	383.54	533.1	533.1	533.1	575.56
探明地质储量/亿立方米	1067.5	3805.98	3805.98	5465.08	5465.08	5465.08	5936.77
技术可采储量/亿立方米	266.88	951.50	951.50	1323.97	1323.97	1323.97	1418.30
剩余可采储量/亿立方米	254.64	907.59	857.22	1169.65	1109.28	1046.12	1073.45
采气井/口	89	180	246	260	341	438	542
开井/口	77	175	220	253	328	411	505
年产页岩气/亿立方米	10.81	31.63	50.37	60.04	60.26	63.33	67.01
累产页岩气/亿立方米	12.24	43.91	94.28	154.32	214.69	277.85	344.85

稳步推进二期产能建设。2017年1月22日，涪陵页岩气田首口上部气层评价井——焦页29-S1HF井顺利投产，日配产12万立方米。这口评价井，对落实焦石坝区块上部气层单井产能、提高采收率具有重要意义。3月30日，在涪陵页岩气田江东区块西南部构造钻探的焦页92-2HF井获日产27.4万立方米的高产工业气流，实现江东区块西南部构造复杂区页岩气勘探开发的突破。8月，焦页27-S2HF井、焦页29-S2HF井相继开钻，焦

石坝区块上部气层井组开发试验工作正式启动。9月25日，焦页8HF井试采站——涪陵页岩气田二期产建工程平桥区块首个试采站投产，日产页岩气6万立方米。是年，新建产能23.5亿立方米；累计建成生产能力100亿立方米（含华东分公司6.5亿立方米）。

2018年，全面推进平桥区块、江东区块的产能建设，优化实施上部气层和井网加密试验，积极开展白马常压区及深层评价，新增页岩气经济可采储量48.6亿立方米，新建产能5.1亿立方米。1月14日，部署在涪陵页岩气田平桥区块的页岩气开发水平井——焦页184-3HF井试气求产，在井口压力29.95兆帕的情况下，获日产43.17万立方米。9月20日，部署在涪陵页岩气田东南部白马区块的焦页143-5HF井，经测试获日产页岩气9.4万立方米，白马区块页岩气评价取得新突破。2019年4月11日，涪陵页岩气田平桥区块焦页189-8HF井试气求产，在井口压力35.87兆帕的情况下，获日产62.78万立方米，无阻流量达117.57万立方米/日，是气田开发以来测试日产量最高的页岩气井。截至2019年底，涪陵页岩气田累计探明含气面积533.1平方千米，探明地质储量5465.1亿立方米，技术可采储量1323.9亿立方米；累计开钻549口、完井497口，完成试气井452口、投产438口；累计新建产能107.53亿立方米，累计产气277.85亿立方米。

涪陵页岩气田建设以来，取得了一大批科研科技优秀成果以及荣誉称号。2016年5月26日，由江汉油田分公司勘探开发研究院牵头，中国石化勘探开发研究院、中国石化勘探分公司联合承担的“涪陵页岩气田地质评价技术及开发技术政策研究”科研项目，获中国石化科技进步奖一等奖。2017年2月，江汉油田完成的“涪陵海相页岩气田高效开发关键技术及工业化应用”项目，获中国石化科技进步奖一等奖；11月，“涪陵页岩气焦石坝区块一期工程中区产能建设项目”和“涪陵页岩气焦石坝区块一期工程南区产能建设项目”地面工程建设项目，获“2017年度中国石油化工集团公司优质工程”奖。2018年1月，江汉油田参与完成的“涪陵大型海相页岩气田高效勘探开发”项目获国家科技进步奖一等奖。3月，江汉油田分公司勘探开发研究院的“一种页岩气水平井地质导向方法”“一种页岩成分定量分析方法”获国家发明专利授权。6月，承担的“涪陵页岩气开发效果评价及开发技术政策优化”项目，通过集团公司鉴定，专家组一致认为研究成果整体达到国际领先水平。12月，涪陵页岩气公司院士工作站获“重庆优秀院士工作站”称号。2019年9月11日，涪陵页岩气公司技术中心获中华全国总工会颁发的“全国工人先锋号”奖牌。10月15日，在国家发改委主管，中国投资协会主办的2018—2019年度国家优质投资项目评选中，涪陵页岩气田焦石坝区块一期工程产能建设项目获特别奖，这是石油天然气能源类唯一获特别奖项目。11月16日，在中国施工企业管理协会召开的工程建设行业庆祝中华人民共和国成立70周年宣传展示总结大会上，涪陵页岩气田获评“新中国成立70周年百项经典工程”。12月8日，在北京国家会议中心召开的国家优质工程总结表彰大会上，“江汉油田分公司涪陵页岩气田焦石坝区块一期工程产能建设”项目，获国家优质工程金奖，在获奖项目中排名第一。

2018年4月3日—4日，中国石化工程竣工验收委员会对焦石坝区块一期工程产能建设项目地面工程进行竣工验收，认为涪陵页岩气田焦石坝区块一期工程产能建设项目地面工程总体布局和设计合理，工艺技术先进，项目投产后，各项指标均达到设计和项目合同要求，同意项目通过竣工验收。4月18日，中国石化与重庆市政府联合举行涪陵页岩气田100亿立方米产能基地揭牌仪式，中国首个大型页岩气田——涪陵页岩气田年产100亿立方米产能建成。

中国石化在涪陵页岩气田建成100亿立方米产能基地，为开创和发展中国页岩气产业作出了重要贡献。在钻井方面，形成了涪陵页岩气水平井优快钻井技术，实现关键钻井提速工具、钻井液体系及“井工厂”钻井技术的全面国产化，极大地提高了涪陵页岩气钻井速度。在压裂工艺方面，开展压裂工艺攻关及优化，针对不同地质条件，形成了“浅层促复杂、深层促延伸”的配套压裂工艺对策，在江东、平桥压裂试气主体工艺研究的基础上，加强技术创新，深层压裂取得突破。在国内首次成功实现了对页岩气老井的重复压裂，增产效果显著，为气田增产稳产提供了技术保障，对国内各页岩气田提高采收率具有良好的借鉴和引领作用。在采气工艺方面，按照“单站先行、支线跟进、整体降压”的原则，积极推进降压开采试验，以延长单井生产周期、提高采收率。开展DN550清管工作，清管后输压均降至6.0兆帕以下，实现了管网输压、气井产能释放、低压井生产状况的良性改善，有效解决了涪陵页岩气集输系统输压高的问题，保障了页岩气安全输送。

四、提高页岩气田开发水平

“十三五”和“十四五”期间，强化页岩气勘探力度，系统开展地质基础研究工作。2018年，系统评价涪陵北陆相页岩气，积极创建中国石化陆相页岩气示范区。通过勘探突破目标评价会战，落实涪陵北陆相页岩气勘探开发有利区。其中东岳庙Ⅰ、Ⅱ类有利区面积890平方千米，资源量3732亿立方米。加强宜昌整体评价，培育常压页岩气商业产建区。寒武系、志留系4500米以浅有利面积1248平方千米，资源量5732亿立方米；矿区内100平方千米三维地震完成采集。2019年，加快四川盆地外围地区页岩气甩开评价，新区新层系评价取得积极进展，宜昌地区页岩气规模增储阵地初步落实。综合评价宜昌地区为中扬子地区志留系页岩气有利勘探区，宜志页1HF井钻遇页岩51.1米，优质页岩19.6米，地质资源量1500亿立方米。2021年，在川东褶皱带红星地区，通过强化二叠系基础研究，发现二叠系茅口组四段、吴家坪组二段为深水陆棚沉积，发育一套优质页岩层，部署钻探页岩气风险探井——红页1HF井，发现吴二段、茅四段发育深水陆棚相带优质页岩40.7米/3层，具有“四高”特征（有机碳、孔隙度、含气量、脆性矿物含量高）；测试获日产8.9万立方米，稳定试采372天，累计产气1889万立方米，实现四川盆地二叠系新层系页岩气勘探重大突破，区带资源规模1.1万亿立方米，这对中国南方二叠系页岩气勘探开发具有重要指导意义。1月3日，重点预探井泰页1井测试获日产气7.5万立方米、页岩油9.8立方米；复兴页岩气区块的发现，证实涪陵地区侏罗系湖相页岩具有良好的勘探开发前景。1月26日，复兴侏罗系页岩油气开发区块作为气田“十四五”重要增储上产阵地，纳入涪陵页岩气公司统一管理。4月16日，在红星区块部署首个页岩气评价井组——红页1试验井组，钻探2口井，其中红页1-3HF井于9月4日完钻，井深5617米、水平段长2003米，测井解释气层2077.4米/23层。11月2日，部署钻探的复兴地区涪页4-2HF井，在侏罗系自流井组大安寨段大一亚段测试中，获日产页岩气3.6万立方米、原油41.4立方米，其钻探成功，进一步证实复兴地区大安寨段页岩油气勘探开发潜力。12月9日，白马区块页岩气勘探成果，经自然资源部评审认定，新增探明页岩气地质储量1048.83亿立方米。到2022年，复兴页岩气区块气井10口、开井7口，累计生产页岩气0.14亿立方米；泰页1HF井试采效果较好，累计产气1060万立方米、产油5450吨，预测可采储量气3068万立方米、原油1.89万吨；红星页岩气区块气井6口、开井6口，累计产页岩气0.59亿立方米；红页1HF井、红页2HF井试采效果较好，累计产气4098万立方米，综合评价可采储量均为1.35亿立方米。

强化页岩气田开发建设，突出抓好焦石坝老区调整。2018年，优选上部气层和井网加密调整有利区，按照“以加密为主、立体开发为辅”原则，通过增加水平段长度、采用“多簇密切割+暂堵转向+强加砂”压裂工艺，实现“少井高产、降本增效”，制定和优化焦石坝老区开发调整部署方案。按照“整体部署、试验先行、分步实施”的思路，论证通过11个开发调整方案，部署钻井111口，新建产能19.4亿立方米。2019年1月，焦页19-7HF井、焦页19-9HF井、焦页19-8HF井、焦页9-5HF井等一批焦石坝老区加密井，经测试日产气分别获31万立方米、36万立方米、37万立方米、38万立方米的高产工业气流。坚持“评价先行”原则，有序推进焦石坝老区调整，部署开发调整井244口、开钻143口、完钻102，投产63口，产气9.0亿立方米。通过高效推进焦石坝老区开发调整，实现整体采收率翻番，其中立体开发区采收率达39.2%，整体成果达到国际先进水平。创建焦石坝区块开发调整技术体系，形成焦石坝区块开发调整优快钻井技术，焦石坝区块开发调整高效压裂技术，在国内率先推进页岩气老区立体开发调整，实施后见到好效果。“涪陵页岩气田焦石坝区块23号—45号井组立体开发调整项目”获中国石化“规模增加经济可采储量”一等奖。2020年，焦石坝开发调整井累计投产150口，年产气19.2亿立方米。5月11日，涪陵页岩气田累计产量突破300亿立方米。10月21日，全国首个页岩气产出水处理工程——涪陵页岩气田产出水处理站投运成功。11月18日，“涪陵页岩气田焦石坝区块稳产技术”顺利通过中国石化科技部组织的“十条龙”科技攻关项目验收。2021年9月30日，部署在焦石坝的三层立体开发井焦页

11–Z1HF井，在10毫米油嘴30毫米孔板测试情况下，获得日产34.6万立方米产量。10月8日，中国首个商业开发大型页岩气田——中国石化江汉油田涪陵页岩气田累计生产页岩气400亿立方米，创中国页岩气田累计产量新纪录（图5–18）。10月20日，涪陵页岩气田首个脱硫试采站——平桥1井脱硫试采站投产，日产量10万立方米，开启气田非常规气与常规气共同开采的新模式。10月31日，涪陵泥浆站泥浆罐配浆120立方米，测试合格；涪陵页岩气田首个钻井“血液库”——涪陵泥浆站投产运行，气田油基泥浆迎来统一配置、供应和回收的“工厂化”时代。截至2021年底，涪陵页岩气田累计探明含气面积696.58平方千米，探明页岩气地质储量6985.6亿立方米；累产页岩气416.52亿立方米（表5–2）。2022年，推进焦石坝区块立体开发调整，部署的263口两层开发调整井全部投产，累计新建产能48.02亿立方米，焦石坝区块采收率从12.6%提高到23.3%，立体开发区达39.2%。全面推进焦石坝区块北部三层立体开发，加快南部立体开发评价，部署94口井，新建生产能力14.1亿立方米，新增可采储量70.5亿立方米。焦石坝全区采收率25.7%，其中三层立体开发区采收率44.6%。

图5–18 2021年10月8日，中国首个商业开发大型页岩气田——涪陵页岩气田累计生产页岩气400亿立方米，创中国页岩气田累计产量新纪录

表5–2 2021—2024年涪陵页岩气田勘探开发生产情况

项目 \ 年度	2021	2022	2023	2024
累计探明含气面积/平方千米	696.58	696.58	696.58	696.58
探明地质储量/亿立方米	6985.60	6985.60	6985.60	6985.60
技术可采储量/亿立方米	1628.07	1628.07	1628.08	1790.07

续表

项目＼年度	2021	2022	2023	2024
剩余可采储量/亿立方米	1211.55	1138.97	1067.58	358.9
采气井/口	654	723	824	909
开井/口	619	632	764	853
年产页岩气/亿立方米	71.65	72.0	71.9	70.47
累产页岩气/亿立方米	416.52	489.11	560.5	630.95
采气速度/%		1.66	1.51	1.51
采出程度/%		11.31	11.87	13.47
综合递减率/%		12.0	8.38	10.89

强化页岩气藏精细管理，提高气藏采收率。2018年，通过精细气藏管理、优化间开制度、应用气举183井次、柱塞15井次、泡沫18井次等系列排采措施、推广增压开采19个站30台增压机等措施，累计产气4.64亿立方米。自然递减率得到有效控制，由年初预测的43.9%降至年底实际的30.5%。2019年，坚持问题导向，及时开展增压开采和排水采气效果分析；大力推广增压开采和排液措施，应用气举273井次、投运增压站39座，年措施增气9.41亿立方米。老井递减得到有效控制，年综合递减率同比由19.6%降至14.2%。2020年，按照“提前布局、超前实施”的思路，持续推进增压开采，实现焦石坝、江东、平桥老区全覆盖，增压措施增气12.63亿立方米。按照“多措并举、分类施策”的思路，狠抓排水采气提时率，推广“增压+泡排”组合工艺和压缩机气举排采工艺，措施井平均生产时率提升25%。强化“一井一策”精细管理，推进增压开采、排水采气、腐蚀治理等工作，年综合递减率降低4.7个百分点。2021年，强化管理创效，精心编制投产方案，细化流程装置调试，建设集气站2座、新井107口，平均投产时间较计划提前11.2天，贡献产量9.02亿立方米、同比增长2.7%。深化开发调整井压裂干扰状况评价，形成“立体防控+快速复产”的生产运行制度，单口老井受压裂影响时间降至13.5天、同期缩短1.5天，一次性复产成功率由70%上升至90%。开展多类型增产复产措施300余井次、有效率79.3%，增压措施产量13.01亿立方米，排采措施产量5.01亿立方米，老井综合递减率控制在13.5%。推进焦石坝老区二层立体开发调整，240口井新建产能43.61亿立方米。开展三层立体开发评价试验，5口完试井平

均测试产量16.33万立方米/日。深化生产规律研究，动态调整制度参数，优化主体区块管网生产（图5-19），适时开展清管作业13次、检管作业55井次，实现全年产量夏蓄冬升，保供期间日销量在1880万～1900万立方米。

图5-19　涪陵页岩气田采用管网优化技术

强化工程工艺技术创新攻关，形成页岩气长水平段低成本钻完井技术，配套压裂技术升级。单井2000米水平段无阻流量由24.4万立方米提高至25.9万立方米，单井投资由5280万元降至4457万元，降幅达15.6%。加强钻井技术优化，持续优化井身结构、钻具组合和钻井液体系，钻井工程提质提速提效显著，平均机械钻速提高15.9%，平均钻井周期缩短16.5%，平均单井施工费用下降16.1%。深化压裂配套，形成以“多簇密切割+限流射孔+高强度加砂”为核心的高效压裂技术，开发调整井单井产能显著提升；应用低成本压裂材料，推广国产化可溶桥塞等配套工具，每米压裂成本降幅达15%。2020年12月19日，页岩气井重复压裂新技术获得突破。焦页4HF井重建井筒重复压裂历时12天顺利完工，试获日产气18.38万立方米。12月27日至31日，国内首个页岩气三层立体开发评价井组——涪陵页岩气田焦页66号扩井组4口井连续试气获高产，测试产量合计67万立方米/日。2021年，强化地质-工程一体化导向技术应用，优化配套提速工具，试验“去通井化”工艺，升级配套“加强型”钻井装备，规模应用“激进”参数，打造焦页3号扩等2个钻井示范平台，形成焦石坝老区全井“132”趟次提速模板。焦石坝主体区优质储层穿行率平均98.62%；焦页3-S2HF井钻井周期25.69天，3次刷新涪陵页岩气田全年最短钻井周期纪录；焦页11-Z1HF井水平段“一趟钻”机械钻速26.78米/时，刷新涪陵页岩气田

"一趟钻"机械钻速最快纪录。不断完善差异化压裂技术，持续改进重建井筒重复压裂工艺，出台可溶桥塞遇卡快速处理等4项异常处理标准化作业指南，推广井口插拔器、大通径管汇，试验应用光滑电缆、速溶桥塞等工具，有效缩短施工周期，单井产能相比方案值提高10%以上，单平台压裂施工效率同比提高22.9%。全年完成电驱压裂1390段，占整体工作量49%，全口径平均5.5段/日，比上年提升57.1%；焦页18号扩平台单日压裂9段，创国内同类型气藏压裂新纪录；焦页5号扩平台创涪陵页岩气田柴驱压裂单日6段新纪录。2022年3月22日，涪陵页岩气田大规模的"井工厂"电驱压裂施工取得成功，较传统柴油驱动压裂机组施工效率提高71%、单井减少92吨碳排放量，涪陵页岩气田全电驱压裂技术达到世界领先水平。5月16日，国际首创"瘦身Ⅱ型"页岩气井——焦页6-S8HF井，三开190.5毫米钻头钻至井深4528米完钻，实际水平段长1742米，页岩气井"瘦身Ⅱ型"井身结构优化试验取得成功。9月14日，集团公司"示范井工程"首批示范井——焦页107-1HF井完钻井深5537米，平均机械钻速13.6米/时，钻井周期39.96天，刷新白马区块钻井施工机械钻速最高、钻井周期最短等10项纪录。9月23日，涪陵页岩气田焦页26-Z1HF井——国内首口"瘦身Ⅰ型"井身结构+高性能页岩水基钻井液的页岩气井完钻，井深5470米，水平段钻进实现"一趟钻"完成，创下国内页岩气井应用页岩水基钻井液施工水平段最长、水平位移最大、位垂比最大、水平段"一趟钻"进尺最长、水平段使用常规定向钻具组合钻井进尺最长，"瘦身Ⅰ型"井身结构水平段最长、水平位移最大、位垂比最大、水平段"一趟钻"钻进尺最高、水平段使用常规定向钻具组合钻井进尺最高等10项纪录。10月17日，涪陵页岩气田焦页18-S12HF井完钻井深7161米，水平段长4286米，水平段"一趟钻"进尺4225米，刷新国内页岩气井水平段最长、水平段"一趟钻"进尺最长纪录和中国石化页岩气井最深、水平段施工最长纪录。

2022年12月28日，在涪陵页岩气田勘探开发10周年社会责任报告发布会上，中国石化宣布"深地工程·川渝天然气基地"授牌决定。2023年开始，江汉油田围绕红星、复兴、涪陵等重点区域，加强勘探开发、地质工程、地面地下一体化统筹，推动思路创新、认识创新和技术创新。8月14日，红星区块500亿立方米增储工程9口井全部完钻（图5-20、

图5-21）。2024年，红星区块吴家坪组4口新井试气均获工业气流，提交探明地质储量超千亿立方米，超额完成全年储量任务。不断优化新老区产能建设组织运行，加强涪陵页岩气田老区立体开发和红星、复兴区块评建一体化建设，页岩油气产量稳步攀升，呈现“油气并进”的良好局面。加强气举技术应用，通过采取车载式气举、固定式循环气举、“气举+”技术措施，力促稳产上产。加快复兴区块新井投产步伐，建成页岩油试采站14座，投产页岩油井19口；1月至11月，涪陵页岩气田复兴区块页岩油产量达2.84万吨、同期增长47%，为冬季能源保供提供了有力支撑。加快红星地区新井投产步伐，1月至11月投产气井17口，累计生产天然气同比增加3985万立方米。12月，“深地工程·川渝天然气基地”获重要突破，新增探明地质储量1213.56亿立方米，通过自然资源部审定。

图5-20　红星区块500亿立方米增储工程“开门红”劳动竞赛

图5-21　红星区块500亿立方米增储工程钻井现场

截至2024年底，涪陵页岩气田累计生产页岩气超700亿立方米（含华东油气分公司），约占中国页岩气年产量的三分之一，为长江经济带6省2市、上千家企业、2亿多居民送去清洁能源，助力长江经济带高质量发展，为有效保障国家能源安全作出重要贡献。

第二节 打造行业领先油公司

江汉油田承担中国石化第一个页岩气产能示范区的开发建设任务，迎来了前所未有的发展契机。2013年，围绕油气主业生产，实施“两稳一增大发展”战略，油气当量突破190万吨。2014年，生产原油164.53万吨，生产页岩气10.81亿立方米、天然气1.23亿立方米，工业总产值达300余亿元，实现了生产经营跨越式发展。“十二五”时期，实现油田可持续协调发展，为打造行业领先的油公司奠定了坚实基础；“十三五”时期，开创油田提质增效升级的新局面；“十四五”期间，大力实施“万千百”目标战略，实现年油气当量持续硬增长、历史性突破700万吨。

一、实现油田可持续协调发展

“十二五”时期，油田实现可持续协调发展。2012年，全面完成生产经营任务，主要经济指标大幅增长，实现总收入298.34亿元，同比增长16.12%，创历史最高水平。全年完钻探井54口，其中25口获工业油气流，钻探成功率46%；新增探明石油地质储量1116万吨，为年计划的140%，是近年来储量品位和储量落实程度较好的一年；新增探明天然气地质储量62.59亿立方米，为年计划的125%。优化产能建设实施方案，新建原油生产能力20.06万吨，新井产油13.98万吨，油气生产实现超产增收；加强老区综合治理和日常维护管理，自然递减控制在14.03%、综合递减8.05%，油田开发保持较高水平。年生产原油163.4万吨、超产4000吨，生产天然气1.7亿立方米、超产1000万立方米。

抢抓建设涪陵国家级页岩气示范区的机遇，优化调整、全力推进企业跨越式发展。2013年，按照“科学化决策、市场化运作、专业化管理、社会化服务、效益化考核”的要求，探索推行“油公司”管理模式。①推进勘探开发项目管理。按照“责权对等、运转高效”的原则，明晰工作目标，落实管理责任和考核职责，建立和完善项目管理责任体系；按照“突出效益、讲求回报”的原则，重点考核项目投资、圈闭资源量、新增预测与控制储量、落实可动用储量与经济可采储量、完成产能建设任务、控制发现成本与开发成本等指标，完善项目考核指标体系；按照“严考核、硬兑现”的原则，加大项目考核力度，对全面完成项目承包任务的项目组实行年度兑现嘉奖，储量、产能建设任务超产和投资、成本节约都按比例给予嘉奖，未完成项目承包任务按考核办法扣减项目经理和项目组效益奖。②突出效益原则，提高勘探开发水平。设置油田增储上产重大项目基金，鼓励油气生产单位围绕油田增储上产、多拿优质储量和经济可采储量做贡献。③建立和完善以利润、EVA、成本、落实可动用储量和经济可采储量等反映当期效益及投资回报水平为主的绩效考核指标体系，促进油气生产单位由生产型向经营型转变。④强化成本目标管理，实现降本增效。通过压缩变动费用支出，加强重点费用项目化管理等方法，将降本减费措施落到实处，切实提高投资效益。⑤突出油气主业，效益工资向油气生产、科研单位倾斜，超额完成油气产量、预测和控制储量、落实可动用储量与经济可采储量任务，分别按不同比例兑现效益工资；严格利润、成本、经费指标考核，完成责任制指标的兑现人均效益工资。⑥将集团公司红旗采油厂评选指标，作为经济责任制管理创新指标考核，促进各单位提高经营管理水平。是年，根据中国石化专业化重组后的机构变动情况，江汉油田围绕油气主业生产，实施“两稳一增大发展”（八面河油田和坪北油区稳产、江汉油区增产、天然气大发展）战略，油气当量突破190万吨，年末具备240万吨能力。

紧紧围绕“建成示范、走在前列，扭亏为盈、跨越发展”目标，2014年组织开展油公司“五大机制”建设工作，启动采油管理区的试点运行，调整科研单位机构、人员，初步建立与油公司建设相配套的人力资源、投资决策、经营管理、考核激励和生产运行机制。成立勘探、油藏评价、产能建设等项目组，责权利对等管理资源、圈闭、储量、产量，资源管理体系逐步完善。以“质量和效益”为中心，完善绩效考核指标体系和考核兑现政策，充分发挥绩效考核导向作用，促进企业经济效益的提高；推进市场化经营机制，加大专业化队伍的审查与引进力度，为勘探开发建设提供必要的技术及施工保障。涪陵页岩气公司创新构建油公司管理模式，按照“公司—采气管理区”两级管理体制，由140名员工管理工区200支、8000人的施工队伍，高速度、高质量、高效益建设涪陵国家级页岩气示范区（图5–22）。全年生产油气当量迈上300万吨台阶。

图5–22　涪陵页岩气公司按照油公司管理模式，开发建设页岩气示范区

2015年，是“油气当量突破500万吨的冲刺之年”。2月7日，油田职代会提出，以“深化改革、转型发展、从严管理”为主线，着力抓好“油公司建设”，全力推进油田可持续有效发展。①坚持以业务为核心，适应市场化发展，打破管理局、分公司的组织格局，整合区域资源，优化管理架构，发挥整体优势，完善油公司建设实施方案。②完成管理局和分公司机关、采油（气）厂机关、采油（气）管理区调整，以及分公司层面、采油（气）厂专业化队伍建设。③梳理分公司、采油（气）厂机关业务流程、管理界面和岗位职能，建立适应新体制的投资决策、经营管理、人力资源管理、生产运行、考核激励机制。④优化人力资源管理，开展“三项制度”建设，变身份管理为岗位管理；完善三支人才队伍成长通道，搭建互通桥梁，实现跨序

列流动，使其“职位能上能下、员工能进能出、收入能高能低”；对非核心、非关键业务利用社会和市场资源，逐步退出。是年，根据中国石化的批复，稳步推进油公司建设，全面完成分公司、采油（气）厂两级机关建设；撤销作业区（工作站）和采油（气）队编制，组建管理区，实现了“厂—区”二级管理；对科研院所进行规范设置与职责调整定位，科研队伍调整到位；整合管理区与厂内专业化力量，组建厂内专业化队伍，专业化建设分层级逐步推进。2015年7月、11月，顺利通过中国石化关于油公司建设验收检查。在集团公司党组的正确领导下，江汉油田牢牢把握“保增长、谋发展、强基础、抓党建”工作主线，围绕“做大总量、提升质量、增加效益”的目标，团结带领广大干部员工牢记使命、迎难而上，全面完成集团公司下达的各项生产经营目标任务。全年生产原油151.5万吨、天然气33.07亿立方米，实现销售收入114.78亿元；油田连续两年被评为集团公司A级企业；涪陵国家级页岩气示范区通过国家能源局验收。

深化改革取得新进展，石油工程、机械制造板块分离重组上市；扁平化、专业化的油公司管理体制调整到位，各项业务责任主体更加明确，管理界面更加清晰，油田转型发展迈出重要一步。油气当量从“十一五”末的179万吨增长到“十二五”末具备660万吨生产能力；油气勘探在潜北断裂带、八面河沙河街组滩坝岩性油藏、江陵凹陷南斜坡发现“三个千万吨”增储新阵地；油气滚动勘探和油藏评价效果显著，老区开发趋势稳中向好，“十二五”新增动用储量2506万吨，自然递减下降1个百分点，采收率提高1.4个百分点；涪陵国家级页岩气示范区建成国内最大页岩气田，以“中国速度”依靠“中国创造”书写“中国奇迹”。

二、开创提质增效升级新局面

一代人有一代人的使命，一代人有一代人的责任，一代人有一代人的作为，一代人有一代人的贡献。“十二五”期间，江汉油田因势而谋、应势而动、顺势而为，在实现几代江汉石油人建成大中型油气田梦想途中迈出坚实一步，跨上了新的发展台阶。涪陵页岩气田经过3年多的开发建设，不论是资源基础、理论体系、技术能力，还是政策环境、人才储备、装备配套等方面，都具备了做大的基础。

2016年，是“十三五”起步之年，是继续向千万吨级油气田冲刺的奋进之年。2月18日，在油田职代会上明确“十三五”发展的指导思想：认真贯彻落实党的十八大精神，学习贯彻习近平总书记系列重要讲话精神，以提质增效升级为核心目标、以转方式调结构为核心任务，大力实施集团公司“五大战略”（价值引领、创新驱动、资源统筹、开发合作、绿色低碳），抢抓机遇稳增长，加快调整求生存，着力页岩气上产增效、中扬子力争突破、常规油气可持续、特色资源谋发展、矿区服务提质量，实现油田更高质量、更好效益、更可持续发展。稳步推进油公司建设，剥离江汉、清河采油厂的非核心业务，与原井下作业处整合成立采油气工程技术服务中心，为精干油气主业、做强做优工程技术服务奠定了基础。开展采油气管理区经营承包试点，通过责任到位降成本、责权到位保效益，开展岗位优化、流程优化、运行优化和管理优化，压减岗位16个、压减在岗人员30%，生产总成本同比下降21.6%、增利165万元。油公司建设统筹协调、整体推进，取得较好效果。当年，生产原油126.34万吨、天然气51.72亿立方米（表5–3），油气当量达到643.5万吨；实现销售收入126.48亿元，利税35.91亿元（表5–4），实现了“十三五”良好开局。

表5–3　2015—2020年江汉油田主要生产建设指标

项目 \ 年度	2015	2016	2017	2018	2019	2020
原油产量/万吨	151.50	126.34	119.18	117.00	116.57	115.24
天然气产量/亿立方米	33.07	51.72	61.34	61.41	64.43	68.05
新增原油生产能力/万吨	6.70	4.79	7.09	9.81	9.30	9.21
新增天然气生产能力/亿立方米	25.00	20.17	23.50	5.13	8.94	14.89
新增探明石油地质储量/万吨	46.71	0	0	0	229.67	226.68
新增探明天然气地质储量/亿立方米	3805.98	0	0	0	0.32	471.69
二维地震/千米	680.00	180.00	550.00	354.54	175.00	65.00
三维地震/平方千米	1354.76	638.48	200.00	187.74	150.00	469.00
石油钻井/口	281	117	162	220	255	255
探井	34	29	24	18	31	33

续表

项目 \ 年度	2015	2016	2017	2018	2019	2020
开发井	247	88	138	202	224	222
注水井/口	9	3	5	12	8	3
钻井进尺/万米	98.55	50.65	38.54	62.04	80.17	88.72
勘探投资/亿元	14.41	11.20	5.31	9.99	12.27	13.39
开发投资/亿元	117.66	56.11	25.67	33.43	47.80	62.48

表5-4　2015—2020年江汉油田主要经济指标

项目 \ 年度	2015	2016	2017	2018	2019	2020
工业总产值/亿元	89.81	97.28	110.90	123.13	125.58	117.94
工业增加值/亿元	53.74	92.29	83.72	96.57	95.54	82.50
资产总计/亿元	360.40	382.23	337.14	317.40	370.24	399.92
流动资产	17.87	28.61	18.36	15.84	16.43	34.06
固定资产原值	505.77	568.95	613.79	654.17	723.16	785.49
固定资产净值/亿元	271.81	290.40	250.43	261.91	280.88	292.77
销售收入/亿元	114.78	126.48	137.56	161.89	168.32	160.61
实现利税/亿元	–9.44	35.91	8.94	20.41	32.73	24.71
税金	3.62	39.35	11.10	11.87	11.01	8.39

2018年，江汉油田全面贯彻党的十九大精神，以习近平新时代中国特色社会主义思想为指引，坚持稳中求进工作总基调，以供给侧结构性改革为主线，抓实“六大工程”，做好六项重点工作，推进油田全面可持续高质量发展。当年生产油气当量606万吨，实现收入同比增长17.7%，名列中国石化油田板块第二。涪陵页岩气田实现稳产增效，如期建成年产能100亿立方米，累计产量突破200亿立方米；油气勘探取得新的成果，新增石油控制储量572万吨，为年计划的114%，发现成本38.1元/吨，勘探质量进一步提高；老区稳油降本成效显现，新增石油经济可采储量185万吨、天然气经济可采储量1.2亿立方米，替代率分别为170%、111%；生产原油117万吨，常规天然气1.2亿立方米；单位完全成本同比降低275元/吨。2019年，认真践行“四个革命、一个合作”能源安全新战略，落实大力提升勘探开发力度七年行动计划，稳油增气降本成效显著。全年生产油气当

量630万吨，增幅3.96%；实现收入171.1亿元，增幅3.5%。

2020年，江汉油田落实集团公司“百日攻坚创效”“持续攻坚创效”行动部署，紧紧围绕“建成千万吨油气田，打造行业一流企业”战略目标，以决胜全面可持续发展为主线，抓主要矛盾、抓系统优化，有效抵御了疫情和低油价带来的冲击，取得良好的经营业绩。打好“疫情防控、复工复产、防汛减灾、攻坚创效”四大战役，新增石油三级储量1464万吨，其中新增探明石油地质储量226.68万吨，是10年来勘探成果最丰硕的一年；涪陵页岩气田新建产能14.89亿立方米，中部气层评价井获高产工业气流；全油田落实可动用储量248万吨，自然递减率为11.44%。全年生产油气当量657万吨、增长4.37%，比“十二五”期末增长58.42%，创历史最高纪录；生产天然气68.05亿立方米、超产518万立方米，生产原油115.24万吨、超产0.24万吨；实现收入160.61亿元。是年，江汉油田第三次获得“全国文明单位”称号。

三、大力实施“万千百”战略

2021年，是中国石化改革发展史上具有里程碑意义的一年。习近平总书记视察胜利油田作出重要指示，充分肯定石油石化行业的历史性贡献，深刻阐明事关能源长远发展的根本性、方向性、全局性问题，为石油石化行业完整准确全面贯彻新发展理念，加快构建新发展格局，着力推动高质量发展，提供了根本遵循、注入了强劲动力。江汉油田紧紧抓住全面落实习近平总书记视察胜利油田重要指示这一重大政治任务，紧紧抓住确保“十四五”高质量发展这个总要求，立足“两个大局”，心怀“国之大者”，高位布局“十四五”发展，开创性的提出“万亿方储量、千万吨油田、百亿方产量”战略目标，汲取思想伟力、凝聚各方力量，在“十四五”开局之年取得了新的发展成就，在确保国家能源安全、保障经济社会发展上贡献江汉力量、展现了江汉担当。坚持把有效益的产量，作为产业报国的现实载体，优化组织、加快运行，油气产量再创新高，全年生产天然气72.97亿立方米（表5-5），页岩气累计产量突破400亿立方米，老区立体开发、新区滚动评价，为天然气高产再上产打下了坚实基础；原油产量保持115万吨硬稳定，自然递减、储量替代、运行效率等指标持续向好；油气当量达到696万吨、增长5.94%；营业收入179.83亿元（表5–6）、利润4.09亿元，实现“双增长”。坚定“唯改革创新者胜”的信心决心，大力实施创新驱动发展，迈出提质增效升级的有力步伐。加强顶层设计，注重统筹协调，深化改革蹄疾步稳，一批改革措施落实落地，一些单位和业务实现历史性变革。科研人员集中管理，在坪北经理部成功试点，增强了科研合力，留住了科研人才，为构建“科研大兵团”体系积累了经验，油田“战略决策”职能得到提升；机关职能界面进一步理顺，生产部门牵头抓总、业务部门过程管控、专业部门考核监督的“大生产运行”体系基本形成。组建石油工程监督专业化队伍，做精技术监督中心，提级安全督察大队的组织架构，“过程大监督”体系初步构建，油田“过程控制”职能显著增强。率先在清河实行外围油区精干化管理，作业队伍回迁江汉，引进专业化施工队伍，本土作业力量得到增强，为“真外包”、培育长期战略合作伙伴积累了经验。深化“三项制度”改革，落实管理人员调整退出机制，组建人力资源服务中心，建立“1+N”差异化绩效考核体系，“三能”机制总体形成，激发了创新创效创造的积极性。集中管理工程建设，做实信息中心，完成“两非”业务剥离，后辅业务“支撑保障”职能稳步提质。坚持内强保障、外拓市场，加快专业化步伐、合理配置区域内力量，服务保障能力显著提升；拓展效益好的市场，退出低效无效市场，外部增收创效能力不断增强，缓解了老区“人多油少”的局面。

表5–5　2021—2024年江汉油田主要生产建设指标

项目 \ 年度	2021	2022	2023	2024
原油产量/万吨	115.05	115.70	116.00	116.87
天然气产量/亿立方米	72.97	73.37	73.31	71.47
新增原油生产能力/万吨	7.54	7.11	8.11	8.90
新增天然气生产能力/亿立方米	16.06	10.65	12.22	15.06
新增探明石油地质储量/万吨	216.99	221.04	362.78	516.70
新增探明天然气地质储量/亿立方米	1048.83	0.51	76.31	1.73

续表

项目＼年度	2021	2022	2023	2024
二维地震/千米	67.75	163.25	763	451
三维地震/平方千米	587.00	416.06	440	241
石油钻井/口	251	214	259	255
探井	46	45	43	43
开发井	205	169	216	212
注水井/口	5	7	2	7
钻井进尺/万米	71.12	86.80	106.28	99.63
勘探投资/亿元	20.29	21.57	22.17	17.37
开发投资/亿元	56.17	50.58	52.11	73.15

表5-6　2021—2024年江汉油田主要经济指标

项目＼年度	2021	2022	2023	2024
工业总产值/亿元	142.08	166.61	173.33	173.79
工业增加值/亿元	105.20	133.95	147.08	152.73
资产总计/亿元	380.27	438.69	480.38	478.26
流动资产	36.97	69.94	83.86	50.7
固定资产原值	845.46	894.72	960.06	1026.15
固定资产净值/亿元	252.50	257.65	278.73	297.4
销售收入/亿元	179.83	193.29	199.38	197.39
实现利税/亿元	18.35	62.28	66.74	64.51
税金	14.26	26.44	31.87	24.39

2022年，矢志不渝推动“万千百”战略目标落实落地，牢记“能源的饭碗必须端在自己手里”，坚定建成大型油气田的梦想追求，保持箭头向上的政治自觉和行动自觉，紧扣天然气增储上产、老油田稳产降本、盐化工增收创效等中心任务，一张图推进、一盘棋作战、一条心攻坚，守住了稳的底线，取得了新的突破，发展规模实现历史性跃升。天然气产量箭头向上，原油产量企稳回升，油气当量持续硬增长、历史性突破700万吨。全年生产油气当量700.3万吨，其中生产天然气73.37亿立方米、原油115.7万吨。投资优化、成本控制、拓市增收等见到明显效果，整体收入216.61亿

元、利润43.92亿元，刷新历史最高纪录。

准确把握“两个一以贯之”的正确方向，坚定朝着油公司发展模式迈进。永葆“国企姓党”的政治本色，以推动高质量发展为出发点，把加强党的领导和完善公司治理统一起来，决战深化改革三年行动收官战，圆满完成7项规定动作，发展动力明显增强。深化油公司建设，反复论证、深度谋划、果断推进清河采油厂、荆州采油厂直管班组示范区建设，基于“管理+技术”模式的组织框架基本建立，人均劳动生产率、人均产量实现翻倍。

追梦的接力赛，激发新的潜能。2023年，坚定不移推进各项业务向前发展。生产天然气73.3亿立方米、原油116万吨，油气当量700.1万吨，效益指标在中国石化油气田企业排名第三。天然气、原油新增三级储量均大幅超额完成任务，勘探增储“五千阵地”结出累累硕果。①红星二叠系取得突破。高效完成红星500亿立方米页岩气增储“1字号”工程，吴家坪组提交探明储量598.27亿立方米，茅口组风险探井试获工业气流、提交预测储量1183亿立方米，被评为中国石化2023年十大油气勘探成果，红星两个千亿立方米阵地展现了巨大的资源潜力。②复兴侏罗系油气并举。泰页1井区提交石油探明储量2293万吨、天然气探明储量142亿立方米，兴页L1001HF井试获日产油71.6立方米、日产气2.49万立方米，亿吨级探明储量阵地初见雏形。③八面河老井复查累产油超万吨，专探井——莱1028斜井钻遇油层74米，千万吨级储量阵地为老区原油稳产上产打下了坚实基础。

坚决扛牢保障国家能源安全核心职责，全局性谋划长效开发策略，扩大效益建产规模，油气当量连续两年突破700万吨。国内首个页岩气立体开发压后取心大型先导试验顺利实施，立体开发持续推进，焦石坝采收率实现翻番，其中三层区采收率达44.6%，处于国际领先地位。强化红星地区适应性开发技术政策与降本工程工艺攻关，测试产量连创新高，落实了6亿立方米规模产建阵地。老区治理成效显著，建立异常井动态筛选机制，加大排采工艺应用力度，稳产指标实现“四提一降”。聚焦“控递减、提效益”，精雕细刻、精准施策，稳产基础不断夯实，地层压力、水质达标率显著提高，自然递减率创历史最好水平。产能建设以进促稳，深化立体评价，复兴页岩油效益开发阵地逐步落实；加强滚动开发，老区新增可动用石油储量在“十三五”以来首次突破300万吨。开发结构持续优化，立足提高油藏经营效益，创新油藏分类管理，产量、产液、注水、投资、成本一体优化，自然产量占比提高至90.4%，年控减低效无效液量31万立方米。生产经营协同优化提质增效，圆满完成2023年度油气产销任务。全年实施注水措施及维护320井次，26个开发单元递减趋势减缓，年自然递减率大幅下降，创近10年最好水平。抓实长停井恢复、套损井治理工作，保证措施效果，全年治理关停井194口，累计增油2.04万吨，油水井开井率稳步提升，老区稳产基础不断夯实。锚定“管理+技术”现代油公司建设目标，整合专业化力量；深化“三项制度”改革，改革成效日益显现；员工收入持续增长，获得感、幸福感、安全感不断提升。

2024年，以“牢记嘱托、感恩奋进，创新发展、打造一流”主题行动为抓手，坚定不移推进油田高质量发展。生产天然气71.47亿立方米、原油116.87万吨，油气当量686.38万吨；实现收入224.8亿元、利润50.16亿元。锚定建设行业领先油公司，构建与高质量发展相配套的体制机制，推动一切工作向价值创造聚焦、一切资源向价值创造流动，不断推进企业治理体系和治理能力现代化。

牢记“能源的饭碗必须端在自己手里”的殷切嘱托，紧扣七年行动计划，大打高质量勘探和效益开发进攻战。①高质量勘探。把增储量、拓资源、扩矿权作为发展的基础，聚焦红星页岩气、复兴页岩油和老区碳酸盐岩等重点领域，深化地质研究，强化技术攻关，提交三级储量石油1.67亿吨、天然气1655亿立方米，朝着“万亿方储量”目标迈出了坚实步伐。加大“三新”领域探索，红星1井、钟99斜井分别试获高产工业油气流，实现红星二叠系茅口组新领域、钟市碳酸盐岩新层系勘探重大突破，夯实了中长期资源接替阵地，四川盆地二叠系茅口组新类型勘探获中国石化2024年十大油气勘探发现成果。成功竞得咸丰地区3个页岩气探矿权，新增勘查面积211.6平方千米，进一步拓展了未来发展空间。②页岩气开发。挑战页岩气采收率极限，有序推进涪陵长期稳产、红星攻关上产、复兴效益建产，为天然气大发展打下坚实基础。强化涪陵老区差异化立体开发，焦石坝中南部、江东北区调整成效显著，焦页90-5HF井试获21万立方米/日高产气流，排采措施有效率提升至85.2%，增气5.06亿立方米，综合采气时率提升2.5%，焦石坝区块整体采收率提升至28.04%。建立常压、深层复杂区分区评价体系，白马西1区难动用储量实现效益开发，储量动用率提高9.6个百分点，新区滚动立体评价向更深、更复杂区域迈进。红星“常非一体评建”有序推进，基本落实6亿立方米规模产建阵地；复兴“五大先导试验”取得阶段成效，有望打造四川盆地首个50万吨页岩油生产基地。③原油开发稳中向好。围绕开发好、管理好、经营好油藏，全力增可采、提产能、控递减、降成本，落实可动用储量467万吨、同比增加22.6%，新增上市储量133.5万吨、完成任务的136%，自然递减率首次降到10%以下。产能建设突出“少井高产”，推行一体化方案编制与井位星级管理，特殊井型井占比提高12%，平均单井产能提升25%；首口分支水平井投产自喷、日产油18.2吨。措施增产注重“降本提效”，规模应用压驱技术，3口老区油井实现自喷，加强长寿命井筒举升工艺配套，油井维护作业频次降幅10%，在国内上游“星旗榜”摘星。

2025年是完成“十四五”规划的收官之年。围绕建设“专业+技术+关键操作”现代油公司，做好清河采油厂油公司模式建设跟踪评估，深化数智化条件下采油气基层单位标准化建设，实现“厂直管班组”管理模式迭代升级，全力打造国内上游标准化建设标杆范式，有序推进各采油气单位生产运行模式由“层级式指挥”向“内外高效协同”转变。优化组织绩效考核体系，根据各单位各部门在油田战略发展和价值创造体系中的职能定位、贡献大小进行分类分档，差异化设置KPI指标，健全注重岗位责任和贡献的薪酬分配机制，完善五星班站长、人力资源池施行机制，多维度实施精准激励，充分激发各级干部员工内生动力。

建成千万吨级大型油气田的美好愿景和梦想追求，激励着一代又一代江汉石油人努力拼搏奉献。实践证明，江汉油田集全员之智确立的“万千百”战略目标，是积极践行习近平总书记的殷切嘱托，全面落实集团公司党组决策部署的重大举措。这个战略目标，符合江汉油田发展的客观实际，体现了江汉石油人的共同意志，让广大干部员工前进的动力更加强大、奋进的精神更加昂扬、必胜的信念更加坚定。

四、加快信息化向数智化发展

2012年，完善数据中心建设，制定运行各项配套制度，精心搭建系统运行环境；11月，建成数据中心并投入运行。构建方便快捷的源头数据应用条件，为油田勘探开发井位论证中单井基础数据、测井数据、试油数据、分层数据、录井数据等新增数据提供支持；推广实施油气勘探开发专业应用软件。规范ERP应用，建立起ERP管理部门和业务部门联动机制；拓展功能和应用范围，在ERP系统上新增合同、人事、内控管理等业务，初步形成覆盖油田主要经营业务的管理平台。2013年，实现数据资源"采存管用"一体化管理机制，安全集中统一管理油田6大业务领域12个专业2800多万条数据；拓展井下作业、采油工程、地面工程等生产科研单位对数据的需求，提升了生产管理效率；完善网络性能，提供井站自动监控项目网络支持。2014年，以涪陵页岩气田信息化示范建设为重点，按照"顶层设计、长远规划、示范引领"的战略思想，广泛调研国内外信息化标准最高和技术应用最新的企业应用情况，结合涪陵页岩气勘探开发特点，完成《涪陵页岩气田信息系统总体设计方案》和信息化建设标准，为涪陵页岩气田示范建设提供科学指南。是年，开展勘探开发一体化业务协同平台建设、管理信息化和生产信息化基础应用平台建设，完成测井、录井、钻井、生产管理、采气等主要功能模块系统配置；推进地理信息系统建设，试验井组、集气站SCADA系统投入应用，实现数据自动采集及报表自动生成；以保生产、促管理为目的，搭建网络基础设施；建设调控中心，实现对现场和生产监控。11月28日，涪陵首座页岩气集气站——焦页5号集气站全面实现智能化，试行24小时无人值守，涪陵页岩气田数字化建设迈上新的台阶。2015年，认真贯彻"集中集成、创新提升、共享服务、协同发展"的信息化建设方针，加快企业"两化"融合的"模型化、自动化、可视化和智能化"的"四化"建设；完善涪陵页岩气田以智能化为目标的信息化顶层架构设计，着力提升"自动感知、业务协调、预测预警、决策优化"等信息化支撑能力，提高信息化示范作用。

"十三五"期间，深化企业"两化"融合，着力加强信息化运行保障，为油田调结构转方式提质增效升级提供强有力原动力。2016年，从油田层面梳理信息化管理中心等单位职责和管理界面，加强信息专业化管理。①加快EPBP项目建设，到年底完成全部1459个需求对接。②加快生产装置自动化建设，建立井站视频监控系统，优化工艺流程，实现业务数据实时传送，减少用工人数，信息化效用逐步显现。到年底，江汉采油厂钟市、王东、王西、谭代和清河采油厂管理六区5个区块油气生产信息化试点建设全部完成。③涪陵智能页岩气田建设全面启动，建成覆盖全气田的工业“以太网”。到年底，25个集气站达到无人值守条件，其中13个集气站实现无人值守、生产数据实时远程显示和紧急远程控制处理；232口生产井可实现井口超压自动关断，其中19个集气站、117口井实现自动或远程关断。

2017年，EPBP建成上线运行。2018年，形成以EPBP、PCS、ERP三个系统为核心，服务勘探开发、生产经营、经营管理三大业务应用的油田工业互联网。油田“两化”融合管理体系正式通过国家认证，获得《两化融合管理体系评定证书》；生产信息化稳步推进，覆盖油气井站三分之二；网络安全管理水平大幅提升，受到中国石化通报表扬；深化应用创新创效取得较好成绩，在中国石化考核中位列油田企业第二名。通过完善EPBP生产管理业务，推进井下作业业务流程化和移动应用，生产报表从岗位数据及时汇总集成，各类方案设计审批时间缩短一倍以上，管理层可随时掌握生产动态信息。通过PCS深化应用，单井吨液耗电减少5.5千瓦时，采油时率提高0.2%；油井免修期增加37天，平均泵效提高1.4%；抽油机平衡率、机采效率等指标均有显著提高。通过油气井、站生产信息化，油田采油气管理区由原来的25个压缩为14个；涪陵页岩气田47座集气站实现无人值守，应急响应速度缩短至2分钟以内，入库生产数据超150亿条。加强油气井、站生产信息化建设，累计节约劳务用工700余人。2020年，聚焦集团公司“一基两翼三新”发展格局，紧紧围绕江汉油田工作目标，按照“数据+平台+应用”思路，加快涪陵智能气田建设；“以数为基、以智为擎、以云为翼”推进智能气田推广建设项目可行性研究，11月6日，涪陵智能气田推广建设项目获正式批复。推进石油工程业务智能管控平台建设，通过升级EPBP2.0平台、规范施工现场视频接入、接入工程施工实时数据等方式做好石油工程平台数据保障；按照云平台组件分步上线的推广实施模式，完成井场视频监控组件、实时数据组件的上线。自视频监控平台上线以来，现场安全督查减少237次，通过视频监控系统抽查施工作业现场730个、发现问题351个，大大促进了油田生产的安全管理。

“十四五”时期，按照中国石化数字化转型部署和信息化发展规划，明确油田新增应用一律上云平台开发、数据服务一律由数据资源中心统一提供的“两个一律”原则，落实“数据+平台+应用”要求和“域长”负责制，统筹推进油气生产信息化及数据资源中心、各业务领域数字化建设，初步形成“人在干、数在转、云在算”的数智化发展新格局。

2021年，整合信息管理中心、档案中心以及勘探开发研究院信息中心部分业务组建信息中心，为江汉油田分公司“管理+技术+服务”的专业化二级单位，具备数据管理、系统研发、网络安全管理、档案管理等业务能力。按照网络安全“三化六防”和信息化“六统一”目标，建立统一的数据中心监控预警系统，实现对动力环境和基础系统的实时监控和预警；通过视频监控平台实现对石油工程现场、直接作业环节、固定视频的全面监控（图5-23），完成老油区生产信息一期建设，开展数据治理，建成油田唯一的数据资源中心；建立上云、组件化研发模式，打造多个应用平台；规划建设“大开发、大运行、大安全、大经营”四大信息化支撑，构建高效运行的现代化企业支持体系。2022年，实现PCS1.5油田级部署与功能提升，建立12大类共计2万多个预警模型，推动现场生产管理由“管正常”向“管异常”转变；升级产能建设督导平台，由页岩气业务扩展到油田全

图5-23　运用视频智能分析系统监控生产过程

部开发业务；完成能源管控中心推广应用，实现注采输全流程能耗全面感知、智能分析、动态优化与闭环管理，助力油田年耗电量下降6.3%；迭代升级油藏管理平台，提升动态分析效率50%以上；深化石油工程智能管控平台，整改问题4500余项，钻井故障复杂时效降至1.58%，为推动现代化油公司转型发展插上“数字化”翅膀。

2023—2025年，深化应用赋能，助力油田主营业务数字化管理增效。2024年7月12日，由信息中心、涪陵页岩气公司共同承担的中国石化重点项目“江汉油田分公司涪陵智能页岩气田建设”顺利通过信息和数字化管理部、勘探开发事业部专家验收。通过平台运行管理，实现优质储层钻遇率100%，钻井防碰率100%，生产异常识别效率提升至96.5%，先后实施综合治理措施971井次，实现了气藏开发生产全过程数字化、智能化管控，管理效能和水平有效提升。

“十四五”期间，信息化向数智化发展取得显著成效。①打造系统研发新模式，高效支撑业务数智化转型。按照“数据+平台+应用”的建设模式，打造甲方主导、自主可控的研发模式，形成“一切系统皆上云、一切开发上平台”的原则，有序推进新建系统云上开发、存量系统云化改造等工作。信息中心牵头负责前端业务需求分析、原型设计与组件设计，承包商提供代码服务与功能设计，配套建成江汉容器云和工业互联网底座、移动应用底座，构建低代码、可视化、积木式的应用开发环境，实现资源共享、组件复用和DevOps开发运维一体化管理。已形成用户管理、权限配置、云报表引擎等8类132项微服务，上架综合管理、生产管理业务的110个组件，软件功能模块平均交付周期由30天缩短至7天左右，开发成本降低40%，实现系统应用架构由“烟囱”式向“云计算”架构模式转变。②支撑油田“大开发”扎实有效。勘探业务以统建系统为主，初步实现主要业务数字化。基于EPBP、勘探生产管理、地质资料管理、探井在线等统建系统，支持了地震施工设计、地震勘探管理、探井管理、矿权管理、地质资料管理等业务运行。开发业务以油田自建系统为主，油气藏开发管理基本实现数字化。通过打造油气藏管理平台、强化EPCP平台专业软件应用，整合各单位零散应用系统，实现单井、井组、单元全生命周期数据快速获取、智能预警与一键动态分析，油气开发业务数据资源利用率提高

32%，基本实现了勘探开发核心业务数字化全覆盖。③支撑油田“大生产”运行高效。在全面完成总部PCS一级部署、气田PCS推广等重点工作的基础上，围绕支撑数智化条件下基层标准化建设2.0，构建内外操一体化、生产任务标准化、异常处置闭环化的数智生产管控模式，将标准化岗位、操作、现场嵌入生产管控平台，实现井站巡检、油水拉运、应急处置、资料录取等业务自动推送与员工价值量化评价，构建起形神兼备的生产现场数字化运行新模式。油田、厂两级生产指挥运行基本实现数字化。通过建设油气PCS、能管中心、车辆管理、产能督导、物资超市、异常管控中心等应用系统，基本实现两级指挥中心业务的数字化覆盖，特别是异常管控中心的深化应用，推动生产管理模式由“管正常”向“管异常”转变。④支撑油田“大监督”效能提升。通过开展安全专项数据治理，以及建设全员安全诊断、生产安全监督、直接作业管控、视频监控、固危废管理、隐患风险管理等应用系统，安全监督主要业务基本实现数字化，并为数智安全奠定了良好基础。通过建设IPPE平台实现钻、测、录、试、压裂等主要石油工程业务全面数字化覆盖，推动技术监督由“分散管理、独立应用”向“信息集成、整合应用”转变，构建远程+驻井监督模式，技术监督管理数字化程度较高。通过现场视频AI智能违章识别、算法模型实时监控预警、钻井全过程对比跟踪，钻井故障复杂时效由2.16%降至1.58%。⑤支撑油田“大经营”管理增效。通过研发经营管理平台、五到区块、一仓四库、市场管理信息化等系统建设，实现投资计划、经营财务、市场化管理等业务数字化，管理效率大幅提升。作业费用结算实现线上编、审、结“一站式”管理，结算环节由15个减至7个，结算周期由20天减至6天，预算员由32人减至8人，结算效率提升70%以上。

“十四五”期间，服务管理变革，油气生产信息化建设成效凸显。①现场数字化采集。油气生产现场安装数字式仪表、自动控制设备、网络摄像机3.86万套，部署实时数据采集点位89万个、日均入库7.76G，实时数据总量9529G；实时采集井场、站库、管线等9类重点区域11类生产设备的19类175项数据，油气井及站库高风险流程基本实现远程启停与安全联锁等控制功能。油井信息化3499口、数据采集率99.2%，远程控制率74.3%；气井信息化918口，数据采集率99.5%，远程控制率90.6%；注水井信息化776口，数据采集率72.1%，远程控制率55.4%。接转站、注水站、拉油站、集气站等小型站库612座，信息化覆盖率76.8%，关键工艺自控率48.1%；联合站、脱水站、净化站等大型站库11座，信息化覆盖率72.7%，关键工艺自控率34.5%。在5条长输管线安装泄漏监测预警系统，油井支干线依托井场视频与井口压力数据基本实现监控覆盖。②生产物联网建设。基本建成覆盖油气生产和工程施工现场的生产物联网络。无线网桥2784套，井场、站库工控数据与视频传输采用光纤、网桥和数字专线方式，占比分别为27.3%、57.8%和16.8%。建设光纤567千米，各采油厂、管理区、联合站等大型站库、矿区周边井站等全部实现光纤千兆接入。在用无线网桥2784套、无线基站468套。油田统一租用数据专线63条，在用4G物联网卡2979个，月共享流量130T，主要用于智能电表监测、注水井远程调控、工程施工现场安全视频录制传输以及部分偏远油井生产数据传输等。③生产信息化运维。2023年，结合清河采油厂“厂直管班组”改革需求，将分散在各采油管理区的SCADA工控系统集中至厂生产指挥中心，创新工控“假哑空”实时数据样本标记方法，建立前端设备预警逻辑规则37类，大幅提升运维效率。④PCS建设应用。围绕“抓工况好不好、抓时率高不高、抓能耗优不优”，持续开展PCS多参数组合预警研究，打造PCS关键指标、生产优化及异常预警模型，形成江汉特色的预警评价标准及模型样本库，促进生产参数持续优化、流程节点全程管控，油井工况大幅改善，站场无人少人值守，各项开发工程技术指标持续向好。完成涪陵页岩气田、采气一厂气田PCS推广与集成，建立油水拉运、管道巡检、措施作业等7项基层生产业务，关键节点实现线上管理，日均派发任务1270个，任务完成率超过99%，以任务模式驱动了生产管理高效运行，人均劳动效率大幅提升。⑤开展生产现场智能化技术试验。针对不同应用场景差异性开展无人机智能巡检、AI视频分析、边缘计算及北斗规模应用等新技术试验，为全面提升基层标准化、智能化管理水平提供技术储备。推广生产现场智能化巡检，利用无人机、AI视频分析、DAS等信息技术，在涪陵采气四区、清河采油厂开展基于无人机“空中拍”，物联感知设备“地上巡”试验，实现对长输管道、污水管网、配套电网、场库周边环境、场站流程区的智能化、常态化巡检，为生产运行管控赋能增效。试点安全生产AI视频管理，运用AI视频场景分析技术，赋能站场球形摄像机、移动单兵等监控终端，联动作业许可管理应用，对动火、高处、吊装等7大高风险作业场景进行违章行为AI自动识别，实现作业全过程可视、可控，打造“过程可视、业务联动、风险受控、监管到位”的智慧施工安全管理新模式。针对基层动液面测试工作量大的痛点，引进升级动液面“软测量”技术，实现油井动液面的连续精准计算，大幅提高了监测时效，年减少人工投入90%、降低费用84%，其成果获全国创新创业大赛优胜奖。

“十四五”期间，加强顶层设计，按照《江汉油田“十四五”信息化发展规划》，将数智化建设纳入油田“万千百”发展战略，按照“数据+平台+应用”建设模式，围绕“1234”工作目标，建成一个中心（新型数据资源中心）、夯实两个底座（工业互联网底座、移动应用底座）、强化三大支撑（IT人才支撑、管理体系支撑、基础设施和安全支撑），打造四大支撑平台（大运行平台、大科研平台、大监督平台、大经营平台），加快建设数智油气田。强化信息中心“管理+技术+服务”职能，围绕油公司体制机制建设、数智油气田建设等新要求，制定《江汉油田信息和数字化管理办法》《江汉油田新型数据资源中心数据录入指导意见》等管理制度11项，进一步规范油田数智化管理体系。聚焦数据质量和重要系统应用，建立数智化考评体系，构建多维度的数据质量检查模型，完善人工不干预考评通报机制，加大勘探开发业务协同平台（EPBP）、油气生产指挥系统（PCS）、勘探开发专业软硬件共享平台（EPCP）、石油工程业务智能管控平台（IPPE）等重要应用考核力度，首次将数智化考核纳入《江汉油田综合考核管理办法》，用好评价“指挥棒”与激励“驱动器”，初步形成了部门分工协作、齐抓共管的数智化管理格局。其间，油田获评全国石油和化工行业“两化”融合优秀实践奖、“两化”融合先进企业，湖北省“两化”融合示范企业，中国石化深化应用创新创效示范企业、信息化系统应用评价A级企业。

第三节　统筹勘探开发增储上产

面对新区资源接替不足、老区勘探程度高的实际，树立“全层系立体勘探”理念，统筹勘探开发一体化建设，加强地质、物探、钻井、测录井、试油“五位一体”管理，深化地质基础研究、优化石油工程设计，促进勘探开发不同专业、不同环节相互配合，实现油气勘探开发效率最大化，老区油气产量保持硬稳定，并取得碳酸盐岩勘探的重大突破。

一、油气产量保持硬稳定

“十二五”以来，统筹“地质工程一体化”“勘探开发一体化”取得较好效果，老区油气产量保持了硬稳定。

（1）八面河油田滚动勘探开发。2011年10月13日，清河采油厂的重点探井——广北2-斜6井，试获日产油0.5吨，为八面河石油勘探开辟了一个新领域。2012年2月18日，部署在八面河面14区块的面14-斜33井，在沙四段钻遇油层8层总厚19.6米，初期日产原油1.6吨；沙四段6砂层组发现新油藏，新增预测石油地质储量200万吨。在沙子岭地区部署钻探羊斜36井、羊3-斜6井和羊斜12井都钻遇油层，实现含油范围西扩。开展老井复查，面120-5井于沙四段4砂层组试油获日产5.7吨；面113井于沙四段5砂层组试油获日产3.4吨。初步实现鼻状断裂带西区叠合含油连片，整体储量规模达500万吨。沙四段滩坝岩性油藏勘探新增三级储量1314万吨，进一步展示了沙河街组多砂组滩坝岩性油藏勘探潜力。

按照“向北拓展，寻找稀油油藏”的勘探思路，部署的面孔斜7井获得成功，首次发现孔店组稀油油藏。2012年7月29日，在面孔斜7井采用常规试油，获日产油18吨，投产后稳定在8吨。这是八面河勘探40余年来，首次在孔店组新层系获得工业油流，新增预测石油地质储量50万吨。中古生界综合评价优选郭井子潜山带广2南岩性圈闭，部署钻探广北2-斜

6井，通过压裂试油获日产油4.5吨，首次在中生界突破工业油流关，展示了中生界良好的勘探潜力。2012年，新钻开发井79口，新建原油生产能力8.28万吨；年产油66.5万吨，累计产油1922.53万吨（表5-7）。

表5-7　2011—2015年八面河油田勘探开发生产情况

项目＼年度	2011	2012	2013	2014	2015
累计探明含油面积/平方千米	100.26	104.48	104.48	105.51	105.51
探明石油地质储量/万吨	16620.56	17223.24	17269.14	17300	17338.25
技术可采储量/万吨	3088.26	3201.06	3201.11	3244.64	3264.79
剩余可采储量/万吨	1232.23	1278.53	1211.84	1188.37	1145.56
采油井/口	1286	1363	1425	1515	1560
开井/口	1189	1249	1317	1367	1372
年产油/万吨	66.50	66.50	66.74	67.0	63.0
累产油/万吨	1856.03	1922.53	1989.27	2056.27	2119.23
采油速度/%	0.52	0.51	0.50	0.49	0.46
采出程度/%	14.73	14.70	14.8	15.10	15.57
注水井/口	241	260	323	363	368
开井/口	210	224	295	327	309
综合含水率/%	91.40	91.66	91.35	91.79	91.66
自然递减率/%	15.50	14.27	14.7	14.4	12.8
综合递减率/%	7.70	7.08	6.5	7.7	7.4

通过古地貌和沉积微相研究认为，八面河北部存在坡折和构造平台，是多期次不同成因砂体有利发育区，且临近油源，成藏条件较为优越，是岩性油藏勘探有利区。2013年，优选部署探井3口，其中莱10-斜20井沙四段5砂层组试油获日产油8.8吨，初步实现与主体带的含油连片。这3口井的钻探成功，扩大了莱10断块的含油范围，展现了该区岩性油藏良好的勘探潜力。2015年，通过开展“四性”关系研究，重新建立油层解释版图。在储层预测精细研究基础上，优选钻探面121-斜2井发现油层6.6米，主体带西翼沙四段4～6砂组呈现叠合含油连片趋势。研究认为，区域上孔店组底部超覆现象普遍存在，易形成地层超覆油藏，平面上叠置分布；部署钻探草古斜5井，新增预测储量139万吨，扩大了孔店组含油范围。

“十三五”期间，拓展“三新”领域勘探取得突破。2016年，部署钻探草斜52井钻遇油层5层总厚12.6米，预计新增控制储量200万吨，发现八面河西区沙四段含油新区块；部署钻探面36-斜9井，钻遇油层2层总厚15.8米，发现面38南沙三上段含油新区块，预计新增控制储量100万吨。优选部署草古7井，在侏罗系钻遇油层2层总厚21.2米，发现中生界潜山含油新区块。全年，生产原油52.44万吨（表5-8）。2017年，加强成藏规律研究和叠前地质统计学反演等技术攻关，落实了一批滩坝岩性圈闭。2019年，强化精细小层对比与圈闭识别，八面河鼻状带西区滩坝实现含油连片。优选钻探面23-斜4、面16-斜19等井均获成功，新增三级储量836万吨，其中探明石油地质储量204万吨。2020年，开展构造精细解释及古生界成藏条件分析，落实上古生界潜山圈闭4个、资源量500万吨，展示了八面河地区全层系立体勘探的良好前景。

表5-8　2016—2020年八面河油田勘探开发生产情况

项目＼年度	2016	2017	2018	2019	2020
累计探明含油面积/平方千米	105.51	105.84	105.84	106.71	108.86
探明石油地质储量/亿吨	1.73	1.74	1.74	1.76	1.78
可采储量/万吨	3277.42	3298.76	3320.39		3357.62
剩余可采储量/万吨	1105.71	1077.57	1050.45	1045.4	992.08
采油井/口	1576	1570	1595	1625	1672
开井/口	1249	1250	1248	1284	1257
年产油/万吨	52.44	49.48	48.75	48.50	47.1
累产油/万吨	2171.71	2221.19	2269.94	2318.44	2365.54
采油速度/%	0.39	0.36	0.36	0.35	0.34
采出程度/%	15.95	16.28	16.55	16.80	17.14
注水井/口	377	362	377	387	401
开井/口	290	287	302	288	303
综合含水率/%	92.47	92.68	93.24	93.46	93.63
自然递减率/%	20.04	14.3	14.04	13.48	12.55
综合递减率/%	16.92	6.9	7.97	6.03	8.21

“十四五”期间，着力打好“老油田硬稳定”保卫战，确保油田勘探开发工作高效推进。2022年，针对海滩沙四段5砂组，开展成藏再认识、

岩性再认识及测井再解释工作，老井复查及新井钻探均获成功。滩Ⅰ、滩Ⅱ块沙四段5砂组新增预测储量459万吨；海滩区发现落实圈闭5个、面积10.7平方千米，预测资源量1150万吨（图5-24）。全年，产油47.1万吨（表5-9），累计产油突破2400万吨。

图5-24　清河采油厂八面河油田颗粒云岩开发准备井成功投产

表5-9　2021—2024年八面河油田勘探开发生产情况

项目＼年度	2021	2022	2023	2024
累计探明含油面积/平方千米	108.86	127.46	109.17	109.17
探明石油地质储量/万吨	17879.29	18048.98	18048.98	18048.98
技术可采储量/万吨	3371.44	3488.12	3385.06	3421.83
剩余可采储量/万吨	958.90	408.15	361.15	424.88
采油井/口	1691	1553	1705	1672
开井/口	1317	1241	1343	1316
年产油/万吨	47.0	47.1	47.0	47.60
累产油/万吨	2412.54	2459.64	2506.64	2554.24
采油速度/%	0.34	0.34	0.34	0.32
采出程度/%	17.38	17.72	17.82	17.02
注水井/口	415	411	427	429
开井/口	322	307	336	303
综合含水率/%	94.04	93.88	93.85	93.78
自然递减率/%	11.10	10.95	10.68	9.82
综合递减率/%	4.15	4.61	5.05	3.82

2023—2024年，八面河油田年原油产量保持在47万吨的水平。2024年10月28日，江汉油田与胜利油田合作在八面河油区部署的首口分支水平井面120-1-平20井钻探成功，测试获日产油26.7吨，为同类型未动用储量效益开发提供了新方向。清河采油厂组建一体化专家组和运行组，建立多专业深度融合、高效协同、统筹考核工作机制，推动难动用储量效益开发。在加强面138、面120区块油藏认识的基础上，深化辅助吞吐机理研究，对30口井实施辅助吞吐工艺，增油效果显著。加大一体化集智攻关力度，拓宽提高采收率路径，在聚合物驱、非均相复合驱、降黏剂驱等领域取得技术突破，为大幅度提高老油田采收率奠定了基础。

（2）坪北致密油藏高效开发。坪北油田属特低渗透油藏，单井产能低，产量递减快，开发难度大。2011年9月，成立致密砂岩项目组。11月19日，部署钻探的首口长水平段水平井PH9-1井完钻，水平段长484.75米（江汉油田实施的水平段最长的油井）；12月1日，采用裸眼封隔器和滑套分段压裂技术，分6段压裂成功；12月5日，试油获日产油10立方米工业油流。2012年，以“建设中国石化特低渗透油田开发一流企业”为目标，加快产能建设、狠抓精细管理，整体工作呈现出“储量增、产量超、成本控、效益好、队伍稳”的良好态势。8月30日，坪北经理部主持的“小平台经理”绩效考评体系的建立与运用成果，获中国石化第二十一届管理现代化创新一等成果（图5-25）。全年新建产能1.59万吨，生产原油18万吨，连续12年保持在17万吨水平运行。油井免修期975天，同比延长84天；检泵周期1307天，同比延长133天，平均泵效43.8%；自然递减率控制在7.61%，综合递减率6.75%（表5-10）；油井免修期、检泵周期、维护作业频次等3项指标居中国石化集团公司油气田企业首位。2013年，按照“有效益才动用、有价值才开发”的工作思路，采用排距和井距双重加密的“之”字形井网，保障资源得到充分动用，提高水驱开发效果。新投井的初期平均日产油达到1.9吨，高于方案设计1.4吨的水平，且递减趋势小于滚动扩边井，单井新增经济可采储量高于滚动扩边井。2014年，油田开井673口、同比增开46口，年产油上升至18.5万吨，综合递减率为6.60%。

图5-25 坪北经理部获得的“管理现代化创新一等成果”证书

表5-10 2011—2015年坪北油田勘探开发生产情况

年度 项目	2011	2012	2013	2014	2015
累计探明含油面积/平方千米	77.2	77.2	77.2	77.2	77.2
探明石油地质储量/万吨	3745	3745	3745	3745	3745
技术可采储量/万吨	495.88	513.38	540.16	540.16	544.57
剩余可采储量/万吨	283.06	282.56	291.24	272.74	259.65
采油井/口	589	639	675	717	730
开井/口	526	589	627	673	689
年产油/万吨	17.5	18.0	18.1	18.5	17.5
累产油/万吨	212.82	230.82	248.92	267.42	284.92
采油速度/%	0.47	0.48	0.48	0.49	0.47
采出程度/%	5.68	6.16	6.65	7.14	7.61
注水井/口	204	211	239	255	257
开井/口	195	198	214	232	182
综合含水率/%	52.09	55.02	55.24	56.19	57.07
自然递减率/%	8.08	7.61	7.60	8.14	6.98
综合递减率/%	7.50	6.75	6.14	6.60	0.43

“十二五”期间，原油生产保持在17.5万吨以上水平。坪北油田被中国石化评为“十二五”高效开发油田，第3次获此称号，这是对坪北石油人成功开发特低渗透油藏的充分肯定。其间，在中国石化第五届“五项劳动

竞赛”总结表彰会上，坪北经理部被授予“红旗采油厂”荣誉称号，且连续三次获此荣誉；采油二队被评为“金牌采油队”，实现坪北经理部“金牌采油队”荣誉零的突破；联合队连续五届被评为“五星级站库”；采油五队被评为“银牌采油队”；地质所被评为“银牌地质所”。

“十三五”期间，受低油价影响，为实现坪北油田效益开发，实施“降产保效”与“两级”扁平管理模式，将年原油产量调至14万吨。2016—2017年，在没有投资和新井补充、关停部分平台油井及注水井的情况下，通过油藏评价、科学有效开展老区调整，年生产原油分别为15.8万吨、14.2万吨。2019年，持续深化井网细分重组（图5-26），新增产能1.01万吨，新增经济可采储量11.84万吨，产能达标率97.1%。通过加强水驱前缘精细描述，新井含水率平均降低10个百分点；应用单砂体分段压裂技术，加大井斜，新井产油9295吨，优于方案设计指标。推进水驱油藏分类治理，完成水井作业88井次，注采对应率上升1.8%，自然递减率为6.06%。8月，中国石化致密油高效开发推进会在坪北召开，坪北经验被中国石化作为典型在行业内推广。2020年，按照“提质量、调结构、控成本”的思路组织油田开发，在新冠疫情和油价持续低迷的双重影响下，坚持做优增量、做实存量，新建产能1.17万吨，开发成本12.4美元/桶。7月20日，南区P66平台投产新井7口，初期日产油23.2吨，平均单井日产油3.3吨，高出方案设计21%，实现新井高质高效投产。9月3日，坪北油区历史上第一口侧钻井P77-810CZ日产油2.97吨，超过方案预期的28%，首次应用套管开窗侧钻工艺取得成功。“十三五”期间，原油生产保持在14万吨以上水平，被中国石化评为“十三五”高效开发油田。在中国石化油田板块第七届“五

图5-26　优化井网布局，提高油田采收率

项劳动竞赛”评比中，坪北经理部连续被评为“红旗采油厂”。在第九届“五项劳动竞赛”评比中，坪北经理部被中国石化股份公司评为2019—2020年度“先锋采油厂”（图5-27）。

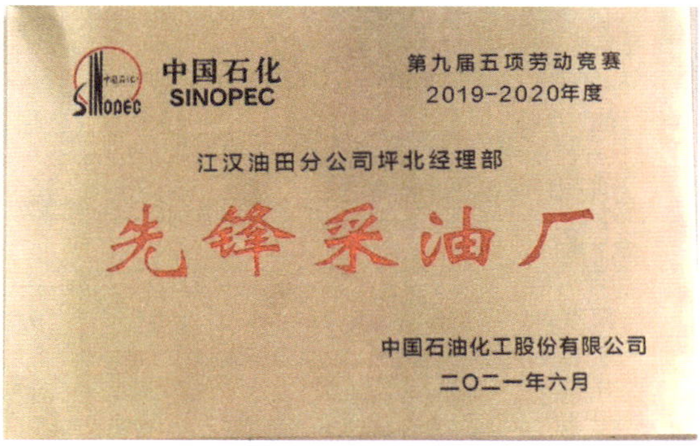

图5-27　坪北经理部获得“先锋采油厂”奖牌

图5-28　深化渗流机理研究和矿场试验，建立“六精细六抓实”注采模式

“十四五”以来，聚焦“老油田效益稳产”目标，原油生产稳定在14万吨以上水平。2021年，实施产建项目全过程优化，加快产建运行节奏，新增产能0.88万吨，平均开发成本14.29美元/桶。加强剩余油分布规律研究，着力完善井网，创新侧钻井技术集成，实施侧钻井8口，增油0.22万吨。坚持地质工艺一体化运行，推广油井细分层压裂、靶向暂堵压裂技术，措施增油0.41万吨。完善周期注水政策，实施120井次，对应区域含水下降4.1%（图5-28）。2022年，坚持控递减、降含水、提产能，探索“大生产”运行模式，进一步夯实稳产根基。自然递减率由2021年的8.25%，下降到2022年的7.75%（表5-11）。

表5-11　2016—2024年坪北油田勘探开发生产情况

项目＼年度	2016	2020	2021	2022	2023	2024
累计探明含油面积/平方千米	77.2	77.2	77.2	77.2	77.2	77.2
探明石油地质储量/万吨	3745	3745	3745	3745	3745	3745
技术可采储量/万吨	551.27	551.27	551.27	577.50	571.27	584.47
剩余可采储量/万吨	250.55	193.55	179.29	191.31	177.51	172.26

续表

项目 \ 年度	2016	2020	2021	2022	2023	2024
采油井/口	737	786	813	845	874	870
开井/口	675	715	740	762	798	751
年产油/万吨	15.8	14.4	14.26	14.20	13.80	12.22
累产油/万吨	300.72	357.72	371.98	386.18	399.99	412.21
采油速度/%	0.42	0.38	0.38	0.38	0.37	0.33
采出程度/%	8.03	9.55	9.93	10.31	10.68	11.01
注水井/口	262	286	288	296	317	315
开井/口	185	243	242	228	246	83
综合含水率/%	58.23	63.69	67.86	69.68	70.38	72.01
自然递减率/%	7.87	6.67	8.25	7.75	8.31	16.02
综合递减率/%	7.34	4.57	5.42	6.22	7.00	15.31

（3）王场油田提高采收率。王场油田（隶属江汉采油厂）构造上位于江汉盆地潜江凹陷王广断裂构造带北部，是江汉盆地最早发现的油田。2012年6月，针对油田开发后期的生产现状，江汉采油厂完成“王场油田改善水驱效果提高采收率先导试验”项目。以王场油田构造轴部的全部生产井为重点研究对象，开展储层层间和层内非均质、小层精细对比和储层精细研究，掌握剩余油分布规律，筛选出10口老井实施增产措施，增油1580吨，创直接经济效益200万元。11月，完成“王场整装油田开发后期分层提高采收率研究”项目，投产油水井31口，完成注水井措施39口，增油3.22万吨。12月，完成“王场油田整体改善开发效果技术研究与应用”项目，投产油井20口、投注注水井16口，实施油井措施63口、注水井措施38口，累计增油3.79万吨；油田水驱采收率比2010年提高1.05个百分点，自然递减率比2010年降低3.3个百分点。是年，生产原油19.2万吨（表5-12）。2015年12月，江汉采油厂完成“王场油田潜四上段稳产对策研究”项目，完钻新井18口，实施老井措施22项，增油2.66万吨。“王场油田潜四上段稳产对策研究”项目成果，获江汉油田分公司科技进步奖一等奖。

表5-12 2011—2015年王场油田勘探开发生产情况

年度 项目	2011	2012	2013	2014	2015
累计探明含油面积/平方千米	43.8	43.8	43.8	43.8	43.8
探明石油地质储量/万吨	4240.13	4240.13	4240.13	4240.13	4240.13
技术可采储量/万吨	1808.97	1817.39	1823.82	1835.29	1841.77
剩余可采储量/万吨	216.0	205.23	193.02	187.0	178.16
采油井/口	294	306	305	320	328
开井/口	252	260	271	274	235
年产油/万吨	20.36	19.20	18.64	17.49	15.32
累产油/万吨	1592.97	1612.16	1630.8	1648.29	1663.61
采油速度/%	0.51	0.48	0.46	0.43	0.38
采出程度/%	39.71	39.90	40.36	40.79	41.17
注水井/口	156	164	157	162	166
开井/口	109	104	122	123	93
综合含水率/%	90.0	90.27	91.14	91.33	88.85
自然递减率/%	12.59	19.25	12.19	11.83	22.34
综合递减率/%	7.11	11.36	4.67	8.04	16.04

2016—2024年，稳步推进油田精细勘探效益开发。2016年1月30日，在王场油田潜43老区钻探的王西12斜-61井，投产后获日产油6.1吨，证实了“水淹区”井间剩余油认识的准确性，对油田老区开发具有重要意义。通过储层纵向非均质性分析各小层的吸水和出力状况，结合测井相特征以及压裂裂缝方向，对水淹区水淹状况重新认识，细化含水等级，绘制精细剩余油分布图。根据新的剩余油分布特征，在潜力区部署新井4口、共钻遇油层68.4米，其中王4斜-7-7井、王4斜-7-8井在未采取措施的情况下，投产后均获日产油10吨。是年，生产原油12.26万吨，采油速度0.3%，采出程度达到41.48%（表5-13）。2017年6月15日，江汉采油厂在王场油田南断块投产的王17斜-7井获日产油8.8吨、含水11.2%。王17斜-7井钻探成功，表明王场油田南断块水淹区具有一定的剩余油潜力。11月22日，王4斜-8-8B井完钻投产，获日产油9.8吨，这是深化王场油田中区南部剩余油分布规律认识的重要成果。2018年，治理注水井19口、对应油井7口，

月注采比由0.59上升至0.71，含水上升率由3.93下降至0.45。1月7日，滚动井王53斜-1井投产，日产油19.8吨，证实王场背斜附近构造—岩性油藏的潜力。7月7日，在油田潜43油组投产的王4斜-6-11井、王4斜-6-13井、王西9斜-61井，获得日产油30.2吨，其中王4斜-6-11井投产后日产油12.1吨，含水0.5%，创出近3年来潜43油组新井初产新高，这是在王场油田开展剩余油再认识基础上取得的重大研究成果。8月，江汉采油厂地质技术人员通过对王场北区王80-3水井试油复查后，获得日产油3.0吨，并发现新的含油区块，表明王场油区仍有实现滚动增储的潜力。2019年，推进王场中区潜43精细注水示范区建设。4月，在油田北区整体部署的严8斜-1井、严8斜-2井钻遇较好油层，投产后分别获日产油7.5吨、4.8吨，这是江汉采油厂借助地震储层预测技术精细刻画圈闭边界的又一重要成果。2021年8月25日，王场背斜北端滚动井——王78斜-25井钻遇油层5.5米，压裂获日产油10.5吨，证实王场构造具有多层系滚动勘探的潜力。12月14日，中区潜43砂体调整井王西6-斜8井压裂投产获日产油10.5吨。2022年2月4日，王场油田中区潜43侧钻井王西5-6B井压裂投产获日产油6.7吨。11月7日，王平1井区王99井盐间层实施充填措施后，日增油3.0吨，为盐间页岩油开发提供了方向。2022年，王场油田在“两高一低”（采出程度42.78%、综合含水92.52%、采油速度0.27%）情况下，年产油11.29万吨。2023—2024年，年原油产量保持在10万吨以上生产水平。

表5-13　2016—2024年王场油田勘探开发生产情况

项目 \ 年度	2016	2020	2021	2022	2023	2024
探明含油面积/平方千米	43.8	44.01	44.01	44.75	44.01	44.01
探明石油地质储量/万吨	4240.13	4282.81	4282.81	4245.06	4282.81	4282.81
技术可采储量/万吨	1847.29	1869.53	1869.53	1908.61	1906.13	1897.84
剩余可采储量/万吨	171.42	144.89	134.22	136.91	126.19	106.29
采油井/口	339	344	342	252	291	291
开井/口	207	280	276	204	229	226
年产油/万吨	12.26	10.62	10.67	11.29	10.71	10.49
累产油/万吨	1675.87	1724.64	1735.31	1746.64	1757.32	1767.81
采油速度/%	0.30	0.26	0.26	0.27	0.27	0.26

续表

项目＼年度	2016	2020	2021	2022	2023	2024
采出程度/%	41.48	42.51	42.51	42.78	42.91	43.01
注水井/口	170	183	182	127	159	160
开井/口	92	114	126	80	103	97
综合含水率/%	92.37	92.61	92.11	92.52	92.45	93.03
自然递减率/%	27.74	13.41	5.89	13.29	11.09	11.70
综合递减率/%	26.28	11.21	0.14	11.27	8.34	8.52

（4）钟市油田保持生产稳定。钟市油田（隶属江汉采油厂）构造上位于江汉盆地潜江凹陷北部钟潭断裂构造带。“十二五”期间，钟市油田在无新增探明石油地质储量的情况下，年产油保持稳中有升。2012年，在钟市地区浅层首次发现100–1含油新区块。江汉采油厂抓住钟市地区滚动扩边的有利机遇，加大对钟市油田的滚动勘探开发力度，集中在钟市一段投产钟112平2井、钟112斜5井等新井10口，同时精细老区综合调整，实施老井挖潜措施，促进原油产量有所回升。4月30日，对位于钟市油田西部的钟83斜–6井实施补孔措施，日产油由补孔前的0.5吨提高到合采后的3.5吨，首次在钟西地区潜二段获得工业油流。是年，生产原油8万吨，自然递减控制在2.47%（表5–14）。2013年，加快钟112井区产能建设进度，投建新井7口，日增油30吨，实现了对潜13油组的整体动用。2014年，部署在钟52井区的调整井——钟52斜–3井，获日产油10吨，含水6%。这口井的成功钻探，对钟市油田老区剩余油挖潜具有借鉴意义。2015年，针对钟市复杂断块油藏开展精细小层对比，重新认识分布，层间剩余油挖潜取得较好的成效。

表5–14　2011—2015年钟市油田勘探开发生产情况

项目＼年度	2011	2012	2013	2014	2015
累计探明含油面积/平方千米	7.0	7.53	7.53	7.53	7.53
探明石油地质储量/万吨	979	1492.55	1492.55	1492.55	1492.55
技术可采储量/万吨	313.0	490.13	477.79	486.59	490.16

续表

项目＼年度	2011	2012	2013	2014	2015
剩余可采储量/万吨	47.55	116.68	95.76	95.63	90.54
采油井/口	84	95	100	113	118
开井/口	77	85	94	106	104
年产油/万吨	5.42	8.00	8.59	8.93	8.66
累产油/万吨	365.45	373.45	382.03	390.96	399.62
采油速度/%	0.77	0.71	0.70	0.72	0.70
采出程度/%	43.25	32.39	31.02	31.75	32.45
注水井/口	39	44	48	50	52
开井/口	33	39	40	43	39
综合含水率/%	86.27	82.76	82.67	83.57	84.17
自然递减率/%	16.29	2.47	22.16	20.35	10.06
综合递减率/%	1.66	−9.90	14.3	9.29	2.14

2016—2024年，钟市油田年生产能力保持7万吨的水平（表5–15）。2016年，根据水井吸剖资料及周围油井层间物性差异，对注水井细化分注井段，释放非主力层潜力。10月，钟62井采取分注换封后，周围2口对应油井均见到明显效果。其中，钟8斜–31井日产液由5.7吨上升到7.2吨，日产油由3.6吨上升到4.6吨，钟市油田精细注水初获成效。

表5–15 2016—2024年钟市油田勘探开发生产情况

项目＼年度	2016	2020	2021	2022	2023	2024
累计探明含油面积/平方千米	7.53	7.53	7.53	8.54	7.90	7.90
探明石油地质储量/万吨	1492.55	1492.55	1492.55	1492.55	1546.48	1546.48
技技术可采储量/万吨	526.33	527.06	527.06	534.36	556.37	523.00
剩余可采储量/万吨	118.77	92.44	86.11	42.52	42.52	46.22
采油井/口	127	133	142	128	136	136
开井/口	100	111	121	119	126	128
年产油/万吨	7.94	6.2	6.33	7.04	6.94	6.70
累产油/万吨	407.56	434.62	440.95	447.99	447.99	461.59
采油速度/%	0.64	0.49	0.50	0.58	0.55	0.47

续表

项目 \ 年度	2016	2020	2021	2022	2023	2024
采出程度/%	33.1	34.57	35.07	35.63	36.18	32.58
注水井/口	51	54	53	43	49	50
开井/口	30	41	38	32	37	38
综合含水率/%	84.61	89.47	89.37	89.02	89.49	90.20
自然递减率/%	14.99	7.92		5.15	10.14	7.41
综合递减率/%	12.19	3.68		-1.6	5.5	2.22

（5）潭口油田原油产量稳中有升。潭口油田（隶属江汉采油厂）构造上位于江汉盆地潜江凹陷钟潭断裂构造带。2012年1月7日，在潭70井区部署完钻的开发井潭70斜-4-6井，成功钻遇潜4^1油组厚油层13.6米，投产后获日产油11.3吨，展示了潭70井区的增储潜力。2月27日，部署在潭口凸起带南部的潭71平9井，穿越水平段长150米，钻遇油层6层总厚56米，首次在潜3^4油组获日产油3.2吨。5月13日，对位于潭口油田西部斜坡带上的严9井实施“开窗”侧钻，获日产油8.3吨，为推进潭口西部斜坡带滚动扩边挖潜提供了借鉴。6月24日，优选潭42井区的潭38井作为试验井，通过对其潜$4^下$油组实施压裂，获日产油4.6吨，首次实现了潜$4^下$油组储量的有效动用。全年生产原油6.53吨（表5-16）。2013年，推进滚动勘探开发一体化，部署的潭76斜C井、潭76斜-8井均钻遇潜3^4油层，新增探明石油地质储量39万吨。2013—2015年，原油产量由6.89万吨上升到7.25万吨，呈现出稳中有升的良好态势。

表5-16　2011—2015年潭口油田勘探开发生产情况

项目 \ 年度	2011	2012	2013	2014	2015
累计探明含油面积/平方千米	6.78	6.78	6.78	6.78	6.78
探明石油地质储量/万吨	1319.81	1319.81	1319.81	1319.81	1319.81
可采石油地质储量/万吨	205.89	176.72	179.68	184.25	187.82
剩余可采储量/万吨	169.36	133.66	129.73	127.07	123.39
采油井/口	65	75	78	86	92

续表

项目 \ 年度	2011	2012	2013	2014	2015
开井/口	47	53	60	70	65
年产油/万吨	4.4	6.53	6.89	7.23	7.25
累产油/万吨	36.53	43.06	49.95	57.18	64.43
采油速度/%	1.16	0.75	0.77	0.81	0.81
采出程度/%	7.64	4.96	5.58	6.38	7.19
注水井/口	12	13	18	20	20
开井/口	8	9	13	16	13
综合含水率/%	71.69	70.98	57.82	63.66	60.22
自然递减率/%	23.05	15.09	14.14	24.77	7.96
综合递减率/%	16.79	13.24	-1.62	20.88	0.21

2016年，在潭71斜-6-11井完成补孔压裂措施后，获日产油11吨，表明油田仍具有良好的剩余油空间。投产新井潭71斜-7-3井、潭71斜-7-10井、潭62斜-5井，平均单井钻遇油层46.2米，投产初期日产油均在10吨以上。其中，在潭71斜-7-10井首次试用“射孔防喷下泵联作”工艺并获得成功。在潭口地区开展三维RTM攻关研究，重新研究疑难老井地层划分结果，提出潭口凸起周缘存在逆断层模式和高中低台阶观点；成功钻探潭斜761井，投产自喷日产油20.8吨，落实商业开发储量113.6万吨。全年生产原油7.16万吨（表5-17）。2017年，加大潭斜761井区滚动勘探开发力度。5月30日，潭761斜-1井投产后，初期获日产油13.5吨，表明潭口凸起带具有多层系成藏的特点。2018年，优化靶点和钻井轨迹，部署钻探潭761斜-3井获日产油13吨，潭761斜-4井获日产油12.1吨。创新“无限校深射孔防喷下泵联作”工艺，在潭761斜-4井生产应用上获得成功。这项工艺，既能在深井“联作”施工中消除长尾管拉伸误差，大幅提高射孔校深精度，也能较好避免炮灰杂质卡堵泵阀导致管柱失效。投产新井潭71斜-3-2井、潭71斜-5-2井获日产油15.6吨，这是对潭71井区持续开展油藏精细描述以来取得的又一重大成果。2022年，碳酸盐岩新类型储层取得勘探突破。9月5日，潭71斜-7-5C实施老井试油复查，抽吸求产获日产油

10.5立方米，实现江汉油田碳酸盐岩新类型储层的勘探突破。2023年，开展碳酸盐岩油藏评价，优化储层改造工艺，潭口地区新增三级储量1961万吨。是年，生产原油8.16万吨，比上年增加1.03万吨。2024年，原油产量达到9.4万吨，同比增加1.24万吨。

表5-17　2016—2024年潭口油田勘探开发生产情况

项目＼年度	2016	2020	2021	2022	2023	2024
累计探明含油面积/平方千米	6.78	7.06	7.12	7.52	7.12	14.08
探明石油地质储量/万吨	1319.81	1448.58	1467.43	1467.43	1467.43	1961.41
技术可采储量/万吨	192.8	246.3	249.35	230.53	282.29	338.90
剩余可采储量/万吨	121.21	142.81	137.8	42.50	161.18	88.72
采油井/口	95	113	113	101	117	131
开井/口	66	104	102	84	96	111
年产油/万吨	7.16	8.48	8.06	7.13	8.16	9.40
累产油/万吨	71.59	103.49	111.55	118.68	126.84	136.24
采油速度/%	0.80	0.83	0.79	0.72	0.76	0.83
采出程度/%	7.99	10.10	10.89	11.58	12.16	11.97
注水井/口	20	27	28	24	30	33
开井/口	13	20	22	19	23	27
综合含水率/%	60.90	39.03	47.84	46.42	58.16	55.59
自然递减率/%	24.54	12.98	12.49	14.88	3.39	2.99
综合递减率/%	15.30	10.85	4.25	7.88	–1.83	–3.03

（6）松滋油田控制自然递减。松滋油田（隶属荆州采油厂）由谢凤桥油田、南岗油田、采穴油田3个小油田组成。2012年，围绕江陵凹陷勘探开发及剩余油技术挖潜，加强“松滋地区滚动勘探”项目研究。2013年，致密砂岩储层压裂取得突破，应用低伤害、易返排压裂液体系，松滋老区SK8–3井压裂后初期日产油4吨，年累产油316吨。是年，生产原油4.66万吨，自然递减控制在14.96%。至2015年，自然递减控制在7.39%（表5–18）。

表5-18　2011—2015年松滋油田勘探开发生产情况

项目＼年度	2011	2012	2013	2014	2015
累计探明含油面积/平方千米	7.95	7.95	7.95	7.95	7.95
探明石油地质储量/万吨	1117.43	1117.43	1117.43	1117.43	1117.43
技术可采储量/万吨	215.25	210.77	218.51	218.51	218.51
剩余可采储量/万吨	199.45	190.58	193.66	188.79	184.47
采油井/口	39	44	46	48	48
开井/口	27	30	32	36	26
年产油/万吨	3.93	4.39	4.66	4.87	4.32
累产油/万吨	15.80	20.19	24.85	29.72	34.04
采油速度/%	1.12	0.79	0.84	0.88	0.78
采出程度/%	4.57	3.63	4.47	5.35	6.12
注水井/口	9	10	10	10	10
开井/口	5	6	6	5	4
综合含水率/%	43.9	44.33	42.04	45.59	36.56
自然递减率/%	24.63	22.83	14.96	17.04	7.39
综合递减率/%	23.62	18.23	9.32	10.33	6.09

2016年，油井开井25口，年产油3.9万吨（表5-19）。2021年，采穴沙市组扩边取得好效果，ES11-5CZ井在沙市组解释油层40.5米，落实可动用储量88万吨。2022年，开展长停井恢复潜力分析，科学编制复产方案。采穴断块沙市组未动用储量评价取得新成效，ES11-5侧钻井钻遇油层40.5米，稳定日产油5吨，年累计产油946吨，落实可动用储量20.5万吨。是年，松滋油田开井31口，年产油上升到2.61万吨。2023—2024年，松滋油田年产油保持在2.6万吨生产水平。

表5-19　2016—2024年松滋油田勘探开发生产情况

项目＼年度	2016	2020	2021	2022	2023	2024
累计探明含油面积/平方千米	7.95	8.67	7.68	9.38	7.68	7.68
探明石油地质储量/万吨	1117.43	969.81	969.81	969.81	969.81	969.81
技术可采储量/万吨	218.51	196.46	196.46	161.07	119.34	120.36
剩余可采储量/万吨	180.57	145.75	143.21	31.45	28.85	29.35

续表

项目 \ 年度	2016	2020	2021	2022	2023	2024
采油井/口	48	45	46	43	46	45
开井/口	25	20	30	31	35	33
年产油/万吨	3.9	2.89	2.54	2.61	2.60	2.66
累产油/万吨	37.94	50.71	53.25	55.86	58.46	61.13
采油速度/%	0.70	0.57	0.50	0.49	0.54	0.43
采出程度/%	6.82	9.96	10.45	10.97	11.48	9.99
注水井/口	10	10	10	9	10	12
开井/口	3	5	3	4	4	7
综合含水率/%	37.75	60.94	74.69	67.25	64.64	66.7
自然递减率/%	8.90	7.58	2.87	3.87	5.06	9.55
综合递减率/%	8.67	7.22	1.77	2.9	3.61	7.96

（7）建南气田累产气超35亿立方米。建南气田（隶属采气一厂）构造位置属四川盆地东缘石柱复向斜，气藏类型南高点飞三段为构造—岩性气藏、北高点长二段为块状气藏、北高点石炭系为层状气藏。2012年，坚持勘探开发一体化，实现天然气新增三级储量352亿立方米，其中探明储量63亿立方米。老区勘探开发获得新发现，滚动勘探建南二叠系、三叠系礁滩取得实质性进展，新店1井、新店2井获高产工业气流。其中，新店1井在飞三段酸化施工后测试获日产天然气8.5万立方米，取得建南气田北高点飞三段气井钻探的实质性突破。是年，产气1.5亿立方米（表5–20）。2014年，对生产井实施分类分级动态管理，气田稳产基础得到夯实。

表5–20　2011—2015年建南气田勘探开发生产情况

项目 \ 年度	2011	2012	2013	2014	2015
累计探明含气面积/平方千米	114.82	129.91	129.91	129.91	129.91
探明天然气地质储量/亿立方米	159.91	222.5	222.5	222.5	222.5
技术可采储量/亿立方米	84.02	114.94	114.94	114.94	114.94
剩余可采储量/亿立方米	62.61	92.03	90.33	39.02	87.82

续表

项目 \ 年度	2011	2012	2013	2014	2015
采气井/口	18	22	22	22	22
开井/口	17	22	21	20	19
年产气/亿立方米	1.41	1.503	1.52	1.31	1.20
累产气/亿立方米	21.41	22.91	24.61	25.92	27.12
采气速度/%	1.76	1.58	1.60	1.38	1.27
采出程度/%	27.01	24.33	25.93	27.3	28.57
自然递减率/%	7.05	4.84	5.52	12.95	8.55
综合递减率/%	−1.10	−2.06	0.98	8.29	5.91

“十三五”以来，针对气井产能递减快、稳产难度大的实际情况，积极探索效益最大化开发模式，推进气井分类管理及“一井一策”管理。2016年，对气井全面实施分类分级管理深度挖潜，建南老区实现扭亏为盈。对建平5井、建35–5井、建平1井等高产井实行“特护”动态跟踪监测管理。针对建密HF–1井电潜泵频繁欠载停机问题，设计出低液面下的电潜泵排水采气新方法，优化电潜泵工作制度，气井采气时率提高约50%，增产天然气19.5万立方米，创效40万元。对建平7井、建43井、建35–2井、建志1井等气井通过挖潜措施，排除井底积液，确保在用气高峰具备良好的生产能力。是年，建南气田产气1.2亿立方米（表5–21）。2020—2023年，年产气保持在约0.8亿立方米水平。2023年，优化“一井一策”，控制产量递减速度。气田累产气超过35亿立方米。2024年，产气0.58亿立方米。

表5–21　2016—2024年建南气田勘探开发生产情况

项目 \ 年度	2016	2020	2021	2022	2023	2024
累计探明含气面积/平方千米	129.91	129.91	129.91	129.91	129.91	129.91
探明天然气地质储量/亿立方米	222.5	222.5	222.5	222.5	222.5	222.5
技术可采储量/亿立方米	114.94	114.94	114.94	114.94	113.25	113.82
剩余可采储量/亿立方米	86.62	82.41	81.40	80.52	79.74	2.76
采气井/口	22	23	23	21	18	18
开井/口	19	18	19	10	18	18

续表

项目＼年度	2016	2020	2021	2022	2023	2024
年产气/亿立方米	1.20	0.90	1.01	0.89	0.77	0.58
累产气/亿立方米	28.32	32.53	33.54	34.42	35.20	35.78
采气速度/%	1.18	0.89	1.0	0.88	0.75	0.69
采出程度/%	28.06	32.23	33.23	34.10	34.41	42.65
自然递减率/%	5.95	15.49		0.18	0.43	13.79
综合递减率/%	3.81	14.90		0.18	0.43	13.79

（8）百顺气田投入开发。百顺气田地处重庆市武隆区与南川区交界处，区域构造位于四川盆地川东高陡褶皱带万县复向斜平桥断背斜。含气层位为古生界寒武系中上统洗象池群洗三段，气藏类型为中深层裂缝-隙型气藏。截至2024年底，累计探明含气面积10.31平方千米，探明天然气地质储量28.00亿立方米，技术可采储量9.8亿立方米；累计生产天然气1.26亿立方米，剩余可采储量7.66亿立方米。2024年，采气井3口，开井3口，年产气0.27亿立方米，年末日产气水平7.31万立方米，核定天然气生产能力0.13亿立方米。地质储量采气速度3.61%，地质储量采出程度19.49%；综合递减率为40.84%。

江汉油田自开发建设以来，先后在江汉油区勘探开发28个油气田。截至2022年底，江汉油区在生产油气田除王场、钟市、潭口、松滋油田和建南气田外，另有广华、周矶、黄场、习家口、浩口、浩西等23个油田（其中光明台油田已停产），合计年产油为25.15万吨（表5-22）。2023年，广华、周矶、黄场等22个油田在生产，年产油保持在24.73万吨；2024年，原油产量保持在24.23万吨。

表5-22 2022年江汉油区各油田勘探开发生产情况

项目＼油田	广华	周矶	黄场	习家口	浩口	浩西
探明含油面积/平方千米	6.23	10.69	19.55	3.34	3.83	2.08
探明石油储量/亿立方米	534	519	520	387	344	242
剩余可采储量/亿立方米	23.05	13.07	33.07	6.88	10.74	6.75

续表

项目＼油田	广华	周矶	黄场	习家口	浩口	浩西
年产油/万吨	2.47	1.58	2.98	0.48	0.79	0.77
累产油/万吨	285.58	73.06	147.33	121.18	131.39	54.15
采油速度/%	0.48	0.3	0.62	0.12	0.23	0.33
采出程度/%	56	15.61	28.89	32.4	37.14	23.96
综合含水率/%	89.88	78.02	67.84	98.24	94.91	96.16
自然递减率/%	3.23	3.06	8.34	17.29	10.7	18.99
综合递减率/%	1.69	3.07	5.29	17.29	10.7	14.29
项目＼油田	广北	高场	严河	张港	代河	丫角
探明含油面积/平方千米	8.00	2.85	4.76	1.83	1.79	2.29
探明石油储量/亿立方米	472	245	205	153	200	107
剩余可采储量/亿立方米	25.67	6.07	8.11	3.84	2.48	0.71
年产油/万吨	3.47	0.76	0.82	0.47	0.38	0.08
累产油/万吨	109.55	87.80	38.70	83.13	20.71	12.72
采油速度/%	0.76	0.33	0.35	0.36	0.19	0.09
采出程度/%	25.07	43.47	18.84	54.34	10.38	11.89
综合含水率/%	50.02	96.37	77.31	87.43	88.40	96.27
自然递减率/%	0	13.92	13.32	–11.63	–4.51	–7.22
综合递减率/%	–2.69	11.58	–6.74	–11.63	–4.51	–7.22
项目＼油田	光明台	马王庙	拖市	老新	新沟	花园
探明含油面积/平方千米	0.71	10.49	24.52	22.24	7.74	1.57
探明石油储量/亿立方米	52.68	1097.26	853.53	630.75	453.34	123.60
剩余可采储量/亿立方米	0	15.69	4.89	16.24	10.00	1.73
年产油/万吨	停产	1.26	0.59	2.79	1.12	0.37
累产油/万吨	17.38	176.30	51.15	77.41	52.66	30.50
采油速度/%		0.11	0.15	0.89	0.26	0.29
采出程度/%	32.99	18.79	10.24	22.29	12.88	26.52
综合含水率/%		91.63	66.70	81.19	83.67	86.88
自然递减率/%		21.02	27.31	17.07	15.28	8.79
综合递减率/%		7.25	9.52	21.27	14.83	8.79

续表

项目＼油田	沙市	荆西	八岭山	万城	洪湖	备注
探明含油面积/平方千米	7.26	2.14	1.06	3.12	10.03	
探明石油储量/亿立方米	314.67	138.79	159.68	102.82	395.53	
剩余可采储量/亿立方米	3.55	2.02	11.99	17.25	4.31	
年产油/万吨	0.46	0.29	2.32	0.06	0.84	
累产油/万吨	22.55	30.19	31.35	1.64	44.31	
采油速度/%	0.43	0.26	1.53	0.20	0.27	
采出程度/%	19.46	29.08	19.63	8.91	15.79	
综合含水率/%	71.19	78.37	50.24	65.96	87.06	
自然递减率/%	9.66	18.30	11.00	47.95	14.94	
综合递减率/%	–9.59	12.36	0.91	47.95	14.94	

二、碳酸盐岩勘探取得重大突破

中国东部断陷盆地广泛发育咸化—半咸化烃源岩，同时在咸化—半咸化期湖相碳酸盐岩也非常发育，其中江汉盆地为咸化盆地（盐湖）的典型代表。

江汉盆地碳酸盐岩资源量达10.4亿吨，是江汉石油老区重要的增储阵地。2022年，碳酸盐岩勘探取得突破，黄20斜–4井复合酸压加砂压裂试验取得成功，试获日产26.2立方米自喷高产工业油流，估算有利区资源量1.6亿吨，展示了该类储层的巨大潜力，被评为中国石化2022年十大油气勘探发现成果之一。从2023年开始，油田成立地质与工程、勘探与开发的一体化攻关团队，整合优质资源，强化三个统筹、提升运行效率，助力潭口储量快速探明。一体化统筹基础研究，深化油藏认识。勘探以明确认识和取得突破为目标，统筹推进各项研究，为效益开发提供静态资料；开发利用生产调整井录取基础资料，为勘探研究提供支撑。通过深化油藏特征研究，认识到潭口地区潜三段碳酸盐岩油藏为大面积分布的岩性油藏，但油层厚度差异较大、产能差异较大、稳产难度较大，为此进行两个方面的攻关。一体化统筹新井部署，提高运行效率。针对认识程度低、风险大的地区，部署探井录取资料并落实资源；针对井控程度高、风险低的地区，进行开发评价和注采井组试验，加快储量动用节奏。

2023年，碳酸盐岩勘探取得新区新层系重大突破。在潜江凹陷部署的专探井钟99斜井试获137.6立方米高产工业油流，另有12口油井试获工业油流，提交控制储量907万吨、预测储量1054万吨。是年，中国石化油田事业部将潜江盐湖碳酸盐岩勘探列入“高效部署”示范项目予以重点支持。2024年，江汉油田“打造中国石化盐湖碳酸盐岩油藏高质量部署示范工程”，重点围绕三个方面展开：钻探井5口、开发井4口、利用老井18口，新增储量4634万吨，实现少井规模增储。同时，建立咸化湖相碳酸盐岩沉积、成储和成藏模式；形成咸化湖盆碳酸盐岩储层测井、地震识别技术；一体化设计和运行，新井数量减少10%～20%，探井成功率>60%，勘探成本降低20%，探明储量周期缩短1年。12月，江汉油田“江汉湖相碳酸盐岩新区新层系勘探重要突破”项目，获中国石化油气勘探重大发现奖一等奖（图5–29）。部署的评价井钟9901井、钟99–斜1井均钻遇厚油层，落实含油面积23.6平方千米，提交预测储量2179万吨。是年，一体化协同管理，助力高效益快速探明。①开展大斜度井提产攻关，解决薄层低产问题。在薄油层区部署大斜度井潭6801井、潭91井，其中潭6801井大斜度段957米、钻遇油层329.7米，潭91井大斜度段990米、钻遇油层600米。对潭6801井采用“压酸复合加砂”和“缝网压裂＋渗吸置换”工艺分4段压裂，放喷排液后最高日产油7.4吨，其产量是直井的5～6倍。②开展井组注采试验，解决持续稳产的问题。通过对潜三段碳酸盐岩进行水驱油实验分析，采出程度可达60%以上，表明注水驱油效果较好。优选潭

图5–29 中国石化油气勘探重大发现一等奖证书

71斜－27、潭71斜－7－3、黄20斜－4等3个井组实施注采试验且均见效明显，累产油达4751吨。③通过一体化统筹老井复查，实现快速规模增储。潭口地区从勘探突破到提交1961万吨控制＋预测储量，用时8个月；从控制储量升级到探明储量，用时1年。油田老区单块探明储量规模由原来的不足50万吨增加到近500万吨，探明储量发现成本大幅下降。通过潭口地区勘探开发一体化部署实施，2024年提交探明储量493.98万吨。

深化沉积及储层认识，发现泥晶碳酸盐岩发育蜂窝状溶蚀孔、长条状窗格孔，落实潜四下段资源接替新层系。①开展岩性岩相特征研究，明确有利岩相组合。系统取心分析，发现碳酸盐岩矿物种类多、含量变化快，根据矿物成分及结构特征，将其划分为4大类：颗粒混积岩、细粒混积岩、颗粒碳酸盐岩和泥晶碳酸盐岩。钟市地区潜四下段自下而上水体总体表现为深浅振荡变浅，发育3个咸化—半咸化的三级旋回、22个四级旋回。主要发育泥晶碳酸盐岩—细粒混积岩岩相组合，厚度一般为6～42米。②开展多尺度储层特征研究，明确有利储层储集空间。利用压汞、电镜、CT扫描等多种手段，分析孔隙的宏观和微观特征，发现颗粒碳酸盐岩、颗粒混积岩、碳酸质砂岩的孔隙多为粒间孔和粒间溶孔，孔径大、物性好；泥晶碳酸盐岩和细粒混积岩的孔隙多为晶间孔，孔径小，物性中等。③开展优质储层发育机理研究，明确优质储层发育主控因素。基于沉积环境和成岩作用分析，明确沉积—成岩双重作用控制了湖相发育多种岩性的优质储层，颗粒碳酸盐岩、颗粒混积岩等优质储层主要发育在远离盐岩的古高地区，泥晶碳酸盐岩优质储层主要发育在埋深相对大的富有机质发育层段。④开展沉积环境分析，明确有利层段。利用专探井黄61斜井取心对潜三段碳酸盐岩开展沉积储层、成藏特征等系统研究，明确陆相湖盆碳酸盐岩广泛发育于蒸发、高盐的古环境背景和低陆源输入的特征。总体上，通过勘探开发一体化，证实了潜四下段烃源条件优、储集条件好，油层厚度大、分布稳定，基本落实该层系为老区资源接替的重要层系。在此基础上，系统开展潜江凹陷钟市和潭口地区的230口老井复查工作，其中193口井发现碳酸盐岩油层，落实潜四下段碳酸盐岩相展布、有利区面积860平方千米。

第四节　做大做强化工产业

“十二五”以来，江汉油田盐卤化工产品生产能力、市场占有率、经济效益均有较大提高；利用盐穴资源优势，开发建设黄场储气库，发挥储气调峰作用；净化含硫天然气，以优质天然气供应市场，商品气合格率保持100%。

一、发展盐卤化工产业

2012年，面对化工市场需求持续低迷、氯碱行业整体亏损等不利因素，强化生产销售各环节的衔接，灵活调整营销策略，实现高端产品保质保价、低端产品保销售量，在逆势中保持较好发展势头，实现收入7.58亿元、盈利662万元。氯碱装置开工率超出全国同行业平均水平16个百分点，新建年产2.4万吨漂粉精装置成功投产，漂粉精生产能力达到8万吨。2013年1月10日，与中远集装箱运输公司亚太贸易区签订2013年漂粉精销售运输协议，确定900个集装箱（约1.3万吨）的运输量，开辟了欧洲、非洲等重要运输航线。5月6日，首批出口俄罗斯的漂粉精正式发运，订单量为8600吨，是盐化工总厂建厂以来单笔最大的漂粉精销售订单，为拓展俄罗斯市场打下了良好基础。2014年，油田提出“着力抓好特色资源创效”，盐化工总厂实现收入8.52亿元。漂粉精俄罗斯市场销量突破1万吨，完成泰国市场销量1.8万吨。12月9日，盐化工总厂举行首次铁路集装箱装运漂粉精产品直达俄罗斯试运仪式，从武汉吴家山中心站直接运达俄罗斯内陆站点，全程运输时间周期只需14天。

“十三五”期间，加大漂粉精、小包装食盐市场开发力度，拓展三氯产品应用范围。2016年，通过调整生产节奏、优化运行方案，实现装置经济平稳运行，产品产量连续攀升。全年生产各类产品76.99万吨，同比增加2.05万吨。市场营销开创崭新局面，漂粉精在亚洲市场销量突破3万吨，在欧洲市场和中南美市场实现“量价”齐升。国内市场开发取得良好进展，销售漂粉精5.31万吨，同比多销0.73万吨。积极推广新型杀菌剂强氯精的应用范围，先后开发系统内客户8家、系统外客户11家，销售5521吨、同比增销2721吨；围绕氯碱重点客户开展攻关，挖掘新客户17家，销售烧碱12.70万吨、液氯8.22万吨。根据客户需要，增加散湿盐销售，食用盐销售1.59万吨、工业盐销售4.46万吨，同比增销1.41万吨。2017年，抢抓市场回暖机遇，着力推介扩销、提高市场占有率，主要产品量价齐升，实现销售收入9.18亿元、同比增长44%，创历史最好经营业绩。销售氯碱23.1万吨，增长10.5%；销售盐产品7.9万吨、增长31%，产品畅销10余个省市；销售漂粉精6.23万吨，增长17.3%。2018年，突出以销定产、以产促销，漂粉精实现满产满销；营业收入首次突破10亿元（实现收入10.38亿元）、增长13%，盐化工保持连续盈利，创出历史最好业绩。10月28日，根据中国石化股份公司《关于中国石化江汉油田分公司盐化工总厂变更为子公司的批复》（石化股份企〔2018〕275号），盐化工总厂更名为中石化江汉盐化工湖北有限公司。

2020年，以习近平新时代中国特色社会主义思想为指导，全面贯彻党的十九大精神，认真落实集团公司的决策部署，全力抓好新冠疫情防控、安全环保、市场开拓、运行优化、改革管理、攻坚创效和党的建设，决战全面可持续发展，取得疫情防控、攻坚创效“双战双胜”丰硕成果。全年聚焦“盐化工快增长”，完成1500万元考核利润的目标，获评2020年度江汉油田先进单位。

江汉盐化工公司凭借优良的产品质量、规模效应和保供能力，以及采用国际认可、安全规范的产品物流方式，备受国际红十字会的认可，一次性将1500吨“特殊订单”——漂粉精消毒剂，交由江汉盐化工公司组织生产。接到国际红十字会采购漂粉精订单后，江汉盐化工公司高度重视，一方面加急生产、积极备货、严格质量管控，确保产品有效氯含量符合国际标准；一方面和国际红十字会及运输方协商运输方案，确保消毒剂产品能以最快速度运达国外疫区。在运输渠道上，因叙利亚属于战乱地区，船公司无法直接运抵，盐化工公司优选出口至中东地区的6条航线，供国际红十字会选择，确定最终路线。2020年3月30日，生产的漂粉精在第一时间装运发往黎巴嫩，再由国际红十字会紧急转运至叙利亚，用于当地饮用水和环境消毒。全球同舟共济、携手抗疫，中国在为全球战“疫”注入信心和力量的关键时刻，盐化工公司全力保障战“疫”物资漂粉精消毒剂产品的优质供应（图5–30），以实际行动投身“人类卫生健康共同体”建设，有力展示了中国的国企作为。

图5–30 江汉盐化工公司职工连夜装运抗疫物资漂粉精消毒剂

“十四五”以来，盐化工稳步做大做强。2021年，坚持“拓市增收”和安全生产同向发力，主要产品“产销收”实现“三增长”。盐化工1.2万吨漂粉精提能项目投产成功；消毒剂年产能超过10万吨、跃居世界第一，消毒剂“小巨人”初具雏形。2022年，盐化工逆势增长，生产各类化工产品113.72万吨、增长14%，销售产品59.03万吨、增长20%，实现产销收连续增长；全年收入14.99亿元、利润4128万元，创历史最高水平。是年，获得“中国石化炼化企业创效进步优胜单位”“中国石化化工提质增效优胜单位”称号。2023年，深入研判行业发展和市场竞争态势，在低迷的市场危机中育出先机。“两精”工业产品纳入中国石化核心产品目录清单，首批中国石化品牌消毒剂走出国门（图5–31），产销量分别增长14.3%、18.3%，实现逆势增长。2024年，盐卤化工产品产销两旺。统筹产品市场巩固和稳量推价，及时优化营销策略，产销量保持箭头向上。狠抓内部优化上产，推进“1+3”品牌战略，成功开发日化品消毒剂、多功能盐等新产品。全年，生产各类产品114.76万吨、同比增加2.7%。强化外部拓市增销，顺利取得海关AEO（高级认证企业证书），自有品牌产品销量同比增加184%，累计销售产品56.11万吨、同比增长10.1%。

图5-31　中国石化品牌——江汉盐卤化工产品消毒剂销往海外市场

2025年，实施技术攻坚提升产品质量，持续拓展产品利润空间。突出品牌赋能，优化市场布局，推动存量变增量，融入区域优势产业，全力抢占漂粉精饮用水处理、消毒剂水产养殖等国内细分市场优势位置，不断提升产品的附加值。

二、保供优质商品气

江汉油田天然气净化站，建有日处理能力15万立方米和30万立方米天然气脱硫装置各1套，硫黄回收装置1套，天然气脱水装置1套，是国内工艺技术先进、配套齐全、自动化程度较高的小型天然气净化站之一。

2012年，实现天然气净化装置连续安全生产15年，装置设备完好率100%，回收装置利用率100%，商品气合格率100%。2013年9月28日，投资220万元用于30万立方米脱硫装置大修，一次性投产成功。2014年，处理原料气9593.59万立方米，同比增加801.5万立方米；生产净化气9283.76万立方米，同比增加886.81万立方米；生产硫黄348.35吨，合格率100%。2017年，处理天然气原料气1.09亿立方米，同比增加1083.13万立方米；生产净化气1.03亿立方米、同比增加909.97万立方米，生产时率达99.7%。2021年，坚持以安全生产为前提，以“提质增效”为中心，严格管理生产现场，落实安全生产责任，着力抓好净化装置的安全平稳正常生产、脱硫装置并行技术攻关、站内设备设施维护等工作，精心操作降低生产消耗，安全、生产、经营管理水平全面提升，天然气产供销体系建设迈出实质性步伐。全年处理天然气1.13亿立方米，生产净化气1.09亿立方米，净化气合格率100%，装置生产时率达99.7%。至2024年，年生产净化气合格率均达100%，装置生产时率保持在99.5%以上，连续26年实现安全生产无事故。

第五节　高效推进重点工程建设

“十二五”期间，中国石化石油工程专业化重组后，江汉油田工程建设系统主要是油田建设工程公司（简称油建公司）、建筑工程公司（简称建工公司），以及勘察设计研究院（简称设计院）、工程建设监理公司（简称监理公司）、石化工程质量江汉石油分站（简称质监站）等单位，担负油气田产能及配套工程建设和矿区建设任务，在“稳油增气”发展战略中发挥了重要作用。

一、产能建设提质增效

“十二五”期间，加强产能建设投入，注重过程监督，工程进度和施工质量得到有效保障。2012年8月19日，涪陵地区大安寨段页岩油气产能建设项目开工，至11月25日建设完成F2、F4、F6、F8等4个试采站点，新建直径273毫米集气干线9.4千米、直径219毫米集气干线6.5千米、直径76毫米的单井集气干线8千米，以及水、电、通信、道路配套工程等，都与钻井、试采、集输等工程实现协调同步。2014年，以提高油田发展质量和效益为中心，聚焦“深化改革、转型发展、从严管理”三大主题，不断强化基础管理，积极探索职能转变后的管理模式，努力发挥工程造价对油田生产经营的支撑保障作用。确保涪陵国家级页岩气示范区建设，共编制、审核预算及工程标的74.31亿元，审核工程结算80.81亿元，审减9.28亿元。全力服务涪陵国家级页岩气示范区建设，编制《涪陵页岩气焦石坝区块钻井、试气工程定额》，为加强国家级页岩气示范区建设投资控制打下基础。2015年，如期建成涪陵页岩气示范区一期50亿立方米生产能力；地面工程完成投资14亿元，先后建成标准化采气平台61个、集气站50个；建成DN300集气干线20千米、DN550集气干线28千米、采气管线82.9千米、集气支线137千米，集输能力达到50亿立方米/年；建成脱水站3座，脱水能力达到65亿立方米/年；建成供水泵站3座，供水管线48千米，压裂供水能力达到5.1万立方米/日；建成110千伏/10千伏变电站1座，形成工区供电网络；依托村村通公路，新建井间道路61千米，企地共建、维修道路50千米。12月10日，涪陵国家级页岩气示范区产能建设项目，顺利通过国家能源局组织的验收，专家组一致认为：涪陵页岩气田创立“标准化设计、标准化采购、模块化建设、信息化提升”的地面工程建设模式，实现页岩气地面集输系统的工厂化预制、撬装化安装、数字化管理，树立了页岩气田高效开发工程建设的典范。

“十三五”期间，加强招投标管理、定额编制、质量监管、工程项目建设提速，工程建设质量明显提高。2016年，围绕开创油田可持续健康发展新局面，迎难而上、主动作为，各项工作取得新进展。①加强制度建设，进一步夯实基本建设管理基础。制修订《江汉石油管理局、江汉油田分公司固定资产投资项目实施管理细则》《江汉石油管理局、江汉油田分公司建设工程招标投标管理实施细则》，理顺参建各方的职责及关系，规范工程建设项目实施管理的程序和标准，明确建设工程项目招标方式、组织形式、审批流程，规范了招标投标活动。②依法合规开展地面工程建设。加大招投标管理力度，规范工程建设招投标行为。油田地面工程限下项目共198个标段、116个应招标段全部按规定进行招标，应招率100%；限上项目2个共12个标段，达到公开招标条件的11个，均进行公开招标，公开招标率100%。着力推广中国石化电子交易平台应用，并通过预生产环境测试验收；组建完成电子招标平台评委专家库，库内专家88人，其中企业级专家75人、中国石化级专家13人。7月1日，电子招标平台正式上线运行，油田建设工程采购活动全部实行上线审批制度。10月19日，成立“中国石化集团招投标有限公司江汉分部”。③切实做好竣工验收工作，在新建项目上坚决不欠新账。八面河油田原油外输管线隐患治理工程项目，提前2个月完工，节省投资697万元，一次通过竣工验收；涪陵页岩气田焦石坝区块一期工程试验井组产能建设项目完成生产考核、环保验收，职业病安全防护设施验收和安全设施、消防、防雷装置验收，以及竣工决算与审计等工作，达到竣工验收条件。④加强安全、质量监管，推进工程建设项目顺利实施。将安全、质量责任分解落实到单位、部门和岗位，制定确保有效实行对地面工程建设项目全过程及设备装置全生命周期的安全管理措施，并加大检查力度、强化现场监管。⑤加强基建管理系统队伍建设。着眼于基建（设备管理）从业人员整体素质的提高，多途径、多方位提升从业人员的专业技术和业务水平。是年，实施涪陵页岩气产能建设工程，完成钻井平台25个（新建20个，扩建5个），投产集气站9座、中交1座；新建采气管线25.95千米，集气支线12.38千米，累计投产气井233口；新建投运脱水站1座；敷设通讯光缆73千米，主干光缆全线贯通；新建三级、四级道路23.02千米，维修主干、次级道路37.7千米；建成投运采气一区管理基地。涪陵页岩气田焦石坝区块一期工程北区产能建设项目、涪陵地区页岩气开发试验井组产能建设项目地面工程，获集团公司优质工程奖；在《关于表彰中国石化2016年度重点工程项目优秀管理团队、先进个人暨“三化”工作先进单位的决定》中，江汉油田获得建设项目“三化”工作先进单位称号。

2018年，产能建设工作提质增效。全年完钻142口井，新建原油生产能力9.3万吨；加强设计优化，利用老井场、采用丛式井优化地面，优化工程、试油、试采工艺设计等，钻采成本由2119元/米下降到2018元/米，地面工程成本由67万元/口下降到56万元/口；产建项目开发成本17.9美元/桶，较方案降低0.7美元/桶。新建天然气生产能力1.48亿立方米，配套建设脱硫净化站1座，日处理能力30万立方米。涪陵页岩气田新建产能5.10亿立方米，地面工程建设包括集输工程（江东区块、上部气层加密井网）、基地建设工程、钻前平台工程、滑坡治理工程、零星维修工程的实施；涪陵页岩气田一期地面工程，被中国施工企业管理协会评为国家优质工程金奖。2020年，克服新冠疫情影响，持续开展地面工程“百日攻坚创效”行动，效果明显。加快重点项目实施进度，做好项目建设安全、环保、质量管理，落实各项管控措施。涪陵页岩气田江东区块产能建设（一期）地面工程，比计划提前27天完成中交投运；涪陵页岩气田平桥北区块产能建设地面工程比计划提前2天完成中交投运，项目管理部被评为优秀业主团队。涪陵产出水收集及处理工程比计划提前1个月完成中交验收，10月底完成联调联试。焦页5号等5个井组开发调整项目，扩建投运7个集输站；涪陵页岩气白马区块试采地面工程、凤来区块试采地面工程、清河采油厂老区提质增效项目等重点工程项目按计划加快实施。

“十四五”以来，坚持“加快建产扩增量”，紧扣“高质量、可持续发展”主题，全力推进产能建设。2021年，完成审批项目报建手续41项、开工报告36项。坚持科学谋划、合理安排，统筹协调项目运作，推进工程项目实施。白马区块南北联络线、平桥1井试采地面工程、涪陵泥浆站等项目投运，为涪陵页岩气田持续上产提供了保障；清河地面系统优化提质增效示范区建设主体工程完工，助力了老区效益稳产。2022年，统筹规划油气田地面配套系统建设，编制《油气田地面工艺年度工作方案》，超前规划地面工艺管理，制定红星、复兴、海滩新区地面工艺思路，推进油田地面系统优化简化，明确油区注水水质基础管理任务，确保油田地面系统工作有序推进。加快推进红星区块上产工程实施，深入现场踏勘、对比分析、优化方案，达到“规划合理、布局最优、技术成熟、投资最省”的目标，最大限度满足区块开发配套要求。全力推进产建重点项目，实现早投产早见效，全年建设集气站20座，投产气井65口、油水井建井125口，为完成油气产量任务提供坚实保障。“五化”（标准化设计、工厂化预制、模块化施工、机械化作业、信息化管理）工作取得新进展，在中国石化上游企业中率先编制完成页岩气地面工程标准化设计定型成果2.0版；组织完成页岩气计量分离一体化集成装置设计，对比传统方式，应用一体化装置可减少占地面积62%，节约投资5%，缩短建设周期30%。大力推进石油工程“四提”技术措施，完善技术体系，固化形成9项钻完井技术；推进装备升级，全面推广加强型钻机、电驱压裂等装备工具；加大源头设计优化，石油工程成本下降5.5%，单井产能提升10.02%。以维护作业控减、储层改造工艺配套、井下作业提速降本为主线，大力开展工艺技术优化配套，油气井开井率、检泵周期等关键指标处在集团公司上游板块前列。聚焦“五好”目标，积极打造焦页107-1HF井“示范井”工程，探索运用“2+N”日费制管理新模式，充分挖掘提速空间，刷新白马工区10项新纪录，实现标杆引领。统筹推进低效井治理，设立“专项资金+专家团队”实施多学科协同作战，均产气量、综合采气时率实现翻番，投入产出比1∶8.5。是年，全力推进产能建设，统筹优化系统配套，源头管控风险隐患，持续推进“五化”建设，切实抓好安全、质量、进度、投资、合同、廉洁“六大控制”，全面完成产能建设工程任务。2023年，强化全链条统筹、全过程协同、全周期提效，生产组织由“串联”向“并联”转变。重组产能建设链条，发挥一体化优势，推动“瘦身井”、电驱压裂等技术迭代升级，钻井周期缩短5%、压裂效率提高10.3%。编制完成页岩气标准化设计3.0版，研发第二代“一体化集输处理”撬装设备，建设周期缩短20%，技术降本能力显著增强。2024年，贯彻中国石化集团公司党组关于大上游一体化的理念和部署，围绕现有资源高效开发和低品位资源效益动用，联合上游兄弟单位、科研院校，算大账、破壁垒、除障碍、聚合力，石油工程创造国内纪录7项、中国石化纪录8项。①一体化模式有效构建。合作开发实现“试点先行”，与胜利工程合作开发的八面河面22区平衡油价下降3.1美元/桶。组织江汉工程、中原工程、石化机械、经纬公司等单位，构建了以油公司为责任主体、兄弟单位共同参与的大上游一体化模式，组建一体化专家组和运行组，成立8个一体化攻关项目组，细化形成61项子任务，推动技术快速迭代，破解效益开发瓶颈。整合各方资源，打造一体化产建指挥中心、专家决策中心、远程监督中心，实现全天候、全方位、全过程管控。②一体化运行提速提质。创新形成地质工程一体化设计新模式，单井设计内容精简67%，流程节点减少60%，设计时效提升57%。深化资源区域化共享，统筹优化钻前准备、钻井施工、压裂试气等关键环节，钻井周期降低13.4%。推广“试搬迁”“预交井”“穿插作业”模式，地面施工周期平均减少7天以上，油水井投产周期同比减少11天。③一体化效能持续提升。强化“四提”成果迭代，首建三套“瘦身井”技术，年节约成本3.15亿元；页岩水基钻井液性能实现再提升，水平段长同比提升24.6%，单井钻井液成本降低15%。推动“五化”成效提升，集团公司重点工程——红页1—红页2井区评建项目地面工程较同类站场工期减少5个月，指标优于优质工程标准。事业部级“五化”示范工程工厂预制率达80.92%，超目标5.92%。

2025年，高质量推进老区稳产、新区上产工程建设，新建天然气产能14.1亿立方米、页岩油产能4.8万吨。坚持“少井高产”，推动特殊井型井、瘦身井、长寿命工程迭代升级，打造产能翻倍工程。一季度，开钻油井15口、气井26口，投产油井25口、气井14口，产能建设速度加快、实现良好开局。

二、建成首座盐穴储气库

在保证安全和质量的前提下，稳步推进黄场储气库建设。2012年，完成先导试验投资1.12亿元，对4口储气井进行钻井、造腔和动态监测，完成造腔15.7万立方米，各项技术指标满足天然气储气库建设需要。2013年，对4口储气井累计造腔26.7万立方米，生产卤水165万立方米，盐井注水量85.8万立方米，污水回注量156万立方米，母液回注28万立方米。2014年，黄场储气库建腔先导试验进展顺利，累计造腔35.2万立方米。2015年，黄场储气库建设取得实质性进展。通过先导试验，掌握了连续建腔关键技术，提高单腔体积试验取得突破性进展；王场3井7米厚夹层实现溶蚀，为规模建设储气库群提供了科学依据。研究储气库卤水消化能力技术，有效解决卤水钙镁含量失衡问题。

利用现有技术和装备，开发一套油垫控制与腔体形态控制的完整测试方法，满足了储气库造腔阶段建设的需要。2015—2016年，“盐穴型地下储气库测试技术”，在28口储气库井中成功应用，缩短了造腔时间，准确指导了造腔阶段的稳步有序实施。2018年，黄场盐穴储气库（一期一阶段）建设项目，可行性研究通过集团公司论证。3月28日，潜江市发展和改革委员会在盐化工总厂组织召开江汉油田战略储气库项目推进会，潜江市委和市政府、江汉油田和天然气分公司等单位（部门）共30余人参加会议。与会人员现场察看项目集注站站址，参观采卤厂及老井站址；听取天然气分公司关于项目前期进展情况及下阶段推进计划、江汉油田关于项目相关情况的汇报；通报市内协调推进工作、对上衔接和核准手续办理进展情况；会议明确，加快推进实施储气库项目各项工作。2019年1月28日，在油田职代会上提出，“黄场储气库2020年进气运行，2023年有效工作气量1亿立方米以上”的目标要求。石油工程技术研究院加快推进储气库建设，开展“深层、多夹层盐穴储气库关键技术”研究，到2020年底累计溶盐69.52万立方米，为储气运行工作奠定了基础。

黄场储气库一旦建成，将带动整个区域经济实现更大更好的发展，也为延伸产业链、调整油田产业结构带来重要机遇。“十四五”期间，油田天然气“产供储销”体系建设迈出实质性步伐。2021年8月9日，江汉油田组织召开储气库项目投产推进会，部署投产前各项工作，梳理存在问题并制定解决办法，确保了储气库投产一次成功。黄场储气库（国内最深盐穴储气库）一期一阶段地面工程顺利收官，建成地面注气站1座，4口井溶腔48.73万立方米，王储6井（井深2000多米）达到注气条件，为构建完善天然气“产供储销”体系奠定了基础。2022年6月8日，盐穴天然气储气库王储6井投产注气。王储6井设计采气能力及生产设备系统可靠性通过全面验证成功投运，可有效提升区域调峰保供能力。黄场储气库作为华中地区协调天然气供需关系与调峰的储转中心和管网连接枢纽，具有季节调峰和应急储备的双重战略意义。

第六节　安全绿色生产稳步发展

“十二五”期间，全面推进HSE工作，强化现场监控，各类指标控制在集团公司考核指标内，安全环保工作保持总体稳定良好态势。2012年，加大HSE考核管理力度，逐级细化分解HSE责任。加强小概率、大风险事件的分析研究，实施安全生产达标创建工作，全面提升安全管理水平。落实作业现场“七想七不干”，推动安全管理重心向作业层、操作层转移。抓好工区环境保护，总体实现安全生产、清洁生产。大力开展节能技术改造，严格节能指标考核，管理局、分公司工业万元产值综合能耗达到中国石化考核要求。油田连续4年被评为中国石化HSE先进单位，获得湖北省“安全生产红旗单位”“节能先进集体”称号。在涪陵地区开展页岩气勘探开发会战中，突出环境保护，实施清洁生产。①对所有参战人员进行HSE培训，对各施工环节开展危害识别和环境影响评价，加强对施工作业现场和承包商、供应商的安全监管。②各施工单位严格执行《钻井工程污染防治规范》《川东北地区天然气勘探开发环境保护规范》，并按照环保要求，每个井场实行清污分流。③新区建设项目部设立前线指挥部，加强对钻井、油建、建工、运输、供应等各路参战单位的组织协调，做到生产指挥协调到现场、标准规范落实到现场、矛盾问题解决到现场、突发险情排除到现场，实现清洁生产，全年未发生环境污染事件。

2013年，调整理顺石油工程专业化重组后的HSE工作；深入开展油田安全大检查和重大危险源风险评估，重点抓好“最不放心五件事”排查工作，加大隐患治理整改力度，查找危险点425个，并强化和落实监控措施，确保处于受控状态；开展安全生产管理提升和标准化创建活动，健全完善应急预案、责任追究、带班值班等制度；加强井控管理、应急预案演练，切实做好涪陵国家级页岩气示范区HSE工作，本质安全水平进一步提高，安全生产形势总体平稳。认真落实“碧水蓝天”环保专项行动，强化“三废”治理和达标排放工作，杜绝重大环保事故和各类环境事件的发生；完善节能管理体系，各项环保考核指标达到中国石化的要求，实现清洁生产、绿色低碳发展。2014年，以安全环保为切入点，扎实开展“从严管理年”活动，突出问题导向、强化底线思维，加强“三基”工作，安全环保形势保持平稳。强力推进监管隐患项目整改，编制“2014年第一批废弃井封井治理方案和5年治理计划方案”，当年计划治理284口；按照“一井一策”要求，科学制定封井工艺和施工方案，强化治理运行监督，实际完成314口。实施建南净化厂尾气环保治理工程，项目批复投资2820万元；2015年5月25日动工，12月18日投产后每立方米尾气中硫化氢气体浓度小于10

毫克，硫回收率99.9%以上；增加脱水装置，提升天然气品质，实现达标排放。2015年，围绕年初制定的“五个杜绝，两个控制”的工作目标和10个方面的具体工作任务，以风险消减和管控为主线，加强过程控制，严格现场监管，安全形势保持总体稳定、环境保护工作有序进行。安全生产：百万工时可记录事件率0.1024，百万工时损失工时事件率0.1024。环境保护：污水回注率、钻井作业废水处理达标率、危险废物妥善处理率、废气泥浆处理达标率均达到100%。能源管理：分公司万元产值综合能耗0.511吨标煤，管理局万元产值综合能耗0.372吨标煤，较年度计划和同期水平均有所降低；工业取水量1990万吨，较年度计划减少130万吨。

“十三五”期间，以“发展不能以牺牲安全为代价”“决不以牺牲环境为代价去换取一时的经济增长”的理念为指导，以落实《安全管理手册》为主线，强化责任落实抓安全环保。2016年，狠抓主体责任、属地责任、岗位责任、监管责任落地；狠抓以“最不放心五件事”为载体的“全员安全诊断”工作，建立油田风险隐患库，全力控风险、治隐患；狠抓劳动纪律、工艺纪律、操作纪律，强化开工验收，加强现场直接作业环节管理，持续提升基层管理水平；狠抓承包商管理和全员安全培训，承包商监管得到进一步强化，一线岗位员工全部持证上岗，实现安全环保形势持续稳定。涪陵工区、江汉油区环保工作受到中央环保督察组的好评，管理局、分公司获集团公司降碳先进单位和油气输送管道隐患整治攻坚战先进单位称号。

制度体系、HSE责任体系建设不断完善。制定《江汉石油管理局、江汉油田分公司安全生产党政同责暂行规定》《江汉石油管理局、江汉油田分公司安全环保督查管理办法》，设置生产运行保障、石油工程（井控）、地面工程（设备）HSE专业分委员会，进一步明确主体责任、属地责任、岗位责任、监管责任；制定《江汉石油管理局、江汉油田分公司承包商HSE管理实施细则》《江汉石油管理局、江汉油田分公司承包商HSE管理考核办法》《江汉石油管理局、江汉油田分公司承（分）包商责任追究市场管理规定》，规范承（分）包商在建设项目全过程的HSE行为，通过“积分管理”和“黑名单”制度强化承包商安全管理，加大对违法违规行为的责任追究力度，确保工程质量与安全。

2017年，大力推进安全高效开发、绿色低碳发展，把“识别大风险、消除大隐患、杜绝大事故”贯穿于生产经营管理的各个环节，坚持问题导向、突出红线意识、强化底线思维，积极构建风险分级管控和隐患排查治理双重预防机制。强化风险识别管控，通过组织专家论证和集中评审，完成三轮重大安全风险识别评估，形成涵盖管理局10项、分公司18项的年度风险清单，制定管控措施，明确责任部门和责任人，重大风险得到有效管控。持续开展废弃井治理，完成治理151口，累计完成治理778口，完成5年计划的85.21%。2018年，成立“HSSE管理”工作专班，开展HSSE管理体系建设，完成HSSE管理体系的框架建设。以强化安全“三基”工作为主线，发布《江汉油田基层HSSE管理体系实施方案》，将安全管理的重心落实到生产作业现场、班站和岗位，完善班站安全工作体系，增强HSSE管理工作对基层的穿透力。开展绿色企业创建活动，发布《江汉油田绿色企业行动计划实施方案》，实施绿色发展、绿色能源、绿色生产、绿色服务、绿色科技和绿色文化六大计划，在涪陵页岩气公司打造油田首个绿色企业，创建绿色企业样板。2019年，从严从细从实狠抓QHSSE工作，本质安全环保水平不断提升。对标集团公司HSSE管理体系要求和实施要点，完善各专业委员会设置，发布油田HSSE管理手册，将质量管理纳入安全环保健康管理体系，一体化推进岗位责任落实。2020年，以“零违章、零伤害、零污染、零事故”为目标，深入开展风险识别管控和隐患排查治理，狠抓直接作业环节和承包商安全管理，全方位创建绿色企业，推进污染防治攻坚项目实施，全年未发生上报集团公司级安全环保事故事件，HSSE指标全面完成集团公司考核要求，安全环保形势保持总体稳定。油田获“中国石化绿色企业”称号，江汉采油厂、江汉盐化工公司获“全国绿色矿山”称号，消防总站被国家应急管理部评为“2020年度执勤训练工作先进单位”称号，江汉盐化工公司获湖北省“工业节水型企业”称号，江汉能源公司获湖北省“健康企业”称号。

“十四五”以来，立足“必须从严管理”的根本实际，坚持问题导向、目标导向、价值导向，从严从细从实防范化解风险、提升效率效益，为高质量发展打下坚实基础。2021年，启动HSE管理长效机制建设计划，深化全员安全诊断，规范岗位操作规程，严控禁止类、严重类违章行为，守住

“不出事”底线；打好污染防治攻坚战，深入研究碳达峰、碳中和路径，加快推进新能源开发利用（图5-32）和“能效提升”项目，持续深化绿色企业创建，通过集团公司绿色企业复核。深入推进HSE管理体系建设，发布实施2021版HSE管理体系手册，强化日常管理；落实集团公司总经理2号令工作要求，细化8个方面118条工作任务清单，定期跟踪督办、逐项推进落实，将HSE关键岗位人员持证上岗、领导干部履职能力评估、新任领导干部述职等要求固化到体系手册中，形成长效管理机制。持续推进健康企业创建，落实《江汉油田健康企业创建实施方案》，推进油气销售中心、物资供应中心健康企业创建；开展“打造健康油田、争做职业健康达人”活动，健康培训8700余人次；强化职业病预防，2979名员工职业健康体检，完成对41名职业禁忌人员的岗位调整。持续推进绿色企业行动，明确107项任务清单和9项项目清单，全面完成33个基层单位绿色基层创建，清河采油厂集输大队、涪陵页岩气田采气管理一区被选树为油田“绿色基层标杆”。2022年，充分运用集团公司体系审核成果，推动体系融入石油工程全过程，对涉及工程系统的32个HSE体系要素、5个监测指标，分解到石油工程各专业，形成环环相扣、逐级延伸的责任链条，推动体系高效运行。组织井控、硫化氢防护、监督培训取证，共计34批4223人次，完成不同专业监督取证61人，单兵井控安全技能素质持续增强。

图5-32 清河采油厂羊口蓄水池2.81兆瓦漂浮式光伏发电项目并网发电

2023年，统筹发展与安全的关系，以高度的责任感和紧迫感，补短板、强弱项、固底板，守住“不出事”的底线。①管理体系不断优化。坚持系统思维，优化调整体系管理要求12项，有序推进生产安全监督平台建设，建立5级风险库，明确风险类型2000余项，清理单机设备19.86万台，推动安全风险管控融入岗位操作和管理活动全过程，安全管理顶层设计进一步完善。②风险隐患有效控制。坚持排查见底、措施到底、落实彻底，细化完善管控措施，常态化开展风险管控措施落实情况验证，梳理重复发生率较高的“低老坏”问题15条并严格销项，安全基础不断夯实。③洁净底色持续擦亮。以碳的“净零”排放为目标，落实“碳达峰八大行动”，编制完成资源节约和高效利用专项行动方案，油田首次跻身集团公司A级绿色企业（图5-33）。坚决打好污染防治攻坚战，推进站点雨污分流、加热炉低氮燃烧改造，积极开展危废减量化工作，持续擦亮绿色发展品牌。

图5-33　江汉油田创建绿色企业

坚持系统观念和底线思维，2024年统筹发展与安全，以保持“时时放心不下”的责任感和紧迫感，层层压实责任，强“三基”、固根本。①专项部署扎实推进。树牢红线意识，全力抓好各项专项部署推进落实，“百日安全无事故”行动取得成效，“安全管理提升年”行动目标任务全面完成，安全生产治本攻坚三年行动有序推进。一体统筹绿色企业行动第二阶段、“无废油田”建设、绿色矿山创建等重点任务，江汉采油厂、采气一厂等42座油（气）矿山通过湖北省绿色矿山评审。②HSE责任持续压实。编制岗位标准化条件下的HSE责任和工作任务清单，将“环境保护管理”要素要求拆分融入各专业要素，优化体系要素监测指标和体系审核评分标准，推动责任落实。完成174名中层领导人员履职能力评估，推动安全环保总监双重管理，做实HSE履职“画像”，让安全环保总监更好地履行监督管理职责。建立完善涵盖31项禁止类、58项严重类负面清单追责问责机制，以“从严问责”推动责任落实，累计问责负面行为15起、23人。③风险隐患有效控制。完善“不放心作业”升级管控作业指导书，将3项“不放心作业”纳入油田层面管控，推动不安全不开工、不安全不施工、不安全不生产落到实处。狠抓风险管控措施验证、降级措施落实，油田重点监管的12项风险总值下降、9项隐患完成治理，实现对坪北联合站重大危险源的销项。严格直接作业环节督查检查，整改并考核问题655项。抓实强势甲方管理，累计考核承包商42家，罚金390.5万元，清退承包商1家，将4家纳入黑名单。

新能源建设有序推进：抢抓政策机遇，进一步扩大光伏建设规模，2024年新建光伏超23兆瓦，总规模达107兆瓦以上，发绿电超1.1亿度、节碳6.2万吨，光伏发电创效1200万元。深入开展天然气提氦、压缩空气储能工程技术调研分析，完成电化学储能、王场采油伴生水提锂项目可行性论证，相关工作已进入筹备建设阶段。低碳产业加快布局：立足将“碳价值”转化为驱动油田转型发展的新动能，加强与中国石化碳科公司合作，着力挖掘油田盐穴老腔、老油井等资源潜力，探索开展储气、储能、储氢、储碳业务。密切跟踪市场动态，在碳价的阶段性高点卖出碳配额3.26万吨、创效330余万元，为全国碳市场配额结转打下基础。

2025年，把安全作为发展的基础，深入推进安全生产治本攻坚三年行动，持续优化标准化岗位条件下HSE“两个清单”，实施上岗前“应知应会”测试和岗位资格资质认证，建立岗位安全环保履职能力评价机制，推动全员HSE能力意识不断提升。强化体系监测指标过程管控，加强异常指标分析和纠偏，把好体系审核质量关，推动HSE管理体系效能持续提升。狠抓风险管控和隐患治理，加快“零高风险示范区”建设，完善“不放心作业”升级管控机制，打赢屡查屡犯问题攻坚战，推进存量隐患销项。压实岗位从严问责，优化完善负面行为清单，深化承包商安全管理，违章直接责任者、直接管理者一体考核，全面夯实“零伤害”攻坚战基础。走绿色低碳发展之路，持续推进绿色企业行动，大力推动“无废油田”、绿色矿山创建，强化资源节约和高效利用，稳步推进“双碳”管理，不断擦亮高质量发展绿色底色。

第七节　企业管理改革动能不断释放

围绕油田中心工作，深化体制机制建设，全面加强企业管理工作。求真务实、守正创新，企业管理改革动能不断释放，为全面完成油田生产经营任务、促进加快企业发展发挥积极作用。

企业管理和改革调整进一步深化。2012年，突出抓好预算管理，加强过程管理和异常管理，强化联动考核，促进生产经营管理各项任务完成。强化风险管控，加强内控管理、内部审计、法律事务和效能监察工作，堵塞管理漏洞，内部监督体系进一步完善。强化投资项目管理，对38个重点工程项目实施过程控制，确保全年投资规模受控。深入开展“学先进、促提升”“比学赶帮超”活动，基层管理进一步加强，“平台小经理”和“三三工作法”等管理经验在上游企业推广。强化设备维护及现场管理，油田连续五次被评为全国设备管理优秀单位。加强三支人才队伍建设，完善薪酬体系，拓宽人才成长通道；大力实施人才素质提升工程，增强人才培训工作的针对性和实效性，油田被评为湖北省职业培训先进单位；强化用工管理，加强劳动争议预防调解，保障劳动关系和谐稳定。

开展“制度标准化信息化建设”，在全油田初步建立了“以业务为中心、以流程为主线”的一套制度体系。机关部门按照“先上位后自主”步骤进行，保证集团公司制度在油田层面的落实；二级单位则按照“先自主后上位”步骤进行，先行改造自主制定的制度，待机关部门制度改造完毕后再根据“上位”制度改造或新建本单位制度。2012年，梳理油田制度共计4091项，其中油田378项，二级单位3713项。强化经济责任制全过程管理，将原油产量、成本、收入、利润、挖潜增效以及各项技术经济指标，以经济责任制的形式，细化分解下达到机关部门和二级单位，涵盖了40个二级单位、11个机关直属单位和27个机关部门，确保各项任务指标的完成。在油田层面建立内控责任体系，划清业务职责，规范完善“三重一大”等集体决策事项和领导人员审批事项，明确公司层面控制、业务层面控制中每项业务的管理职责，业务流程责任落实到部门、控制点责任落实到岗到人，将内控执行情况纳入单位领导班子年度绩效考核，实行严考核、硬兑现。深化企业改革，圆满完成石油工程专业化重组工作。全年实现企业总产值246.11亿元，为年计划的109.91%；完成投资51.23亿元，同比增长8.72%。

2013年，按照“五化”（科学化决策、市场化运作、专业化管理、社会化服务、效益化考核）目标要求，转变管理机制，采取切实有效措施，全面提升企业管理水平。建立新的绩效考核指标体系，注重理念引领，突出质量和效益的理念逐步深入人心。成立勘探、油藏评价、新老区产能建设等项目部，实施资源全生命周期管理，实现资源管理归口统一；设立油田增储上产专项资金，投资管理更加优化；深化全面预算管理和全员成本目标管理，突出问题导向和异常管理，重点成本费用得到有效控制。突出抓好风险管理、制度管理、效能监察、审计监督，坚持依法治企，切实规范行为，风险防控能力不断提高。2014年，转变观念取得新成果，优化调整取得新进展。以“质量和效益”为中心，推动企业从生产型向生产经营型转变，有力支撑了油田有质量、有效益发展。加强全面预算管理，立足生产经营、投资需求、财务预算“三大计划”的预算管理体系更加健全、投资决策更加优化；实行全口径全面预算管理和全员成本目标管理，突出异常管控，强化月度预算执行和系统问题清单分析，促进了效益目标实现；调整绩效考核管理体系，效益导向得到较好体现。

实施“十三五”规划，以“五个突出”“四个目标”“三个建设”的整体思路为行动纲领。2016年，强化思想引领、抓观念更新，加深对突出价值导向、一切工作必须以提高发展质量和效益为中心的理解，改变了以往靠扶持、要政策和大手大脚、四平八稳过日子的习惯。强化责任担当、抓效益提升，扎实开展“四禁四保五全五创新”活动，禁无效保高效、抓两头带中间，坚定不移走低成本发展之路，分公司实现全口径盈利，成为油田板块唯一账面盈利企业。强化结构优化、抓改革调整、优化资源配置，实施低油价下求生存的革命性措施，老区结构性改革取得新突破；采油气工程技术服务中心组建、公务用车集中、采油管理区经营承包试点、绩效考核等措施持续发力，促进老区破解生存困局。强化以人为本、抓民生改善，坚持把维护员工切身利益作为最大民生工程，采取有力措施深挖一切潜力，超额完成集团公司下达的保效益指标，员工收入稳中有升。2017年，探索老区减亏增效的新路径，全面启动坪北经理部、荆州采油厂“1+3”整体承包，在江汉采油厂广华管理区、清河采油厂采油管理四区和六区推广经营承包，促进产量、效益目标超额完成；在清河采油厂北部油区开展“注采输”操作业务专业化管理、市场化运作，班组数量减少58%、用工总量减少15%，人均管井数增加57%。2018年2月，对坪北经理部、荆州采油厂“1+3”整体承包，充分下放权力、激发活力，只保留油气生产核心业务，其他各类生产辅助和后勤均实行服务外包；坪北经理部盈亏平衡点从78美元/桶降至49美元/桶，荆州采油厂盈亏平衡点从81美元/桶降至45美元/桶。2018年，稳步实施三项制度改革，“三定”方案按计划推进，“三能”机制不断健全；涪陵页岩气公司人力资源管理新模式试点通过集团公司验收，建立了新的岗位管理、薪酬分配和绩效考核体系。推进专业化建设，整合采油气工程技术服务同类业务，深化试油作业主辅分离，作业时效提升5个百分点。调整矿区业务，按专业化管理组建物业公司、基地服务中心、社区事务管理中心；合并水电分公司和通讯分公司；整合钻前钻后环保治理等工程业务，成立矿区建设分公司。2019年7月31日，根据《江汉油田分公司采油气厂管理区优化调整方案》（江油〔2019〕89号），江汉、清河、荆州采油厂完成采油管理区优化整合。老区5个油气生产单位的20个管理区、服务区，优化调整为15个管理区。2019年，油田人均劳动生产率57.03万元，增长4.8%；“走出去”力度不断加大，外闯市场总人数1719人，创收8.32亿元、增收1.02亿元；在长庆油田中标塞17区块总承包服务项目，年创收5000万元；承揽中国石油浙江分公司钻前工程、中原石油工程废弃物无害化处理、新疆中曼石油采油服务等业务。人力资源、资产调剂、业务承揽3个平台作用有效发挥，内部用工优化配置3678人，调剂资产2454项，实行自己的活自己干837项、金额6.18亿元。开源节流、创收增效，常规气推价、成品油扩销增收1.13亿元。安全供水1944万立方米，供电8.71亿千瓦时。2020年，完善经营机制，确定“两高一重”范围和管控措施，建立重大经营风险事件报告、子公司内控行权报告制度，公司法人治理结构不断完善；修订合同管理办法，完善内控体系，加强审计监督筑牢风险防线；强化全过程成本管控，管理费、维修费持续走低，原油开发实现提质降本，盈亏平衡点3210元/吨、降低477元/吨；油气单位变动成本降低9元/吨。加强项目投资管理，一批低效无效项目暂缓实施；做好现金流管理，资金集中度提高1.5百分点；强化物资采购，大宗物资采购成本下降8个百分点；优化人力资源配置，优化内部用工4027人、调剂资产466项，完成内部工作量1068项、金额9.39亿元；优化页岩气营销模式，增收864万元。

“十四五”以来，风险防控有力有效，管理水平持续提升。2021年，坚持目标导向，把依法合规作为提升经营效益和竞争实力的前提，建立全面风险防控体系，完善合同管理机制，严格法律审核、审计监督、内控检查、财务稽核、专项治理，加大党委巡察力度，扎紧制度的笼子，筑牢“风控”防线。紧盯重点领域、核心业务、关键环节，抓实“三重一大”决策、经营投资、物资采购、招标投标等合规审查监督，梳理“两高一重”清单和管控措施，开展重大风险评估排查，各类风险可控在控。坚持价值导向，统筹推进高质量发展评价体系建设，精准赋值对应指标，强化“业财”融合，量化构建高质量发展的“四梁八柱”。注重与中长期规划衔接，深化“三大计划”融合，细化月季年度指标，严格预算执行，保证生产经营目标实现。加强全员全过程成本控制，推行两段式招标和全生命周期采购，推动资产盘活创效，拓宽成本压降空间。扎实开展“对标世界一流管理提升行动”，提升管理效能，油田入选集团公司标杆企业。2022年，强化信息化配套机制支撑，“无人值守、少人巡检、集中监控、专业维修”的智能管控运行模式初步构建，生产组织朝着现代化加速迈进。推进管理模式系统集成，持续完善生产大运行、过程大监督、科研大兵团、运行大保障“四大体系”，地质物探一体化管理、外包业务集中调整、农林业务优化整合等一批调结构举措落实落地，跟进修订管理制度95项，体系运行的“四梁八柱”逐步构建完善。抓实“三项制度”改革，一体完善“三能”机制，员工收入与单位贡献基本同步，改革单位竞争性选聘基层领导人员

351人、占比69.23%，末位调整、不胜任退出中层领导人员7人，能者上、庸者下的理念逐步深入人心。2023年，管理效能历阶而上，改革调整红利持续释放，合规治企能力不断加强。增强系统观念、树牢底线思维、狠抓风险防控，推动优质资源向主业流动，企业管理体系和管理能力显著提升。实施战略型集约化财务转型，健全完善“三个三”预算管理体系，细化年度生产经营指标分解，推动效益要素全覆盖，优化投资、挖潜增效，油田高质量发展的成色更足。按照“管业务必须管风险”的原则，压实风险防控主体责任，强化业务合规过程控制，推动“三单一表”深度融合，不断推进公司治理能力现代化。

2024年，经营管理效能持续提升。①管理体系不断完善。优化公司党委、董事会（执行董事）、经理层三个治理主体的权责界限，成立天然气业务模拟董事会，调整权限22项，提高决策效率、有效管控风险。开展两级机关岗位标准化建设和制度标准化建设，通过精准化刻画、标准化改造，推动制度、流程和岗位职责双向匹配。完善考核激励体系，优化组织绩效指标体系和部门近距离评价方式，实施一体化岗位责任制检查，绩效考核更加精准规范。深化清河采油厂油公司模式建设，完善“厂直管班组”管理模式，打造精干高效、职责清晰的“专业+技术+关键操作”扁平化管理模式。整合工程造价、地面工程监理、财务共享服务等职能，组建专业化单位概预算中心，增强支撑保障能力。②经营能力有效提升。成立发展战略委员会，建立“战略洞察—战略设计—战略解码—战略执行—战略评估”闭环工作机制，完成五年滚动规划编制，启动“一仓四库”建设，优化投资1.1亿元，投资计划执行符合率、结算及时率同比提升10%。加强战略型集约化财务管控和“五到区块”目标管理，强化全过程降本增效，实现采购降本1.56亿元，全员全要素挖潜增效1.61亿元。突出“管业务必须管风险”，压实风险防控主体责任，完成集团公司风控内控检查19项问题整改，妥善处置纠纷案件46起，避免或挽回损失1846万元。③人力资源统筹优化。完善人力资源战略规划及制度体系，打造管理体系基础内核，树立“五个优先”的选人用人导向，精准刻画干部能力词典和能力刻度、经验词典和经验刻度，4名中层领导末位淘汰、1名重新启用，公开选聘油田级专家70人、油田级以下技师365人。坚持“实战实训+多元培养”，分层次举办轮训和培训，员工队伍素质能力持续提升，在集团公司及以上技能竞赛中获2金2银4铜。畅通员工流动渠道，强化团队用工自主权，公开选聘班站长20名，班站长自主选择团队成员292人。深挖用工潜力，全年外闯市场和外委转自营用工900余人。④产业转型迈出坚实步伐。树牢“大资源观”，高效统筹质与量、新与旧、点与面、长与短的关系，深挖油田资源潜力，推进各类产业与油气产业协同发展，不断培育新的竞争优势。

牢固树立“管业务必须管监督”理念，把大监督作为“一把手”工程，建立党委直接领导、监督委员会统筹协调的监督工作体制，把行使经营管理职权的18个部门（单位）纳入成员部门，制定《油田监督委员会工作运行办法》，明确20项工作职责、55项重点监督责任清单，充分发挥业务部门近距离、常态化监管优势，增强监督合力，推动监督融入生产经营、安全环保、改革管理各方面各环节。建立“线上+线下”问题推送机制，督促各部门各领域开展监督监管工作。同时以规范权力运行为目标，不断健全“去权力化”“去弹性化”的制度体系，先后完善选商、投资、财务、采购等管理制度200多项，梳理规范审批权、考核权、监督权等重要权限519项。通过“一表一单双查”，推进业务领域廉洁风险防控清单化管理。按照高、中、低风险等级，制定防控措施248条，形成“照单操作、跟单检查、动态调整”模式。通过实行全过程监督监管，让权力在阳光下运行。

油田技术监督中心在“大上游”一体化合作中，整合各方监督力量，成立现场督察、远程监督和驻井监督一体化团队，建立跨专业、跨单位专家组，制定检查、考核统一标准，提高发现问题、解决问题的能力，以一体化管理释放监督效能。2024年10月29日，在红星红页15HF井现场，油田技术监督中心红星区块督察队与工程公司、经纬公司一起，一次性完成钻井三开验收工作。省去井队疲于应付各方各种检查，预计全年可减少重复验收400余次、重复检查900余次。将监督资源整合后，联合办公成为常态化；优化监督资源，建立“督察+远程+驻井”监督工作模式，监督队伍人数由200人减少至140人，预计降本2000万元。

2025年，以激发系统合力为关键，优化一体化协同模式。落实“市场导向”战略，完善方案设计优化、均衡生产运行、市场化运营、“四提”成果迭代、一体化联动考核和成果共享“五大机制”，进一步拓展合作的深度和广度，充分调动各方积极性，实现利出一孔、力出一孔，凝聚系统合力。抓住资源统筹这个重点，在深化“四提”“五化”的基础上，围绕业务流重塑管理流，深挖各环节提速提效潜力，横向上加强区域一体化统筹，纵向上推动各环节紧密衔接，高效调动各类资源解决问题，全方位提升运行质效，不断扩大一体化协同提质增效降本成效。

坚定不移完善现代企业制度，持续提高经营管理效能。聚焦建设行业领先现代油公司，坚持“让劳动创造价值、让员工充满动力、让组织充满活力”核心工作理念，将“价值引领”战略贯穿生产经营各领域全过程，全面构建与千万吨级油气田相匹配的先进管理模式。①持续完善战略规划体系。聚焦实现“三大目标”，抓好油田“十五五”发展规划及五年滚动规划编制，按照“战略规划指导业务计划、业务计划驱动全面预算、年度预算牵引绩效管理”思路，将年度目标和具体行动计划层层分解，进一步抓实战略解码和落地。②持续提升降本增效能力。锚定2025年“原油盈亏平衡点同比压降4美元/桶、天然气盈亏平衡点同比压降16元/千立方米”目标，深化“三大计划”融合，研究增量项目对盈亏平衡点的贡献测算方法，完善以“一仓四库”为核心的项目管理一体化平台，实现投资项目全流程在线协同运行。③持续强化“三基”工作。聚焦夯实制度、基础、数据“三大底座”，全面推进岗位和制度标准化建设，拓展岗位标准化和制度标准化衍生应用。建立岗位履职能力评估与资格认证机制、监督抽查机制、岗位信用记分管理机制和精准从严问责机制，并在“两册”基础上，推进操作岗位标准化。将“三基”与“三基本”融入“大岗位”建设，加快推动党建基础工作在党内岗位上实现标准化构建。

第八节　科技攻关创新取得新进展

紧密围绕油田勘探开发、生产经营目标，充分发挥科技的支撑引领作用，为稳油增气、特色发展做出积极贡献。2012年，组织实施国家科技项目4项，承担集团公司和湖北省科技项目29项，申请专利68件，专利授权39件（表5-23）。在地质勘探方面，以成藏模式研究为核心的滚动勘探技术系列逐步完善，发现和落实一批油气增储重点区块。在油气开发方面，深化底水低渗油藏开发、页岩气采气工艺技术及应用等研究，科技增油增气取得较好成效。在工程技术方面，水平井分段压裂关键技术、可钻式电缆桥塞成套技术等研究应用取得新进展。①在油气勘探、油气开发、油气工程等方面组织一系列技术攻关，取得油田级科研成果52项。其中："松滋油田低渗透厚层底水油藏开发技术研究"等2项达到国际先进水平；"潜北潜四油气成藏条件研究"等3项研究达到国内领先水平（表5-24、表5-25）。测录井工程公司承担的"碳酸盐岩弱气显示录井识别与定量评价技术"成果，在鄂西渝东、川东北元坝地区解释碳酸盐岩弱气显示8口井，发现率100%，解释符合率94.1%。在鄂西渝东新店1井、新店2井、建35-5井、建35-6井解释的气层均获良好工业气流。在川东北元坝205井、元坝104井应用取得良好的地质效果，解释评价的弱气显示气层试气均超100万立方米。勘探开发研究院承担的"潜北潜四油气成藏条件研究"成果有效指导了潜北断裂带油气勘探，钟112井在浅层获重大发现，对潜一段—荆河镇组常规试油，获日产原油11.82立方米，探明石油地质储量515万吨。井下测试公司承担的"井口换装放喷控制技术研究"成果，在现场进行372井次换装井口，施工成功率100%。盐化工总厂承担的"储气库副产盐泥用于脱硫工艺研究"项目，提高了精制卤水温度效果，降低了制盐、脱硫成本，实现盐泥废物利用，外排烟气达到国家标准对二类区的要求。②新技术推广应用取得新进步（表5-26），其中"大斜度长稳斜段丛式井钻井技术推广应用"项目，创造江汉油田丛式井水平位移最长、位垂比最大、靶心距最小、稳斜段最长等5项钻井纪录；"纤维压裂工艺技术推广应用"，使地层裂缝高度得到有力控制，获得有效裂缝支撑长度，确保液体的快速返排；"电化学离子稳定技术在坪北油田的应用"项目，将坪北油田注水水源由2种改为4种，产建污水由冲击式掺入改为平稳混合处理，实现污泥无害化处理。③计算机技术应用与开发。2012年8月21日，测录井工程公司承担的"MGA-700碳酸盐岩弱气显示录井解释软件"，通过集团公司组织的专家组软件测试。该解释软件，实现全井段自动判别解释，丰富了录井油气显示解释手段。

表5-23 2011—2024年江汉油田科技攻关项目实施情况

年度	国家级项目	中国石化及省部级项目	完成油田级项目	获省部级以上成果	专利申请	获专利授权	备注
2011	3	33	130	12	39	30	
2012	4	29	142	10	68	39	
2013	3	20	60	6	32	23	
2014	3	16	50	8	34	21	
2015	3	19	29	6	49	42	
2016	3	20	31	8	45	34	
2017	4	34	7	7	48	29	
2018	4	35	52	5	47	34	
2019	4	35	37	10	59	46	
2020	4	35	53	12	60	42	
2021		42	63	7	72	48	
2022		40	73	6	93	109	
2023		36	105	4	100	47	
2024		33	121	2	123	80	

表5-24 2011—2018年江汉油田科技攻关项目研发情况

年度	研究项目	项目研究水平	备注
2011	江汉盆地白垩系成藏地质条件及勘探潜力评价	国际先进水平	
	注水井无线遥控分层配水技术研究		
	王场油田潜三段北断块精细开发技术研究		
	储气库建腔卤水液相分离氯化钠和硫酸钠研究		
	中扬子寒武系膏盐岩研究及盐下勘探潜力评价	国内领先水平	
	气举高凝点原油常温集输工艺研究		
	液压控制式井口保护器的研制		
2012	松滋油田低渗透厚层底水油藏开发技术研究	国际先进水平	
	碳酸盐岩弱气显示录井识别与定量评价技术		
	潜北潜四油气成藏条件研究	国内领先水平	
	储气库副产盐泥用于脱硫工艺研究		
	井口换装放喷控制技术研究		

续表

年度	研究项目	项目研究水平	备注
2013	潜江凹陷盐间泥质白云岩油藏勘探技术研究	国际先进水平	
	江汉油区防断抽油泵研究		
	涪陵页岩气田焦石坝区块地质导向技术研究	国内领先水平	
	涪陵页岩气试验区也列技术研究		
	π.–Frame 地震数据常规处理软件开发		
2014	漂粉精二次母液有效成分回收及利用技术研究	国际领先水平	
	深井卤水资源勘探与评价	国际先进水平	
	鄂西渝东区二、三叠系礁滩精细刻画技术研究		
	盐湖盆地复杂岩性油藏滚动勘探开发技术研究		
	涪陵地区页岩气地震预测技术研究	国内领先水平	
	水平井连续油管钻塞工艺研究与应用		
2015	涪陵区块页岩油气有效开发技术研究	国际领先水平	
	涪陵区块页岩油气“甜点”预测技术研究		
	涪陵页岩气压裂配套工艺技术及应用	国际先进水平	
	新沟嘴组致密油油藏特征及开发关键技术研究		
	涪陵区块页岩油气可采资源评价研究	国内领先水平	
	潜北断裂带构造特征与油气富集规律研究		
	江汉盆地新沟嘴组泥质白云岩油藏勘探潜力评价		
	提高漂粉精反应收率研究及应用		
2016	涪陵区块页岩气层改造技术研究	国际领先水平	
	江汉盆地再分析及新区新领域勘探潜力评价	国内领先水平	
2017	涪陵页岩气开发效果评价及开发技术政策优化	国际领先水平	
	江陵凹陷新沟嘴组岩性油藏形成条件与分布	国际先进水平	
	涪陵页岩气水平井产气剖面测试技术研究		
	涪陵地区深井高压页岩气复杂缝压裂技术研究		
	坪北特低渗透油藏深度水驱技术与应用		

续表

年度	研究项目	项目研究水平	备注
2018	涪陵页岩气开发效果评价及开发技术政策优化	国际领先水平	
	江陵凹陷新沟嘴组岩性油藏形成条件与分布	国际先进水平	
	涪陵页岩气产气剖面测试技术及应用		
	坪北特低渗透油藏深度水驱技术与应用		
	涪陵地区深井高压页岩气压裂方式研究		

表5-25　“十二五”期间江汉油田获省部级及以上科研成果奖项

年度	项目名称	主要完成单位	获奖等级
2011	川气东送管道工程技术	中国石化天然气分公司、胜利油田胜利勘查设计研究院、江汉油田等	中国石化科技进步奖一等奖
	2500型压裂机组	江汉油田（江汉石油管理局、江汉油田分公司）	
	特低渗储层表征方法及开采技术适应性评价		中国石化科技进步奖二等奖
	灰岩裸露区噪声调查分析及去噪处理研究		中国石化科技进步奖三等奖
	江陵凹陷构造运动与油气富集规律研究		
	6000吨/年纳法漂粉精成套技术开发		
	ZJ50DB-ST低温轮轨电驱钻机		
	调整井用无渗透钻井液技术的研究与应用	长江大学、江汉油田荆州采油厂等	湖北省科技进步奖二等奖
	江汉盆地新沟嘴组沉积与油气成藏规律研究	江汉油田勘探开发研究院	
	MD电子式井下压力测试系统及工业应用	武汉工程大学、武汉益控科技公司、江汉油田勘探开发研究院	湖北省科技进步奖三等奖
	重点石化生产工程安全理论与评价系统开发	长江大学、江汉油田钻井一公司	
	鄂西渝东低空低压碳酸盐岩气藏增产技术研究	江汉油田采油工艺研究院	

续表

年度	项目名称	主要完成单位	获奖等级
2012	潜江凹陷稳产资源基础及关键技术	江汉油田	中国石化科技进步奖二等奖
	镇巴区块3D地震处理技术研究		中国石化科技进步奖三等奖
	江汉盆地白垩系成藏地质条件及勘探潜力评价		
	140MPa高压流体控制软件		
	王场油田潜三段北断块精细开发技术研究		
	高效采油功能菌群研究与应用	长江大学、江汉油田江汉采油厂等	湖北省科技进步奖一等奖
	难清洗油管物理处理技术及成套装备研究		湖北省科技进步奖三等奖
	西气东输二线管道工程X80埋弧焊钢管研制	江汉沙市钢管厂	
	超/特高压交流输电线路对金属管线影响及防护研究	国网电力科学研究院、中国电力科学研究院、江汉勘察设计研究院等	
	薄储层综合预测技术及在油气田勘探中应用研究	中国石油化工股份有限公司江汉油田分公司勘探开发研究院、中国科学院武汉岩土力学研究所	
2013	潜北潜四下油气成藏条件研究	江汉油田分公司	中国石化科技进步奖三等奖
	注水井无线遥控分层配水技术研究		
	松滋油田低渗透厚层底水油藏开发技术研究		
	水驱油藏开发中后期优势剩余油分布规律及高效调整技术与应用	长江大学、中国石油勘探开发研究院、江汉油田江汉采油厂等	湖北省科技进步奖三等奖
	注水井带压作业工艺技术	江汉油田采油工艺研究院	
	低孔低渗低压碳酸盐岩气藏开发技术	重庆科技学院、江汉油田采气厂	重庆市科技进步奖三等奖

续表

年度	项目名称	主要完成单位	获奖等级
2014	南方海相页岩气富集机理、关键技术与涪陵气田的发现	中国石化勘探分公司、江汉油田分公司等	中国石化科技进步奖特等奖
	页岩气水平井钻完井与分段压裂关键技术及工业化应用	中石化石油工程技术研究院、中石化勘探分公司、江汉油田分公司等	中国石化科技进步奖一等奖
	抽油井有杆泵防断关键技术研究	江汉油田分公司	中国石化科技进步奖三等奖
	盐湖盆地复杂岩性油藏滚动勘探开发技术研究	江汉油田分公司	中国石化科技进步奖三等奖
	多旋回长井段高含水油藏提高采收率关键技术	长江大学、中国石油勘探开发研究院、中石油青海油田分公司、江汉油田分公司等	湖北省科技进步奖一等奖
	油田采输过程系统节能技术及其配套装备	长江大学、江汉油田江汉采油厂等	湖北省科技进步奖二等奖
	回收油管物理处理技术及成套装备		湖北省科技进步奖三等奖
	水平井可取式封隔器—滑套分段压裂技术	江汉油田采油工艺研究院	
2015	超高压大功率油气压裂机组研制及集群化应用	中石化石油工程机械公司、江汉油田分公司等	国家科技进步奖二等奖
	涪陵页岩气田地质评价技术及开发技术政策	江汉油田分公司、中国石化石油勘探开发研究院等	中国石化科技进步奖一等奖
	潜江凹陷盐间泥质白云岩油藏勘探技术	江汉油田	中国石化科技进步奖三等奖
	Cemini表面活性剂技术研究与应用	长江大学、中海油能源发展股份有限公司工程技术湛江分公司、江汉油田江汉采油厂等	湖北省科技进步奖一等奖
	江汉盐湖盆地整装油藏大幅度提高谁驱采收率关键技术	江汉油田江汉采油厂、长江大学	湖北省科技进步奖二等奖
	涪陵页岩气压裂配套工艺技术及应用	重庆涪陵页岩气公司、江汉油田石油工程技术研究院	重庆市科技进步奖一等奖

表5-26 “十二五”期间江汉油田重点推广应用新技术情况

年度	推广应用新技术	应用效果
2011	小波包频谱成像技术	在14个工区推广，钻探井6口获工业油流
	试油连续排液技术	施工8口井，试油无污染率100%……
	V8多功能电法系统的应用	在伊朗工区、新疆工区见到效果
	CPR-LWD地质导向仪的应用	应用30口井，平均油层穿行率90.5%……
2012	大斜度长稳斜段丛式井钻井技术	创出5项钻井新纪录
	纤维压裂工艺技术	使地层裂缝高度得到有力控制
	电化学离子稳定技术	实现了污泥无害化
	泡沫冲砂、排液技术	缩短油井产量恢复期，延长了油井免修期
	X射线荧光录井技术	为完井及压裂措施及时准确提供依据
2013	涪陵页岩气水平井优快钻井	探索出低成本、高效钻井的途径
	“地质建模-数值模拟”一体化技术	在王场、坪北等油田成功应用
	AVO属性分析和叠前弹性反演技术	提高了地震资料处理解释水平
	超分子压裂液的应用	在王4斜4-2井，累计增油796.5吨……
	低伤害增效压裂液体系的应用	施工油井31井次，累计增油1.15万吨
2014	水平井可取式封隔器—滑套分段压裂技术	在20口井，工艺成功率100%
	注水井无线遥控分层配水技术	应用31井次，配水准确率明显提高
	广华油田提高采收率配套技术	累计增油1.68万吨……
	页岩气田集输站地面工程撬装技术	施工周期缩短16天……
	螺杆钻具钻铣水泥承留器（桥塞）工艺技术	一次成功率提升了79%
2015	页岩气田水平段防漏堵漏技术	大幅节约油基钻井液的使用数量
	涪陵页岩储层暂堵转向压裂技术	提升了对复杂构造带页岩的改造水平
	油水井带压作业技术	带压作业97井次，增油3300吨……
	基于π-Frame平台地震数据常规处理模块开发	达到国外先进水平

面对石油工程重组改革的新形势，注重科技管理方式的转变，积极开展“两稳一增大发展”科技攻关会战，2013年取得一批创新科技成果，产生良好的经济效益和社会效益，为企业在新起点持续发展提供了有力的技术支撑。2014年，面对油价持续低位徘徊、生产经营困难的不利局面，深

化科技改革、突出科技创新驱动发展，加快研究开发步伐，有效推动了企业科技进步水平提高。重点推广应用5项新技术取得新成绩，其中推广应用“广华油田提高采收率配套技术”，两年来在广华油田新钻油水井13口，实施油水井措施38井次，新增产能0.9万吨，水驱控制程度上升10.5%，老井自然递减率年下降4.81%，累计增油1.68万吨，使广华油田成为江汉盆地标定采收率首个超过60%的油田。推广应用“页岩气田集输站地面工程撬装技术”，在涪陵页岩气开发一期产能建设16座集气站上应用撬装技术，单套流程建设施工周期减少16天、占地面积减少190平方米，水套炉每年节约燃料气超过5万立方米，分离器噪音下降20分贝，实现天然气产量远程调节。2015年，紧紧围绕提高发展质量和效益，以“五个平台”为抓手，深化科技体制机制改革，积极组织油气主业和特色技术攻关，企业技术创新水平获得新的提高，确保了生产经营目标任务完成。通过科技创新，有效支撑了涪陵页岩气田的商业开发，建成年产能50亿立方米；新增控制石油地质储量603.91万吨，落实商业开发储量207万吨，新增经济可采储量66.3万吨，为生产原油151.5万吨提供了技术保障。当年，推广应用“页岩气田水平段防漏堵漏技术”“涪陵页岩储层暂堵转向压裂技术”“油水井带压作业技术”等4项重点新技术，并取得了新成绩。

“十三五”期间，实施创新驱动发展战略，加强技术创新机构建设，结合油田实际开展科技攻关，强化科技成果向现实生产力的转化，有力地支撑了企业提质增效升级目标的实现。2016年，取得省部级及以上科研成果8项（表5-27），“涪陵二期产能区选区评价及开发技术政策研究”“涪陵焦石坝区块页岩气产能评价方法研究”“涪陵焦石坝区块页岩气层压力预测技术与应用研究”“八面河油田广北区效益开发调整研究”“坪北油田低效无效井治理对策研究”“黄场盐岩储气库厚夹层诱垮造腔工艺技术研究”等在生产实际中发挥重要作用，创造了良好经济效益。重点推广应用5项新技术（表5-28），其中“水平井实时地震地质导向技术应用”项目，用于涪陵页岩气田所有评价井、开发井，集成的一体化软件，能快速修编构造图，大幅减少了轨迹跟踪分析时间。两年（2015—2016年，下同）来提供技术服务196口，有效提高了入靶精度和轨迹在优质页岩中的穿行率。“涪陵页岩气微地震监测关键技术的应用”项目，借鉴国外微地震监测技术，结合涪陵页岩气田储层特征，提出不同储层下的压裂参数优化方案，开发了一套适应该气田的标准微地震监测和评价体系，为压裂施工分析和压后评价提供指导。两年来应用该技术，增产天然气超1亿立方米。“涪陵页岩气田复杂构造带压裂工艺应用”项目，主要针对涪陵页岩气二期产建区复杂构造储层特征，在一期压裂工艺技术的基础上，分析裂缝延伸机理，确定不同改造目标，开发了一套适用于该气田复杂构造带的压裂工艺及参数优化技术。两年来在现场应用42井次，新建产能30亿立方米，实现了页岩气开发技术的突破。“井下工具系列的优化与推广”项目，以降本增效为目标，对油田常规注堵酸压工具实现再开发。两年来，优化改进了5种型号的注水封隔器及配套工具、2种型号的堵水封隔器及配套工具，满足了在低油价下油井作业施工的需要。新改进的井下工具，在国内10多个油气田中推广应用，创效8700多万元。

表5-27　“十三五”期间江汉油田获省部级及以上科研成果奖项

年度	项目名称	主要完成单位	获奖等级
2016	涪陵海相页岩气高效开发关键技术及工业化应用	江汉油田、中国石化勘探分公司等	中国石化科技进步奖一等奖
	江汉盆地新沟嘴组泥质白云岩油藏潜力评价	江汉油田分公司	中国石化科技进步奖三等奖
	新沟嘴组致密油油藏特征及开发关键技术研究	江汉油田分公司	
	盐穴储气建腔技术	中国石化天然气分公司、江汉油田分公司	
	页岩储层复杂缝形成机理与高效开发技术及工业化应用	江汉油田石油工程技术研究院、中国科学院武汉岩土力学研究所、重庆涪陵页岩气勘探开发公司	湖北省科技进步奖三等奖
	中上扬子地区富有机质页岩岩相古地理与非常规资源潜力评价区带预测	长江大学、江汉油田分公司等	
	陆相湖盆深井卤水资源勘探与评价关键技术及应用	江汉油田勘探开发研究院	
	涪陵页岩气田水平井组优快钻井技术研究与应用	重庆涪陵页岩气勘探开发公司、江汉油田石油工程监督中心等	重庆市科技进步奖一等奖

续表

年度	项目名称	主要完成单位	获奖等级
2017	涪陵大型海相页岩气田高效勘探开发	中国石化勘探分公司、江汉油田分公司、中石化石油工程技术研究院等	国家科技进步奖一等奖
	井下分层注采智能控制技术研究与应用	江汉油田分公司	中国石化技术发明奖三等奖
	页岩气井连续管生产完井关键技术与应用		中国石化科技进步奖二等奖
	江汉盆地再分析及新区新领域勘探潜力评价		中国石化科技进步奖三等奖
	涪陵焦石坝一期“甜点”预测技术研究	江汉油田分公司、中石化石油物探技术研究院	
	涪陵区块页岩气气层改造技术研究	江汉油田分公司、中石化石油工程技术研究院	
	井下智能分层注水技术	江汉油田石油工程技术研究院	湖北省技术发明奖三等奖
2018	海相页岩气富集机理、气藏评价与新领域开拓	中国石化石油勘探开发研究院、江汉油田分公司等	中国石化科技进步奖一等奖
	江陵凹陷新沟嘴组岩性油藏形成条件与分布	江汉油田分公司	中国石化科技进步奖三等奖
	江陵页岩气水平井产气剖面测试技术研究		
	坪北特低渗透油藏深度水驱技术与应用		
	涪陵页岩气井工厂压裂工艺技术及产业化	重庆涪陵页岩气勘探开发公司、重庆科技学院	重庆市科技进步奖二等奖
2019	陆相页岩油资源赋存与分类评价方法	中国石化石油勘探开发研究院、江汉油田分公司、胜利油田分公司	中国石化前瞻性基础性研究科学一等奖
	涪陵焦石坝区块页岩气排采关键技术研究	江汉油田分公司	中国石化科技进步奖二等奖
	涪陵页岩气双优储层耦合规律研究及应用	中石化石油工程技术服务公司、江汉石油工程公司、江汉油田分公司	中国石化科技进步奖三等奖
	低渗透高瓦斯煤层压裂增渗及抽采控制技术	中国科学院武汉岩土力学研究所、煤科集团沈阳研究院、光力科技股份有限公司、山东科技大学、江汉油田分公司	湖北省科技进步奖一等奖

续表

年度	项目名称	主要完成单位	获奖等级
2019	油气藏开发智能调控优化技术及工业化应用	长江大学、中国石油大学（华东）、中海油研究总院有限责任公司、西安石油大学、江汉油田分公司	湖北省科技进步奖二等奖
	深层页岩气藏高效改造一体化技术及应用	中国科学院武汉岩土力学研究所、西南石油大学、江汉油田石油工程技术研究院等	
	潜江盐湖盆地石油精细勘探技术与实践	江汉油田分公司	湖北省科技进步奖三等奖
	复杂应力高陡页岩气层精准压裂关键技术	重庆涪陵页岩气勘探开发公司、中石化石油工程技术研究院	重庆市技术发明奖二等奖
2020	改善复杂条件下油气藏开发效果智能完井技术及工业化应用	中石化石油工程技术研究院、江汉油田、西北油田	中国石化技术发明奖二等奖
	特高含水油田水驱提高采收率	胜利油田、中原油田、河南油田江苏油田、江汉油田	中国石化科技进步奖特等奖
	压裂地质工程一体化评价技术	中石化石油物探技术研究院、江汉油田分公司等	中国石化科技进步奖三等奖
	江汉盆地油气聚集规律与精细评价关键技术	江汉油田分公司	
	机采井采油联合作业一体化技术		
	全可溶桥塞研发及工业化应用		
	盆缘山区页岩气绿色开发技术研究与示范	重庆地质矿产研究院、重庆大学、重庆涪陵页岩气勘探开发公司等	国土资源科学技术奖二等奖
	西南地区五峰组—龙马溪组地层典型特征及关键识别技术	重庆地质矿产研究院、中国石油勘探开发研究院、重庆涪陵页岩气勘探开发公司等	
	页岩气储层超临界二氧化碳复合压裂关键技术及应用	武汉大学、中国石油大学（北京）、江汉油田石油工程技术研究院等	湖北省科技进步奖一等奖
	深层油气富集与甜点定量表征关键技术及工业化应用	长江大学、中国石油勘探开发研究院、江汉油田等	湖北省科技进步奖二等奖
	江汉盐湖盆地潜江组油藏滚动开发技术与工业化应用	江汉油田勘探开发研究院、中国地质大学（武汉）	湖北省科技进步奖三等奖
	页岩气储层测录井识别与定量评价关键技术及规模化应用	中石化江汉石油工程公司、中国地质大学（武汉）、江汉油田	
	湖北省及邻区不同油气类型资源评价及其应用	江汉油田勘探开发研究院、长江大学等	
	高压水射流破碎深部煤岩理论及改造低渗气藏关键技术与应用	重庆大学、中国平煤神马能源化工集团有限责任公司、中石化重庆涪陵页岩气勘探开发有限公司等	重庆市科技进步奖一等奖

表5-28　2016—2018年江汉油田重点推广应用新技术情况

年度	推广应用新技术	应用效果
2016	水平井实时地震地质导向技术	实施196口井，大幅缩短了轨迹跟踪分析时间
	涪陵页岩气微地震监测关键技术	增产天然气1亿多立方米
	涪陵页岩气田复杂构造带压裂工艺	现场应用42井次，新建产能30亿立方米，实现页岩气开发技术的新突破
	井下工具系列的优化	在国内10多个油气田推广应用，创效8700多万元
	盐穴型地下储气库测试技术	满足造腔阶段建设的需要，缩短了造腔时间
2017	一体化低伤害酸化技术	应用42井次，累计增油4.22万吨
	注水系统水处理工艺技术	水质综合达标率由58%提升至91%以上，药剂单位成本降低50%以上
	π-Frame平台地震数据常规处理技术	在中国石化6个区块应用，处理时效为同类商业软件的3倍以上
	新型注水管柱技术	现场应用52井次，累计增油3.08万吨
2018	老新油田老二区提高采收率先导试验	采油速度由0.28%上升到0.84%
	盐间页岩油二氧化碳干法压裂试验	在王场油田南断块王57斜-16井开展试验，探索了无水改造工艺
	井下高清视频成像检测技术	有效提高了工序成功率
	五参数找漏与化学堵漏集成技术	治理的13口油井产量由0提高到平均日产油3.38吨，累计增油1.2028万吨

2016—2018年，制定完善科技管理办法，为技术创新提供有利条件。为更好地适应油田发展需要，根据集团公司科技改革办法，2016年出台《江汉石油管理局、江汉油田分公司知识产权保护规定》《江汉石油管理局、江汉油田分公司科技项目管理办法》《江汉油田分公司关于科技计划实施中科研不端行为处理办法》等制度，科技管理取得新成效。开展对外技术合作与交流，涪陵页岩气院士专家工作站与中国地质大学、中国石油大学、西南石油大学的院士专家签订技术合作合同，开展4项与页岩气相关理论和技术攻关；4名博士进入博士后科研工作站，开展非常规油气、低渗透油藏开发等方面的课题研究；与重庆市有关部门进行涪陵页岩气产业技术研究，打造页岩气研发基地、学术高地和成果转化策源地。加强科技立项、中期检查、项目验收、成果评定等关键环节的管理，规范科研工作

有效开展，确保科研工作的质量。2017年制定《江汉石油管理局、江汉油田分公司科学技术奖励管理办法》《江汉油田分公司国家科技重大专项资金管理实施细则》等6项制度，首次增设科技创新功勋奖、省部与集团公司奖励配套奖、优秀知识产权奖、青年科技英才奖。是年，江汉油田分公司的6个项目获得中国石化首次科技成果转化奖，奖励金额达428万元。涪陵页岩气院士专家工作站聘请有关院士围绕页岩气地质评价、钻井工程、压裂与试采、气藏工程等关键技术开展联合攻关，被中国科协评为2017年度示范院士专家工作站。坚持把创新作为引领发展的第一动力，页岩气高效开发技术走在国内前列，中扬子海相勘探评价、盐间页岩油“甜点区”优选、老区滚动评价技术持续深化，支撑了油气增储上产；推进信息化提升，EPBP项目上线运行，涪陵智能气田建设进展顺利，5个采油管理区完成生产信息化改造；参加的“涪陵大型海相页岩气田高效开发”项目，被评为国家科技进步奖一等奖。2018年，进一步深化科技项目、科研经费改革。聚焦提高资源探明率、动用率、采收率和市场占有率，优选9个基础性研究、新技术开发、成果推广应用、先导试验等方面的项目，支持经费5000多万元，有力促进了科研与生产的结合。页岩气院士专家工作站开展基础性、前瞻性研究项目7项，并应用于生产实际。加大科技创新奖励的力度，出台《江汉油田科技创新专项奖励办法》，科技进步奖一等、二等、三等奖奖金分别由5万元、3万元、1万元增加到15万元、10万元、5万元，进一步调动了科技人员的积极性和创造性。是年，申请专利47件，首次评选出10项优秀专利及软件著作权并给予奖励。

科技成果转化取得新成效。研发出具有自主知识产权的可溶桥塞，性能指标优于国内外同类产品，整体达到国际领先水平；在涪陵页岩气田累计完成施工16井次，应用228支可溶桥塞，打破国外技术垄断；开发出高效快捷的浅表层定点取换套技术，变大修为小修，应用88井次，有效解决了地表下陷导致井口升高产生的安全环保隐患；“江汉油田硫化氢成因及防控措施研究”填补江汉油区井站防硫技术空白，硫化氢超标油井54口，治理后全部达标。

2019—2020年，坚持不断完善科技创新管理机制，强化科技项目过程管理，着力重大关键核心技术攻关，有力支撑油田生产经营任务的完成。

2019年，重点领域科技攻关取得新进展：①在页岩气领域。依托国家重大科技项目和中国石化“十条龙”项目，实现“页岩气富集高产机理、页岩气多尺度介质流动机理、复杂地质条件下页岩裂缝起裂与延伸机理”的理论创新。创建国内首个页岩气立体开发模式，创新形成“上部气层和下部气层”二套层系开发，大幅提高涪陵页岩气田采收率。实现页岩气钻完井、压裂技术的提档升级，建立“气藏—井筒—地面”一体化采气工艺技术，有效控制了焦石坝区块老井产量递减。②在页岩油领域。以页岩油国家科技专项和中国石化项目为依托，建立盐湖盆地地质评价技术和标准，明确盐湖盆地有机质富集机理，评价纵向有利层段和有利区带，估算资源量，初步明确潜江凹陷Ep34–10韵律、潜四下段2个亿吨级有利区带；建立盐间页岩油“甜点”地震评价标准，预测王广浩地区Ep34–10韵律“甜点”区4个。基于盐层蠕变特征、盐间岩石力学变化特征及裂缝扩展特性，形成页岩油水平井优快钻完井技术，有效指导了蚌页油1HF、蚌页油2等重点探井的部署和实施。③在陆相页岩油气领域。对复兴地区多套陆相页岩层系开展地质、工程综合评价，优选侏罗系东岳庙段页岩作为重点突破领域，明确复兴地区东岳庙段页岩气形成的基本地质条件。首次建立复兴地区东岳庙段页岩品质及含气性地震、测井解释模型，明确复兴地区优质页岩分布特征。钻探的涪页10HF井在东岳庙段测试获得高产工业油气流，取得复兴地区东岳庙段陆相页岩气勘探的重要进展。④在老区石油勘探开发方面。老区石油勘探方面，完善目标区小层沉积微相和储层综合预测技术，在八面河鼻状带、蚌湖向斜落实2个500万吨增储阵地；老区石油开发方面，深化高盐油藏特高含水期改善开发效果技术，创新发展特高含水期渗流机制、开发调整关键技术、套管全周期治理技术，推广应用到21个区块，涉及储量2248.2万吨，提高采收率1.26%。开展“坪北油田长62低阻油藏开发潜力研究”，建立长62低阻储层测井解释标准和模型，制定合理开发技术政策，完善配套压裂工艺，实施新井8口，初期单井日产量2.6吨。

“十四五”期间，深入实施创新驱动发展战略，科技攻关取得重要成果。2021年，获省部级奖励11项（表5–29），其中参与完成的“特高含水油田水驱提高采收率技术”项目，获集团公司科技进步特等奖。是年，开展的国家科技重大专项——“涪陵页岩气开发示范工程”取得丰硕成果，总结出“页岩气富集高产机理”等3项机理研究为核心，基于“页岩基质孔—缝、人工压裂缝耦合”的三维地质建模技术、适用于页岩地层的水基钻井液体系及施工工艺技术等8项技术为关键的示范体系。研究成果通过国家能源局组织的综合绩效评价，入选国家“十三五”科技创新成就展；油田承担的重大专项课题“潜江与泌阳凹陷页岩油勘探开发目标评价”及其他3项课题均以优秀成绩通过综合绩效评价。在常压页岩气勘探方面，开展“红星—宜昌常压页岩气勘探潜力及目标优选”项目研究，研究成果指导红星地区钻探的风险井——红页1HF井在二叠系吴家坪组试气，获日产气8.9万立方米，取得四川盆地新层系页岩气勘探重大突破。2022年，围绕新区规模增储、老区效益开发目标，以石油工程“四提”为核心研究关键技术。开展钻井“瘦身”技术研究，首创2种井身结构新模型，实现国内页岩油气钻井工程工艺革命性的突破。创建以数模建模为核心的压裂逆向设计新方法，形成复兴陆相页岩段内多级复合暂堵压裂、江汉老区致密储层压裂等多类型储层改造新技术，为非常规与常规油气勘探突破提供了有力工程保障。2023年，发挥科研大兵团作战优势，以创新驱动引领高质量发展，获省部级奖5项，申报国家专利100件，发布页岩气行业标准2项。在页岩气行业取得以下进展：①在核心技术领域。深化基础研究，形成中低丰度有机质、中高演化陆相页岩油气富集规律新认识，“十条龙”项目顺利出龙。高质量推进原创技术策源地建设，编制国内首个页岩剩余气精准靶向设计方案，持续引领页岩气开发技术。②在理论创新领域。形成红星地区复杂沉积相带薄层页岩气富集机理、盐湖盆地碳酸盐岩滩坝沉积成藏模式和以“八面河颗粒云岩储层描述与评价”为代表的滚动评价技术，有效支撑了千万吨级增储稳产阵地。③在管理机制领域。坚持“引进来”“走出去”，积极参加全国学术研讨，持续加强与科研院所交流合作，完善科技项目、科学技术激励等管理办法，科研环境展现新的气象。④在数据中心领域。聚焦数业融合、信息赋能，强化数据资源中心建设，加大应用系统供给，不断向数智化主导的现代化运营新模式转变。坚持自我革命、刀刃向内，开展勘探开发核心数据补录大会战，整合建成“覆盖全业务领域、满足全场景应用”的数据资源中心，真正实现油气藏“一套数据、多方应用”。研发油气藏管理平台，整合17套“零、散”动态分析系统功能，实现全资料秒级获得、一键分析，显著提升油气藏管理效率。实时抽取10大业务系统异常信息，集成3000余个预警算法模型，为油田指挥中心植入“最强大脑”，初步建成油田异常管控中心，打造了静默式监管、穿透式监督新模式。

表5-29　“十四五”期间江汉油田获省部级及以上科研成果奖项

年度	项目名称	主要完成单位	获奖等级
2021	页岩气田多因素耦合腐蚀环境高效缓蚀剂研发与应用	中国石化青岛安全工程研究院、江汉油田分公司	中国石化技术发明奖三等奖
	高效全电动大型压裂成套装备研制与工业化应用	中石化石油机械公司、中石化江汉石油工程公司、江汉油田分公司	中国石化科技进步奖一等奖
	深层页岩气多级组合裂缝压裂技术及工业化应用	中石化石油工程技术研究院、江汉油田分公司等	中国石化科技进步奖二等奖
	中扬子西部下组合油气成藏演化及突破方向	江汉油田分公司	中国石化科技进步奖三等奖
	深地油气安全开发井筒水泥环持久密封固井技术与应用	中国科学院武汉岩土力学研究所、中国石化石油工程技术研究院、中国石油大学（北京）、江汉油田分公司等	湖北省科技进步奖一等奖
	陆相湖盆中心中深层有效储集体发育机制、预测关键技术及应用	中国地质大学（武汉）、大港油田、江汉油田物探研究院等	湖北省科技进步奖二等奖
	复杂低渗透油藏精细高效开发关键技术及工业应用	长江大学、中国石油大学（北京）、江汉油田江汉采油厂等	湖北省科技进步奖三等奖
2022	非常规高精度地震探测关键技术及应用	中国海洋大学、中石化重庆涪陵页岩气勘探开发有限公司等	山东省科技进步奖二等奖
	低渗岩体渗流多尺度演化理论及调控关键技术	湖北工业大学、中国矿业大学、中国地质大学（武汉）、中石化新星湖北新能源开发有限公司、中国石油化工股份有限公司西北油田分公司、核工业北京地质研究院、江苏珂地科研仪器有限公司、中国石油化工股份有限公司胜利油田分公司勘探开发研究院、中海石油气电集团有限责任公司、中石化重庆涪陵页岩气勘探开发有限公司	湖北省科技进步奖一等奖
	涪陵页岩气田立体开发关键技术	江汉油田分公司、中国石化石油勘探开发研究院等	中国石化科技进步奖一等奖

续表

年度	项目名称	主要完成单位	获奖等级
2022	页岩油气高效开发地球物理评价技术及应用	中石化石油物探技术研究院、江汉油田分公司、江苏油田分公司	中国石化科技进步奖二等奖
	坪北致密油藏高效开发技术与实践	江汉油田分公司	中国石化科技进步奖三等奖
	涪陵气田水基钻屑土壤化及其利用技术研究		
2023	非常规油气多尺度多组分数值模拟方法	中国石化石油勘探开发研究院、重庆涪陵页岩气勘探开发公司	中国石化前瞻性基础性研究科学一等奖
	基于Spark分布式计算的多分支复杂作业流技术及应用	中石化石油物探技术研究院、江汉油田、胜利油田分公司	中国石化科技进步奖三等奖
	白马常压气藏高效开发关键技术研究	江汉油田分公司	
	长江上游页岩气清洁开发节水减排协同增效关键技术	重庆地质矿产研究院、西南石油大学、中国石油大学（北京）、中石化重庆涪陵页岩气勘探开发有限公司等	重庆市科技进步奖二等奖
2024	鄂西渝东二叠系页岩气勘探突破关键技术及应用	江汉油田分公司、中石化石油勘探开发研究院等	中国石化科技进步奖一等奖
	“瘦身型”页岩油气水平井钻井关键技术及工业化应用	江汉油田分公司、中石化江汉石油工程有限公司等	中国石化科技进步奖二等奖

2024年，以发展战略需求为导向，统筹创新资源，重构创新体系，积极推动理论创新、技术创新、管理创新，努力发展新质生产力，有2项成果分别获评“国际领先”“国际先进”奖。在科技创新方向取得如下成绩：①科研体系更加完善。推动科委会改革和科委会自治，构建“1+3”科委会组织架构，将学术话语权和技术路线决定权真正交给科研人员。优化油田级专家职位设置，推动科技创新人才队伍体系化、建制化、协同化。构建以技术人员为主导的创新激励机制，按价值创造的量级分档兑现绩效，给予“瘦身井”技术首创者张玉强重奖激励，进一步激发了技术人员干事创业、创新创造的积极性。②核心技术取得突破。强化红星地区储集体类型、页岩成储机理、页岩储层工艺改造等基础研究，重建了盐湖沉积模式，助推新区带新层系勘探取得重大突破。攻关压驱注水补能技术，创新研发高钙镁油藏增黏聚合物体系，为老区稳产上产夯实了基础。组织实施

国内首个页岩压后取心试验，形成“页岩压后钻井—取心—监测”一体化工程技术体系，实现国内页岩气开发理论与技术新突破。迭代升级3000米长水平段水平井钻井技术，创新应用瘦身Ⅱ型旋转导向工具，成功试验全域支撑压裂工艺，推广应用科学钻井系统（RTOC），助力石油工程提速降本。③数智支撑不断加强。深化数据治理，建成安全风险库、钻井标杆库，物探采集资料全量入库，国产数据库替代率上游第一。整合甲乙方数据资源，实现IPPE与EPBP平台互联互通、数据共享、协同管理，推动现场规范化、高效化、智能化管理。整合数模、地震、工程等数据建设透明气藏，打造单平台效益评价系统、生产运行管控等10大应用系统，强化数字赋能支撑。

坚持创新是第一动力，以生产需求为导向，以一体化协同作为破解瓶颈的有力武器，落实“创新驱动”战略。2025年，以释放科研活力为目标，完善科技创新体制机制。强化科技顶层设计，持续深化科技管理体系建设，进一步优化科委会运行模式与委员动态调整机制，完善油田党委领导下的科技自治。全面推进需求管理“焕新升级”，探索建立创新链、产业链、资金链、人才链“四链”融合发展模式，构建全生命周期科技管理IPD流程，科学统筹“热线、冷线”资源，打造战略性引领、系统性谋划与长期性坚守的协同创新模式。全面推进项目团队管理，充分发挥专家队伍领军作用，逐步完善项目成果价值分类评价和认定标准，健全以价值创造为核心的科技成果评价机制和量化考核机制，深度激活科研人员的创新内驱力，为科技创新厚积薄发筑牢根基。以解决生产需求为导向，强化关键核心技术攻关。落实“开放合作”战略，强化企业科技创新主体地位，全面提升科技创新体系化能力，因地制宜发展新质生产力。持续抓好原创技术策源地建设，开展页岩气田提高采收率等国家重大专项申报与实施，建好页岩油气富集机理与高效开发全国重点实验室试验示范基地，加快江汉老区页岩油攻关示范区建设，努力实现更多原创性突破。加强应用基础研究支持力度，跨专业协同攻关“卡脖子”技术，构建以油田为中心的开放创新矩阵，深化页岩气差异化立体开发模式、碳酸盐岩和盐间页岩油勘探开发、3000米长水平段“瘦身井”钻井等关键核心技术攻关，不断积累超深层页岩气、碳酸盐岩油藏、致密砂岩油气藏等重点领域的技术优势。以推动劳动组织方式变革为重点，加快智能化建设步伐。围绕以数智化转型推动运营模式与业务流程等多维度焕新迭代，编制数字化转型智能化发展建设规划，构建业务流、管理流、数据流、价值流、监督流“五流合一”数智油田建设体系。健全域长负责制，完善数据治理长效机制，深化“覆盖全业务领域、满足全场景应用”数据资源中心建设，引入大数据、人工智能等先进技术，进一步丰富拓展数智化应用场景。加强生产运营智能化、安全管控智能化建设，完善以生产指挥中心为核心的指挥生态建设，将岗位和制度标准化建设与数据治理工作深度融合，推进以岗位个人工作台为基点的IT流程建设，以数智化油田建设助推实现劳动组织方式的根本性变革。

第九节　切实履行企业的社会责任

江汉油田在打造行业领先油公司、建设千万吨级油气田进程中，始终坚持党和国家的利益至上，正确处理企业的政治责任、经济责任和社会责任三者关系，为实现企业利益、维护员工利益、统筹社会利益创造多赢局面，促进企业高质量发展。

“十二五”期间，以提升价值和赢得尊重为追求，以提高群众满意度和社会认可度为重点，“打造高度负责任、高度受尊敬企业”。2012年，以“办实事、解难事、惠民生”为宗旨，油田保持总体稳定。做优社区服务，离退休职工管理服务工作进一步加强，老年活动中心、老年大学阵地作用有效发挥，油田被评为全国敬老模范单位；推进平安油区创建活动，整治油区治安环境和道路交通环境，油田被评为中国石化平安油区建设先进单位。2013年，离退休人员待遇得到较好落实，基本养老金、企业补贴、生活资助金等调整发放到位。落实湖北省申请拨付“稳岗补贴”专项资金5856万元，公益性岗位补贴、职业培训补贴等专项资金1260万元；发放灵活就业人员社会保险补贴248.7万元。抓好扶贫帮困工作，向困难群体、残疾人和非在岗群体发放慰问品、慰问金共计2770万元。2014年，实施油田公共区域绿化提档升级和住宅小区绿化改造工作，矿区绿化建设与管理水平全面提升。全年，新增绿地面积37.2万平方米，绿化覆盖率达到42.67%，绿地率达到39.7%，人均公共绿地面积12.9平方米。3月，按照“适地适树、一区一景”原则，投资1160万元，对油田广北小区、广南小区等10个老旧自然小区实施绿化升级改造，改造面积8.51万平方米；4月至8月，投资80万元，实施水杉公园体育场改造绿化配套工程，改造面积3901平方米。“十二五”期间，履行国有企业的社会责任，坚持做好社会事业各项工作，累计投入10亿元，用于小区改造和基础设施配套建设；累计发放帮扶救助金1.32亿元。响应党和国家的号召，根据中国石化的安排，对口支援巴东县人民医院改善医疗条件、巴东县公安消防大队改善消防设施设备，无偿捐款200万元，用于巴东县人民医院综合楼建设和添置医疗设备；无偿捐款40万元，用于巴东县公安消防大队消防信息网络建设和消防车辆装备。

“十三五”时期，强化以人为本抓民生改善，扎实做好扶贫对口支援，把履行国有企业的社会责任作为使命担当。2016年，坚持把维护员工切身利益作为最大民生工程，采取有力措施、深挖一切潜力，超额完成集团公司下达的保效益指标，员工收入稳中有升。坚持“真困难、真帮助”，开展“走基层、访万家”和学雷锋志愿服务活动；组织扶贫帮困、走访慰问1370人次，发放慰问物资、慰问金51.46万元和各类补助、救助金24.35万元，广大员工群众的获得感不断增强。2017年，走访慰问员工群众5.3万人次，发放款物2084万元；深化企地沟通合作，与潜江市建立企地一体化工作机制，推进共建共享共创繁荣。2019年，抢抓机遇，争取失业保险稳岗返还金1.18亿元、增长0.99亿元，占湖北省总量的23.4%。2020年，坚持以人为本，做好帮扶工作，发放各类物资及慰问金1460万元，为693个班组配送应急药品；广泛开展“当好主人翁，决战决胜全面可持续”群众性大讨论活动，参与人数34万人次，油田呈现凝心聚力、共促发展的良好局面。其间，对口支援巴东县，无偿捐款600万元，用于巴东县人民医院内科楼建设项目及净化系统工程项目、金果坪乡卫生院老门诊用房改造项目、金果坪乡江家村胜利大队文化广场项目建设。做好对口支援三峡库区建设，湖北省国资委刊发专报介绍油田对口支援建设三峡库区的经验。精准扶贫湖北潜江雷场村、帮扶西藏班戈贫困学子（图5-34）等工作，援助资金190万元，助力湖北潜江雷场村、西藏班戈县脱贫摘帽。规范做好对口支援工作，助力恩施巴东县正式退出国家级贫困县序列，“涪气”扶贫帮困志愿服务项目，被集团公司评为优秀志愿服务项目（图5-35）。其间，江汉油田清河采油厂援助资金250万元，积极参与油田所在地——山东寿光的抗洪救灾（图5-36）。在新冠肺炎疫情期间，江汉油田捐赠武汉市医用物资200吨（图5-37）。

图5-34　2019年，资助教育事业

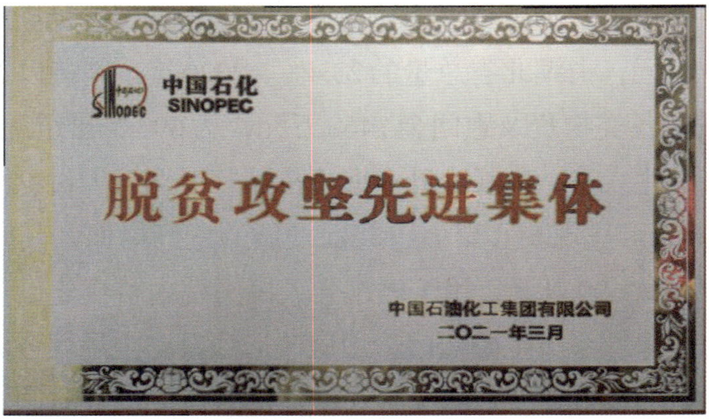

图5-35　2021年3月，江汉油田扶贫工作队被评为“脱贫攻坚先进集体”

图5-36　2018年，清河采油厂支援山东寿光抗洪救灾

图5-37　中国石化江汉油田捐赠武汉市医用物资抗疫情

2022年12月28日，中国石化发布“涪陵页岩气田勘探开发10周年社会责任报告”。10年来，矢志奉献“国之涪气”，以为民造福的实际行动彰显“党和人民好企业”形象。践行习近平生态文明思想，坚持在保护中开发、在开发中保护，开发一方资源、造福一方百姓，让绿色成为气田高质量发展的底色，让“涪气”成为川渝群众美好生活的“福气”。涪陵页岩气田累计缴纳税费80多亿元，为重庆当地供气超160亿立方米，促进了地区经济社会发展和民生改善。助力川渝脱贫攻坚和乡村振兴，积极采购重庆地区物资8亿多元，投入4亿多元修缮道路桥梁，扎实开展志愿服务等公益活动，受益群众2万多人次，在巴山渝水树立了“高度负责任、高度受尊敬”的企业形象。

深入贯彻落实习近平总书记关于“大力提升勘探开发力度，保障国家能源安全”“能源的饭碗必须端在自己手里”等重要指示批示精神，持续增储上产、攻坚创效，为保障国家能源安全贡献“涪气”力量。截至2022年11月底，累计生产页岩气531.56亿立方米，创造中国页岩气田累产新纪录（图5-38）。始终坚持把“最大限度地安全平稳供气”当作履行责任、保障民生的头等大事，科学制订生产运行方案和销售计划，加强与工业、民用天然气用户的产销衔接，与下游用户建立应急联动机制，持续提高供气能力和生产调峰能力。在历年供暖季保供期间，严格按照保民用、保重点的原则进行供气，全力按照最大外输能力组织生产运行，连续9年圆满完成冬春保供任务。通过“川气东送”管道，涪陵页岩气田源源不断为长江经济带沿线中下游6个省、2个直辖市的70多个大中型城市、上千家企业、2亿多居民送去绿色清洁能源（图5-39），助力长江经济带高质量发展。

图5-38　2022年11月，涪陵页岩气田已累计生产页岩气532亿立方米

图5-39　涪陵页岩气田为8省市输送绿色清洁能源

积极践行习近平生态文明思想，严格落实国家“双碳”目标，秉持“绿水青山就是金山银山”的发展理念，坚持在保护生态环境中开发气田、在开发气田中保护生态环境，持续加强污染防治、节能减排，加大清洁能源生产力度，走出了一条“环境友好、绿色示范”的高质量发展道路，守护了天蓝地绿、山清水秀的美丽家园，先后获评“石油和化工行业绿色工厂”（图5-40）、全国十佳环保设施开放单位、重庆市环保诚信企业。

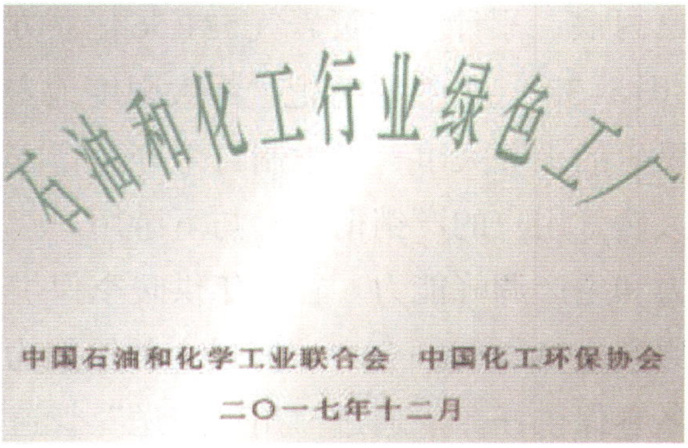

图5-40　2017年12月，涪陵页岩气田获评“石油和化工行业绿色工厂”

加强环保管理，创建绿色企业。①加强组织机构建设。设置安全环保管理部、应急救援中心、环境监测站等职能部门，聘请第三方环境监测和专职环境监测人员负责现场巡查监管和环境监测。②健全制度体系建设。制定出台《环境保护管理办法》《油基钻屑及废矿物油专项管理规定》《钻井和井下污染防治技术要求》《工业固体废物管理规定》等页岩气勘探开发环境保护系列标准、规定，从体系标准和制度章程上预控环保事故发生。③建立环保监管机制。在加强企业自主监管、聘请第三方监督的同时，积极配合政府监管，主动邀请社会监督，构建起“四位一体”环保监管机制。④强化环保应急管理。加强应急管理体系建设，建成集监控、指挥、应急会商等功能于一体的应急指挥平台，视频监控点基本覆盖环境敏感的关键装置、要害部位、高风险区域和生产作业现场，实现应急抢险现场和公司应急指挥中心音、视频互联互通，应急状况下第一时间响应，及时通过平台就近调配相关应急资源，切实降低环境污染风险。⑤开展绿色企业创建行动。积极创建绿色标杆基层，开展环境因素识别与风险评估，加强环保隐患排查与治理，制定并落实绿色文化建设方案，培养全员绿色行为理念和习惯，让绿色发展、绿色生产、绿色办公、绿色生活等理念深度融入气田生产经营全过程，涪陵页岩气田获评中国石化首批绿色企业称号。

加强清洁生产，守护绿水青山。①强化水体保护。持续推进废水减量化、资源化，打好碧水保卫战。钻前工程施工前，采用高密度电法勘查方法对平台近地表溶洞进行勘查，避开暗河、溶洞确定井位。直井段采用清水钻井，钻过地下水层后，用套管将水层严密封固，避免污染浅层水系。推行“减量化—再利用—再循环”清洁生产方式，根据钻井废水、压裂返排液、采气废水不同性质，通过筛选水处理剂、优选水处理剂配方、开展无害化处理，达标后的工业废水用于施工回用，实现产出水资源化利用。建成投运全国首个页岩气产出水处理工程，日处理能力1600立方米，处理合格的产出水达到国家污水综合排放一级标准，气田废水处置合格率100%。②推进固废治理。利用瘦身井眼技术，开展三开水基钻井液试验，推广负压振动筛，减少水基钻屑、油基钻屑产生总量，实现固体废物源头减量。推动水泥窑协同处置水基钻屑、产出水絮凝物、油基钻屑，实现水基钻屑零库存、油基钻屑100%合规处置。③加强废气管理。加强采气过程废气减排，采用密闭集输流程，对含液气体进行气液分离，分离后的气体进入管网输送。在集输站设置放空燃烧塔（筒），有效避免甲烷气体排放。更换低氮燃烧器，氮化物排放浓度优于重庆市标准。④推行节约用地。采用高密度井网“丛式井组”优化设计技术，充分挖掘平台土地价值，实施老平台加密滚动扩建工程，减少新平台建设数量，压缩平台建设用地，平均单井用地较常规模式节约近30%。

加强节能减排，践行“双碳”战略。①强化能源管理。成立节能工作领导小组，制定能源管理制度，建立能源管理体系。选择节能型设备，提高能源使用效率。通过直接购电竞价，选择水电、风电、光伏等新能源占比超过30%的直购电供应商。对压缩机轴流风机、分子筛、泵站实施“削峰填谷”措施，减少电量使用。②全面实施“油改电”。将钻井、压裂施工由柴油驱动改为网电驱动，从施工作业直接环节减少碳排放量，同时降低噪声污染（图5-41）。“油改电”后，钻井施工从每口井平均消耗300吨柴油变为用电120万千瓦时，压裂施工从每口井平均消耗255吨柴油变为用电115万千瓦时。累计实施网电钻井605口、电驱压裂97口，减少柴油消耗20.88万吨，相当于减少二氧化碳排放当量14.23万吨，综合能耗减少19.95万吨标煤。③推行“试采一体化流程”工艺。全面推行“试采一体化流程”（图5-42），实现气井边测试边生产，减少放喷过程中的甲烷排放量。推行该工艺以来，每年减少甲烷排放3.94万吨，相当于减少二氧化碳排放当量861吨。④全力降低电力消耗。持续抓好压缩机节能工作，对邻近集气站进行区域增压，对电力线路补充安装无功补偿电容器，同时更换节能变压器。通过以上措施，累计减少用电255万千瓦时，相当于减少二氧化碳排放当量10万吨。

图5-41 焦页11-S13HF井电驱动压裂施工现场

图5-42　涪陵页岩气田试采一体化工艺流程

牢固树立“绿水青山就是金山银山”理念，加强对生态环境的保护。推动土地复垦，走效益与生态并举、保护与发展共赢之路。落实国家土地复垦条例要求，克服产建后地形地貌变化大、复垦难度大的困难，建立以页岩气公司为实施主体，乡镇、街道办事处负责落实土地复垦方案、按照国家规定组织施工并将土地移交村民的运行机制。在勘察焦页25号平台拓宽进场道路时，施工人员了解到山路边上有一株见证太阳村百年风雨的老榕树，村民们都把它当宝贝。为了不“打扰”这棵百年老树的生长，施工人员反复踏勘，重新选择路线，多绕道3千米，新修一段进场道路，避开了这棵老榕树，在当地传为佳话。

在涪陵页岩气田勘探开发建设中，江汉油田与重庆市、区、乡镇三级党委政府建立常态化沟通协调机制、签订战略合作协议，在土地征用、手续办理、工农关系协调等方面得到大力支持和帮助；涉气区、县以及乡镇、街道办成立由主要领导挂帅的能源建设领导小组，设置平台协调员，气田开发建设中涉及地方的问题都能迅速通过地方干部协调解决。

积极推动页岩气就地消化利用，持续为重庆涪陵当地的化工企业供气，助力地方企业发展，为地方经济建设注入强劲动力（图5-43）。10年来，涪陵页岩气田累计向重庆市地方企业和居民供气164.9亿立方米，重庆市天然气消费占比由11.4%提升至15.8%，在满足居民生活用气的同时，填补工业企业能源缺口，有力拉动了下游产业发展、改善了地方能源结构。

坚持开发一方气田、造福一方百姓。涪陵页岩气田开发建设以来，始终践行“为美好生活加油”的企业使命，累计投入4.39亿元支持地方基础设施建设，修桥铺路挖水窖，助力脱贫攻坚，推进乡村振兴。积极推进脱贫攻坚、扶贫帮困、志愿服务、环保公益等活动，实现社会公益事业常态化。主动参与当地“扶贫摘帽”工作，与45户家庭建立“一对一”帮扶机制。坚持开展“收菜头、助菜农、献爱心”志愿服务活动，累计收割菜头超10万斤。常年到敬老院开展“送慰问、送祝福、送演出”活动，弘扬敬老爱老传统美德。每年儿童节、教师节期间组织开展助学慰问活动，投入资金帮助修缮学校运动场所，累计为数千名小学生送上文体礼包。坚持开展植树造林绿色公益活动，组织青年志愿者参加长江乌江流域巡河护河活动，积极投身生态文明建设。面对夏季异常高温天气，主动派出消防车支援地方应对山火险情，派出清水罐车大力支持周边百姓对抗旱情。涪陵页岩气田志愿服务工作和助力脱贫攻坚行动被中国石化授予优秀志愿服务项目，涪陵页岩气公司获重庆市涪陵区脱贫攻坚成绩突出集体。

图5-43　涪陵页岩气田为地方化工企业供气，助力地方企业发展

第十节　高质量党建引领企业高质量发展

江汉油田坚持以习近平新时代中国特色社会主义思想为指导，全面贯彻新发展理念，加快构建新发展格局，坚定扛牢保障国家能源安全核心职责，压紧压实国企政治责任。坚持党要管党、从严治党、筑牢根基的自律

意识，坚持面向基层、聚焦一线的鲜明导向，坚持加大正风肃纪、反腐倡廉、综合治理的工作力度，以高质量党建不断推进企业实现高质量发展。

一、“三大优势”深度融合促发展

党的十八大以来，以学习贯彻落实党的十八大精神为主线，以“一转双创”活动为载体，加强思想作风、组织作风、反腐倡廉和制度建设，做好新形势下的群众工作，深化“优势转化”工程，为推动油田可持续协调发展提供保障。

党建与中心工作深度融合，把组织优势转化为企业发展推动力。2012年，以“一转双创”为重点推动优势转化，促进油田和谐发展；开展“基层组织建设年”活动，党建活力得到提升。推进学习型党组织建设，制定完善创建标准和考核管理模式，首批学习型党组织示范点创建工作完成后，指导推进第二批示范点创建，学习型党组织创建从“试验”走向“示范”到走向“规范”。局党委中心组被中共湖北省委评为先进党委中心组，油田争先创优活动受到中国石化集团公司党组、湖北省国有资产监督管理委员会党委的表彰。2013年，修改完善油田党委中心组学习考核办法，对厂、处党委中心组进行旁听督学、检查考学；制定学习型党组织建设考核办法，分类建立创建标准和考核细则，在对油田第二批学习型党组织示范点进行考核验收的基础上，组织开展第三批学习型党组织示范点创建，总结推广宣传先进经验。2014年，深入贯彻落实党的十八大精神和习近平总书记系列重要讲话精神，坚持党要管党、全面从严治党，持续搞好教育实践活动的问题整改，加强对中央八项规定精神和中国石化集团公司党组“实施细则”执行情况的监督检查，党员干部队伍作风建设不断加强。深入推进学习型、服务型党组织建设，党的政治优势在推动企业发展中得到有效发挥。加强素质提升和人才选拔工作，发挥专业技术人才的积极作用，人才对企业发展的支撑能力有效增强。全面推广在职党员“双重管理”，党群关系、干群关系更加紧密。大力弘扬“为中华民族争气、为中国石化争先、为江汉油田争效”的使命担当，深入挖掘“新时期会战铁人”式典型，发挥榜样的引领作用，激发干部员工“投身页岩气、奉献示范区、建功大气田”的热情。紧扣“建成示范、走在前列”目标，开展“六比六赛”“提速提效创佳绩、凝心聚力保会战”等活动，创造施工新指标100多项、新建产能20亿立方米，促进涪陵页岩气田建设高效推进。2015年，围绕油田“做大总量、提升质量、增加效益”目标，以“抓好班子、带好队伍、建强基层、鼓舞干劲”为重点，树立“一盘棋、一家人、一条心、一股劲”思想，统筹协调各系统、各板块力量，促进油田和谐发展；拓展党员“三示范”、党员责任区、在职党员“双重管理”等活动内涵，基层党建工作科学化水平稳步提升。开展“三严三实”专题教育，油田领导班子成员、300多名中层以上领导人员、1300多名党支部书记讲授专题党课；举办“石油魂——大庆精神铁人精神”报告会，营造弘扬“严、细、实、恒”的优良传统和作风的浓厚氛围。各级领导班子和班子成员按照“三对照、三摆进”要求，深入查找不严不实等问题，共形成问题清单300多份，查找问题910多个，整改各类不严不实问题650多个。当年，局党委被湖北省国资委评为首批“国有企业示范基层党组织”，油田在集团公司党建考核中处于优秀行列。2016年，扎实开展“两学一做”学习教育，聚焦“学、做、改、干”和党员“三示范”“对标、追标、创标”等活动见到较好效果。按照集团公司党组“1+7”党建工作制度要求，修订完善规章制度16项，有力促进管党治党责任落实。组织开展党（工）委工作年度检查考核，考核结果与单位及领导班子成员绩效挂钩，有效增强了抓党建工作的主动性。首次召开厂、处党委书记抓党建工作述职评议会，不断强化“第一责任人”职责。开展社区党组织和离退休党组织“联建共创”活动，党员区域化管理体系逐步健全完善。

发挥思想政治工作引领作用，把群众工作优势转化为企业凝聚力。2012年，开展“油田是我家”活动，调动一切积极因素，打牢共建美好家园的思想基础；树立先进典型，营造学先进、促提升的氛围。在活动中，以“学雷锋、见行动”为主题，整体推进家园文化、企业文化建设；以“讲形势、树典型、定目标”为内容，推进形势任务教育。开展优良传统和“学党史、知党情、跟党走”教育活动；贯彻落实中国石化《员工手册》（2012版）；落实《整合文化资源加强文化建设提案》，推进群众性精神文明创建；坚持以人为本，做好群众工作。油田被评为“全国敬老模范”单位，油田保持“全国文明单位”称号。2013年，深入开展“学习贯彻十八大、争创发展新业绩”主题实践活动，知形势、明任务、促发展，把干部员工的思想和行动统一到推动发展上来。深化“油田是我家”活动，引导党员干部和职工群众在企业争做好员工、在家庭争做好成员、在社会争做好公民。进一步完善信访稳定工作体系，健全“维稳”联动机制，着力化解矛盾、解决问题，油田保持和谐稳定。2014年，加强社会主义核心价值观教育，深入宣传贯彻集团公司新版《企业文化建设纲要》，不断内化于心、外化于行，凝聚“感恩爱家、发展兴家、责任建家”的思想共识，职工群众道德素质和矿区文明水准持续提升。2015年，组织开展“战寒冬、保效益”“争当新时期铁人，建设百亿方气田，建功国家新能源”等劳动竞赛；开展争创工人先锋号、青年文明号和群众性创新创效活动；扎实推进“三为四创”文化建设，持续深化文明和谐示范小区创建。当年，油田获中国能源企业优秀宣传单位最佳传播效果奖，继续保持全国文明单位称号，连续9年被评为全国“安康杯”竞赛优胜单位。

全面筑牢反腐倡廉防线，把纪律作风优势转化为企业执行力。2012年，强化干部自律意识，狠抓风险防控，完善规章制度，加大监督力度，严格纠风执纪。油田获湖北省国有企业落实党风廉政建设责任制先进单位、党风廉政宣传教育先进单位。2013年，深入开展党的群众路线教育实践活动，坚持领导带头、自上而下、层层示范，引导党员干部深入基层，广泛征求意见，深刻查摆“四风”问题，认真开展批评与自我批评；狠抓问题整改落实，党员干部的理想信念进一步坚定，干部队伍作风得到改进，正风肃纪工作见到较好成效。认真贯彻落实中央八项规定精神和集团公司党组的“实施细则”，全面推行“六制”控制法，会议费、办公费、业务招待费等得到较好控制。2014年，强化“两个责任”，以建设廉洁企业为目标，聚焦主业、服务大局，狠抓责任落实、制度建设，狠抓监督管理、纠风正纪，着力构建“不想腐”的防范机制、“不能腐”的监督机制、“不敢腐”的惩处机制，有效发挥了党风廉政建设在促进企业健康可持续发展中的保障作用。2015年，组织各级党员干部学条规、学法纪，通过分板块逐级签订党风廉政建设责任书、听取厂处纪委书记现场述职等多种形式，促进主体责任落到实处。2016年，油田各级党组织和纪检监察机构切实担负管党治党政治责任，牢固树立“四个意识”，深入推进全面从严治党向基层延伸，党风廉政建设和反腐败工作取得积极成效，为油田可持续健康发展提供了纪律保证。

二、围绕中心引领高质量发展

党的十九大以来，把学习宣传贯彻落实习近平新时代中国特色社会主义思想和党的十九大精神作为首要政治任务，在学懂弄通做实上狠下功夫，推动党的十九大精神入基层、进社区、到岗位，干部员工“四个意识”更加牢固，“四个自信”更加坚定。

（1）党建工作责任进一步压实。2017年，把党建工作总体要求纳入企业章程，着力抓好集团公司党组巡视反馈意见和党建考核反馈问题整改。落实“十三五”党建规划，层层签订党建工作责任书，开展党（工）委书记抓党建工作述职评议和党（工）委工作检查考核，有效推动党建工作责任全覆盖、党建任务硬落实。2018年，认真落实把方向、管大局、保落实责任，源头参与重大问题决策，前置审议重大事项42项；强化责任落实，把生产经营、安全环保等纳入党建考核，促进党建工作与中心工作深度融合。完善油田领导班子抓党建工作分管单位（部门）和基层联系点工作实施办法，签订党建责任书、任务责任书和工作清单，形成分工负责、逐级落实的良好格局。推进“五抓五提升”基层组织力建设，开展“双示范”创建、加强“三基本建设”，推行党支部委员述职，基层党建工作得到夯实。坚持党建带团建，成功召开公司制改革后第一次团代会，群团组织桥梁纽带作用得到充分发挥。2019年，贯彻落实“两个一以贯之”要求，把党的领导融入企业治理各领域各环节，切实把准方向、管好大局、保证落实。按照集团公司“两个三年、两个十年”战略部署要求，制定“建成千万吨油气田、打造行业一流企业”发展战略，明确“天然气大发展、老油田硬稳定、页岩油求突破、盐化工快增长、特色业务多创效”工作思路，部署启动“八大工程”，为油田决战决胜全面可持续发展、迈向高质量发展指明了方向。

2020年，把党的政治建设摆在首位，严格落实“第一议题”制度，制定和落实油田党委深化推进党的政治建设工作任务清单、持续推进习近平新时代中国特色社会主义思想大学习大普及大落实方案，党员干部队伍的政治意识、政治能力、政治担当持续提升。不断强化基层基础建设，基层党支部建设标准化、规范化、信息化水平持续提升。通过源头培养、定向发展、调整分布等方式，消除113个党员空白班组，提前半年实现油田基层班组党员力量“全覆盖”（图5-44）。2021年，在务实、创新、融合上狠下功夫，党的建设质量全面提升，引领高质量发展。油田连续6年在集团公司党建考核中被评为A档。不断提升基层党建质量，建立政工例会制度，抓实党建工作考核和党支部书记述职评议，将考核评议结果按照10%权重纳入二级单位年度绩效考核，推动党建责任全覆盖、任务硬落实。广泛开展“党旗在基层一线高高飘扬”活动，命名10个“江汉先锋”基层示范党（总）支部，4个党支部被评为集团公司基层党支部建设示范点。

图5-44　建设一支“听党号令、自强争先、创新创造、油气报国”的职工队伍

（2）领导班子和干部人才队伍建设扎实推进。2017年，修订完善“三重一大”决策制度实施办法，推进党委源头参与重大问题决策，各级领导班子整体功能得到有效发挥。制定领导人员能上能下、后备干部管理、优秀年轻干部培养等制度，完善中层领导人员绩效考核体系，强化干部日常监督管理，进一步调动干部队伍积极性。制定出台专家、专业技术、技

能操作职位管理办法等制度，着力打通“三支队伍”跨序列职业发展通道，激发各类人才创新创效活力。2018年，“十百千人才强企”工程行动方案获集团公司批复，分批启动专家后备人才库建设和油田级专家选聘；坚持正确选人用人导向，提拔调整中层领导106人，年龄结构不断优化。制定加快推进基层管理人员年轻化的若干意见等制度，全年公开招聘19人、其中“80”后8人，干部队伍结构进一步优化。开展“双严”专项治理、“不担当、不作为、慢作为”问题查摆，出台提醒、函询和诫勉实施细则，促进领导人员担当作为。制定专业技术和技能操作职位管理办法、专家管理办法等制度，人才队伍建设有序推进。2019年，健全完善“三支人才”队伍管理制度、工作流程、职级序列。当年，“张义铁技师工作室”被评为国家级技能大师工作室。张义铁（中共党员）自参加工作以来，刻苦钻研技术业务，吃苦耐劳、爱岗敬业，在平凡的工作岗位上做出了突出成绩。通过不断的学习总结，先后在《中国石油和化工标准与质量》等刊物发表论文10篇。他创立的油田首个技师工作室，解决现场问题300余个（项），其中45项成果获国家专利、21项成果在多个油田推广应用，取得显著的经济效益和社会效益。作为技术首席，参与完成油田大采油岗位标准化操作手册编写开发，在油田行业内起到了引领示范作用。作为主要成员参加涪陵国家级页岩气示范区页岩气采气工的岗位标准化建设工作，完成页岩气采气工初级工、中级工操作手册和题库的开发，填补了国内该工种的空白。他利用自身所学，积极带徒弟，培养出42名技师、10名省部级“技术能手”、20名局级“技术标兵”、43个厂级“岗位明星”，为企业发展提供了有力的技术支撑和人才保证。多年来，张义铁先后被评（聘）为集团公司采油技能大师、国家级技能大师工作室领衔人，获得中华技能大奖、全国劳动模范、全国“五一”劳动奖章、全国最美青工、全国向上向善好青年、湖北省首届“杰出人才奖”等奖项或

图5-45 中华技能大奖获得者、全国劳动模范张义铁

荣誉称号（图5–45）。

2020年，大力推进“人才强企”工程，加大年轻干部选拔培养力度，40岁及以下中层领导人员比例达到16.5%；落实“三百三千”计划，协调引进7名、派出8名优秀年轻干部在系统内单位挂职，优选30名年轻干部在油田内部挂职交流；落实“抗疫稳岗扩就业”政策，引进高校毕业生177名；加强专家队伍建设，选聘油田级专家4人、基层级专家215人，创新开展月度量化积分考核，调动专家队伍工作积极性、主动性、创造性。2021年，加强干部队伍建设，健全完善干部管理制度，制修订干部异地交流任职管理、中基层领导人员选拔任用等办法，完成油田和6家所属子公司经理层成员“一协议、两书”签订；加大优秀年轻干部选拔培养使用力度，40岁及以下中层领导人员比例达到17.6%；加强人才队伍建设，常态化开展专家选聘，公开选聘油田首席专家1人、基层级专家42人。修订专家管理实施细则、基层级专业技术职位管理实施细则，优化专家积分考核评价方法，建设专家智库平台、开设专家云课堂，促进人才作用发挥。

（3）党风廉政建设和反腐败工作向纵深发展。2017年，完善“两个责任”考核办法，建立中层领导人员廉洁情况“活页夹”。开展“正风肃纪年”活动，运用监督执纪“四种形态”，营造风清气正、干事创业的政治生态。2018年，修订油田进一步贯彻落实中央八项规定精神实施办法，大力实施“马上就办”、重点整治形式主义及官僚主义，督促制定整改措施190余条。成立油田监督委员会，启动党委巡察工作，推动全面从严治党向基层延伸。

2021年，强化“一把手”和领导班子监督，制定实施办法；拓展完善“大监督”格局，制定监督委员会工作运行办法。组织开展招投标管理、合同管理、不相容岗位分离等专项治理和专项整治，建立独家采购纪检监督前置审核流程，深化运用监督执纪“四种形态”，受理信访举报件同比下降25.8%、处置问题线索同比下降26.9%。制定被巡察党（工）委配合油田党委巡察工作实施细则，完成6家单位党委巡察“回头看”，健全完善制度73项。

（4）思想政治工作和精神文明建设不断深化。2017年，严格落实意识形态工作责任制，组织“转观念、勇担当、创效益”专题讨论，开展“牢记职责使命、强化责任担当”等主题形势任务教育，凝聚起共促发展的强大气场。大力宣贯社会主义核心价值观和中国石化核心价值理念，协调推进基层文化和安全环保、质量、廉洁、法治等专项文化建设，推动价值理念融入生产经营管理实践，油田被集团公司党组评为企业文化建设先进单位。2018年，组织开展“稳产保效争领先、建功中国新能源”劳动竞赛、岗位创新创效创优活动（图5–46），深化工人先锋号、青年文明号和职工（劳模）创新工作室建设，爱家兴家建家的氛围更加浓厚。

图5–46　2018年8月，在重大工程中发挥党员骨干作用

2021年，坚持思想教育工作突出实效，抓生产从思想入手，抓思想从生产出发，将解决思想问题与解决实际问题相结合，服务改革发展稳定，推动干部员工统一思想、转变观念、凝心聚力，在全油田形成感恩兴企、团结奋进的生动局面。以开局“十四五”、开启新征程为主题，深化形势任务教育，明确目标、真抓实干、力争上游。弘扬“感恩爱企”的正能量，将其转化为争做贡献的新风尚，企业的凝聚力、向心力进一步增强。组织开展学习张义铁活动，在油田掀起学先进、赶先进、争先进的高潮。

（5）和谐稳定局面持续巩固。2017年，全面落实职代会、职工代表联系员工群众等制度，深化厂务公开和业务公开，建立EAP推广服务中心，推进“互联网+”服务员工群众，深入开展“走基层、访万家”，学雷锋志愿服务等活动，有效增强了和谐稳定的群众基础。2019年，坚持以人民为中心的发展思想，做深做细做实群众工作，油田保持和谐稳定的良好局面。强化员工思想引领，围绕庆祝新中国成立70周年和江汉石油勘探开发会战50周年，以“我和我的祖国”为主题，举办“五个一”群众性系列活动，吸引10多万人次参与。坚持典型示范引领，开展第十届“油田是我家·身边的榜样和关心的大事”评选，激发广大干部员工“爱国爱企”的热情。关心关爱员工群众，为重点关注人员和高危人员制定“一人一策”健康指导方案。开展“职工代表在行动”活动，持续做好送温暖、送关爱工作。组织开展“向祖国献礼志愿者在行动”等主题活动，服务矿区居民近万人次。抓实信访稳定工作，源头预防，责任落实。当年，油田被集团公司评为维护稳定先进单位，被湖北省评为社会治安综合治理优胜单位。

2020年，坚持把疫情防控作为重大政治任务，主动承担区域管控责任，落实“外防输入、内防扩散”防控政策，建立“五位一体”企地联防联控机制，细化疫情防控常态化工作措施，确保了疫情期间关键岗位生产和全面复工复产工作平稳有序（图5-47）。2021年，修订完善油田帮扶救助工作实施细则，组建员工帮扶服务部，开展走访慰问和帮扶救助；维护企业和谐稳定大局，抓实信访稳定工作，信访事项办结率99.4%，油田保持整体稳定。

图5-47　2020年2月，共产党员奋战在抗疫一线

三、增强政治自觉奋进新征程

党的二十大以来，以学习贯彻落实党的二十大精神为主线，把习近平总书记重要指示精神作为全部工作的鲜明主题和根本遵循，团结带领干部员工牢记嘱托担使命、奋发有为建新功，经营业绩再创历史新高。扎实开展学习贯彻习近平新时代中国特色社会主义思想主题教育，深化落实党的建设"六大工程"，体系化推进全面从严治党，全方位提升党建质量，不断增强党组织政治功能和组织功能，为油田经济发展提供坚强保障。

2022年，根据集团公司党组安排部署，油田党委制定《关于打造践行习近平新时代中国特色社会主义思想重要阵地的实施意见》，完善党史学习教育常态化长效机制，开展基层理论学习示范点创建。2023年，层层落实"第一议题"制度，通过读书班、中心组、"三会一课"等形式集中学习研讨1600余次，讲授专题党课500余次，推动党的创新理论内化于心、外化于行。2024年，深入学习贯彻党的二十大精神和二十届二中、三中全会精神，以及习近平总书记视察胜利油田、九江石化重要指示精神，以"牢记嘱托、感恩奋进，创新发展、打造一流"主题行动为抓手，贯彻落实集团公司党组决策部署，坚定不移推进油田高质量发展。探索建立结构化、分众化、全覆盖理论学习模式，健全完善"第一议题"学习制度，具体化到岗位、到规章，政治责任得到有效落实。

全力抓班子带队伍强基础。2022年，实施"赋能行动"，建强"头雁"队伍，坚持班子考核常态化，配齐配强油气主业单位领导班子，分层次推进领导人员竞争性选拔，建立优秀党务政工干部储备库，持续加大年轻干部培养选拔力度，中层领导人员40岁以下占比提升至21%。实施"聚智行动"厚植人才优势，选送优秀干部参加"三百三千"锻炼，积极建设华中地区油气勘探开发重要人才中心和创新高地。实施"强基行动"夯实基层基础，开展"优秀党支部书记示范行"活动，建立深化"三基本"与"三基"融合机制，开展"江汉先锋""三融三创三过硬"等争创活动，全面深化党建共建，切实让党旗在基层一线高高飘扬。2023年，深化"千名干部下基层"实践锻炼，在油气生产单位探索见习基层副职管理模式，为年轻干部搭建成长平台。落实班组党员力量全覆盖措施，基层班组党员力量覆盖率保持100%；举办基层党支部书记能力素质提升培训班，95名新任职党支部书记全部通过集团公司基层党支部书记基本功测试。2024年，突出全面从严治党，突出“大党建”协同发力，突出求真务实重效，以高质量党建引领高质量发展。深化党建与中心工作相融互促，推动党组织书记深度介入安全环保工作，开展“百千示范提升行动”示范点创建，深化新时代党员责任区活动，完成基层党组织建设专题调研，制定《关于进一步加强和改进基层党组织建设的实施意见》，党建工作做法入选第五届国企党建创新优秀案例。坚持面向基层、服务群众，把“四下基层”要求落到实处，持续整治形式主义官僚主义，明确为基层减负工作任务清单9类23项83条具体措施，两级机关作风明显改善。油田党委坚持带队伍首先强组织、抓班子，强根基、打基础，打造风清气正、忠诚担当的各级领导班子，为油田改革发展稳定提供坚强的组织保障。

坚定不移正风肃纪反腐。2022年，做深做实政治监督，开展“以高质量监督护航高质量发展”专题行动，确保政令畅通、一贯到底。保持惩治高压态势，严肃查处基层“微腐败”典型案件，强化精准执纪问责，科学运用监督执纪“四种形态”，信访举报同比下降65.2%。常态化开展“清风江汉”日常教育，推动清风正气不断充盈。2023年，督促油田26项重点监督工作稳步推进；运用“问题+”工作法、“1+8+4”清单化管理、“红黄绿”分色预警机制，推动845个问题全部整改到位。2024年，扎实开展党纪学习教育，召开警示教育大会，组织专题讲座和纪法宣讲公开课18场次、受众5000余人次。深入开展党的二十届三中全会精神学习宣贯，细化措施23条，采取项目化管理模式推进落实。全面完成中央巡视中国石化党组反馈意见举一反三的19个问题表现整改销号。

持续巩固和谐稳定大局。2022年，深化“心田与油田”共建强动力，统筹抓好形势任务教育、石油石化传统教育，加大员工思想动态分析和文化宣传力度，油田继续保持“全国文明单位”称号。2024年，健全“985”监督体系，深化拓展大监督格局，构建党委巡察“311”模式，开展专项监督168次、查纠问题286个，选聘基层监督网格员755名、报送监督信息322条。深入开展违反中央八项规定精神问题专项治理、群众身边不正之风和腐败问题集中整治，“十不准”成为铁规矩、硬杠杠。信访总量同比下降23.7%，风清气正的政治生态持续巩固。油田连续获湖北省平安建设“优胜单位”。

初心指引方向，使命催人奋进。2024年，江汉油田以习近平新时代中国特色社会主义思想为指导，深入贯彻党的二十大和二十届二中全会精神，认真落实集团公司工作部署，全面推进油田高质量发展第二次跨越。坚持以高质量发展为首要任务，实现新增天然气探明储量1210.65亿立方米、石油探明储量516.7万吨，新增天然气生产能力15.06亿立方米、新增原油生产能力8.9万吨，生产天然气71.47亿立方米、原油116.87万吨。实现工业总产值173.79亿元，销售收入197.39亿元，实现利税64.51亿元，为高质量完成“十四五”规划目标任务，实现“十四五”圆满收官打牢坚实基础。

第六章

全面推进高质量发展 第二次跨越

自江汉石油会战初期，老一辈江汉石油人就立下建设千万吨级油田的愿景目标。数十年来，一代代江汉石油人艰苦创业、不懈奋斗，凝练形成“主动应变、以变求生；精细严谨、精益求精；有梦想有追求不服输”的“三大精神”特质，推动油田发生翻天覆地的变化，取得不凡的业绩。特别是党的十八大以来，江汉石油人全力践行“四个革命、一个合作”能源安全新战略，优质高效建成中国首个大型页岩气田，推动天然气产量突破性增长，保持老区原油产量硬稳定，油气当量从100万吨增长到超700万吨，书写了高质量发展第一次跨越的辉煌篇章。

展望未来，聚焦高质量发展这一首要任务，坚持以建成千万吨级大型油气田为战略牵引，保持奋发有为的精神状态，勇担历史重任，接续跨越关口，“跳起来摘桃子”，进一步推动油气当量从700万吨向千万吨级大型油气田迈进，全面推进油田高质量发展的第二次跨越。

第一节　强作为争创“六个一流”

2024年1月22日，在江汉石油管理局有限公司党委一届三次全委（扩大）会议上，公司党委作出“全面推进油田高质量发展第二次跨越”战略部署。

全面推进油田高质量发展第二次跨越，坚持系统思维，抓好“五个关键”。关键是树牢新的观念，完整、准确、全面贯彻新发展理念，深刻领会“大上游”理念的内涵要求，转变传统思维定式，围绕拓展储量阵地、实现效益开发、端牢能源饭碗的共同目标，健全完善“目标共识、协同共进、资源共享、合作共赢”的工作机制，以有效的载体和平台推动“勘探开发一体化、地质工程一体化、科研生产一体化、技术经济一体化”，真正做到“一家人、一条心、一盘棋、一起干”。关键是筑牢稳的底座，坚决贯彻稳中求进、以稳为主的工作要求，最大程度保矿权、多措并举拓矿权，持续开发好、管理好、经营好油气藏，加快资源变储量、储量变产量，从产量极限开发逐步实现经济极限开发，把能源的饭碗端得更牢。着力建设制度、基础、数字“三大底座”，确保制度刚性有力、基础夯实有力、数字赋能有力，成为高质量发展的有效支撑，确保油田各领域工作都向中心聚焦、都为大局出力。关键是规划进的路径，用发展来解决发展中的问题和历史中的问题，把高质量发展具体化摆在重要位置，认真做好滚动规划和计划，加强业务谋划，科学构建指标体系，使规划计划既鼓舞人心又符合实际，经得起实践和历史检验。关键是激发强大动能，以科技管理体系建设破题，加强基础研究，强化关键核心技术攻关，深化原创技术策源地建设，把科技创新这个“关键变量”转化为油田高质量发展的“最大增量”。关键是锤炼实的作风，坚持实之又实抓落实，把一切工作都往实里做、往细里抓。树立和践行正确政绩观，力戒形式主义、官僚主义，真正形成狠抓落实的好局面。

全面推进油田高质量发展第二次跨越，坚持以习近平新时代中国特色社会主义思想为指导，深入贯彻党的二十大精神，以及习近平总书记视察胜利油田、九江石化重要指示精神，认真落实集团公司党组的战略部署，坚持以高质量发展为首要任务，全力稳油增气降本、加快科技创新驱动、深化改革提质增效、守牢安全环保底线、全面从严管党治党，实现油田高质量发展第二次跨越良好开局，在谱写中国式现代化石油石化新篇章中强作为争一流。

在稳油增气降本上强作为争一流。以高质量完成七年行动计划为底线，保持进攻态势、加快勘探突破、深化效益开发，以坚如磐石的决心端牢能源饭碗。深化落实勘探开发一体化，按照“常非统筹、立体勘探”总体思路，围绕红星、复兴、石油老区等区域，培育二叠系页岩气、侏罗系页岩油示范区，打造碳酸盐岩油藏示范工程，加大保矿权、拓矿权力度，推动勘探大发现、大突破，实现从资源量向探明储量的快速迈进。以地质工程一体化为核心，建设“大上游”一体化协同的平台载体与机制，不断夯实涪陵稳产示范工程，打造红星上产特色工程，推进常规气产能释放工程；

抓实原油硬稳定，加大盐间页岩油攻关力度，加强滚动勘探与油藏评价，推动工艺技术快速迭代、油气高效开发，实现从资源阵地向产建阵地的快速迈进。大力推进技术经济一体化，认真研究并落实新的国内上游分产品盈亏平衡点核算与管理办法，树立“做大雪球、增强造血”的理念，持续做大SEC储量，摊薄固定成本，统筹推进储量、产量、投资、成本、效益一体优化，全力推动盈亏平衡点受控并持续下降，经营现金流持续好转，实现从高效建产向核心竞争力有效提升和核心功能有效增强的快速迈进。

在科技自立自强上强作为争一流。认真落实集团公司打造一流创新能力的部署，持续加大研发经费投入，深入实施创新驱动发展战略。加强科技管理体系建设，健全完善科委会运行管理机制，让“攻山头”的人去呼唤“炮火”，让懂科技的人去管理科技，抓好科技项目全过程实施，加强知识产权和科技成果确权管理，提升综合效能。加快人才高地建设，持续推进“五大人才”工程，强化科研人才集中管理，理清科研单位和生产单位职责界面，优化完善双重培养使用、双向流动等机制，提升油气主业科研支撑保障能力。围绕页岩气高效开发、复兴陆相页岩油有效动用、老油田增储稳产等难题，加快关键核心技术攻关，加强工程工艺技术研究，加力推进原创技术策源地建设，实现更多储量的动用、更有效益的开发。把加强基础研究摆在更加突出的位置，深化页岩气富集高产、复兴陆相页岩油增产机理等基础理论研究，强化优快钻完井、提高采收率等应用技术攻关，努力实现更多“从0到1”的原创性突破。坚持“不求所有但求所用”“引进也是成绩”，用好院士专家工作站、博士后科研工作站等平台，在前瞻性、基础性研究上强化与兄弟企业、高等院校、科研院所的联合研究，加强外部技术引进，集一切资源为油田科技创新服务。大力弘扬科学家精神，健全科技创新激励约束机制，充分激发创新创造的积极性主动性。

在深入推进数智化建设上强作为争一流。牢牢把握数智化发展时代潮流，加强顶层设计，完善油田数智化发展规划，加快推进数智油田建设，全力打造江汉样板，为上游板块的数智化转型提供江汉方案。深化数据资源中心建设，抓实域长负责制，增强“采、存、管、用、算”五大核心功能，完成地质资料与EPBP数据全面融合，健全数据资源管理体系。按照“制度流程化、流程标准化、标准表单化、表单信息化”思路，围绕油田

“大生产、大开发、大经营、大监督”体系，加强数智化应用供给，深化模型算法中心、异常管控中心建设，打造数智安全管理平台、应急指挥平台、移动掌上门户，迭代完善经营管理平台、油气藏管理平台等应用系统，持续推进信息化条件下采油气基层单位标准化建设，重塑研究范式、管理方式、运行模式。着力加强智能化基础设施建设，多维度提升数智化建设能力。

在安全绿色发展上强作为争一流。完善HSE大体系建设，推进安全管理、监督、督察、考核“四位一体”，做实两级安全专委会，探索安全环保总监双重管理，强化干部任前安全履职能力评估考核，持续抓好风险识别管控和隐患排查治理双重预防机制建设，全面杜绝未辨识风险，消除误评风险，确保管控受控，筑牢“零事故”基础。把“三基”工作与安全管理有机结合起来，坚持大抓基层、大抓基础先从大抓自身做起，推动各层级各岗位基础工作和基本功明显提升，真正实现安全保障在基层。强化资源节约和高效利用，深入推进“能效提升”计划，推广应用节能新技术新工艺，进一步降低设备能耗。落实“碳达峰八大行动”，提升碳核查、配额管理、碳交易业务能力，强化甲烷排放管控，打造示范项目。持续推进绿色企业行动，加强环保依法合规管理，抓实长江、黄河流域系统性环境风险管控，以更高标准打好蓝天、碧水、净土保卫战，保持集团公司绿色企业A级。

在资源优化和产业发展上强作为争一流。全面落实改革深化提升行动、对标世界一流企业价值创造行动部署，着力提高核心竞争力，增强核心功能。坚持推动一切资源向价值创造流动，深挖降本潜力，推进业财融合，强化天然气推价增收，加大外闯市场力度，进一步压降外委费用，完成“一利五率”指标。建立人力资源流动制度，稳妥有序优化外围人力资源配置，矿区基地“稳定器”“压舱石”作用充分发挥。深化“三能”机制建设，完善全员绩效考核体系，规范二级单位内部激励分配机制，实现绩效工资与单位效益、定编定岗联动。培育盐化工产业“小巨人”，坚持“无机+有机”发展方向，健全“产品+技术+服务”新业务体系，探索高端业务链，强化园区上下游一体协同，增强产业链韧性，加大市场开拓和品牌提升力度，进一步打造油田在化工领域的窗口和名片。做实新能源管理机构，强化光伏、余热等清洁能源利用，推进新能源业务规模化发展，探索研究卤水提锂和天然气提氦，实现油气生产绿电占比15%以上。深化企地融合发展，在盐化工园区、老区原油开发、新能源项目、科技创新、储气库建设、教育医疗、矿区公共服务等方面协同发展，以更优的生产经营业绩为潜江市经济总量跨越千亿台阶作出更大贡献。

在全面从严治党上强作为争一流。全面贯彻习近平总书记关于党的建设的重要思想，准确把握全面从严治党新形势新任务，以高质量党建引领保障油田高质量发展，党建工作在集团公司走在前列。以政治建设为统领，坚持用习近平新时代中国特色社会主义思想凝心铸魂，不断完善思想武装体系和学思用贯通体系，始终在思想上政治上行动上同以习近平同志为核心的党中央保持高度一致，坚定拥护“两个确立”、坚决做到“两个维护”。坚持问题导向、目标导向、结果导向，推动大党建、大监督紧密配合，深化党建工作与业务工作相融互促，坚决防范政治风险，把政治优势进一步做实做强。树牢体系思维，突出全面进步、全面过硬的鲜明导向，抓好责任压实、资源调动、监督考核、持续改进，实现党的建设质量实效有新提升。深刻把握推进党的自我革命“九个以”的实践要求，坚持一体推进不敢腐、不能腐、不想腐，深化标本兼治、系统施治，坚决铲除腐败问题产生的土壤和条件，以全面从严治党的新成效支撑油田高质量发展。

总体规划目标是根据中国石化“六大发展战略”，承接实施统筹发展“三大产业”——传统油气产业、新能源产业、绿色低碳产业；锚定“三大核心工作目标”——“万千百”工程、油气盈亏平衡点持续下降、安全卓越；树牢核心工作理念——让劳动创造价值、让员工充满动力、让组织充满活力。持续深化改革，实之又实抓落实，严之又严抓基础，打造行业领先的现代油公司。

第二节　锚定目标实现“第二次跨越”

全面推进油田高质量发展第二次跨越，始终坚持党的领导、加强党的建设，全面落实集团公司党建工作“1355”总体思路，深化油田党的建设“六大工程”，发挥党建引领保障作用，持续把党的政治优势、组织优势和群众工作优势，转化为油田的竞争优势、创新优势和高质量发展优势。①着力健全主题教育常态化长效化机制，不断巩固拓展主题教育成果。②着力提升思想政治工作的实效性。深入学习贯彻习近平文化思想，注重对上讲作为、建示范，对下讲形势、明方向，对内讲文化、聚合力，对外讲形象、树品牌，凝聚团结奋进的强大合力。③着力筑牢攻坚克难的战斗堡垒。突出增强政治功能和组织功能，全力抓基础、固根基，把基层党组织建设成为有效实现党的领导的坚强堡垒。④着力锻造堪当重任的骨干力量。从优结构、增动能、强管理着手，树立选人用人鲜明导向，坚持凭作为和业绩选干部、用人才，大力选拔政治过硬、对党忠诚，业务精通、本领高强，敢于担当、勇于负责，敢于斗争、善于斗争，作风优良、清正廉洁的干部，精准优化班子配备，进一步发挥“火车头”带动作用。⑤着力巩固风清气正的政治生态。深入学习贯彻二十届中央纪委三次全会精神，以严的基调、严的措施、严的氛围正风肃纪反腐，全力打造一流政治生态。认真落实党中央部署，以学习贯彻新修订的纪律处分条例为契机，高质量开展党内集中性纪律教育。⑥着力营造温暖和谐的良好氛围。全面强化宗旨意识，更加用心用情用力地为员工群众解难、解困、解愁，坚持严管厚爱，尊重员工的权益，提升企业的温度，升腾发展的气场，共同建设心平气顺、家和事兴的江汉大家庭。坚持履行国企社会责任，共建美好家园、共创美好生活，为高质量发展营造更加良好环境。

全面推进高质量发展第二次跨越的信心和动力：牢记习近平总书记嘱托，矢志端牢能源饭碗。新时代，以习近平同志为核心的党中央对国有企业寄予厚望，对石油石化战线关怀备至。习近平总书记视察胜利油田时，赋予石油石化“旗帜”“栋梁”的定位，嘱托“能源的饭碗必须端在自己手里”；视察九江石化时，勉励石油石化坚定不移走好新型工业化道路。习近平总书记两次视察，亲自为石油石化工业发展把脉定向、指路引路，为加快高质量发展提供了思想指引、行动指南和强大精神力量。坚持从习近平新时代中国特色社会主义思想中找方向、找方法、找答案，毫不动摇沿着总书记指引的方向走，一丝不苟按照总书记的重要指示办，始终牢记嘱托、践行嘱托、不负嘱托，就没有克服不了的困难，就没有实现不了的目标，就一定能够扛稳新使命、彰显新作为。坚持胸怀“党之大计”“国之大者”，自觉把油田发展融入国家战略全局、集团公司发展大局，全面落实中国石化党组决策部署，牢固树立“大上游”理念，推进“五个加速转型”，着力在保矿权拓矿权、加快油气增储上产、提质降本增效、安全绿色低碳发展上下更大功夫，就一定能够在集团公司打造世界一流中走在前列、作好表率，坚决履行好保障国家能源安全的核心职责。

全面推进高质量发展第二次跨越需要时刻保持战略清醒：深刻认识前行中的突出矛盾和挑战。从宏观大势来看，国内原油对外依存度超70%、天然气对外依存度超40%，油气对外依存度仍在高位运行。从行业趋势来看，党中央出台《关于进一步深化石油天然气市场体系改革，提升国家油气安全保障能力的实施意见》《关于深化矿产资源管理改革若干事项的意见》，积极稳妥推进油气行业上、中、下游体制机制改革；各企业之间在矿权、技术、质量、服务等方面展开竞争，同时也在环保、社会责任等方面进行比拼，这对推进深化改革、加强勘探开发、提升能源保障能力等方面提出了新的更高要求。从集团公司形势来看，打造“五个一流”，谱写中国式现代化石油石化新篇章任重道远。从油田自身来看，资源接替的矛盾仍然突出，技术瓶颈的制约仍然突出，管理短板的束缚仍然突出。因此，需要用全面、辩证、长远的眼光分析和把握形势，聚精会神抓好阵地、技术、管理“三件大事”，在危机挑战中下好先手棋，在复杂局面中打好主动仗，以自身工作的确定性应对形势变化的不确定性，推动油田高质量发展行稳致远。

全面推进高质量发展第二次跨越阔步前行的厚重底气：有资源潜力的基础优势，红星地区页岩气、复兴地区页岩油气、潜江和八面河地区碳酸盐岩勘探多点开花、成果喜人，储量资源大幅增长。有页岩气开发的先发优势，涪陵页岩气田打造了页岩气商业开发的中国样板，特别是培育形成一系列国内领先、国际先进的技术体系，牢牢把握了页岩气开发的主动权。有多元化的产业优势，盐化工产业升级加快推进，信息化建设支撑作用越来越强，新能源布局蹄疾步稳。有宝贵的政治优势，党建思想政治工作务实有效，探索形成了党员责任区、党员“三示范”、党员“双重管理”等好经验好做法，组织体系、责任体系、工作体系不断完善，党建引领保障作用有效彰显。有为梦想而接续奋斗的队伍优势，一代又一代江汉石油人始终保持红色底蕴和战斗情怀，"听党号令、自强争先、创新创造、油气报国"的理念深入人心，打造了一支特别能吃苦、特别能战斗、特别能奉献的干部员工队伍，成为油田奋力拼搏、勇毅前行的坚实依靠。

全面推进高质量发展第二次跨越的方位目标：坚持推进"万千百"战略目标，笃定建成千万吨级大型油气田；坚持一切从实际出发，遵循客观发展规律，一步一个脚印跨过重要的"三个阶段"。2025年工作目标，向中国石化储委新增页岩气探明储量400亿立方米、石油探明储量300万吨，确保向国家储委提交1000亿立方米以上页岩气探明储量。生产原油116万吨，天然气73.5亿立方米。实现收入220.9亿元、利润47.75亿元。油气单位完全成本1199元/吨。原油盈亏平衡点68.8美元/桶，天然气盈亏平衡点980元/千立方米。到2025年底，七年行动计划高质量完成，建设千万吨级大型油气田实现路径基本明确。到2030年，实现油气储量、产量、效益持续攀升，高端化、智能化、绿色化的新型工业化发展格局基本形成，千万吨级大型油气田基础主体更加牢固。到2035年，规划碳酸盐岩、盐间页岩油、新沟嘴组页岩油资源实现突破，累计探明石油地质储量达到4.54亿吨；依次聚焦复兴、红星、恩施、宜昌等接续资源，累计探明天然气储量达到15087亿立方米。2035年，建成千万吨级大型油气田，高质量发展第二次跨越总体实现，为谱写中国式现代化石油石化新篇章作出更大贡献。

··· 附　录 ···

附录一　大事记

1958年

1月　石油工业部四川石油勘探局两湖（湖南、湖北）勘探大队101地质队在江汉平原西部作路线地质测量，提出《两湖石油地质评述》报告。

3月　地质部成立湖北石油地质队。

1959年

6月　石油工业部华北石油勘探处106地质队调来湖北。1960年初，与湖北石油地质队组成联队，进行石油地质普查。

1961年

7月15日　湖北石油地质队在潜江凹陷王场构造钻探（湖北境内的第一口中深探井）王1井，首次发现4层6.95米厚含油砂岩。

8月中旬　石油工业部将四川石油管理局广西勘探大队调至江汉，开展区域综合勘探。

11月28日　江汉石油勘探处正式成立，直属石油工业部领导，机关设在潜江县城。

1962年

1月10日　江汉石油勘探处第一口探井——周1井（后改王5井）由1251钻井队开始钻探。

3月9日　中共石油工业部江汉石油勘探处委员会成立。

4月上旬　中共江汉石油勘探处监察委员会成立。

5月中旬　江汉石油勘探处工会委员会和共青团委员会先后成立。

9月上旬　广东海南石油勘探大队并入江汉石油勘探处。

1963年

2月上旬　江汉石油勘探处召开首届先进生产（工作）者代表大会。

6月下旬　江汉石油勘探处202地震队在潜江凹陷北部地区首次发现钟滚垱（钟市）鼻状构造。

12月下旬　江汉石油勘探处成立“红层研究组”，对江汉盆地的地层、岩色、岩类、重矿、储油物性、岩化特性进行深入研究。

1964年

11月下旬　地质部副部长何长工来江汉检查石油地质勘探工作。

1965年

7月21日　地质部第五普查勘探大队1204钻井队钻探的王2井提捞获得日产1.28吨工业油流，是湖北省第一口工业油流井，发现王场油田。

7月23日　江汉石油勘探处主办的《江汉石油报》（刻印版）创刊。

9月27日　江汉石油勘探处3204钻井队钻探的钟11井获得日产6.7吨工业油流，是湖北省第一口自喷油井，发现钟市油田，标志着江汉油田发现。

10月13日　石油工业部在北京召开石油地质勘探会议，鄂西南地区中古生界的地质勘探工作逐步展开。

12月24日　成立江汉石油勘探指挥部。

1966年

2月下旬　地质部第五普查勘探大队3007钻井队钻探的潜深4井，获得日产201吨高产油流。

3月16日　地质部部长李四光在听取第五普查勘探大队潜深4井获得高产油流的汇报时指出：“在王场进一步勘探中，必须注意断裂与油藏的关系，特别要注意王场构造南翼有否压性断裂存在”，为此部署钻探潜深5井。

7月中旬 石油工业部抽调九二三厂10个钻井队及其他专业队伍参加江汉油田勘探、开发、建设工作。

8月16日 中共石油工业部江汉勘探会战工作委员会正式成立。

8月20日 地质部第五普查勘探大队3007钻井队钻探的潜深5井试油，获得日产533.5吨高产油流，是江汉油田历史上日产最高的油井。

8月30日 江汉石油勘探会战指挥部成立，代号为“五七厂”，机关设于江汉一村。

10月31日 油田第一个农场——新村农场在王场地区办起。

1967年

5月19日 地质部第五普查勘探大队3203钻井队钻探潜深7井，获得日产76吨工业油流，发现广华寺油田。

8月中旬 江汉油田的交通枢纽——红旗码头（即红庙码头）建成使用。

9月1日 沙4井钻探至3288.35米时，发生高温、高压卤水井喷，日产卤水约1000立方米，含有钾、碘、溴、锂、铷、铯等稀有元素。

1968年

5月下旬 油田第一套炼油设备——单独釜在王场地区建成投产。

9月下旬 油田第一所医院——五七厂职工医院建成。

10月下旬 油田第一个集油站——王场油田王1集油站建成。

1969年

1月5日 3243钻井队钻探的陵1井完井，获得日产10.2吨工业油流，发现花园油田。

3月25日 周恩来总理在全国计划座谈会上，对组织江汉石油会战作重要指示，提议石油工业部副部长康世恩参加会战领导工作。

4月上旬 湖北省革命委员会发出《关于将沙洋二农场（劳改农场）场部和直属有关单位交给五七油田的通知》。油田分期分批征购该场在油田基地的耕地、房屋、设施、园林、苗圃、鱼塘等。

6月26日 国务院正式批准在江汉组织石油勘探会战，国务院和中央军委决定："江汉石油勘探会战由武汉军区和湖北省革命委员会统一领导，统一指挥"，"生产建设计划和物资供应工作，仍归石油工业部军事管制委员会负责。"

8月1日　武汉军区和湖北省革命委员会发出《关于成立江汉石油勘探会战指挥部的通知》，会战指挥部在五七地区正式成立。

8月11日　3254钻井队在黄场构造钻探的黄2井，测试获得日产1.25吨工业油流，发现黄场油田。

8月中旬　会战指挥部根据会战任务和队伍情况，初步确定设立九个分指挥部。

9月上旬　经国务院业务组批准，全面改建汉沙公路。

10月28日　3254钻井队在张港构造钻探的黄3井，测试获得日产121吨高产油流，发现张港油田。

11月5日　江汉石油勘探会战指挥部第八分指挥部成立，五七炼油厂筹建工作全面展开。

11月14日　"江汉石油勘探会战指挥部"改为"五七油田会战指挥部"。

11月下旬　国务院、中央军委电令武汉军区从复员退伍军人中抽调2.5万人参加江汉石油会战。

12月31日　江汉油田正式投入试采，王1集油站开始进油。

1970年

1月上旬　新疆石油管理局独山子矿务局机械厂迁抵江汉天门。

1月25日　江汉油田第一套现代化通讯设施——从油田基地至武汉的3条载波通讯线路正式开通。

1月28日　中共中央委员、全国劳动模范、大庆油田革命委员会副主任王进喜，率慰问团到五七油田慰问。

2月中旬　石油工业部敦煌运输公司汽车修配厂迁抵江汉江陵。

3月上旬　大庆石油矿场机械研究设计所及自动化研究所仪表厂迁抵江汉。

3月中旬　大庆油田1202等钻井队抵达江汉，参加江汉石油会战。

3月下旬　北京医学院第四附属医院（会同中国医药科学院组成综合医院）成建制迁抵江汉广华寺。

4月9日　1823钻井队在丫角构造钻探的丫2井获得日产2.2吨工业油流，发现丫角油田。

5月18日　五七炼油厂常减压装置开工。

5月25日　3271钻井队在浩口构造钻探的浩6井，测试获得日产27吨工业油流，发现浩口油田。

6月25日　32148钻井队在新沟地区钻探的新4井，测试获得日产0.68吨油流，发现新沟油田。

7月21日　油田基地五七大道（全长9.3千米）混凝土路面工程全线竣工通车。

8月26日　江汉油田第一条长输管线——广（华）荆（门）输油管线建成试运。

12月31日　五七油田会战队伍总数达128926人，其中石油系统队伍78214人。

1971年

2月上旬　中共五七油田会战指挥部委员会正式成立。

3月8日　五七油田第一支女子地震队——2240队（又称“三八”连）正式成立。

5月28日　32151钻井队在建南构造钻探的建3井，测试获得日产50060立方米工业气流，这是湖北省第一口工业气井，发现建南气田。

5月下旬　江汉油田第一个注水站——王场油田王2注水站建成。

6月7日—8月3日　3249钻井队在南襄盆地南阳凹陷钻探的南5井，测试获得日产2.9吨工业油流。随后钻探的南6井，测试获得日产72吨工业油流，发现南阳油田。

8月16日　32132钻井队在老新地区钻探的新13井，测试获得日产17吨工业油流，发现老新油田。

10月上旬　五七油田第一台电子计算机——121型机由第三分指挥部研究连电子计算机排调试成功，投入生产。

1972年

1月10日 5001钻井队施工的油田第一口超深井——王深2井完钻，井深5163.03米。

5月1日 五七油田会战指挥部报经燃化部批准，成立南阳石油勘探指挥部（后改名为“河南石油会战指挥部”），代号“五一”油田。

5月27日 江汉石油管理局（以下简称“管理局”）正式成立。

5月下旬 江汉石油会战正式结束。部分会战人员和设备调往胜利、大港、长庆等油田，共计调出人员32877人，机动设备922台，各类物资10.83万吨。

6月26日 管理局成立钾盐会战指挥部。

8月下旬 著名数学家华罗庚到江汉油田讲学，推广应用“优选法”。

1973年

1月18日—24日 管理局召开第一届先进生产（工作）者代表大会。

3月8日 我国第一张数字地震剖面图，在地质调查处用国产121型电子计算机处理成功。

4月2日—6日 局团委召开第一次团员代表大会，选举产生共青团江汉石油管理局第一届委员会。

6月11日—14日 管理局工会召开第一次会员代表大会，选举产生局工会第一届委员会。

11月下旬 荆门炼油厂6套装置联合运转，试运、投产一次成功。

1974年

1月中旬 地质调查处进行“无线电遥控放炮试验”获得成功。

6月30日 管理局举行首届职工体育运动会。

7月9日 油田建设工程处承担的“800工程”（即援助越南工程）主体工程提前竣工。

1975年

1月上旬 矿机研究所根据全国各油田高压压裂作业的需要，研制成功工作压力70兆帕的压裂（作业）井口，填补我国采油设备方面的一项空白。

4月中旬 管理局承担的秦京输油管线北京段施工任务全面完成。

4月21日 我国自行设计、制造、施工的大型加氢装置在荆门炼油厂投产成功。

10月25日 成立"川汉输气管道指挥部"，机关设在向阳地区。

1976年

1月中旬 管理局6个钻井队和其他专业队伍在建南气田全面开展详探。

2月下旬 石化部决定，依托江汉石油管理局成立川汉输气管道指挥部。

3月8日 管理局组建第一支女子钻井队——1829队。

8月中旬 根据石化部关于"为抗震救灾（指1976年7月在唐山发生的严重地震灾害）多作贡献，油田全面开井，日产3000吨，力争超产"的指示，油田全面投入开发。

1977年

2月11日 我国自己设计、制造和施工的大型制管厂——沙市制管厂，生产出第一根直径1020毫米的双面螺旋焊接钢管，填补我国生产高强度、大口径钢管的空白。

4月28日 仪表厂试制成功国产第一台350吨钻井指重表。

8月中旬 管理局在湖南省衡阳市成立第一勘探指挥部，全面开展湘中地区的石油地质勘探工作。

8月下旬 荆门炼油厂利用现有的铂重整装置，成功生产出苯和甲苯，填补了我国炼油技术上的一项空白，并用其副产品环戊二烯，生产出航空煤油。

12月中旬 荆门炼油厂建成我国炼油企业第一套综合利用试验装置。

12月31日 全年生产原油103.64万吨，首次超过100万吨。

1978年

1月9日　中共中央副主席李先念、国务院副总理谷牧、国务院办公厅主任吴庆彤、交通部部长叶飞、水利电力部部长钱正英、第一机械工业部部长周子健和湖北省委书记陈丕显等到荆门炼油厂视察工作。

1月15日　钻井处攻关队和钻采设备研究所合作研制的泥浆净化系统，在广深2井试验获得成功，石油工业部决定在全国推广。

1月中旬　魏（岗）荆（门）输油管线（直径273毫米管线）建成试运。

3月下旬　江汉石油管理局17项科技成果获得全国科学大会奖。

4月25日　国务院批准，江汉石油地质学校改建为江汉石油学院。

8月中旬　管理局抽调5个钻井队、1个试油队支援新疆石油管理局。

9月下旬　成立“鄂豫湘赣石油会战指挥部”。

11月13日　江汉石油师范学校成立，设语文、数学、物理、化学和英语五个专业，学制两年。

11月29日　以局机械制造处为基础，成立“鄂豫湘赣石油机械制造公司”，下属6个工厂（包括设于河南南阳的第二石油机械厂），归鄂豫湘赣石油会战指挥部领导。

1979年

1月3日—7日　管理局召开党委扩大会议，传达贯彻十一届三中全会精神。

3月7日　川汉输气管道在宜都县红花套成功穿越长江。

3月12日—15日　局团委召开第三次团员代表大会，贯彻十一届三中全会精神。

3月28日—31日　管理局召开首届职工代表大会。

5月上旬　石油工业部储量委员会颁布《1978年底全国石油储量公报》，确定江汉油田石油地质储量。

5月中旬　石油工业部从江汉石油管理局参加南阳会战的队伍中抽调10个钻井队，支援辽河石油勘探。

9月28日　国务院在人民大会堂举行全国先进企业和全国劳动模范授奖仪式，管理局被授予“全国先进企业”称号。

12月4日　石油工业部在荆门炼油厂召开全国炼油企业污水处理技术座谈会。

12月中旬　川汉输气管道指挥部经过约四年的艰苦施工，建成774千米山区公路，促进了川东、鄂西山区的开发建设。

1980年

3月1日—12日　全国炼油工作会议在荆门炼油厂召开。

3月12日　江汉石油管理局科学技术委员会正式成立。

8月下旬　江汉油田150–4型电子计算机圆满完成我国运载火箭部分数字处理任务，受到中共中央、国务院和中央军委的嘉奖。

10月10日　建南山洪暴发，第二勘探指挥部团委副书记黄为祥为抢救一名在河中遇险的土家族社员英勇献身。

12月10日　地质调查处在国内首次运用三维地震勘探技术获得成功。

1981年

3月8日　管理局召开首次“三八红旗手”表彰大会。

4月30日　32683钻井队在高场构造钻探的高11井，测试获得日产48.4吨工业油流，发现高场油田。

6月上旬　地质调查处第一条弯线数字记录地震剖面处理成功，填补我国石油地震勘探数字处理技术的一项空白。

6月中旬　油田基地最大的排涝站——友谊河电排站建成。

9月10日　荆门炼油厂生产的古塔牌10号建筑沥青，被评为国家优质产品银质奖。

11月4日　国务院副总理兼石油工业部部长康世恩听取江汉油田地质勘探汇报。

1982年

3月19日　石油工业部召开1980—1981年度科技工作总结表彰大会，江汉油田11项科研项目获得“石油工业优秀科技成果奖”，其中一等奖1项、二等奖10项。

7月31日 管理局的人口普查工作基本完成。全局总人口为136906人，总户数为28557户，男性占54.6%，女性占45.4%。共有21个民族，其中20个少数民族共1353人。

9月27日 荆门炼油厂生产的古塔牌10号特种柴油和300号液体石蜡，分别获得国家金质奖和银质奖。

9月29日 管理局成立“离休、退休、退职职工管理委员会”。

10月5日 江汉石油管理局被评为“全国计量先进单位”。

11月2日 中国共产党江汉石油管理局第一次代表大会召开。

12月10日 江汉油田第一口密闭取芯井——王检3—9井顺利完钻。

12月20日 管理局10项科技成果获得石油工业部1982年度“优秀科技成果奖”，其中一等奖1项、二等奖9项。

1983年

1月8日 《江汉油田志》《湖北省志·石油志》编纂委员会成立。

7月下旬 根据国务院决定，荆门炼油厂划归石油化工总公司领导。

9月下旬 总机厂生产的CYJ5-2.5-26B型抽油机和机械制造公司钢管厂生产的直径529毫米、720毫米、820毫米螺旋焊接钢管，获得1983年度国家优质产品银质奖。

10月下旬 经石油工业部、湖北省企业整顿领导小组全面检查，管理局通过企业整顿验收，是全国石油企业全面整顿的第一个被验收单位。

1984年

7月24日 石油工业部将江汉石油管理局东濮勘探处成建制调给中原油田，共有16支钻井队及配套队伍。

9月1日 油田第一所成人高等学校——江汉石油职工大学，举行首届开学典礼。

11月15日 石油化工厂常减压装置竣工投产。

1985年

1月下旬　江汉石油王场轻油回收装置获国家优秀设计金质奖。

4月12日　由钻采设备研究所设计、总机厂制造的我国首批GG-350型固井管汇车，通过石油工业部鉴定，批准定型生产。

9月20日　总机厂生产的37B和53B型抽油机获得国家优秀产品银质奖。石油化工厂生产的7号特种沥青被评为湖北省优质产品。

10月28日—11月2日　全国石油企业多种经营管理工作会议在江汉油田举行。

12月中旬　管理局被评为“1985年度全国思想政治工作优秀企业”。

1986年

1月27日　江汉石油机械厂的钻采牌CYJ-10型抽油机获国家银质奖。

4月28日　中共中央宣传部发出《关于向优秀政工干部熊元启同志学习的通知》，熊元启的事迹在全国广为宣传。

7月17日　正式成立胜利油田清河勘探开发指挥部，总承包胜利油田八面河区块。

8月5日　地球物理勘探处的三维地震资料处理软件被作为石油工业部的唯一项目，参加由中国组织在香港举行的计算机应用成果展览会展出。

9月2日　江汉油田最大的集油站——王1集油站经更新改造投入运行。

10月下旬　首部《江汉油田志》正式出版发行。

12月下旬　钻头厂获国家经济委员会颁发的“‘六五’全国技术进步先进企业全优奖”。

1987年

2月24日　管理局被中共中央宣传部、国家计划委员会和全国总工会授予“1986年度思想政治工作优秀企业”称号。

2月28日　由测井研究所与上海原子核研究所共同研制的“岩性密度和自然伽马能谱测井技术”，填补我国测井技术的一项空白，并通过石油工业部和中国科学院联合组织的鉴定。

3月31日—4月3日　全国石油系统绿化工作会议在江汉油田召开，管理局被授予“全国绿化先进单位”称号。

5月16日　第四机械厂、沙市钢管厂被国家环境保护委员会授予“全国环境优美工厂”称号。

6月29日　天然气勘探开发处炭黑厂建成投产，生产能力为2500吨/年。

8月30日　潭32井获日产13.88万立方米的天然气流，这是江汉盆地第一口工业气井。中央人民广播电台、中央电视台和《人民日报》分别在9月1日、3日和4日报道了这一消息。

12月31日　八面河油田主体工程基本建成，当年生产原油53.1万吨。

1988年

1月12日　石油工业部正式批准江汉石油管理局实行局长负责制。

1月20日　钻头厂被列为国家第一批引进技术、消化吸收和实现国产化的重点支持企业。

4月8日　沔7井经测试获日产13.2吨工业油流，该含油构造被命名为洪湖油田。

4月19日　国家环境保护局、国家经济委员会、国家科学技术委员会联合授予江汉石油管理局“全国工业污染源调查优秀企业”称号。

7月28日　盐化工建设指挥部成立。

10月1日　江汉油田科技馆正式开馆。

12月26日　全国政协主席李先念应局党委函请，为江汉油田在建的水杉公园题写“江汉水杉纪念碑”碑名。

12月31日　全年生产原油101.66万吨，实现连续十二年稳产100万吨。

1989年

1月26日　《管理世界》杂志社评出中国100家最大企业，其中江汉石油管理局名列第95位。

7月中旬　测井研究所研制的自然伽马能谱测井仪、岩性密度测井仪、深井微球型聚焦测井仪和第四机械厂研制的常规游梁式抽油机、异向曲柄平衡式抽油机，被国家计划委员会确定为“1989年度国家级新产品”。

9月11日　中国石油天然气总公司批准江汉石油管理局为国家二级企业。

1990年

4月下旬　钻头厂12¼inATMO5型三牙轮钻头在中原油田文13-219井，创单只钻头纯钻进时间192小时、钻井进尺2232.7米的世界新纪录。

4月下旬　管理局获中华全国总工会颁发的“五一”劳动奖状。

10月19日　管理局在盐化工厂建设工地举行开工剪彩奠基仪式。

1991年

4月15日　江汉油田第一批丛式井钻井工程在洪湖、潭口地区顺利完成4组12口。

5月16日　江汉油田第一口盐井正式开钻。

8月12日　钻头厂被评定为“国家一级企业”。

12月27日　地球物理勘探处在全国地质勘查系统首次评选活动中，获“全国地质勘查功勋单位”称号。

12月31日　江汉石油管理局在全国500家最大工业企业中排名第143位，在石油天然气开采行业50家最大经营规模工业企业中排名第9位，在湖北省50家最大经营规模工业企业中排名第7位。

1992年

1月下旬　第四机械厂生产的SNC35-16型水泥车高压装置获国家银质奖。

2月10日　管理局第一口多目标井——钟34井完钻，标志着油田定向井钻井技术水平进入全国先进行列。

3月27日　江汉油田第一家中外合资企业——四机赛瓦有限公司在北京签订合作协议。

4月18日　江汉石油管理局和潜江市签署《江汉石油管理局、潜江市人民政府关于相互支持、共同发展的会议纪要》。

7月30日　国家经济贸易办公室、计划委员会、统计局、财政部、劳动部、人事部联合下文，批准江汉石油管理局为大型一档企业。

1993年

5月27日 沙24井经原钻具试油获得工业油流，压裂后日产油20.7吨，发现沙市油田。

10月9日 周返断裂带含油区块命名为“周矶油田”。

12月19日 管理局承担的“DEC三维交互地震数据处理系统”经总公司全面测试验收，认为该系统性能稳定、技术先进、比较实用、独具特色，属国内首创。

12月21日 管理局被国家体委授予“全国群众体育先进单位”称号。

1994年

1月25日 技工学校被国家劳动部正式批准为国家级重点技工学校。

2月2日 钻头厂从意大利雷诺贝拉蒂公司引进的牙掌柔性生产线建成投产。

5月31日 管理局获“1993年度省级最佳文明单位”称号。

6月26日 由全局职工捐资援建的三峡库区希望小学——“巴东县江汉石油管理局希望小学”命名挂牌。

9月22日 盐化工总厂氯碱厂试运投产一次成功。

10月11日 管理局重点工程——汉江水源扩建工程竣工投产。

11月下旬 江汉石油机械厂与吐哈油田事业开发部共同研制的单翼多功能井口装置获得成功，填补我国采油机械的一项空白。

1995年

1月6日 荆华化工有限公司氯化石蜡一期工程投料试车一次成功。

1月上旬 钻头厂被国家科委列为国家高技术研究发展“863”计划CIMS技术重点应用工厂，成为全国石油机械行业第一家CIMS应用工厂。

9月8日 管理局有线电视光纤联网工程竣工开通，实现油田电视联网。

10月4日 勘探开发研究院海相室完成的“八五”国家重点科技攻关项目——“江汉盆地海相地层勘探评价研究”，达到国际先进水平。

10月中旬 江陵凹陷重点探井——陵76井中途测试获日产20吨工业油流，发现荆西油田。

10月24日 国有资产管理局、中国经济效益纵深行组委会以净资产排序，将管理局列入“中国的脊梁”国有企业500强第86位。

11月11日 国务院总理李鹏、副总理邹家华视察江汉油田。李鹏为江汉油田发现30周年题词：“发扬钻头精神，继续攀登高峰。”

1996年

2月下旬 管理局获“全国绿化先进单位”称号。

3月下旬 测井研究所完成的“SDC=A数控测井系统”被中国石油天然气总公司评为“‘九五’十大科技成果”之一。

4月3日 管理局人才劳动力市场正式开业。

10月16日 中心医院通过国家三级甲等医院验收。

11月28日 管理局与新疆石油管理局签订合作开发玛北油田项目书。

1997年

3月30日 钻头厂“江钻牌”三牙轮钻头、第四机械厂“江汉牌”施工升降机、盐化工总厂“水杉牌”漂粉精等3项产品，被湖北省人民政府命名为湖北省第一批精品名牌产品。

4月20日 沙市钢管厂生产出国内最大直径（ϕ1422毫米）焊缝钢管。

4月22日 江汉采油厂青年女工王明华被团中央、国家经贸委、劳动部联合授予“1996年度全国杰出青年岗位能手”称号。

1998年

2月19日 管理局召开职工代表大会，确定实施“四大战略”（油气资源扩充、科技兴业、市场开拓和资本营运），形成“五个经济板块”（油气主业、机械制造、油盐化工、多种经营、技术劳务输出）经营发展思路。

3月12日 管理局与长庆油田签订合作开发陕西安塞坪桥北部石油资源（简称安塞油田）合同。

4月12日 管理局重点工程——建南至重庆市万州区五桥天然气管道工程正式开焊。

4月中旬 管理局划归中国石油化工集团公司。

5月下旬 “水杉”牌离子膜烧碱被评为湖北省精品名牌产品。

6月19日 安塞油田第一口油井投产。

8月25日 江汉测井研究所和江汉机械研究所划归中国石油天然气集团公司石油勘探开发科学研究院。

9月28日 江汉石油钻头股份有限公司成立。

12月28日 漂粉精产品被列入国家重点新产品计划项目。

1999年

5月7日 四机厂研制成功国内首台120吨级海洋平台修井机，经中国船级社检测，达到20世纪90年代国际先进水平。

8月16日 四机厂生产的STX5321TYL105型压裂车、JHX5280TXL型洗井清蜡车和八达集团生产的栀子蓝色素3项新产品，被国家科学技术部列为1999年度国家重点新产品计划。

8月26日 江钻股份公司发明的“一种单牙轮钻头”在伊朗获得2项专利，这是江汉油田首次在国外获得专利。

9月6日 油田首口盐间非砂岩水平井——王平1井测试获得日产120立方米高产工业油流，探明石油地质储量75万吨，结束了江汉油田盐间非砂岩油藏无储量的历史。

2000年

1月18日 集团公司调整江汉石油管理局党政领导班子，配备中国石油化工股份有限公司江汉油田分公司领导班子。

2月24日 共产党员、清河采油厂治安保卫大队护油队员董斌，在执行护油任务时，为保护国家财产，与6名盗放原油的不法分子展开英勇搏斗，壮烈牺牲，时年24岁。3月13日，江汉石油管理局党委做出决定，授予董斌“护油勇士”称号。5月16日，中央人民广播电台播发董斌以身殉职的事迹。

2月28日 根据集团公司总体部署，江汉石油管理局通过重组改制，优化资源配置，正式成立中国石油化工股份有限公司江汉油田分公司。

3月9日 管理局党委发出通知，在全油田广泛开展“发扬江汉精神，加快油田发展”主题活动。

4月14日 盐化工总厂“水杉”牌锌强化营养盐产品通过中国盐业总公司验收，正式批准上市销售。

6月7日 油田重点项目——天然气脱硫备用装置在建南建成投产。

7月13日 国家对外贸易经济技术合作部批复，同意江汉石油管理局开展对外经济技术合作业务。

8月1日 江钻股份公司付强被共青团中央、国家经贸委、劳动和社会保障部联合授予“全国十大杰出青年岗位能手”称号。

9月1日 “全国贯彻实施《中华人民共和国产品质量法》千家企业新世纪质量宣言大会”在北京召开，江汉油田被评为1999年度“全国质量管理先进企业”。

10月19日 江汉油田通过湖北省文明单位检查验收组验收，达到最佳文明单位标准。

11月26日 江汉石油管理局更名为“中国石化集团公司江汉石油管理局”。

12月1日 盐化工总厂漂粉精生产技改工程主体安装完工，成为国内最大的漂粉精生产厂。

12月下旬 管理局被中国设备管理协会授予“全国设备管理优秀单位”称号，这是管理局首次获得该项荣誉。

2001年

1月11日 江汉石油管理局住房制度改革办公室被国家建设部授予“全国房改先进单位”称号。

3月2日 在国家科学技术部召开的“国家863计划CIMS主题十五周年总结表彰大会”上，江钻股份公司获“2000年度CIMS应用领先企业”奖。

4月20日 运输管理处被湖北省企业联合会、企业家协会授予“优秀企业”金鹤奖。

4月28日 江汉采油厂张建荣在北京中南海参加全国劳动模范座谈会，受到江泽民、胡锦涛、尉健行等党和国家领导人的接见。

5月26日 江汉石油管理局被中共湖北省委授予“湖北省企业党的建设红旗单位”称号。

6月20日 在湖北省召开的第二次残疾人事业工作会议上，江汉油田被湖北残疾人联合会授予“全省残疾人工作先进单位”称号，并作为湖北省唯一一家单位被推荐为“全国社区残疾人工作示范区”。

7月15日 按照集团公司统一部署，油田与17453名全民职工协议解除劳动合同，其中分公司3335人，管理局14118人，油田职工总人数比上年减少32.8%。

8月7日 油田第一口自行设计、钻探的水平井——钟平1井完钻。

9月27日 江汉油田公安处更名为潜江市公安局广华分局

12月16日 天然气处净化厂被评为集团公司油气集输“五星级站库”。

2002年

1月22日 江汉油田被集团公司和石化股份公司授予“2001年度安全生产先进单位”称号。

2月15日 中共湖北省委企业工委授予江汉油田物探处、盐化工总厂、采油研究院、井下作业处、广华物业处“省文明单位”称号。

3月11日 管理局“塑造形象，加快发展”主题活动启动。

3月31日 中国石化股份公司召开2002年油气田开发工作会议，江汉采油厂获“先进采油厂”称号。

4月10日 江钻股份有限公司被湖北省国家税务总局授予“诚信纳税百佳纳税人”称号。

4月18日 园林开发部张景华作为湖北省下岗再就业职工代表，在武汉受到国务院副总理吴邦国接见。

5月4日 共青团中央授予江汉采油厂五七作业区采油1队团支部“全国‘五四’红旗团支部”称号。

5月8日　江钻股份有限公司自主设计的三刃翼螺旋刮刀结构金刚石钻头，获国家知识产权局专利授权，填补国内石油金刚石钻头外观设计无专利的空白。

7月26日　中共江汉油田西部新区工作委员会成立。

10月16日　物探处322重力队在新疆米泉工区首次与俄罗斯地球物理专家进行重力固体潮油气勘探项目合作试验，获得成功。

11月12日　国家质量协会、全国总工会、共青团中央、国家科学技术协会联合授予测井工程处测井仪修一班QC小组“全国优秀质量管理小组”称号。

11月下旬　共青团湖北省委、省经贸委、省劳动和社会保障厅、省财政厅授予江汉采油厂五七作业区联合队王1注水站青年集体“青年文明号”称号。

11月28日　在湖北省人民政府召开的全省职业教育工作会议上，管理局党委组织部和原技工学校被授予“全省职业教育先进单位”称号。

12月31日　按照集团公司、石化股份公司的统一部署，物探处成建制划转管理局。

2003年

2月26日　分公司西部勘探公司成立，主要负责油田西部探区的油气勘探开发。

3月1日　在集团公司召开的纪检监察工作会议上，江汉油田被授予“效能监察先进单位”称号；盐化工总厂漂粉精装置技改项目被评为“效能监察优秀项目”。

4月23日　江汉油田与吉尔吉斯斯坦国博泰石油天然气股份公司签订合作协议，承包吉尔吉斯斯坦国博泰石油公司钻井和修井项目。

4月25日　第四石油机械厂被湖北省科学技术厅命名为湖北省“高新技术企业”。

5月4日　油建处穿越施工作业队青年突击队被共青团中央授予“全国青年文明号”称号。

6月15日　管理局与中国共产党潜江市委员会、潜江市人民政府签署《合作纲要》。

8月13日　潜江市公安局广华分局改为江汉油田公安局，由湖北省公安厅直接管理。

8月15日　江汉石油管理局被国家统计局授予“2002年全国投入产出调查先进集体”称号。

10月17日　在第四届全国优秀企业报评选活动中，江汉石油报被评为“全国优秀企业报”。

10月27日　中国质量管理协会、全国总工会、中国科学技术协会和共青团中央联合授予江汉采油厂王1集油站、钻井处钻井工艺研究所、盐化工总厂盐硝车间等单位的4个QC小组“全国优秀QC小组”称号。

11月下旬　股份公司2002—2003年“五项劳动竞赛”活动评比揭晓，江汉采油厂被授予“油藏经营管理红旗采油厂”称号，江汉采油厂采油7队、清河采油厂采油2队被授予“金牌采油队”称号，清河采油厂联合站、江汉采油厂王场联合站、坪北项目经理部P73联合站被授予“五星级联合站”称号。

12月30日　管理局被中国设备管理协会授予“全国设备管理优秀单位”称号。

同日　股份公司将新疆塔里木盆地卡塔克2区块、3区块、4区块构造划给江汉油田西部勘探公司。

2004年

3月15日　“三机”牌RDS、CNG系列压缩机被湖北省名牌战略推进委员会评定为“湖北省名牌产品”。

7月6日　钻井处70631JH钻井队中标集团公司西部新区指挥部部署的超深探井董101井，井深为6200米，是江汉油田钻井史上承建最深的一口探井。

8月3日　江汉油田盐卤水平井——黄盐平1井与邻井连通工程，在井深2358米处成功连通，成为国内首口直接连通的水平井。

8月26日 江汉油田被中国质量管理协会、中国科学技术协会、中华全国总工会、共青团中央联合授予“全国质量管理小组活动优秀企业”称号。

9月26日 根据国务院试行国有企业移交办社会职能的要求，集团公司与湖北省人民政府签署协议，江汉油田所属全日制普通中小学、教育机关和公安机构整体移交湖北省地方政府，移交人员2082人、资产净值8497.9万元。

10月18日 江汉采油厂通过公开竞标，取得海南省福山油田采油生产管理承包权。

12月1日 《江汉油田年鉴》（2004年卷）获中国出版工作者协会中国年鉴类最高奖——“中国年鉴奖”。

12月下旬 江汉盆地江陵凹陷万5井区探明石油地质储量19万吨，被命名为万城油田。

2005年

2月28日 江汉采油厂承包的海南福山油田第一口油井——花4-2井投产成功，日产凝析油11.5吨、天然气5.7万立方米。

4月上旬 江汉油田2004年度5项科技成果获集团公司科技进步奖。

4月14日 管理局被国家审计署授予“全国内部审计先进单位”称号。

5月4日 钻井公司50786JH钻井队被共青团中央、集团公司联合授予“全国青年文明号”称号。

7月9日 江汉油田分公司物探研究院挂牌成立。

12月9日 油田对三机厂、四机厂和机械厂进行整合，将机械厂的抽油机、水处理设备生产作业线并入三机厂；将机械厂特车作业线并入四机厂。

2006年

2月15日 由江汉油田钻井项目部SIN144钻井队承钻的哈萨克斯坦KN-16井顺利完钻，是江汉钻井公司首次独立在国际市场上承钻的第一口井。

3月13日　中石化股份公司“五项劳动竞赛”活动评比揭晓，江汉油田22个厂、队、站、库、所榜上有名。其中“红旗采油厂”1个、“优胜采油厂”2个、“金牌采油队”3个、“五星级站库”3个、“五星级注水站”1个，12个基层单位分别评为“银牌研究所”“银牌采油队”“银牌测试队”“四星级站库”“四星级接转站”“四星级变电所”。

6月5日　地球物理勘探公司与山西省地球物理勘察院签订煤炭资源普查合作项目，标志着物探公司成功进入国内煤田资源勘探领域。

7月29日　江汉油田国际合作公司挂牌成立。

8月4日　“江汉油田教育基地”挂牌仪式在洪湖市瞿家湾举行。

10月18日　在北京召开的全国老干部工作先进集体和先进工作者表彰会上，油田离退休职工管理处被中共中央组织部、国家人事部授予“全国老干部工作先进集体”称号。

11月11日　中国石化股份公司召开2006年油气田开发工作会议，坪北油田被授予“高效开发油气田”称号，八面河油田被授予“高效产能建设项目”称号。

12月20日　江汉油田被国务院授予“全国对口支援三峡工程库区移民工作先进集体”称号。

2007年

1月7日　采油工艺研究院“深井超深井分层注水工艺技术研究”成果通过中石化股份公司鉴定，被认定达到国际领先水平。

3月上旬　油建公司穿越施工处奥格班被全国创争活动领导小组授予“全国学习型先进班组”称号。

4月2日　按照集团公司、股份公司部署，将隶属中南分公司的松滋采油厂整体划归江汉油田分公司。

5月中旬　沙市钢管厂成功试制管径1422毫米 × 19.80毫米规格大口径直缝钢管，为国内管径最大的直缝钢管。

6月上旬　江汉油田职业技能鉴定站被国家劳动和社会保障部授予全国职业技能鉴定质量普查优秀鉴定所（站）称号。

9月11日　“四机牌”石油钻机被国家质量监督检疫总局和中国名牌战略推进委员会授予中国名牌产品称号，成为国内首批获中国名牌产品称号的石油机械产品，实现江汉油田中国名牌产品零的突破。

12月7日　油田被确定为湖北省高技能人才培养示范基地，并获得湖北省首届技能状元大赛组织奖。

2008年

3月31日　四机厂集成研发的中国石化首台ZJ70LDB钻机成功下线。

4月7日　江汉油田首次以“江汉石油机械”品牌整体亮相第八届中国国际石油石化技术装备展览会（CIPPE）。

5月10日　油田获全国“2007年度全面质量管理（TQM）普及教育先进单位”称号，成为石化、石油行业获此荣誉的三家企业之一。

5月13日　江汉油田在“全国内部审计‘双先’表彰暨经验交流大会”上，被评为2005—2007年全国内部审计工作先进单位。

6月5日　国家人力资源和社会保障部发布《关于公布第一批国家高技能人才培养示范基地名单的通知》，确定江汉石油管理局等157家企业和92所院校为首批国家高技能人才培养示范基地。

7月2日　根据集团公司《关于中国石油化工股份有限公司收购中国石油化工集团公司所属井下作业资产的通知》的要求，江汉油田对井下作业公司进行重组上市，更名为井下作业处；将测录井公司的测试业务从测录井公司划出，组建管理局井下测试公司。

7月6日　物探公司266地震队和钻井公司郭涛分别被共青团中央和集团公司联合授予2007年度“全国青年文明号”和“杰出青年创新创效奖”。

7月8日　四机厂承担研制的具有自主知识产权的集团公司重大装备国产化项目——ZJ50DB-ST低温轮轨式电驱钻机通过验收，是国内真正意义上的第一台低温轮轨式钻机。

10月16日　在集团公司2008年职业技能竞赛决赛上，江汉油田代表队获2金1银2铜。

12月5日 在全国高技能人才和农村优秀人才表彰会上，江汉油田获“国家技能人才培育突出贡献奖”称号。

12月17日 在湖北省“守合同重信用”企业表彰会上，江汉油田获“湖北省守合同重信用”荣誉称号。

12月30日 在中国石化2008年度新增石油天然气探明储量评审会上，江汉油田提交的933.02万吨探明石油地质储量通过国土资源部储量评审，超额完成全年800万吨石油储量任务。

2009年

1月20日 在北京举行的全国精神文明建设工作表彰大会上，油田被中央文明委授予“全国精神文明建设工作先进单位”称号。

2月 盐化工总厂年产1万吨漂粉精装置投产试运一次成功，漂粉精产品年设计产能位居亚洲第一，世界第二。

3月11日 由钻井公司70155JH钻井队承钻的簰深1井，总进尺突破7000米大关，创造江汉钻井史上进尺最深纪录。

5月上旬 集团公司首台JGC230连续油管作业机在四机厂成功下线。该机多项专利技术达到国际先进水平。

10月30日 油田在第八届全国设备管理工作会议上，被授予“全国设备管理优秀单位”称号。

12月19日 《江汉油田年鉴》获全国第四届年鉴编纂质量评比一等奖。

2010年

1月19日 油田职业技术学校被命名为“湖北省重点中等职业学校”，并举行授牌仪式。

2月 油田被国家体育总局授予“全民健身活动先进单位”称号。

3月21日 在中国石油和石油化工设备工业协会召开的第六届第七次理事（扩大）会议上，四机厂、三机厂、江钻股份公司和钢管厂被评为2008—2009年度行业50强企业，“四机牌”石油钻机、“三机厂”RDS/CNG天然气压缩机、“江钻牌”油用钻头、“沙管牌”钢管获2009年度行业名牌产品称号。

4月1日 管理局被全国绿化委员会授予“全国绿化模范单位”称号。这是江汉油田首次获此荣誉。

4月26日 油田26家单位和5名个人获中国石化2008—2009年度五项劳动竞赛优胜单位和先进个人。

4月29日 江汉油田荣获“湖北五一劳动奖状”，江钻股份公司总装车间获湖北省“工人先锋号”称号。

6月18日 在鄂西渝东万州复向斜钻探的兴隆1井，测试获得日产51.7万立方米天然气，发现兴隆气田。

8月12日 由原松滋采油厂、原石油勘探科学技术研究院荆州勘查技术中心、江汉采油厂采油9队组合而成的荆州采油厂成立。

8月23日 江汉机械研究院成立。

10月8日 江钻股份公司“KINGDREAM”商标获“中国驰名商标”称号。

10月上旬 四机厂管件分厂三组被国务院国资委授予“中央企业红旗班组”称号，是油田历年唯一获此荣誉的班组。

10月25日 2009年度中国企业报优秀新闻作品评选揭晓，江汉石油报选送的新闻组照《地震灾区的学生踏上回家的旅程》获一等奖。

12月22日 钻井公司组建为钻井一公司和钻井二公司，同属于江汉石油管理局二级单位。

2011年

1月5日 油田被国家人力资源和社会保障部授予“全国劳动争议预防调解工作示范企业”称号。

1月25日 四机厂被国家科学技术部认定为“制造业信息化科技工程应用示范企业”，成为油田首家获此荣誉的企业。

2月下旬 江汉油田职工培训中心被中华全国总工会命名为“全国职工教育培训示范点”。

3月15日 第四石油机械厂“四机”牌钻（修）井机、高压管汇件、固井水泥车，盐化工总厂“水杉”牌离子膜烧碱，江钻股份公司“江钻”牌牙轮钻头等5项产品被命名为“湖北省名牌产品”。

4月29日 第四石油机械厂获全国“五一”劳动奖状，江汉采油厂王1注水站获全国“工人先锋号”称号。

5月10日　油田承担的合同金额2.02亿美元的巴西铁矿石管道EPC项目开工。该项目是油田首次承接的铁矿管道施工项目，也是油田承接的最大一项国际施工项目。

7月15日　中国石化第一口页岩气水平井——建页HF-1井完钻。

7月26日　油田承建的国家重大专项“3000”型压裂机组项目启动，该项目是国家16个重大专项之一的大型油气田及煤层气开发专项的装备研制及工程应用示范项目。

8月15日　在北京人民大会堂举办的全国构建和谐劳动关系先进表彰暨经验交流会上，江汉油田获“全国模范劳动关系和谐企业”称号。

10月21日　江钻股份公司被国家科学技术部评为“国家火炬计划重点高新技术”企业。

10月22日　钢管厂获“全国实施卓越绩效模式先进企业”称号。

11月11日　江钻股份公司获中国驰名商标认定。

12月20日　在北京召开的全国精神文明建设工作表彰大会上，江汉石油管理局获“全国文明单位”称号。

12月21日　油田被中共湖北省纪委授予“企业廉洁风险防控先进单位”称号。

2012年

2月22日　江汉油田与中国兵器工业集团公司北方工业公司签订战略合作协议。

2月下旬　由江汉油田承编的《中国油气田开发志·江汉油气田卷》《中国油气田开发志·江汉油气区卷》出版发行。

3月中旬　油建公司获中华全国总工会授予的“全国模范职工之家”称号。

3月22日　第四石油机械厂研制的2500型压裂机组获2011年度集团公司科技进步奖一等奖。

4月19日—20日　在中国石化股份公司第五届“五项劳动竞赛”总结表彰暨精细管理工作推进会上，江汉油田分公司获“优秀组织奖”；坪北经理部、清河采油厂被评为“红旗采油厂”，江汉采油厂被评为“优胜采油厂”；江汉采油厂地质研究所、采油7队、采油12队，清河采油厂采油2队，坪北经理部采油2队，采气厂采气2队，井下作业处SY133队、XJ121队为“金牌基层单位”；王场联合站、八面河联合站、坪北经理部联合站、采气厂净化站为“五星级站”；另有12个基层队为银牌基层单位，3个站为“四星级站”，7人被评为先进个人。

5月8日　江汉油田成立涪陵页岩气产能建设会战领导小组。

6月9日　江汉油田涪陵页岩气产能建设示范区项目首口页岩气井——涪页2-2HF井开钻，标志着我国第一个页岩气产能示范工程拉开序幕。

8月中旬　由中华全国总工会、中国石油天然气集团公司联合组织开展的“建功中亚—西二线，石油工人做贡献”主题劳动竞赛总结表彰大会上，油建公司被授予“全国五一劳动奖状”。

9月20日　盐化工总厂年产2.4万吨漂粉精扩建工程4套装置投料试车成功，年设计生产能力8万吨，居世界第一。

9月28日　江汉油田《平台小经理绩效考核体系的建立与应用》获集团公司管理创新成果一等奖。

10月上旬　在中国质量协会、中华全国总工会、中华全国妇女联合会、中国科学技术协会联合召开的全国第34次质量管理小组会议上，江汉油田被授予“2012年全国质量管理小组活动优秀企业称号”。

11月6日　在集团公司业务竞赛中，江汉油田参赛选手在物探、钻井、采油、井下作业等4个专业工种比赛中获6金、5银、7铜的成绩。

11月上旬　湖北省人民政府授予江汉油田“湖北省重合同、守信誉企业”称号。

12月9日　由勘探南方分公司钻探发现页岩气的第一口海相参数井——焦页1HF井正式移交江汉油田分公司，纳入涪陵页岩气产能建设示范区统一规划和产能建设。该井是中国石化在页岩气领域实现实质性突破的第一口井。

12月下旬 根据集团公司《关于中国石油化工集团公司石油工程专业化整合重组实施的指导意见》，油田16个二级单位整体划到中国石化工程技术服务有限公司。

12月29日 在第五届全国敬老爱老助老主题教育活动表彰大会上，江汉油田获“全国敬老模范单位”称号。

2013年

1月9日 焦页1HF井投入试采，日充装天然气6万立方米，成为中国第一口投入商业开采的页岩气井，标志着涪陵页岩气田正式进入商业开采。

1月19日 中国石化集团公司江汉石油工程公司、石油机械公司揭牌成立。

2月26日 油田获湖北省“十一五”期间节能先进单位称号。

3月中旬 集团公司表彰2012年度油田板块“五大会战”先进单位，钻井一公司40766JH钻井队、井下测试公司JH-SY156队、测录井公司南方项目部和钻井二公司70209JH钻井队等4支队伍获会战先锋队荣誉称号。

3月中旬 江汉油田分公司获股份公司2012年度物资供应“比学赶帮超”红旗单位和红星单位称号。

4月3日 油田开展“学习贯彻十八大、争创发展新业绩”主题实践活动暨分公司“两稳一增大发展”会战，召开动员会，布置活动方案和“两稳一增大发展”会战实施意见。

4月27日 测录井公司测井解释中心探井解释班获“全国工人先锋号”称号。勘察设计研究院被授予“湖北五一劳动奖状”，油田建设工程公司塔河分公司、四机赛瓦石油钻采设备有限公司井下工具事业部装配组被授予“湖北省工人先锋号”。

6月21日 油田首次被国家工商行政管理总局认定为2010—2011年度“守合同重信用”企业。

6月29日 涪陵页岩气产能建设示范区试验井组首口开发评价井——焦页1-3HF井获日产11万立方米高产气流。

7月17日　广华社区供热站广南锅炉班荣获“全国班组安全建设与管理优秀成果”一等奖。

8月16日　油田首个专家创新工作室——张建荣创新工作室成立。

9月3日　国家能源局批准设立“重庆涪陵国家级页岩气示范区”。

9月16日　在集团公司石油工程业务技能竞赛中，江汉石油工程公司获录井专业金牌1枚，测井专业银牌1枚，柴油机工种金牌2枚、银牌1枚、铜牌2枚。

10月17日　集团公司2013年采油测试工和注水泵工职业技能竞赛江汉油田获团体冠军。

11月27日　江汉油田与华电集团签署页岩气勘探开发战略合作框架协议。

12月4日　江汉采油厂青年志愿者服务队获“湖北十佳青年公益组织”称号，是全省唯一获此殊荣的企业青年志愿者服务队。

12月6日　在北京召开的企业技术创新发展峰会上，国家发改委、科技部、财政部、海关总署、税务总局等五部委，联合为2013年度国家认定企业技术中心授牌，第四机械厂荣列其中。

12月上旬　五七社区关心下一代工作委员会获“全国五好基层关工委先进集体”荣誉称号。为江汉油田首次获得该项荣誉的单位。

2014年

1月29日　涪陵2区焦页15-2HF井开钻，标志着涪陵国家级页岩气示范区建设项目一期工程动工。

4月21日　国土资源部宣布设立“重庆涪陵页岩气勘查开发示范基地”。

4月29日　中石化重庆涪陵页岩气勘探开发有限公司、天然气管道有限公司、涪陵页岩气销售有限公司3家合资的公司在重庆市挂牌成立。

7月18日　国土资源部评审认定，涪陵页岩气田为全国首个优质大型页岩气田。

8月22日　涪陵页岩气田焦页42号平台4口井实施“井工厂”同步压裂施工。

11月7日　集团公司重点海相预探井盐卤1井开钻。

11月28日　涪陵页岩气田焦页5号集气站实现智能化控制，成为该气田首个无人值守的智能化集气站。

2015年

3月2日　采油院涪陵分院获“全国五一巾帼标兵岗”称号。

3月15日　《江汉油田年鉴》获全国出版协会主办的全国第五届年鉴评比综合一等奖。

3月31日　江汉油田分公司获“中国石化质量管理奖先进单位”称号。

4月16日　重庆涪陵页岩气田劳动竞赛启动仪式暨市总工会“中国梦·劳动美”慰问演出活动在涪陵页岩气田举行。

5月10日　由江汉油田分公司承担的国家高技术研究发展计划（863）项目——“深井盐卤资源综合利用技术研究”课题，通过国家科学技术部验收，认定研究成果达到国际先进水平。

5月11日　涪陵白涛—石柱王场页岩气输气管道投运成功，涪陵页岩气经涪王管道正式进入川气东送管道。

7月4日　涪陵页岩气公司获“湖北五一劳动奖状”称号。

9月18日　全国能源企业宣传工作经验交流会暨2015年中国能源企业传播大奖典礼在人民日报社举行，江汉油田获优秀宣传单位最佳传播效果奖。

9月25日　举行江汉油田发现50周年座谈会，集团公司党组发来贺信，祝贺江汉油田发现50周年。

同日　在2015年中国石油和化学行业两化融合推进大会上，江汉油田获“全国石化行业两化融合优秀实践奖”称号。

9月下旬　重庆市科学技术协会等8部门联合发文，批准在涪陵页岩气公司建立涪陵页岩气院士专家工作站，是全国第一家页岩气院士工作站。

11月12日　湖北省2015年石油行业职业技能竞赛在油田举办。

12月3日—4日　集团公司档案专业验收组到涪陵页岩气公司，对涪陵页岩气开发试验井组产能建设地面工程档案进行考核验收，该项目档案以优良成绩通过验收。

12月10日—11日　受国家能源局委托，中国国际工程咨询公司牵头组织中国工程院、中国海洋石油总公司、中国石油大学组成的专家组，到涪陵页岩气田进行重庆涪陵国家级页岩气示范区检查验收，一致同意重庆涪陵国家级页岩气示范区建设项目通过验收。

12月中旬　油田职工培训中心被评为“全国职工教育培训示范点”，是湖北省10个示范点之一。

12月29日　集团公司在重庆宣布首个国家级页岩气示范区——涪陵页岩气田一期50亿立方米产能建设建成，二期50亿立方米产能建设正式启动。

2016年

2月28日　油田被集团公司授予“六五”普法先进单位称号。

4月22日　在第47个世界地球日，涪陵页岩气田启动“探秘智慧能源”公众开放日活动。

6月15日　清河采油厂降低稠油井电耗QC小组完成的“降低面138区油井日耗电”QC成果被评为集团公司QC成果一等奖。

7月1日　油田15个基层党组织、14名共产党员、11名党务工作者受到集团公司党组、湖北省委、重庆市委和湖北省国资委党委表彰。

9月9日　由分公司承担，中国石化石油勘探开发研究院、石油工程技术研究院、节能环保工程公司等17家单位共同参加的国家科技重大专项“涪陵页岩气开发示范工程”，经过国家能源局、国家财政部和大型油气田及煤层气开发重大专项实施管理办公室审查，正式批准实施。

10月19日　管理局与荆门石化签订潜江农场土地移交协议，将荆门石化潜江农场2000余亩（133.33万平方米）农田经营权交还管理局。

12月28日　分公司采油气工程技术服务中心揭牌成立。

2017年

1月18日　油田“涪陵页岩气焦石坝区块一期工程北区产能建设项目”“涪陵地区页岩气开发试验井组产能建设项目地面工程”两项地面工程建设项目获得“2016年度中国石油化工集团公司优质工程”奖。

3月21日　涪陵页岩气田累计供气突破100亿立方米。

3月23日　分公司获集团公司建设项目“三化”（标准化设计、模块化建设、标准化采购）工作先进单位一等奖。

7月6日　湖北省企业联合会、湖北省企业家协会联合举办2017年湖北企业100强发布会，发布100强企业名单，江汉油田名列其中。

8月8日　中国石化油田板块第七届“五项劳动竞赛”评选揭晓。江汉油田分公司获“五项劳动竞赛”先进组织单位称号；坪北经理部连续被评为红旗采油厂，并被授予“先锋采油厂”称号；涪陵页岩气公司被评为红旗采气厂；清河采油厂被评为红旗采油厂；江汉采油厂被评为优胜采油厂。

9月25日　焦页8HF井试采站投产，日产页岩气6万立方米，标志着涪陵页岩气田二期产建工程平桥区块首个试采站正式投产。

11月13日　江汉油田分公司审计处被中国内部审计协会授予“全国内部审计先进集体”称号。

11月16日　油田“涪陵页岩气焦石坝区块一期工程中区产能建设项目”和“涪陵页岩气焦石坝区块一期工程南区产能建设项目”获“2017年度中国石油化工集团公司优质工程”奖。

11月28日　江汉油田办社会职能分离移交框架协议签字仪式在油田水杉宾馆举行，移交工作将于2018年底前全面完成。

12月26日　油田顺利通过中央精神文明建设指导委员会每三年一次的复查，再获“全国文明单位”称号。

12月31日　全年生产页岩气60.04亿立方米，首次突破60亿立方米大关。

2018年

1月8日　国家科技奖励大会在北京举行，江汉油田分公司参与完成的“涪陵大型海相页岩气田高效勘探开发”项目获国家科技进步奖一等奖。

3月9日　江汉油田分公司涪陵页岩气田焦石坝区块一期工程南区产能建设项目地面工程项目管理部获集团公司重点工程项目优秀管理团队称号。

3月26日　涪陵页岩气田被中国石化、重庆市人民政府共同授予“百亿方产能基地”称号。

4月18日　集团公司与重庆市政府联合举行涪陵页岩气田100亿立方米产能基地揭牌仪式，标志着中国首个大型页岩气田——涪陵页岩气田年产100亿立方米产能建成。

7月9日　江汉油田采油气工程技术服务中心JH-GC101罐车队获2016—2017年度全国“安康杯”竞赛优胜班组称号。

8月23日　管理局有限公司与国家电网湖北省电力公司签订油田中心矿区供电分离移交项目实施协议。

8月28日　与中国长江三峡集团三峡水务（宜昌）有限公司签订中心矿区职工家属区供水业务分离移交项目协议。

9月26日　集团公司首口二氧化碳干法压裂井——王57斜-16井，获日产5.7吨工业油流。

10月19日　在集团公司采油（气）专业技术比武和井下作业工职业技能竞赛中，江汉油田参赛选手获一金三铜和两项竞赛团体第四名。

10月21日　采气一厂工会被授予“全国模范职工之家”称号，采服中心试油作业大队JH-SY133试油队工会被授予“全国模范职工之家”称号。

2019年

2月19日　涪陵页岩气田焦石坝区块一期工程产能建设项目获2018—2019年度“国家优质工程金质奖”。

2月26日　江汉油田连续第10次获得集团公司土地管理工作先进单位称号。

3月21日　江汉油田被评为集团公司宣传思想工作先进单位。

4月11日　涪陵页岩气田焦页189-8HF井，获日产62.78万立方米高产工业气流，无阻流量达117.57万立方米，是气田开发以来日产量最高的页岩气井。

7月1日　涪陵页岩气公司技术中心党支部被国务院国资委党委授予中央企业先进基层党组织称号。

8月2日　在2018年度湖北碳市场总结暨表彰大会上，江汉油田分公司被授予2018年度湖北碳市场履约模范称号。

8月6日　涪陵页岩气公司获评集团公司第8届五项劳动竞赛红旗采油（气）厂称号。

9月上旬　江汉油田清河采油厂、坪北经理部、采气一厂党（工）委获湖北省政府国资委第2批国有企业示范基层党组织称号。

9月11日　涪陵页岩气公司技术中心获中华全国总工会颁发的“全国工人先锋号”奖牌。

10月15日　由国家发展改革委主管，中国投资协会主办的2018—2019年度国家优质投资项目评选结果揭晓：涪陵页岩气田焦石坝区块一期工程产能建设项目获特别奖。

11月13日　中央“不忘初心、牢记使命”主题教育第十三巡回督导组对涪陵页岩气田主题教育开展情况进行督导检查。

11月16日　在中国施工企业管理协会召开的工程建设行业庆祝中华人民共和国成立70周年宣传展示总结大会上，涪陵页岩气田获评新中国成立70周年“百项经典工程”。

12月8日　在北京国家会议中心召开的国家优质工程总结表彰大会上，“江汉油田分公司涪陵页岩气田焦石坝区块一期工程产能建设项目”获国家优质工程金奖，排名第一。

12月18日　国务院国资委在北京举办中央企业工业文化遗产（石油石化行业）名录发布活动，江汉油田“五七油田会战指挥部旧址”入选“中央企业工业文化遗产”名录。

12月29日　江汉油田分公司成功中标长庆油田分公司第一采油厂塞17井区总承包项目，标志着江汉油田外部市场拓展实现突破。

2020年

2月19日　涪陵页岩气田焦页18号、焦页41号、焦页2号东三个平台同时开始压裂，江汉油田拉开全面复工复产序幕。

4月30日　在湖北省2019年劳动竞赛评比中，江汉采油厂被授予“湖北五一劳动奖状”。

8月8日　江汉油田与潜江市正式签订江汉油田退休人员社会化管理移交协议。

9月20日　中央第六生态环境保护督察组到涪陵页岩气田检查指导工作。

11月15日　集团公司油田板块绿色企业审核组到涪陵页岩气田，对江汉油田绿色企业创建工作进行现场审核验收。

12月7日　江汉采油厂、清河采油厂、坪北经理部获得“湖北省文明单位”称号，荆州采油厂、基地发展中心继续保留“湖北省文明单位”称号。

12月15日　股份公司召开2020年度油气勘探总结会，“川东南侏罗系陆相页岩油气新领域勘探重大突破”“川东地区寒武系新层系天然气勘探重大突破”2个项目荣获油气勘探重大发现特等奖和一等奖。

12月27日　国内首个页岩气三层立体开发评价井组——焦页66号扩井组的4口井连续试气获高产。

2021年

1月6日　江汉油田被集团公司授予2020年“中国石化绿色企业”称号。

1月29日　在中国石化打造践行习近平新时代中国特色社会主义思想重要阵地推进会暨2021年宣传思想工作会议上，江汉油田获得集团公司“2019—2020年度宣传思想工作先进单位”称号。

3月19日　在中国石化脱贫攻坚总结表彰大会上，江汉油田驻潜江市浩口镇雷场村精准扶贫工作队获“中国石化脱贫攻坚先进集体”称号。

4月19日　在全国先进女职工集体和个人表彰大会上，江汉油田清河采油厂采油管理一区采油一班荣获“全国五一巾帼标兵岗”称号。

6月22日　油田首次牵头承担的“十三五”国家科技重大专项“涪陵页岩气开发示范工程”，通过国家能源局组织的综合绩效评价。

7月21日　中石化江汉盐化工湖北有限公司1.2万吨/年钠法漂粉精装置建设项目投料试车成功，消毒剂年生产能力超10万吨，成为全球最大的消毒剂生产基地。

8月18日　在集团公司召开的对标提升行动推进会上，江汉油田分公司、“涪陵页岩气勘探开发技术创新管理”项目分别被评为标杆创建单位和项目。

10月8日　涪陵页岩气田累计生产页岩气突破400亿立方米，创中国页岩气田累计产量新纪录。

10月11日　集团公司沿江企业污水风险管控和监督性监测专项督查组到涪陵页岩气田开展督导检查工作。

10月27日　由山东省总工会、湖北省总工会组成的全国第十一次企业民主管理工作互检组一行，到江汉油田调研检查企业民主管理工作。

10月29日　油田页岩气开发红色教育基地入选集团公司首批发布的“十大红色教育基地”。

12月17日　在中国石化2021年度油气勘探总结会上，“鄂西渝东二叠系吴家坪组新层系页岩气勘探重大突破”“复兴地区侏罗系凉高山组新层系致密油气勘探重大突破”2个项目荣获2021年度油气勘探重大发现特等奖和一等奖。

2022年

2月22日　中国共产党江汉石油管理局有限公司第一次代表大会召开。

3月22日　焦页12号扩平台12口气井完成电驱压裂施工，创下5项国内纪录，标志着全电驱压裂技术进入世界领先水平。

5月上旬　湖北省政府命名五七油田会战指挥部旧址为第五批湖北省爱国主义教育基地。

10月17日 焦页18–S12HF井顺利完钻，创国内页岩气井水平段最长、水平段“一趟钻”进尺最长两项纪录和中国石化页岩气井最深纪录。

10月25日 黄20斜–4、潭71斜–7–5C等2口井经压裂试油均获工业油流，其中黄20斜–4井日产油26.22立方米高产工业油流，实现江汉盐湖盆地碳酸盐储层油藏勘探重大突破。

12月下旬 江汉油田“江汉盆地潜江凹陷潜江组湖相碳酸盐岩石油勘探取得重大突破”，入选中国石化2022年十大油气勘探成果。

12月28日 中国石化涪陵页岩气田勘探开发10周年社会责任报告发布。

12月31日 全年生产油气当量700.3万吨，首次突破700万吨，位列中国石化国内上游板块第三位，再创历史新高。其中生产天然气73.37亿立方米、原油115.7万吨。

2023年

2月20日 涪陵页岩气田钻井进尺同比增长69.5%，累计突破400万米。

4月26日 江汉盐化工次氯酸钙（钠法漂粉精）和三氯异氰尿酸（强氯精）被纳入集团公司核心产品目录，统一使用“中国石化”品牌。

5月10日 江汉盐化工生产的水杉牌200克瓶装未加碘食用盐、精制碘盐、海藻碘盐、果蔬洗涤盐等4种产品亮相“中国品牌日”中国石化展区。

5月31日 江汉油气产能建设管理中心正式挂牌运行。

7月28日 江汉油田职工创新成果《全自动油管内径检验规程》代表湖北省在第二届全国大国工匠创新成果交流大会上作展示交流。

12月11日 涪陵页岩气田焦页6–2HF井累计产量突破4亿立方米，创全国页岩气单井累产最高纪录。中央电视台《新闻联播》，以“我国页岩气单井累产创新高”为题，对此进行了报道。

12月19日 红星地区二叠系页岩气勘探取得重大突破入选“中国石化2023年十大油气勘探发现成果”，获中国石化集团2023年度油气勘探重大发现一等奖。分公司被评为中国石化2023年度优秀勘探管理单位。

12月21日　江汉油田分公司牵头组织的“复兴侏罗系陆相页岩油气勘探开发关键技术”攻关项目，被集团公司列入中国石化“十条龙”科技攻关项目。

12月31日　全年生产原油116万吨；生产天然气73.31亿立方米，保持持续稳产。

2024年

1月8日　集团公司召开党校工作座谈会，油田党校被授予集团公司党组党校分校。

1月16日　江汉油田分公司、江汉石油工程公司、石化机械公司、石化经纬公司等4家企业在武汉联合签署《江汉油田石油工程一体化合作协议》。

2月1日　油田与湖北省自然资源厅签署咸丰区块页岩气探矿权出让成交确认书。

4月1日　油田牵头完成的《鄂西地区二叠系新层系页岩气勘探取得重大突破》项目入选2023年度中国十大地质找矿重大成果。

5月10日　油田与中国地质大学（武汉）举行校企战略合作框架协议签约仪式。

6月24日—25日　人民日报社、新华社、中央广播电视总台等25家国内主流媒体及多名网络大V组成“新质生产力一线观察”媒体采访团，到涪陵页岩气田开展采访活动。

7月8日　江汉油田与胜利油田召开稠油开发技术交流会，围绕区域一体化资源共享进行深入交流并签署区域一体化合作资源共享战略协议。

7月9日　江汉油田与胜利工程召开一体化合作开发工作推进会，围绕区域一体化技术攻关、合作开发进行深入交流。

9月27日　中共中央宣传部2024年“高质量发展调研行”重庆主题采访活动走进涪陵页岩气田，来自人民日报社、新华社、中央广播电视总台、光明日报社等22家主流媒体50余名记者，深入气田生产一线场站，全方位、多角度报道涪陵页岩气田高质量发展情况。

10月17日　2024年涪陵页岩油气钻完井工程技术交流会在重庆市涪陵区召开。

11月20日　在2024年全国行业职业技能竞赛——采气工决赛中，油田涪陵页岩气公司员工刘鋆石、郭浩，采气一厂员工王锐分获金、银、铜牌，并获团体三等奖。

12月25日　江汉油田分公司“四合一”一体化设计试验井——兴页L185-6-1HF井钻至井深5290米完钻，刷新复兴区块钻井周期最短、二开单日进尺最高、全井机械钻速最高等3项纪录。

附录二　组织机构沿革

表1　1961年江汉石油勘探处组织机构

机构	分支机构
党委办公室	组织科、宣传科、保卫科、团委、工会
处办公室	
生产生活职能科室（10个）	计划科、财务科、人事科、行政科、供应科、地质室、钻井室、机动室、机要室、资料室
直属单位（12个）	地震队、钻井队、地质队、综合测量队、电法队、放射性队、电测队、土建安装队、运输队、修配车间、泽口仓库、卫生所

表2　1965年江汉石油勘探指挥部组织机构

机构	分支机构
政治部	秘书组、组干组、宣传组、保卫组、监委、团委、工会
生产办公室	调度室、企业管理室、生产技术室
地质指挥部	
行政生活办公室	
直属单位（14个）	地震队、钻井队、综合研究队、测量队、特种作业站、固井队、管子站、安装队、运输队、修配车间、泽口仓库、卫生所、实验室、武汉工作组

表3　1966江汉石油勘探会战指挥部组织机构

机构	分支机构
政治部	办公室（一组、二组）、保卫处、团委、工会
生产办公室	生产调度室、综合组、企业管理组、财务组、工程技术组、机动组
生活办公室	行政管理组、农副业生产组
指挥部办公室	
直属单位（14个）	地质调查指挥部、湘鄂西勘探指挥部、钻井工程处、地质指挥所、试采大队、沙市钻井队（直属钻井队）、基本建设工程处、运输大队、机修厂、供应指挥部、职工医院、水电厂、武汉办事处、半工半读总校

表4　1968五七厂革命委员会组织机构

机构	分支机构
政治部	办公室、保卫处、团委、工会
生产办公室	生产调度室、综合组、企业管理组、工程技术组、机动组
生活办公室	行政管理组、农副业生产组
指挥部办公室	
直属单位（13个）	地质调查指挥部、湘鄂西勘探指挥部、钻井工程处、地质指挥所、试采大队、沙市钻井队（直属钻井队）、基本建设工程处、运输大队、机修厂、供应指挥部、职工医院、水电厂、武汉办事处

表5　1969年五七油田会战指挥部组织机构

机构	机关	分支机构
第一分指挥部	司令部、政治部、后勤部	第一团（钻井）、第二团（钻井）、第三团（油建）、第四团（油田开发）、第五团（建工）、第六团（地质研究）、第七团（运输）、第八团（机、汽修）、第九团（水电）、第十二团（农副业）、第一职工医院、第二职工医院、职工子弟学校、电测站、矿机研究所、五七报社、广华中学
第三分指挥部	司令部、政治部、后勤部	第十团（地震）、十一团（地震）、第十一营（修理）、第十二营（地质学校）、第十三营（直属）、第十四营（农副业）
第四分指挥部	司令部、政治部、后勤部	第十三团（钻井）、第十四团（钻井）、第十五团（钻井）、地质营
第八分指挥部	司令部、政治部、后勤部	第十六团（炼建）、十七团（炼建）、第十八团（炼油）、设计研究大队
后勤部	政治部、器材供应处、财务处、供给处、机械处、战勤处	第十九团（供应）、第十二团（运输）、第二十一团（三机厂）、第二十二团（四机厂）、独立营（仪表厂）、武汉办事处
机关	政工组、勘探指挥组（后改为生产指挥组）、地方工作组、办事组	

表6　1972年江汉石油管理局组织机构（隶属化学工业部）

机构	分支机构
机关党委	
政治部	秘书室、组织部、干部部、宣传部、文教部、保卫部、家属工作部
团委	
工会	
生产生活职能处室	生产调度室、计划处、财务处、劳动工资处、工程技术处、卫生处、农副业管理处

续表

机构	分支机构
局办公室	
二级单位（23个）	地质调查处、钻井处、建南气矿、地质处、电测站、油田处、油田建设工程处、规划设计室、钻采机修厂、矿机研究所、盐化厂筹建处、水电厂、供应处、运输处、广华中学、干部学校、江汉石油报社、第一职工医院、第二职工医院、农副业生产处、武汉办事处、荆门炼油厂、江汉石油地质学校
代管单位	燃化部第三石油机械厂、燃化部第四石油机械厂、燃化部第三石油仪表厂

表7　1975年江汉石油管理局组织机构（隶属石油化学工业部）

机构	分支机构
机关党委	
政治部	秘书室、组织部、宣传部、文教部、保卫部、家属工作部
团委	
工会	文工团
生产生活职能处室	生产调度室、计划处、财务处、劳动工资处、工程技术处、卫生处、农副业管理处
局办公室	
二级单位（26个）	南方石油地质勘探研究所、钻井处、建南气矿、地质处、电测站、油田处、油田建设工程处、设计院、钻采机修厂、钻采设备研究所、盐化厂筹建处、水电厂、供应处、运输处、广华中学、干部学校、江汉石油报社、第一职工医院、第二职工医院、农副业生产处、武汉办事处、荆门炼油厂、江汉石油地质学校、牙轮钻头实验工厂筹建处、贸易公司、制管厂筹建处
代管单位	石化部第三石油机械厂、石化部第四石油机械厂、石化部第三石油仪表厂

表8　1978年江汉石油管理局组织机构（隶属石油工业部）

机构	分支机构
政治部	秘书室、调查研究室、组织部、宣传部、武装部、保卫部、家属工作部、团委、工会、机关党委
生产办公室	生产调度室、计划处、财务处、劳动工资处、基建处、机动处、机械制造处、安全管理处、科技办公室、援外办公室
管道办公室	调度组、施工准备组、施工技术组、综合组
生活办公室	教育处、卫生处、生活管理处、农副业管理处
局办公室	

续表

机构	分支机构
二级单位（37个）	南方石油地质勘探研究所、钻井处、钻井一部、第一勘探指挥部、第二勘探指挥部、鄂豫湘赣勘探开发研究院、电测站、油田处、油田建设工程处、管道第一工程处、管道第二工程处、管道第三工程处、管道第四工程处、机运处、电讯大队、管道预制厂、管道机修厂、设计院、钻采机修厂、盐化厂、水电厂、供应处、运输处、江汉石油师范学校、技工学校、干部学校、管道准备大队、第一职工医院、第二职工医院、贸易公司、农副业生产处、荆门炼油厂、机械厂、汽车修造厂、仪表厂、钻头厂、制管厂、鄂豫湘赣石油机械制造公司

表9　1988年江汉石油管理局组织机构（隶属中国石油天然气总公司）

机构	分支机构
机关部处室中心（34个）	局办公室、企业综合管理处、法律事务处、经济研究与信息中心、市场办公室、计划处、总调度室、劳动工资处、人力资源服务中心、财务处、审计处、国有资产管理处、勘探部、开发部、钻井部、基建处、概预算中心、装备处、化工处、运销处、科技处、技术监督处、安全技术处、多种经营管理处、机关管理处、公共事业处、卫生处、局党委办公室、组织部、宣传部、局纪委、局工会、局团委、机关党委
二级单位（40个）	地球物理勘探处、钻井工程处、测井工程处、井下作业处、江汉采油厂、清河采油厂、天然气勘探开发处、油田建设工程处、勘探设计研究院、江汉石油机械厂、第三机械厂、第四机械厂、仪表厂、沙市钢管厂、钻头厂、供应处、运输管理处、客运管理处、水电厂、通信处、石油化工厂、盐化工总厂、教育处、职工大学、高级技工学校、报社、中心医院、第二职工医院、国际贸易部（外经外事处）、环保农业处、公安处、离退休职工管理处、八达实业集团、房地产管理处、广华物业处、向阳物业处、五七物业处、向阳实业总公司、商业总公司、坪北项目经理部

表10　1998年江汉石油管理局组织机构（隶属中国石化集团）

机构	分支机构
机关部处室中心（35个）	局办公室、企业综合管理处、法律事务处、经济研究与信息中心、市场办公室、计划处、总调度室、劳动工资处、人力资源服务中心、财务处、审计处、国有资产管理处、勘探部、开发部、钻井部、基建处、概预算中心、装备处、化工处、运销处、科技处、技术监督处、安全技术处、多种经营管理处、机关管理处、公共事业处、卫生处、局党委办公室、组织部、宣传部、局纪委、局工会、局团委、机关党委、钻井设计监督中心
二级单位（40个）	地球物理勘探处、钻井工程处、测井工程处、井下作业处、江汉采油厂、清河采油厂、天然气勘探开发处、油田建设工程处、勘探设计研究院、江汉石油机械厂、第三机械厂、第四机械厂、仪表厂、沙市钢管厂、供应处、运输管理处、客运管理处、水电厂、通信处、石油化工厂、盐化工总厂、教育处、职工大学、高级技工学校、报社、中心医院、第二职工医院、外经外事处、环保农业处、公安处、离退休职工管理处、八达实业集团、房地产管理处、广华物业处、向阳物业处、五七物业处、向阳实业总公司、商业总公司、坪北项目经理部、江汉石油钻头股份有限责任公司

表11　2000年江汉油田组织机构

机构	管理局分支机构	分公司分支机构
合署办公职能部门（8个）	局办公室（经理办公室）、纪委监察处（监察处）、企管处（企业管理处）、科技处（技术处）、总调度处（生产运行处）、安全环保处、计划处、审计处	
机关职能部门（22个）	制造处、财务处、基建处、卫生处、国有资产处、劳动工资处、集体资产处、法律事务处、公共事业处、党委办公室、宣传部、组织部、团委、工会、武装部、机关管理处（机关党委）、社会保险中心、人力资源中心、外经外贸公司	勘探开发处、财务资产处、人力资源处
机关直属单位（11个）		经济发展研究中心、公共关系管理中心、勘探开发项目部、质量技术监督中心、钻井监督中心、概预算中心、专家咨询中心、财务结算中心、关联交易中心、环境监测站、档案馆
二级单位（44个）	钻井处、测井处、油建处、设计院、水电厂、通信处、运输处、江钻股份公司、机械厂、仪表厂、三机厂、四机厂、钢管厂、农林处、商业总公司、八达集团、向阳实业公司、建筑工程公司、园林开发部、教育处、职大党校、高级技校、报社、张家界培训中心、广华物业处、向阳物业处、五七物业处、房产处、公安处、离退休管理处、中心医院	地球物理勘探处、江汉采油厂、清河采油厂、坪北经理部、天然气勘探开发处、井下作业处、勘探开发研究院、采油工艺研究院、供应处、精细化工厂、盐化工总厂、石油天然气销售公司

表12　2012年江汉油田组织机构表

机构	管理局分支机构	分公司分支机构
合署办公职能部门（10个）	局（经理）办公室、总调（土地管理处）、纪委监察处、安全环保处、计划处、企业经营管理处、科技处、劳动工资处（人力资源处）、审计处（审计中心）、武装保卫部（综合治理办公室）	
职能部门（17个）	党委办公室、党委组织部、党委宣传部、团委、工会、机关党委、信访办公室、资产装备处、财务处、工程技术处	勘探处、开发处、天然气勘探开发处、油气工艺处、财务资产处、法律事务处、基建处
直属单位（12个）	北京办事处、武汉办事处、劳动就业服务中心、机关车队、水杉宾馆、住房公积金管理中心、西部工作委员会	经济研究与信息中心、概预算与关联交易中心、地质工程设计监督中心、财务结算中心、档案馆

续表

机构	管理局分支机构	分公司分支机构
二级单位（39个）	地球物理勘探公司、钻井一公司、钻井二公司、测录井工程公司、油田建设工程公司、勘察设计研究院、石油机械研究院、水电厂、通信公司、运输公司、第三机械厂、第四机械厂、沙市钢管厂、职工培训中心、新闻中心、广华社区管理服务中心、向阳社区管理服务中心、五七社区管理服务中心、社会保险服务中心、离退休职工管理处、公共事业处、房地产管理处、国际合作公司、农林处、建筑工程公司	江汉采油厂、清河采油厂、坪北经理部、荆州采油厂、采气厂、井下作业处、勘探开发研究院、采油工艺研究院、物探研究院、石油天然气销售分公司、盐化工总厂、供应处、技术监督处
上市公司	江汉石油钻头股份有限公司	
中美合资公司	四机赛瓦公司	
直属项目部	天然气新区建设项目部	

表13　2013年江汉油田组织机构

机构	分支机构
机关部处室（27个）	局（经理）办公室、信访办公室、总调度室、勘探处、开发处、天然气勘探开发处、油气工艺处、工程技术处、科技处、安全环保处、基建处、资产装备处、企业经营管理处、计划处、审计处、财务处、财务资产处、法律事务处、劳动工资处、党委办公室、党委组织部、党委宣传部、纪委监察处、武装保卫部、工会、团委、机关党委
机关直属单位（10个）	地质工程设计中心、概预算与关联交易中心、经济研究与信息中心、财务结算中心、住房公积金中心、劳动就业服务中心、档案馆、北京办事处、武汉办事处、西部工作委员会
管理局二级单位（12个）	水电厂、通信公司、离退休职工管理处、农林处、职工培训中心、房地产管理处、广华社区管理服务中心、向阳社区管理服务中心、五七社区管理服务中心、公共事业处、社会保险中心、新闻中心
分公司二级单位（13个）	江汉采油厂、清河采油厂、坪北采油厂、采气厂、荆州采油厂、井下作业处、勘探开发研究院、物探研究院、采油工艺研究院、盐化工总厂、供应处、石油天然气销售分公司、技术监督处

表14　2013年江汉石油工程公司组织机构

机构	分支机构
机关部处室（8个）	综合管理处、人力资源处（合署）、党群工作处（合署）、纪检监察处（合署）、财务计划处、经营管理处、运行管理处、技术装备处

续表

机构	分支机构
二级单位（8个）	钻井一公司、钻井二公司、测录井工程公司、井下测试公司、运输公司、国际合作公司、巴西经理部、迪拜经理部
石油工程建设公司	油田建设工程公司、勘测设计研究院、建筑工程公司
地球物理勘探公司	

表15　2013年中石化石油机械股份有限公司组织机构

机构	分支机构
机关部处室（7个）	综合管理处、人力资源处（合署）、党委组织部（合署）、党群工作处（合署）、纪检监察处（合署）、运行管理处、市场发展处
二级单位（5个）	石油机械研究院、第三机械厂、第四机械厂、沙市钢管厂、江汉石油钻头股份公司

表16　2024年江汉油田组织机构

机构	管理局分支机构	分公司分支机构
综合管理部门（8个）		公司办公室（政策研究室、外事办公室）、投资发展部、财务资产部、企改法律部、审计部、安全环保部、科技部、经营管理部（矿区管理处）
专业管理部门（6个）		勘探管理部、开发管理部、页岩气管理部、工程技术管理部、生产运行管理部（土地管理部）、基建工程部（设备管理部）
党群管理部门（5个）		党委办公室（综治信访办公室）、党委组织部（人力资源部）、党委宣传部（统战部）、纪委监察部（党委巡查办公室）、群众工作部（工会、团委、青年工作部）
直属机构（4个）		机关党委（机关事务管理中心）、概预算中心、安全环保督察大队、新闻中心
二级单位（23个）	水电分公司、党校、职工培训中心、资产经营管理中心、基地发展中心、社会保险和住房公积金中心	涪陵页岩气公司、江汉采油厂、清河采油厂、坪北经理部、采气一厂、荆州采油厂、油气田产能建设管理中心、采油气工程技术服务中心、勘探开发研究院、石油工程技术研究院、湖北页岩气投资有限公司、江汉盐化工湖北有限公司、物资供应中心、油气销售中心、技术监督中心、信息中心、车辆服务中心

参考文献

[1] 丘昌济. 湖北省石油工业志[M]. 武汉：湖北人民出版社，1989.9.

[2]《江汉油田志》编纂委员会. 江汉油田志1961—1985[M]. 内部资料，1986.7.

[3]《江汉油田志》编纂委员会. 江汉油田志1986—1990[M]. 北京：人民出版社，1993.10.

[4]《江汉油田志》编纂委员会. 江汉油田志1991—1995[M]. 北京：民主与建设出版社，1998.8.

[5]《江汉油田志》编纂委员会. 江汉油田志1996—2000[M]. 北京：方志出版社，2004.8.

[6]《江汉油田志》编纂委员会. 江汉油田志2001—2005[M]. 武汉：湖北人民出版社，2012.9.

[7]《江汉油田发展历程》编纂委员会. 江汉历程[M]. 内部资料，2015.9.

[8]《江汉油田图志》编辑委员会. 江汉油田图志[M]. 深圳：亚太新闻出版社，1995.8.

[9]《中国石化涪陵页岩气田勘探开发十周年图册》编辑部. 大国涪气[M]. 内部资料，2022.11.

[10]《江汉油田年鉴》编纂委员会. 江汉油田年鉴：2001[M]. 内部资料，2001.12.

[11]《江汉油田年鉴》编纂委员会. 江汉油田年鉴：2002[M]. 内部资料，2002.12.

[12]《江汉油田年鉴》编纂委员会. 江汉油田年鉴：2003[M]. 内部资料，2003.10.

[13]《江汉油田年鉴》编纂委员会. 江汉油田年鉴：2004[M]. 北京：中国石化出版社，2004.10.

[14]《江汉油田年鉴》编纂委员会. 江汉油田年鉴：2005[M]. 香港：华夏文化艺术出版社，2007.6.

[15]《江汉油田年鉴》编纂委员会. 江汉油田年鉴：2006[M]. 北京：中国石化出版社，2007.9.

[16]《江汉油田年鉴》编纂委员会. 江汉油田年鉴：2007[M]. 内部资料，2009.3.

[17]《江汉油田年鉴》编纂委员会. 江汉油田年鉴：2008[M]. 武汉：长江出版社，2009.11.

[18]《江汉油田年鉴》编纂委员会. 江汉油田年鉴：2009[M]. 武汉：长江出版社，2011.4.

[19]《江汉油田年鉴》编纂委员会. 江汉油田年鉴：2010[M]. 武汉：社会科学文献出版社，2011.12.

[20]《江汉油田年鉴》编纂委员会. 江汉油田年鉴：2011[M]. 武汉：长江出版社，2013.1.

[21]《江汉油田年鉴》编纂委员会. 江汉油田年鉴：2012[M]. 武汉：长江出版社，2014.7.

[22]《江汉油田年鉴》编纂委员会. 江汉油田年鉴：2013[M].武汉：长江出版社，2014.11.

[23]《江汉油田年鉴》编纂委员会. 江汉油田年鉴：2014[M]. 武汉：长江出版社，2016.7.

[24]《江汉油田年鉴》编纂委员会. 江汉油田年鉴：2015[M]. 北京：中国石化出版社，2016.10.

[25]《江汉油田年鉴》编纂委员会. 江汉油田年鉴：2016[M]. 北京：中国石化出版社，2017.12.

[26]《江汉油田年鉴》编纂委员会. 江汉油田年鉴：2017[M]. 北京：中国石化出版社，2019.4.

[27]《江汉油田年鉴》编纂委员会. 江汉油田年鉴：2018[M]. 武汉：长江出版社，2019.12.

[28]《江汉油田年鉴》编纂委员会. 江汉油田年鉴：2019[M]. 北京：中国石化出版社，2021.2.

[29]《江汉油田年鉴》编纂委员会 . 江汉油田年鉴：2020[M]. 北京：中国石化出版社，2022.1.

[30]《江汉油田年鉴》编纂委员会 . 江汉油田年鉴：2021[M]. 北京：中国石化出版社，2022.9.

[31]《江汉油田年鉴》编纂委员会 . 江汉油田年鉴：2022[M]. 北京：中国石化出版社，2023.5.

[32]《江汉油田年鉴》编纂委员会 . 江汉油田年鉴：2023[M]. 北京：中国石化出版社，2023.9.

[33]《江汉油田年鉴》编纂委员会 . 江汉油田年鉴：2024[M].北京：中国石化出版社，2025.1.

[34]《中国油气田开发志》总编纂委员会 . 中国油气田开发志・江汉油气区油气田卷[M]. 北京：石油工业出版社，2011.6.

[35]《中国油气田开发志》总编纂委员会 . 中国油气田开发志・江汉油气区卷[M]. 北京：石油工业出版社，2011.9.

[36] 中国石油化工集团有限公司 . 中国石化涪陵页岩气田勘探开发10周年社会责任报告[R]. 内部资料 .2022.12.

[37]《中国石化简史》编写组 . 中国石化简史 . [M]. 北京：中国石化出版社，2023.6.

[38]《中国石化大事记》编写组 . 中国石化大事记（1983年7月—2023年6月）. [M]. 北京：中国石化出版社，2023.7.